OPIc

PACKAGE

1

프리북

OPIc
All in One 패키지

초판 1쇄 발행 2023년 8월 9일
초판 2쇄 발행 2024년 3월 4일

지은이 시원스쿨어학연구소
펴낸곳 (주)에스제이더블유인터내셔널
펴낸이 양홍걸 이시원

홈페이지 www.siwonschool.com
주소 서울시 영등포구 영신로 166 시원스쿨
교재 구입 문의 02)2014-8151
고객센터 02)6409-0878

ISBN 979-11-6150-743-9 13740
Number 1-110606-18180400-08

OPIc 학습 플랜

본격적인 학습에 앞서 목표 등급별 정복 로드맵과 추천 학습 플랜을 확인합니다
본인의 목표 등급에 따라 필요한 만큼한 효율적으로 학습하기 위해
구체적인 학습 플랜을 세우는 것이 매우 중요합니다.

목차

정복 로드맵

1 프리북

영어 왕초보를 위한 OPIc 필수 문법 10가지를 학습합니다. 오픽 답변 활용도가 높은 문법과 예문 학습을 통해 기본기를 확실하게 다질 수 있습니다.

- 정복 로드맵, 학습 플랜
- 왕초보 오픽 영문법

2 메인북

OPIc 기본 정보부터 Background Survey, Self-Assessment 선택 전략과 주제별 만능 답변을 학습합니다. 시험에 등장하는 순서대로 체계적으로 구성되어 있기 때문에 따라하기만 하면 각 목표 등급별로 필요한 만큼만 효율적인 학습이 가능합니다.

- OPIc 기본 이론 및 목표 레벨 공략 가이드
- Background Survey, Self-Assessment
- 문제 유형별 만능 답변
  Q1 자기소개 Q2-10 선택형/공통형
  Q11-13 롤플레이 Q14-15 고난도 문제

③ 워크북

메인북에서 학습한 어휘와 표현, 만능답변을 목표 등급
별 연습 문제와 실전 모의고사를 통해 직접 써보고 문제
를 풀어보면서 본인 만의 답변과 표현을 정리합니다.

- IM-IH 목표 연습 문제
- IM-IH 목표 실전 모의고사
- IH-AL 목표 연습 문제
- IH-AL 목표 실전 모의고사

④ 해설북

프리북과 워크북의 연습 문제, 실전 모의고사 정답 및 해
설을 확인합니다. 어려웠던 문제를 다시 한 번 풀어보고
관련 어휘도 함께 정리합니다.

- 프리북 연습 문제
- 워크북 연습 문제 및 실전 모의고사
  IM-IH 목표 연습 문제, 실전 모의고사
  IH-AL 목표 연습 문제, 실전 모의고사

⑤ 부가자료

시험 전 빈출 주제별 어휘를 정리하고 벼락치기 노트를
활용해 본인만의 답변 아이디어와 키워드를 최종 정리
합니다.

- 필수 어휘 모음
- 벼락치기 노트

IM 목표 학습 플랜

2주 완성

Day 1	Day 2	Day 3	Day 4	Day 5	Day 6	Day 7
1 - 프리북	1 - 프리북	1 - 프리북	2 - 메인북	2 - 메인북	2 - 메인북	2 - 메인북
Unit 1-3	Unit 4-6	Unit 7-10	OPIc 기본정보 및 가이드, Q1 자기소개	Q2-10 선택형 (Unit1-5)	Q2-10 선택형 (Unit6-9)	Q2-10 공통형 (Unit1-5)

Day 8	Day 9	Day 10	Day 11	Day 12	Day 13	Day 14
2 - 메인북	2 - 메인북	2 - 메인북	3 - 워크북	3 - 워크북	3 - 워크북	3 - 워크북
Q2-10 공통형 (Unit6-11)	Q11-13 롤플레이 (Unit1-5)	Q14-15 고난도 (Unit1-2)	IM-IH 목표 연습 문제 (선택형, 공통형)	IM-IH 목표 연습 문제 (롤플레이, 고난도)	IM-IH 목표 실전 모의고사 1회	IM-IH 목표 실전 모의고사 2회

4주 완성

Day 1	Day 2	Day 3	Day 4	Day 5	Day 6	Day 7
1 - 프리북	1 - 프리북	1 - 프리북	2 - 메인북	2 - 메인북	2 - 메인북	2 - 메인북
Unit 1-3	Unit 4-6	Unit 7-10	OPIc 기본정보 및 가이드, Q1 자기소개	Q2-10 선택형 (Unit1-3)	Q2-10 선택형 (Unit4-6)	Q2-10 선택형 (Unit7-9)

Day 8	Day 9	Day 10	Day 11	Day 12	Day 13	Day 14
2 - 메인북	2 - 메인북	2 - 메인북	2 - 메인북	2 - 메인북	2 - 메인북	2 - 메인북
Q2-10 공통형 (Unit1-2)	Q2-10 공통형 (Unit3-4)	Q2-10 공통형 (Unit5-6)	Q2-10 공통형 (Unit7-8)	Q2-10 공통형 (Unit9-11)	Q11-13 롤플레이 (Unit1-3)	Q11-13 롤플레이 (Unit4-5)

Day 15	Day 16	Day 17	Day 18	Day 19	Day 20	Day 21
2 - 메인북	3 - 워크북	3 - 워크북	3 - 워크북	3 - 워크북	3 - 워크북	4- 해설북
Q14-15 고난도 (Unit1-2)	IM-IH 목표 연습 문제 (선택형)	IM-IH 목표 연습 문제 (공통형)	IM-IH 목표 연습 문제 (롤플레이)	IM-IH 목표 연습 문제 (고난도)	IM-IH 목표 실전 모의고사 1회	IM-IH 목표 실전 모의고사 1회 해설

Day 22	Day 23	Day 24	Day 25	Day 26	Day 27	Day 28
3 - 워크북	4- 해설북					
IM-IH 목표 실전 모의고사 2회	IM-IH 목표 실전 모의고사 2회 해설	복습	복습	복습	복습	복습

※ 복습 기간에는 선택형 및 롤플레이 질문하기 유형 위주로 복습하는 것을 추천합니다.

2주 완성

Day 1	Day 2	Day 3	Day 4	Day 5	Day 6	Day 7
1 - 프리북	2 - 메인북	2 - 메인북	2 - 메인북	2 - 메인북	2 - 메인북	2 - 메인북
Unit 1-10	OPIc 기본정보 및 가이드, Q1 자기소개	Q2-10 선택형 (Unit1-5)	Q2-10 선택형 (Unit6-9)	Q2-10 공통형 (Unit1-5)	Q2-10 공통형 (Unit6-11)	Q11-13 롤플레이 (Unit1-5)
Day 8	**Day 9**	**Day 10**	**Day 11**	**Day 12**	**Day 13**	**Day 14**
2 - 메인북	3 - 워크북	3 - 워크북	3 - 워크북	3 - 워크북	3 - 워크북	3 - 워크북
Q14-15 고난도 (Unit3-5)	IH-AL 목표 연습 문제 (선택형)	IH-AL 목표 연습 문제 (공통형)	IH-AL 목표 연습 문제 (롤플레이)	IH-AL 목표 연습 문제 (고난도)	IH-AL 목표 실전 모의고사 1회	IH-AL 목표 실전 모의고사 2회

4주 완성

Day 1	Day 2	Day 3	Day 4	Day 5	Day 6	Day 7
1 - 프리북	2 - 메인북	2 - 메인북	2 - 메인북	2 - 메인북	2 - 메인북	2 - 메인북
Unit 1-10	OPIc 기본정보 및 가이드, Q1 자기소개	Q2-10 선택형 (Unit1-3)	Q2-10 선택형 (Unit4-6)	Q2-10 선택형 (Unit7-9)	Q2-10 공통형 (Unit1-2)	Q2-10 공통형 (Unit3-4)
Day 8	**Day 9**	**Day 10**	**Day 11**	**Day 12**	**Day 13**	**Day 14**
2 - 메인북	2 - 메인북	2 - 메인북	2 - 메인북	2 - 메인북	2 - 메인북	3 - 워크북
Q2-10 공통형 (Unit5-6)	Q2-10 공통형 (Unit7-8)	Q2-10 공통형 (Unit9-11)	Q11-13 롤플레이 (Unit1-3)	Q11-13 롤플레이 (Unit4-5)	Q14-15 고난도 (Unit3-5)	IH-AL 목표 연습 문제 (선택형)
Day 15	**Day 16**	**Day 17**	**Day 18**	**Day 19**	**Day 20**	**Day 21**
3 - 워크북	3 - 워크북	3 - 워크북	3 - 워크북	4- 해설북	3 - 워크북	4- 해설북
IH-AL 목표 연습 문제 (공통형)	IH-AL 목표 연습 문제 (롤플레이)	IH-AL 목표 연습 문제 (고난도)	IH-AL 목표 실전 모의고사 1회	IH-AL 목표 실전 모의고사 1회 해설	IH-AL 목표 실전 모의고사 2회	IH-AL 목표 실전 모의고사 2회 해설
Day 22	**Day 23**	**Day 24**	**Day 25**	**Day 26**	**Day 27**	**Day 28**
복습	복습	복습	복습	복습	복습	복습

※ 복습 기간에는 공통형 및 롤플레이 문제 해결하기, 고난도 유형 위주로 복습하는 것을 추천합니다.

AL 목표 학습 플랜

2주 완성

Day 1	Day 2	Day 3	Day 4	Day 5	Day 6	Day 7
1 - 프리북	2 - 메인북	2 - 메인북	2 - 메인북	2 - 메인북	2 - 메인북	2 - 메인북
Unit 1-10	OPIc 기본정보 및 가이드, Q1 자기소개	Q2-10 선택형 (Unit1-5)	Q2-10 선택형 (Unit6-9)	Q2-10 공통형 (Unit1-5)	Q2-10 공통형 (Unit6-11)	Q11-13 롤플레이 (Unit1-5)

Day 8	Day 9	Day 10	Day 11	Day 12	Day 13	Day 14
2 - 메인북	3 - 워크북	3 - 워크북	3 - 워크북	3 - 워크북	3 - 워크북	3 - 워크북
Q14-15 고난도 (Unit3-5)	IH-AL 목표 연습 문제 (선택형)	IH-AL 목표 연습 문제 (공통형)	IH-AL 목표 연습 문제 (롤플레이)	IH-AL 목표 연습 문제 (고난도)	IH-AL 목표 실전 모의고사 1회	IH-AL 목표 실전 모의고사 2회

4주 완성

Day 1	Day 2	Day 3	Day 4	Day 5	Day 6	Day 7
1 - 프리북	2 - 메인북	2 - 메인북	2 - 메인북	2 - 메인북	2 - 메인북	2 - 메인북
Unit 1-10	OPIc 기본정보 및 가이드, Q1 자기소개	Q2-10 선택형 (Unit1-3)	Q2-10 선택형 (Unit4-6)	Q2-10 선택형 (Unit7-9)	Q2-10 공통형 (Unit1-2)	Q2-10 공통형 (Unit3-4)

Day 8	Day 9	Day 10	Day 11	Day 12	Day 13	Day 14
2 - 메인북	2 - 메인북	2 - 메인북	2 - 메인북	2 - 메인북	2 - 메인북	3 - 워크북
Q2-10 공통형 (Unit5-6)	Q2-10 공통형 (Unit7-8)	Q2-10 공통형 (Unit9-11)	Q11-13 롤플레이 (Unit1-3)	Q11-13 롤플레이 (Unit4-5)	Q14-15 고난도 (Unit3-5)	IH-AL 목표 연습 문제 (선택형)

Day 15	Day 16	Day 17	Day 18	Day 19	Day 20	Day 21
3 - 워크북	3 - 워크북	3 - 워크북	3 - 워크북	4- 해설북	3 - 워크북	4- 해설북
IH-AL 목표 연습 문제 (공통형)	IH-AL 목표 연습 문제 (롤플레이)	IH-AL 목표 연습 문제 (고난도)	IH-AL 목표 실전 모의고사 1회	IH-AL 목표 실전 모의고사 1회 해설	IH-AL 목표 실전 모의고사 2회	IH-AL 목표 실전 모의고사 2회 해설

Day 22	Day 23	Day 24	Day 25	Day 26	Day 27	Day 28
복습	복습	복습	복습	복습	복습	복습

※ 복습 기간에는 공통형 및 고난도 유형 위주로 복습하는 것을 추천합니다.

왕초보
오픽 영문법

본격적인 학습에 앞서 OPIc에 필요한 핵심 문법을 집중적으로 학습합니다.
문장 단위의 영작이 어려운 영포자도 쉽게 이해할 수 있도록
반드시 필요한 문법 내용들을 선별하여 제공합니다.

목차

품사와 문장 구성 성분

품사

같은 성질을 가진 단어를 묶은 그룹을 품사라고 합니다. 이 중 문법의 기초가 되는 중요 품사는 명사, 대명사, 동사, 형용사, 부사입니다.

명사

사람, 사물, 장소 등 이름을 가리키는 말입니다.

I need a car.
저는 차가 필요합니다.
예 bank, Seoul, table, Susan

대명사

앞에 언급된 명사를 대신해서 쓰는 말로 같은 명사의 반복을 피하기 위해 쓰입니다.

I met a man. He is very rich.
저는 한 남자를 만났습니다. 그는 매우 부자입니다.
예 you, we, he, she, they

동사

사람의 행동이나 상태를 설명하는 말로 크게 be동사와 일반동사로 구분됩니다.

They live in England.
그들은 영국에서 살아요.
예 is, are, have, go, can

형용사

명사의 성질 및 상태를 나타내어 명사를 꾸며주거나 설명합니다.

We provide convenient customer service.
우리는 편리한 고객 서비스를 제공합니다.
예 good, full, strong, quick

부사

동사나 형용사를 보강하는 역할을 하며, 주로 시간, 빈도, 강도 등을 나타냅니다.

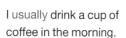

I usually drink a cup of coffee in the morning.
저는 보통 아침에 커피 한 잔을 마십니다.
예 today, very, never, here, soon

전치사

명사나 대명사의 앞에서 시간, 장소, 등을 나타냅니다.

There is a laptop computer on the table.
테이블 위에 노트북 컴퓨터가 있습니다.
예 in, at, on, about, for, to, by, with

접속사

동등한 문장 성분을 이어주는 역할을 합니다.

I bought some water and juice.
저는 물과 주스를 샀습니다.
예 and, but, or, so, because, if

감탄사

놀람, 기쁨, 당황 등 감정을 나타내는 역할을 합니다.

Oh, I'm sorry.
앗, 죄송합니다.
예 wow, really?, excellent!

문장 성분

두개 이상의 단어들이 모여 문장이 만들어지며 문장의 주요 구성 요소는 주어, 동사, 목적어, 보어입니다.

주어

문장의 주체에 해당하는 것으로 우리말에서는 누가, 무엇이에 해당합니다.

He works for ABC Electronics.　그는 ABC 전자에서 일합니다.

예 bank, Seoul, table, Susan

동사

주어의 상태나 행동을 나타냅니다.

He signed up for a membership.　그는 회원권을 신청했습니다.

예 is, are, have, go, can

목적어

동사의 행동 대상이 되는 말로 우리말에서는 ~을, ~를에 해당합니다.

We rescheduled your appointment.　저희가 귀하의 예약을 재조정했습니다.

예 receipt, reservation, food

보어

동사 뒤에서 사람이나 사물 등의 상태나 모습을 나타냅니다.

He is a student.　그는 학생입니다.

예 chef, teacher, famous

Tip

수식어

부사를 포함한 각종 수식어구는 문장 성분이 아닙니다.
문장 구조를 파악할 때 주의해야 합니다.

Jason arrived on time.　제이슨은 제시간에 도착했습니다.

예 late, in the afternoon, at night

동사
be동사

1 be동사는 ~이다, ~이/가처럼 주어의 상태를 나타내는 동사입니다. be동사의 형태는 주어의 인칭에 따라 달라집니다.

주어	현재형	과거형
I	am	was
He / She / It	is	was
We / You / They	are	were

- **I am a student.** 나는 학생이다.
- **She is my best friend.** 그녀는 내 가장 친한 친구이다.
- **I was a huge fan of a pop band called Westlife.** 나는 웨스트라이프라는 팝 밴드의 열렬한 팬이었다.

2 be동사 + 명사는 ~이다라는 의미입니다. 나이, 신장, 길이, 무게, 사이즈, 모양, 색상 등을 표현하기 위해 명사와 같이 사용 됩니다.

- **I am 35 years old.** 나는 35살이다.
- **The walls in my room are dark blue.** 내 방의 벽은 진한 파란색이야.

3 be동사 + 형용사는 ~하다라는 의미입니다. 상태나 기분을 표현할 때 쓰입니다.

- **It was hilarious!** 정말 재밌었어!
- **The music is always really loud.** 그 음악은 항상 정말 소리가 크다.

4 be동사 + 전치사는 ~에 있다는 의미입니다. 어디에 있는지 구체적인 설명을 더할 때 쓰입니다.

- **The concert hall is in Seoul.** 콘서트 홀이 서울에 있다.
- **They are normally in new modern buildings.** 그것들은 보통 새롭고 현대적인 건물에 있다.

5 There + be동사는 ~가있다라는 의미입니다. 사람, 사물의 존재 여부를 말할 때 쓰입니다.

- **There are a lot of funny moments.** 재미있는 순간이 많이 있다.
- **There is much more diversity.** 훨씬 더 다양한 것이 있다.

> **Tip** There + be동사에서 be동사는 뒤에 오는 명사의 수와 일치시킵니다.

A 빈칸에 알맞은 be동사를 써서 문장을 완성하세요.

1 It _____ important to me.
그것은 나에게 중요하다.

2 I _____ very diligent.
나는 매우 부지런하다.

3 We _____ all big fans of the video games.
우리 모두 그 비디오 게임의 열렬한 팬이었었다.

4 There _____ many interesting sights and sounds.
흥미로운 볼거리와 들을거리가 많았었다.

5 My favorite genre of music _____ rock music.
내가 가장 좋아하는 음악 장르는 록 음악이다.

B 괄호 안의 be동사 중에서 알맞은 것을 고르세요.

1 I (was / were) only about 5 or 6 years old.
나는 겨우 5살이나 6살 이었다.

2 I (am / is) really glad.
정말 다행이다.

3 There (is / are) many reasons why I like jogging there.
내가 그곳에서 조깅을 하는 것을 좋아하는 이유는 여러 가지가 있다.

4 The desserts at the restaurant (is / are) delicious.
그 음식점의 디저트는 맛있었다.

5 The internet (is / are) an amazing thing.
인터넷은 놀라운 것이다.

C 주어진 단어를 이용하여 문장을 완성하세요.

1 집에서 멀지 않다. (be not far from my house)

It _____.

2 나는 구매에 정말 만족했었다. (be happy with my purchase)

I _____.

3 할 말이 그리 많지 않다. (be not really much else to say)

There _____.

4 소프트웨어 선택지가 제한적이었었다. (be limited)

Software options _____.

5 생활용품이 정말 많다. (be many household items)

There _____.

D 주어진 문장을 알맞게 영작해 보세요.

1 그들은 학생이다.

_____.

2 저것들은 아름다운 그림들이다.

_____.

3 그 영화는 재미있다.

_____.

4 그 창문이 열려 있다.

_____.

5 마이크와 나는 좋은 친구다.

_____.

Unit 1

동사
일반동사

1   동사는 문장의 가장 많은 정보를 담고 있습니다. 동작이나 행동, 생각 등을 표현하며 ~하다라는 의미입니다. be동사를 제외한 나머지 동사들이 일반 동사에 속합니다.

- **I** usually **go** shopping.   나는 주로 쇼핑을 간다.
- **I** love **the atmosphere at rock concerts!**   나는 록 콘서트의 분위기를 정말 좋아해!

2   동사의 형태는 주어의 수에 따라 바뀝니다. 주어가 3인칭 단수일 때 동사 뒤에 -s, -es를 붙입니다.

대부분의 동사	동사원형 + s	see → sees start → starts perform → performs
-ch, -sh, -s, -x, -o로 끝나는 동사	동사원형 + es	wash → washes go → goes watch → watches
자음 + y 로 끝나는 동사	-y → -ies	carry → carries try → tries study → studies
모음 + y 로 끝나는 동사	-y → -ys	play → plays buy → buys enjoy → enjoys

> **Tip**   have 동사는 has로 바뀝니다.

- **She** often **goes** for a run.   그녀는 종종 달리기를 하러 간다.
- **Seoul** has **so many stores and restaurants.**   서울에는 가게와 식당이 많다.
- **He** watches **video clips every morning.**   그는 아침마다 비디오 클립을 본다.

3   일반동사가 있는 문장을 부정문으로 만들 때는 조동사 do, does를 씁니다.

주어	형태	축약형
I / We / You	do not + 동사원형	don't
He / She / It	does not + 동사원형	doesn't

- **I** don't **really listen to the radio that much.**   나는 라디오는 그닥 듣지 않는다.
- **It** doesn't **matter.**   상관없다.

A 다음 동사를 3인칭 단수 현재형으로 바꿔 보세요.

1 walk　　　➡ _____

2 have　　　➡ _____

3 cry　　　➡ _____

4 teach　　➡ _____

5 run　　　➡ _____

B 주어진 동사를 넣어 문장을 완성해 보세요.

1 He _____ economics at university. (study)
　　그는 대학에서 경제학을 공부한다.

2 I _____ to do a wide range of activities. (like)
　　나는 다양한 활동들을 하는 것을 좋아한다.

3 It _____ me unwind after a stressful day. (help)
　　스트레스 받는 하루를 보낸 후 긴장을 푸는데 도움이 된다.

4 It _____ great views over the city. (have)
　　도시를 내려다볼 수 있는 멋진 전망을 가지고 있다.

5 She _____ TV shows and movies on her laptop. (watch)
　　그녀는 노트북으로 TV프로그램과 영화를 본다.

C 밑줄 친 부분을 바르게 고쳐 쓰세요.

1 She <u>have</u> only four classes a day. ➡ _____
   그녀는 하루에 4개의 수업이 있다.

2 They <u>takes</u> a walk every morning. ➡ _____
   그들은 매일 아침 산책을 한다.

3 We <u>has</u> dinner at 6 every day. ➡ _____
   우리는 매일 6시에 저녁 식사를 한다.

4 He <u>love</u> animals very much. ➡ _____
   그는 동물을 아주 좋아한다.

5 They <u>wears</u> uniforms. ➡ _____
   그들은 유니폼을 입고 있다.

D 주어진 문장을 알맞게 영작해 보세요.

1 나는 TV 보는 것을 좋아하지 않는다.

   _____.

2 그는 아파트에 살지 않는다.

   _____.

3 나는 차를 가지고 있지 않다.

   _____.

4 그녀는 안경을 쓰지 않는다.

   _____.

5 나는 그의 이름을 모른다.

   _____.

시제
현재시제

1 동사는 문장에 대한 가장 많은 정보를 담고 있습니다. 현재, 과거, 미래의 동작이나 상태 등 어떤 일이 일어난 시기를 말합니다. 현재 시제는 현재의 상태뿐만 아니라 일상적인 행동, 일반적인 사실을 나타낼 때 씁니다.

- **I work** as a proofreader and editor for a fashion magazine company. 현재의 상태나 사실
  나는 패션 잡지 회사에서 교정자와 편집자로 일하고 있다.

- **I drink** a cup of coffee and eat my breakfast. 일상적인 행동 (반복적으로 해오고 있는 행동)
  커피 한 잔을 마시고 아침을 먹는다.

- **The earth** is round. 일반적인 사실, 진리
  지구는 둥글다.

2 진행형 시제는 말하고 있는 시점이나 그즈음에 진행되고 있는 상황을 나타냅니다. 오픽 시험에서는 진행형 시제를 활용한 답변은 드물게 쓰입니다.

시제	시점	뜻	형태
현재 진행	현재 시점	~하고 있다, ~하고 있는 중이다	am / are /is + 동사원형ing
과거 진행	과거의 한 시점에 진행	~하고 있는 중이었다	was / were + 동사원형ing
미래 진행	미래의 한 시점에서 진행	~하고 있었을 것이다	will be + 동사원형ing

Tip 현재 진행 시제는 잠시 후 할 행동에 대해 말하거나 이미 예정되어 있는 가까운 미래의 일을 말할 때도 쓰입니다.

- **I am going** there now. 현재진행형
  나는 지금 거기에 가고 있다.

- **I am going** to visit my parents' house next week. 현재진행형 (미래 의미)
  나는 다음주에 부모님 집에 방문할 거야.

- **I was doing** my laundry then. 과거진행형
  그때는 빨래를 하던 중이었어.

- **I will be doing** my laundry this Saturday afternoon. 미래진행형
  이번주 토요일 오후에는 빨래를 하고 있는 중 일거야.

3 동사의 진행형을 만드는 방법은 다음과 같습니다.

대부분의 동사	동사원형 + ing	see → seeing perform → performing
e로 끝나는 동사	e빼고 + ing	make → making write → writing
ie로 끝나는 동사	ie를 y로 바꾸고 + ing	lie → lying tie → tying
단모음 + 단자음으로 끝나는 동사	자음 한번 더 적고 + ing	shop → shopping begin → beginning

연습 문제

📖 정답 및 해설) p.4

A 괄호 안에서 알맞은 것을 고르세요.

1 We (be / are) going to have a party tomorrow.
우리는 내일 파티를 할 예정이다.

2 They are going (to visit / visiting) the museum next week.
그들은 다음주에 박물관에 방문할 예정이다.

3 I (was not listening / were not listening) at that time.
그 당시에는 내가 듣고 있지 않던 중이었다.

4 They (are living / were living) in Australia last year.
그들은 작년에 호주에 살고 있는 중이었다.

5 It (is not raining / was not raining) when I went out.
내가 외출했을 때는 비가 오는 중이 아니었다.

B 주어진 단어를 활용하여 시제에 맞는 진행형 문장을 만들어 보세요.

1 I _____ TV now. (watch)

나는 지금 TV를 보고 있는 중이다.

2 We _____ on a trip this Saturday. (go)

우리는 이번주 토요일에 여행을 갈거야.

3 He _____ at that time. (drive)

그는 그때 운전중이었다.

4 We will _____ dinner at 8. (have)

우리는 8시에 저녁을 먹고 있는 중 일거야.

5 My friend and I _____ bicycles this Sunday. (ride)

나와 내 친구는 이번주 일요일에 자전거를 탈 예정이야.

C 주어진 문장을 알맞게 영작해 보세요.

1 나는 은행에서 일한다.

_____.

2 나는 커피를 마시지 않는다.

_____.

3 나는 다음주에 치과의사에게 진료를 받을 것이다.

_____.

4 그는 매일 라디오를 듣는다.

_____.

5 나는 6시에 떠날 것이다.

_____.

Unit 2 시제
과거시제

1 과거에 했던 일이나 과거의 상태, 역사적인 사실 등에 대해 말할 때 쓰며, 사건 자체에 초점을 맞춥니다. 예전에 ~이었다, ~이 있었다라는 의미로 쓰입니다.

- **I just turned 33 last week.** 이미 끝난 과거의 동작이나 상태
  지난 주에 막 33살이 되었다.

- **Steve Jobs invented the iPhone in 2007.** 역사적 사실
  스티브 잡스는 아이폰을 2007년도에 발명했다.

2 동사의 과거형을 만들 때는 규칙 변화와 불규칙 변화가 있습니다.

① 규칙 변화

일반적인 경우	동사원형 + ed	walk → walked start → started
-e로 끝나는 동사	동사원형 + d	close → closed move → moved
자음 + y로 끝나는 동사	y를 i로 고치고 + ed	study → studied marry → married
모음 + y로 끝나는 동사	동사원형 + ed	play → played enjoy → enjoyed
단모음 + 단자음으로 끝나는 동사	동사원형 + 마지막 자음 + ed	plan → planned ban → banned

② 불규칙 변화

원형	과거형	원형	과거형
am, is	was	are	were
begin	began	take	took
break	broke	do	did
drink	drank	forget	forgot
say	said	buy	bought

Tip 동사원형과 과거형이 같은 동사도 있습니다.
예 cut, put, read, set

3 과거 시제는 특정 과거 시점을 나타내는 부사(구)와 함께 쓰입니다. 다음은 오픽 시험의 답변으로 활용할 수 있는 과거시점 부사구입니다. 과거 경험 관련 답변에 쓰입니다.

in + 과거 년도 ~년도에	at that time 그때에는, 그 당시에	last 지난	ago 전에

- The game was released in 2020.

  그 게임은 2020년도에 출시 되었다.

- At that time, I was quite overweight.

  그 당시에, 나는 상당히 과체중이었다.

- I borrowed an MP3 player from my friend last week.

  지난 주에 친구에게 MP3 플레이어를 빌렸다.

- I started to jog about 2 years ago.

  약 2년 전에 조깅을 시작했다.

연습문제
📖 정답 및 해설 p.5

A 괄호 안의 동사를 사용하여 문장을 완성하세요.

1 I _____ to Jeju last year with my friends. (go)

작년에 친구들과 함께 제주에 다녀왔다.

2 She _____ the best teacher I have ever met. (be)

그녀는 내가 만난 선생님 중 최고였다.

3 We _____ at the hotel for 3 days. (stay)

우리는 3일 동안 호텔에 묵었다.

4 Yesterday it _____ all morning. It _____ in the afternoon. (rain, stop)

어제는 오전 내내 비가 내렸다. 비는 오후에 멈췄다.

5 I wash the dishes every day, but I _____ do it yesterday. (do not)

나는 매일 설거지를 하는데 어제는 안 했다.

Unit 2

시제
현재완료시제

1 현재를 기준으로 과거에서 현재까지 계속되는 기간에 일어난 일에 대해 말할 때 씁니다. 오픽 시험은 경험을 묻는 질문이 등장하는데 과거 시제와 현재 완료 시제를 잘 구분해서 쓴다면 고득점을 받을 수 있습니다. ~해본 적이 있다, 없다, ~해 오고 있다의 의미를 답변에 활용 할 수 있습니다.

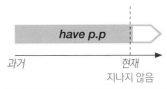

I / We / You / They	have	과거분사
He / She / It	has	

- TV shows have changed quite a lot since I was young. 현재도 달라진 상태
  내가 어렸을 때와는 TV 프로그램이 많이 달라졌다.

- It has become an important part of my life. 현재도 중요한 부분
  그것은 내 인생의 중요한 부분이 되었다.

> **Tip** 분사는 동사의 형태를 바꿔 형용사처럼 사용하는 것을 말합니다. 명사의 앞이나 뒤에서 명사를 꾸며주거나, 주어나 목적어의 상태나 동작을 보충 설명합니다.
>
> | 현재분사 | 동사원형 + -ing | 진행(~하고 있는), 능동(~하게 하는) |
> |---|---|---|
> | 과거분사 | 동사원형 + -ed | 완료(~한, ~해 버린), 수동(~가 된, ~를 당한) |

2 과거분사의 형태는 대부분 과거시제와 비슷합니다. (p.21 참조) 다음은 오픽 답변에 활용도가 높은 동사의 시제 변화표입니다.

have-had-had	take-took-taken	find-found-found	tell-told-told
make-made-made	become-became-become	spend-spent-spent	say-said-said
break-broke-broken	see-saw-seen	know-knew-known	feel-felt-felt
come-came-come	grow-grew-grown	do-did-done	think-thought-thought
leave-left-left	go-went-gone	hold-held-held	give-gave-given

3 현재완료시제는 4가지 뜻으로 쓰입니다.

뜻		해석	함께 쓰이는 단어
완료	과거에 시작된 일이 현재시점에서 막 끝남	지금 막 ~하였다	already, just, yet, now
경험	경험 여부	~한 적이 있다(없다)	ever, never, before, sometimes, ~times, once
계속	과거에 시작된 일이 현재까지 이어지고 지금도 계속 중인 일	쭉 ~해 오고 있다	for, since
결과	과거 동작의 결과가 현재까지 계속되는 일	~해 버렸다	go, come, leave 등등

> **Tip** 현재완료는 과거를 나타내는 표현과 함께 쓸 수 없습니다.
> I have lost my smartphone yesterday. (X)
> I lost my smartphone yesterday. (O)　　　　나는 어제 스마트폰을 잃어버렸다.
> I have lost my smartphone since Monday. (O) 나는 월요일부터 스마트폰을 잃어버렸다.

- I have already done my assignment. 완료
  나는 과제를 이미 완료했다.

- I have never been here before. 경험
  나는 이곳에 와본 적이 없다.

- He has worked at this company since 2017. 계속
  그는 2017년부터 이 회사에서 일하고 있다.

- My family and I have gone to Europe for our summer holiday. 결과
  우리 가족은 여름 휴가를 위해 유럽으로 갔다.

A 괄호 안에 들어갈 알맞은 말을 골라보세요.

1 I (received / haven't received) yet.
아직 받지 못했다.

2 The weather (was / has been) very humid and damp recently.
최근 날씨가 매우 습하고 눅눅하다.

3 I (called / have called) my brother since he's good with technology.
기술에 능숙한 동생에게 전화를 걸었다.

4 There (haven't / haven't been) any serious ones recently.
최근에는 심각한 일이 없었다.

5 I (always wanted / have always wanted) to go to Australia.
항상 호주에 가보고 싶었다.

B 괄호 안에 주어진 단어를 이용하여 현재완료시제 문장을 완성하세요.

1 She _____ watching reality shows since she was young. (enjoy)
그녀는 어렸을 때부터 리얼리티 쇼를 즐겨 봤다.

2 It _____ quite hard in the rural area these days. (rain)
요즘 지방에 꽤 많은 비가 내렸다.

3 Emily and I _____ at the café. (just arrive)
에밀리와 나는 방금 카페에 도착했다.

4 David _____ in Milan, Italy for 5 years. (live)
데이빗은 이탈리아 밀라노에서 5년 동안 살았다.

5 They _____ some international athletics competitions. (win)
그들은 국제 육상 대회에서 몇 차례 우승한 경험이 있다.

C 밑줄 친 부분이 맞으면 O, 틀리면 X로 표시하고 바르게 고치세요.

1 I bought this sofa in 2021.
나는 2021년에 이 소파를 샀다.

_____

2 We have already saw the movie.
우리는 이미 영화를 봤다.

_____

3 Julia and Robbin have visited London last year.
줄리아와 로빈은 작년에 런던을 방문했다.

_____

4 I didn't talk with him since I left the company.
내가 회사를 떠난 이후로 그와 이야기하지 않았다.

_____

5 Yesterday, I have decided to go hiking.
어제, 나는 하이킹을 하기로 결정했다.

_____

D 주어진 문장을 알맞게 영작해 보세요.

1 나는 이미 그 사람을 만났다.

_____.

2 우리는 전에 만난 적이 있다.

_____.

3 제인은 2018년부터 도쿄에 살고 있다.

_____.

4 그는 스마트폰을 잃어버렸다.

_____.

Unit

3 조동사

1 조동사는 동사의 앞에서 동사를 다양하게 표현할 수 있도록 도와주는 역할을 합니다. 조동사만 활용하여 문장을 만들 수 없으며, 동사원형과 함께 쓰입니다. 조동사를 잘 활용하면 오픽 질문에 다양한 답변을 할 수 있습니다.

① will, would, would like to 의지, 계획

will, would	~할 것이다, ~하겠다
would	~할 것이다, ~했을 것이다
would like to	~하고 싶다

- I will take them to a popular seafood restaurant.
  나는 그들을 인기있는 해산물 음식점에 데려갈 예정이다.

- I would say that I have less free time now than I had in the past.
  나는 예전보다 지금 자유 시간이 더 적다고 말하고 싶다.

- I would like to know about your latest experience going to the movies.
  너의 최근 영화 관람 경험에 대해 알고 싶다.

② can, could 가능, 능력, 허가

can	~할 수 있다, ~할 능력이 있다 (=be able to)
could	~할 수 있었다, ~할 가능성이 있다

- Household chores can only be done later in the evening.
  집안일은 저녁 늦게나 할 수 있다.

- I could feel how proud my grandfather was of me.
  할아버지가 나를 얼마나 자랑스러워 하는지 느낄 수 있었다.

③ can, may 허락, 허가, 추측

can	~해도 된다
may	~일지도 모른다, 아마 ~일 것이다, ~해도 좋다

- You can go home if you want.
  네가 원한다면 집에 가도 좋다.

- Some items may not be recyclable.
  어떤 품목들은 재활용이 되지 않을 수도 있다.

④ must, should 의무, 조언, 추측

| must | ~해야 한다, ~해야 할 필요가 있다, ~임에 틀림없다 |
| should | ~해야 한다, ~일 것이다 |

- These recyclables must be placed outside to be picked up.
  이 재활용품들이 수거될 수 있게 반드시 밖에 내놓아야 한다.

- I should probably try to be healthier.
  더 건강해지려고 노력해야 한다.

2 조동사는 주어의 인칭이나 수에 따라 변하지 않습니다.

- She can play the piano. (O)
  그녀는 피아노를 연주할 수 있다.

- She cans play the piano. (X)

3 조동사 뒤에는 반드시 동사원형을 씁니다.

- He can understand this problem. (O)
  그는 이 문제를 이해할 수 있다.

- He can understood this problem. (X)

4 조동사는 중복해서 사용할 수 없습니다.

- It will rain. (O)
  비가 올 것이다.

- It will can rain. (X)

5 조동사 can은 다른 조동사와 결합하여 쓸 때는 be able to를 씁니다.

- I will be able to jog this weekend.
  이번 주말에는 조깅을 할 수 있을 것이다.

- I would not be able to cook my meals without it.
  그것 없이는 요리할 수 없을 것이다.

- We should be able to meet the deadline on time.
  우리는 마감을 제시간에 맞출 수 있을 것이다.

6 be, do, have 동사는 진행형, 수동태, 의문문, 부정문, 완료시제를 만들 때 보조해 주는 조동사에 속합니다.

- I am working. 진행형
  일하는 중이다.

- I am told **to finish a project.** 수동태

  프로젝트를 완료하라는 지시를 받았다.

- Do you work **from 9 to 6?** 의문문

  9시부터 6시까지 일해?

- I don't work **on weekends.** 부정문

  나는 주말에 일하지 않는다.

- I have **finished the project recently.** 완료시제

  최근에 프로젝트를 완료했다.

  Tip do 동사는 의미를 강조하기 위해 쓰이기도 합니다.

  I do **trust you.** 나는 너를 정말로 신뢰해.

연습 문제

📖 정답 및 해설) p.5

A 괄호 안에서 알맞은 것을 골라보세요.

1 I will (needing / need) to work until 6 p.m.

오후 6시까지 일해야 한다.

2 Would I (can / be able to) schedule an appointment for tomorrow?

내일 예약을 잡을 수 있을까?

3 All garbage that people produce must (be / been) disposed of properly.

사람들이 생산하는 모든 쓰레기는 올바르게 처리 되어야 한다.

4 I can (remember / remembers) a time when I was late for a job interview.

내가 면접에 늦었던 때를 기억한다.

5 He (could / could be able to) see that I was nervous.

그는 내가 긴장하고 있다는 것을 알 수 있었다.

B 괄호 안에 들어갈 알맞은 조동사를 골라보세요.

1 (Will / Would) you like some drinks?

마실 것 좀 줄까?

2 Will you (can / be able to) go hiking with me?

나랑 같이 하이킹 갈래?

3 I (will / would) like to exchange this computer monitor for a different model.

이 컴퓨터 모니터를 다른 모델로 교환하고 싶어.

4 Kenney (do / does) work at The Bank of Korea.

케니는 정말로 한국 은행에서 일한다.

5 I'm sorry, but (do / would) you help me use this vending machine?

미안하지만 이 자판기 사용 좀 도와줄래?

C 주어진 우리말과 같은 뜻이 되도록 조동사를 빈칸에 써보세요.

1 지난 밤에 비가 많이 왔음에 틀림없다.

It _____ have rained a lot last night.

2 나는 주말마다 공원에서 산책을 하곤 했다.

I _____ go for a walk in the park every weekend.

3 다음으로 가능한 예약을 잡을게.

I _____ just take the next available appointment.

4 그녀는 가끔 자전거를 타기도 하지만 날씨에 따라 달라질 것이다.

On occasion, she _____ also go cycling, but this _____
depend on the weather.

5 나는 모든 도시가 모든 사람에게 충분히 감당할 수 있는 가격의 주택을 제공해야 한다고 생각한다.

I think every city _____ provide enough affordable housing for everyone.

Unit 4

의문문
의문문의 형태

1 IH등급 이상을 목표로 하는 수험자가 필요로 하는 역량은 장소 묘사, 특정 일과 설명, 순차적으로 과거 설명하는 것과 더불어 질문과 답변을 하는 능력입니다. 의문문에는 직접 의문문과 간접 의문문이 있는데, 오픽 시험에서는 직접 의문문을 쓰는 것이 좋습니다.

- Would you like to go and see a movie with me sometime? 직접 의문문
  언제 나랑 같이 영화 보러 갈래?

  - I am wondering whether you will go and see a movie with me or not. 간접 의문문
    나와 함께 영화를 보러 갈지 궁금해.

    Tip 간접의문문은 ask, know, tell, wonder 등과 같은 동사의 목적어로 쓰이는 의문문입니다.
    직접의문문은 의문사 + (조)동사 + 주어의 형태이고, 간접의문문은 의문사 + 주어 + 동사의 형태로 쓰입니다.

2 의문사가 없는 의문문을 일반 의문문이라고 하고, 의문사가 있는 의문문을 의문사 의문문이라고 합니다. 의문사는 what(무슨, 무엇을, 무엇이), who(누구), whose(누구의), when(언제), where(어디서), why(왜), which(어떤, 어떤 것을), how(어떻게)를 말합니다. be동사, 조동사 의문문을 만들 때는 be동사, 조동사와 주어의 위치를 바꿔야 합니다.

① 일반 의문문

be동사 의문문	be동사	주어	~	
조동사 의문문	조동사	주어	동사원형	~
일반동사 의문문	Do, Does, Did	주어	동사원형	~

- Are you a university student? be동사 의문문
  너는 대학생이니?

- Will you be a university student? 조동사 의문문
  너는 대학생이 될 예정이니?

- Did you visit the university? 일반동사 의문문
  그 대학교에 방문했었니?

② 의문사를 가진 의문문의 형태는 의문사 + 동사 + 주어입니다.

- Where do you usually watch movies?
  영화를 주로 어디서 보니?

A 문장을 읽고 의문문의 종류를 빈칸에 적어 보세요.

1 Who did you go with?
누구와 함께 갔니?
_____

2 Is it cheap or expensive?
그게 싸? 비싸?
_____

3 How frequently do you visit that restaurant?
얼마나 자주 그 음식점을 방문하니?
_____

4 Do you use the internet to do shopping?
인터넷을 쇼핑하는 용도로 사용하니?
_____

5 I'm wondering if there is a swimming pool.
수영장이 있는지 궁금해.
_____

B 다음 의문사의 뜻을 써보세요.

1 what _____

2 who _____

3 whose _____

4 when _____

5 where _____

6 why _____

7 which _____

8 how _____

4

의문문
be동사/조동사 의문문

1 be동사/조동사 의문문을 만들 때는 주어+동사의 순서를 동사+주어로 바꾸면 됩니다.

- **She is** a teacher. 평서문
  그녀는 선생님이다.

- **Is she** a teacher? be동사 의문문
  그녀는 선생님이야?

- **You will** be able to go on the cruise next month. 평서문
  당신은 다음달에 크루즈 여행을 갈 수 있을 것이다.

- **Will you** be able to go on the cruise next month? 조동사 의문문
  다음달에 크루즈 여행을 갈 수 있을까?

2 be동사 의문문은 be동사의 과거형을 씁니다.

- **Were** you surprised? 놀랐어?
- **Was** it amazing? 굉장했어?

연습 문제

정답 및 해설 p.6

A 괄호 안의 단어 중에서 알맞은 것을 골라보세요.

1 Can (go we / we go) home?
집에 가도 될까?

2 (Was / Were) you at the lecture room yesterday?
어제 강의실에 있었어?

3 (Is / Are) you aware of the time?
시간을 알고 있어?

4 Were (they taking / they take) my class?
내 수업을 듣고 있었어?

5 (Am / May) I ask you a favor?
부탁 하나 해도 될까?

B 다음 문장을 의문문으로 바꿔 보세요.

1 He is a professor.
그는 교수이다.

_____.

2 They are busy these days.
그들은 요즘 바쁘다.

_____.

3 They should tell her.
그들은 그녀에게 말해야 한다.

_____.

4 I may see you tomorrow before I leave.
내일 떠나기 전에 너를 볼 수 있을지도 몰라.

_____.

5 I could see Alison.
앨리슨을 볼 수 있었어.

_____.

의문문
일반동사 의문문

1 일반동사는 be동사와 조동사를 제외한 나머지 동사를 뜻합니다. be동사, 조동사와는 달리 일반동사는 의문문을 만들 때 일반동사를 주어 앞으로 옮길 수 없습니다. 일반동사 의문문은 주어를 그대로 두고 do동사를 주어 앞에 추가하여 의문문을 만듭니다.

- Do you like your room?
  너는 네 방을 좋아해?

- Does she speak English?
  그녀는 영어를 하니?(할 수 있어?)

- Did you go to school?
  학교에 갔었어?

2 현재완료시제의 의문문은 have/has+주어+동사의 과거분사형의 형태로 바꿉니다.

- Have you ever had to cancel your plans with someone?
  다른 사람과의 약속을 취소해야 했던 적이 있어?

- Has he finished the work already?
  그가 이미 일을 끝낸거야?

연습 문제　　　　　　　　　　　　　　　　　　　　　　📖 정답 및 해설 p.6

A 다음 문장의 빈칸에 알맞은 단어를 골라 보세요.

1 Does _____ play baseball?　　　　(it, he, they)
  그는 야구를 해?

2 Has _____ come yet?　　　　(she, you, they)
  그녀는 아직 안 왔어?

3 Does _____ matter what I think?　　　　(him, her, it)
  내 생각이 중요해?

4 Did _____ have a nice holiday?　　　　(he, she, you)
  즐거운 휴일 보냈어?

5 Have _____ heard about the accident?　(you, her, it)
  그 사고에 대해 들었어?

의문문
의문사 의문문

1 의문사 의문문에서 의문사는 묻고자 하는 내용의 문장에서 품사적 기능과 일치하는 의문사를 선택해야 합니다.

의미	의문사
누구	who
누구의	whose
누구를	whom
무엇	what
어느 것	which
언제(시간)	when
어디서(장소)	where
왜(이유)	why
얼마나(수, 양), 어떻게(방법)	how

2 본동사의 형태에 따른 의문사 의문문의 형태는 다음과 같습니다.

be동사	의문사 + be동사 + 주어
일반동사	의문사 + do + 주어 + (본동사)
조동사	의문사 + 조동사 + 주어 + (본동사)
의문 형용사 what, which, whose	의문형용사 + 명사 + 동사 + 주어
의문 부사 how	How + 형용사 + (명사) + 동사 + 주어

- How many rooms are there? how + 형용사
  방은 몇 개야?

- When was it? 본동사가 be동사
  언제였니?

- Why do you jog? 본동사가 일반동사 jog
  왜 조깅을 해?

- How can I get to the station? how + 조동사 can
  역으로 가려면 어떻게 가야해?

- What do you do when you have spare time?
  What 다음의 do는 조동사, you 다음의 do는 하다의 뜻을 가진 일반동사
  여가 시간이 있을 때 뭘 해?

연습 문제

A 주어진 의문사를 넣어 의문문으로 바꿔 보세요.

1 **She is tired.** (why) _____.
그녀는 피곤하다.

2 **Brian bought a laptop.** (where) _____.
브라이언은 노트북을 샀다.

3 **You go to the station.** (how) _____.
당신은 역에 갔다.

4 **You keep working.** (how) _____.
당신은 계속 일하고 있다.

5 **You called me.** (when) _____.
당신은 내게 전화했었다.

B 다음 문장의 빈칸에 알맞은 의문사를 넣어보세요.

1 _____ is the weather like?
날씨가 어때?

2 _____ do you go to the library?
도서관은 언제 가?

3 _____ did you go?
어디로 갔어?

4 _____ many rooms are there?
거기에 방이 몇 개 있어?

5 _____ park do you go to and _____ do you go with?
어느 공원에 누구와 함께 가?

Unit 5

to부정사
to부정사 용법

1 부정사는 정해지지 않은 말이라는 뜻입니다. 영어 문장에서는 품사가 정해져 있지 않은 말이라고 이해하면 됩니다. 품사가 정해져 있지 않기 때문에 명사, 형용사, 부사로 사용할 수 있습니다. to+동사원형의 형태로 씁니다.

2 to부정사가 문장에서 명사 역할을 하는 것을 to부정사 명사적 용법이라고 합니다. 명사 역할이니 주어, 목적어, 보어로 사용할 수 있는데 동사의 목적어로 사용하는 경우가 가장 많습니다. ~하는 것, ~하기라는 의미로 쓰입니다.

주어	동사	목적어
I	would like	to climb the mountain.

나는 그 산에 오르고 싶다.

주어	동사	보어
To prepare for the test	was	hard.

그 시험을 준비하는 것은 어려웠다.

> **Tip** to부정사는 명사 역할을 할 수 있으므로 주어 자리에 올 수 있습니다.

3 to부정사 형용사적 용법은 to부정사가 문장에서 형용사 역할을 합니다. 주로 명사를 꾸며줍니다. ~할, ~하는이라는 의미로 쓰입니다.

주어	동사	목적어	수식어 (형용사)
I	have	some questions	to ask you.

네게 물어볼 질문들이 좀 있다.

4 to부정사 부사적 용법은 to부정사가 문장에서 부사 역할을 합니다. ~하기 위해서, ~하기에라는 의미로 쓰입니다.

주어	동사	수식어 (부사)
She	came early	to take a train.

그녀는 기차를 타기위해 일찍 왔다.

5 주어 자리에 오는 to부정사가 긴 경우에는 가주어 It을 쓸 수 있습니다.

- To travel all across Spain is my goal for this year.

　　　주어　　　　　　　동사　　　보어

  스페인 전역을 여행하는 것이 올해 내 목표다.

- It is my goal for this year to travel all across Spain.

가주어　동사　　　보어　　　　　　　주어

연습 문제　　　　　　　　　　　　　　　📖 정답 및 해설 p.7

A 다음 문장을 보고 해당하는 to부정사 용법을 적어보세요.

1 To know oneself is not easy.

　자신을 아는 것은 쉽지 않다.　　　　　　　　　_____

2 I had to study hard to pass the test.

　나는 시험을 통과하기 위해 열심히 공부해야 했다.　_____

3 We have an opportunity to have a new office.

　우리는 새로운 사무실을 가질 기회가 생겼다.　　　_____

4 The movie seemed to be interesting.

　영화가 재미있을 것 같다.　　　　　　　　　　　_____

5 He was surprised to see me.

　그는 나를 보고 놀랐다.　　　　　　　　　　　_____

B 괄호 안에서 알맞은 것을 골라보세요.

1 We decided (to see / to saw) a movie.

우리는 영화를 보기로 했다.

2 I want (read / to read) a webtoon.

웹툰을 읽고 싶다.

3 I have a lot of work (to do / to done).

나는 할 일이 많다.

4 When I am going on a trip, I always take something (to reading / to read).

여행을 갈 때는 항상 읽을 것을 가져 간다.

5 She works out every day (staying / to stay) healthy.

그녀는 건강을 유지하기 위해 매일 운동을 한다.

C to부정사를 활용하여 주어진 문장을 알맞게 영작해 보세요.

1 집에 가고 싶다.

_____.

2 이 문제를 푸는 것은 어렵다.

_____.

3 그 말을 들어서 유감이다.

_____.

to부정사
to부정사의 문장 성분

1 to부정사는 품사로 보면 명사, 형용사, 부사로 나눌 수 있고, 문장 성분으로 보면 주어, 목적어, 보어, 수식어로 나눌 수 있습니다.

문장성분	품사	예문
주어	명사	To read a book is important.
목적어	명사	I like to read horror fiction.
보어	명사	The best way is to read news contents every day.
	형용사	This fiction seems to be interesting.
수식어	형용사	I need something to read.
	부사	I wake up early to read a book.

연습 문제　　　　　　　　　　　　　　　　　　　　　　　　　　　📖 정답 및 해설 p.7

A 밑줄 친 to부정사의 의미로 알맞은 것을 고르세요.

1 <u>To learn English</u> is not easy.
(~하는 것, ~하기 / ~할, ~하는 / ~하기 위해, ~하기에)

2 The lecture was hard <u>to understand</u>.
(~하는 것, ~하기 / ~할, ~하는 / ~하기 위해, ~하기에)

3 He promises me <u>to support</u> the project.
(~하는 것, ~하기 / ~할, ~하는 / ~하기 위해, ~하기에)

4 It is time <u>to go</u> to work.
(~하는 것, ~하기 / ~할, ~하는 / ~하기 위해, ~하기에)

5 I am going to the museum <u>to see the paintings</u>.
(~하는 것, ~하기 / ~할, ~하는 / ~하기 위해, ~하기에)

Unit 6 동명사

1 동명사는 이름 그대로 동사가 명사로 쓰이는 것입니다. 형태는 동사원형에 -ing를 붙이고 ~하는 것, ~하기의 의미를 가집니다.

동사원형	동명사
work 일하다	working 일하는 것
watch 보다	watching 보는 것
jog 조깅하다	jogging 조깅하는 것

- My hobby is watching movies.
  내 취미는 영화보기이다.

- Why do you like jogging in those places?
  왜 그 장소에서 조깅하는 것을 좋아해?

2 동명사는 문장에서 주어, 목적어, 보어의 역할을 합니다.

주어	Buying items online is easy. 온라인으로 상품을 구매하는 것은 쉽다.
목적어	He recommended visiting the restaurant. 그는 그 음식점을 방문하는 것을 추천했다.
보어	My hobby is listening to music. 내 취미는 음악을 듣는 것이다.

3 동명사만을 목적어로 취하는 동사는 아래와 같습니다. 아래 동사들 뒤에는 동명사가 위치해야 합니다.

enjoy 즐기다
consider 고려하다
recommend 추천하다
suggest 제안하다
quit 그만두다
dislike 싫어하다

practice 시행하다
keep 계속 ~하다
avoid 피하다
deny 부인하다
include 포함하다
mind 꺼리다

- We enjoy watching short clips.
  우리는 짧은 영상을 보는 것을 즐긴다.

- Most people in my country practice recycling.

  우리나라에서는 대부분의 사람들이 재활용을 실천하고 있다.

4 동명사가 주어로 쓰일 때는 단수로 취급합니다.

- Watching movies is my hobby.

  영화보기는 내 취미이다.

- Living in a big city has many advantages.

  대도시에 사는 것은 많은 장점을 가지고 있다.

연습 문제

정답 및 해설 p.8

A 아래 동사의 동명사 형태를 적어보세요.

1 watch   _____

2 buy   _____

3 shop   _____

4 read   _____

5 go   _____

B 다음 밑줄 친 부분이 틀리면 바르게 고쳐 쓰고 옳다면 OK라고 적으세요.

1 Listening to some hip hop and dance music <u>are</u> my hobby.

  내 취미는 힙합, 댄스 음악을 듣는 것이다.

  _____.

2 Learning a new language <u>is</u> not only fun, but also very useful.

  새로운 언어를 배우는 것은 재미있을 뿐만 아니라 외국을 방문할 때 매우 유용하다.

  _____.

3 Playing video games <u>are</u> fun.
비디오 게임을 하는 것은 재미있다.

   _____.

4 Visiting a foreign country <u>is</u> so much fun.
외국을 방문하는 것은 너무 재미있다.

   _____.

C 우리말 문장과 일치하도록 동명사를 이용해 문장을 완성하세요.

1 우리는 스페인 여행을 기대하고 있다. (travel)

   We are looking forward to _____ to Spain.

2 그는 춤을 잘춘다. (be good at, dance)

   _____

D 괄호 안에서 알맞은 것을 골라보세요.

1 I would like (to go / going) there.
나는 그곳에 가고 싶다.

2 I don't feel like (to go / going) out today.
오늘은 밖에 나가고 싶지 않다.

3 Would you mind (to close / closing) the door?
문을 닫아도 괜찮을까?

4 We went to the park instead of (to watch / watching) TV at home.
우리는 집에서 TV를 보는 대신 공원에 갔다.

Unit 7

형용사와 부사
형용사

1   형용사는 사람이나 사물, 개념 등의 모습이나 상태를 나타내는 말입니다. 우리말에서는 어떤~에 해당하며 명사를 수식해주거나 구체화해줍니다. 형용사는 명사를 수식하기 때문에 항상 형용사 뒤에 명사가 위치합니다.

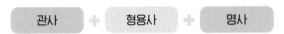

- There is a huge mountain range.
  큰 산맥이 있다.

- We are big fans of the band.
  우리는 그 밴드의 열렬한 팬이다.

- I have a clear memory of shopping with my mother.
  엄마와 함께 쇼핑을 했던 기억이 생생하다.

2   또한 보어의 자리에도 위치할 수 있습니다. be동사 뒤에는 반드시 보어가 필요하고 이 때 형용사가 보어로 쓰여 어떠하다, ~적이다의 의미를 가집니다.

- The site is easy to navigate.
  그 사이트는 탐색하기 쉽다.

- Modern computers are much more lightweight.
  최신 컴퓨터는 훨씬 더 가볍다.

- The computer was large and very heavy.
  컴퓨터는 크고 매우 무거웠다.

3   형용사는 주로 아래와 같은 어미형을 가집니다. 단어의 끝에 오는 패턴으로 품사를 유추할 수 있습니다.

-ous	dangerous conscious various
-tive	creative active positive
-sive	expensive impressive excessive
-ful	beautiful wonderful powerful
-al	professional social
-ic	fantastic hectic

4 주된 형용사 어미형의 형태가 아닌 동사 -ing, 동사 -ed 형태도 형용사로 쓰입니다.

-ing	promising 유망한 rising 상승하는 missing 분실된 challenging 도전적인 outstanding 뛰어난
-ed	crowded 혼잡한 complicated 복잡한 required 필수의 limited 제한된 experienced 경험이 많은

- One of the most promising industries in my county is entertainment.

  우리나라의 유망한 산업들 중 하나는 엔터테인먼트이다.

- Volunteering is very rewarding.

  자원 봉사하는 것은 보람 있다.

- It's on sale for a limited time.

  그것은 한정된 시간동안 판매된다.

- The concert hall is crowded.

  그 콘서트 홀은 혼잡하다.

5 many, much, a lot of, lots of로 수나 양을 나타낼 수 있습니다. 이 때, 뒤에 따라오는 명사가 셀 수 있는지에 따라 사용 가능한 수량 형용사가 달라집니다.

many	There are many household items. 생활용품이 정말 많다.
much	People spend too much time on it. 사람들은 그것에 너무 많은 시간을 보낸다.
a lot of (lots of)	I spend a lot of time studying. 나는 공부하는 데에 많은 시간을 보낸다.

- I spend too much time watching TV shows.

  나는 TV 쇼를 보는 데 너무 많은 시간을 보낸다.

- Many people attended the concert.

  많은 사람들이 콘서트에 참석했다.

연습 문제

A 아래 문장에서 형용사에 동그라미 표시하세요.

1 The site is easy to navigate.
그 사이트는 탐색하기 쉽다.

2 It's a perfect place for me.
나에게 완벽한 곳이다.

3 The music is loud.
그 음악은 소리가 크다.

4 The building is old.
그 건물은 오래됐다.

5 The place is spacious.
그 장소는 넓다.

B 우리말 문장과 일치하도록 아래 형용사를 이용해 문장을 완성하세요.

local wonderful special clean healthy international modern

1 나는 현지 음식을 맛보는 것을 정말 좋아한다.

I really love to try the _____ cuisine.

2 내 첫 해외 휴가는 가족 여행이었다.

My first _____ vacation was a family trip.

3 좋은 추억이 많이 남아 있다.

I have so many _____ memories of it.

4 그 아파트는 깨끗하고 현대적이다.

The apartment is _____ and _____.

5 내게 아주 특별한 대화였다.

It was a very _____ conversation to me.

C 다음 밑줄 친 부분이 틀리면 바르게 고쳐 쓰고 옳다면 OK라고 적으세요.

1 I spend a lot of time studying and working a part-time job in a café.

나는 많은 시간을 공부하고 카페에서 아르바이트를 한다.

_____

2 Seoul has so much stores and restaurants.

서울에는 가게와 식당이 정말 많다.

_____

3 There were much interesting sights and sounds.

흥미로운 볼거리와 들을 거리가 많다.

_____

4 There are many things to prepare when you go away for a trip.

여행을 떠날 때는 준비해야 할 것이 많다.

_____

5 I don't have many money to spend.

나는 돈이 별로 없다.

_____

D 우리말 문장과 일치하도록 알맞은 형용사를 넣어 문장을 완성하세요.

1 내 여동생은 매우 건강한 사람이다.

My sister is a very _____ person.

2 나는 가벼운 아침 식사와 커피를 마신다.

I just have _____ breakfast and some coffee.

3 그녀는 종종 동네 공원을 산책하거나 헬스장에서 근력 운동을 한다.

She often goes for a run around our _____ park or lifts weights at the gym.

형용사와 부사
부사

1 부사는 문장의 필수 성분은 아니지만 수식어로서 의미를 구체화시키거나 명확하게 나타낼 수 있습니다. 부사는 동사, 형용사를 수식하고 문장 전체를 수식할 수 있습니다.

동사 수식	I recently took up cycling. 나는 최근 자전거 타기를 시작했다.
형용사 수식 (형용사 앞)	I take my dogs for a really long walk. 나는 반려견들을 데리고 아주 오랫동안 산책을 한다.
문장 전체 수식 (문장 시작)	Overall, it was a successful shopping trip, and I was really happy with my purchase. 전반적으로 성공적인 쇼핑이었고 구매에 정말 만족했다.

- My mother would normally buy me a small toy.

  어머니는 보통 작은 장난감을 사줬다.

- First, the stage is very close to the crowd area.

  먼저, 무대가 관중석과 매우 가깝다.

- Actually, I went to a concert last weekend.

  사실, 나는 지난 주말에 콘서트에 갔다.

2 부사는 주로 형용사에 –ly를 붙여 만들어집니다. 하지만 예외적인 경우와 형용사와 부사의 형태가 동일한 경우도 있습니다.

형용사 + ly	easy – easily 쉽게 correct – correctly 정확하게 usual – usually 보통, 일반적으로 convenient – conveniently 편리하게
예외적인 형태	well 잘 soon 곧 very 매우
형용사 = 부사	fast 빠른/빠르게 late 늦은/늦게 hard 열심인/열심히 enough 충분한/충분히 early 이른/일찍

3 빈도 부사는 얼마나 자주에 대한 정보를 나타내는 부사입니다. 자주 쓰이는 부사를 익혀두고 문장 속 위치도 반드시 알아두세요.

be동사 뒤 조동사 뒤 일반동사 앞 문장 끝	always 항상 usually 보통 frequently 자주 often 자주 sometimes 가끔 occasionally 가끔 never 절대 ~않다

- I'll never forget that phone call.

  나는 그 전화 통화를 절대 잊지 않을 거야.

- He always sleeps late at night.

  그는 항상 밤 늦게 잔다.

- I visit my grandmother's house often.

  나는 할머니 댁에 자주 방문한다.

📖 정답 및 해설 p.8

연습 문제

A 아래 문장에서 부사에 동그라미 표시하세요.

1 I've recently become a fan of Drake.

나는 최근에 드레이크의 팬이 되었다.

2 I really like his lyrics and the way he mixes rapping with singing.

그의 가사와 랩과 노래를 섞는 방식이 정말 마음에 든다.

3 I get on well with all my colleagues.

나는 내 동료들과 잘 지낸다.

4 I definitely need my own time.

나는 확실히 나만의 시간이 필요하다.

5 It's very quiet and peaceful.

매우 조용하고 평화롭다.

B 우리말 문장과 일치하도록 아래 부사를 이용해 문장을 완성하세요.

definitely   highly   normally   never   often

1 영화관은 보통 아이들로 가득 차 있다.

The cinema is _____ filled with kids.

2 적극 추천해.

I _____ recommend it.

3 그것을 해 볼 기회가 없었다.

I _____ had a chance to do that.

4 스코틀랜드는 언젠가 꼭 다시 방문하고 싶은 나라이다.

Scotland is _____ a country that I'd like to visit again someday.

5 나는 보통 출퇴근할 때나 운동할 때 음악을 듣는다.

I _____ listen to music when I'm commuting and when I'm exercising.

C 다음 밑줄 친 부분이 틀리면 바르게 고쳐 쓰고 옳다면 OK라고 적으세요.

1 I definitely am looking forward to my next visit to Casa Amigos.
카사 아미고스의 다음 방문이 정말 기대 된다.

_____

2 I have usually a nice chat with the bank employees.
나는 보통 은행 직원들과 즐거운 대화를 나눈다.

_____

3 My favorite is probably Metacritic.
가장 좋아하는 사이트는 아마도 메타크리틱일 것이다.

_____

D 우리말 문장과 일치하도록 알맞은 부사를 넣어 문장을 완성하세요.

1 은행을 방문할 때 내가 하는 일은 기본적으로 이정도이다.

That's _____ all I do when I visit the bank.

2 나는 보통 환전을 위해 은행에 간다.

I _____ go to the bank to exchange currency.

3 나는 그 채팅방을 발견한 것이 정말 좋아.

I'm _____ glad I discovered that chatroom.

Unit

8 비교급과 최상급

1 비교급은 두 가지 대상을 비교, 대조할 때 형용사나 부사에 -er, more을 붙여 사용합니다. 최상급은 -est, the most를 붙여 가장 ~한의 의미로 사용됩니다.

원급	비교급	최상급
tall	taller	the tallest
fast	faster	the fastest
cheap	cheaper	the cheapest
hot	hotter	the hottest
busy	busier	the busiest

- It was a lot easier and faster back then.
  그 당시에 그것은 훨씬 쉽고 빨랐다.

- She is probably the healthiest person I know.
  그녀는 아마도 내가 아는 사람 중 가장 건강한 사람일 것이다.

2 길이가 긴 형용사나 부사의 경우 more, the most를 붙여 비교급과 최상급을 만듭니다.

원급	비교급	최상급
boring	more boring	the most boring
important	more important	the most important
easily	more easily	the most easily
difficult	more difficult	the most difficult

- My doctor recommended that I do more physical activities.
  의사는 나에게 더 많은 신체 활동을 권했다.

- When I was young, the most popular TV show was Friends.
  내가 어렸을 때 가장 인기 있었던 TV 프로그램은 프렌즈였다.

3 불규칙하게 변화하는 비교급 최상급 형태는 빈출 형용사, 부사 위주로 암기합니다.

원급	비교급	최상급
good	better	the best
bad	worse	the worst
many	more	the most
little	less	the least

- I feel I can experience the local culture better.
  나는 현지 문화를 더 잘 느낄 수 있다고 생각한다.
- In my opinion, the best way to listen to music is at a concert.
  내 생각에는 음악을 듣는 가장 좋은 방법은 콘서트에 가는 것이다.

연습 문제   📖 정답 및 해설 p.9

A 아래 원급 형용사의 비교급과 최상급을 적어보세요.

원급	비교급	최상급
tall		
fast		
hot		
boring		
important		
good		
many		

B 우리말 문장과 일치하도록 주어진 단어를 비교급으로 만들어 문장을 완성하세요.

1 그 당시에 그것은 훨씬 쉽고 빨랐다. (easy, fast)

It was a lot _____ and _____ back then.

2 우리나라에서 휴가를 보내는 것이 훨씬 더 저렴하다. (affordable)

It is much _____ to have a vacation in my own country.

3 그 집은 지금 살고 있는 아파트보다 컸다. (big)

The house was _____ than my current apartment.

4 그녀는 그녀의 여동생보다 나이가 많다. (old)

She is _____ than her sister.

5 이것보다 더 저렴한 것이 있을까? (cheap)

Do you have anything _____ than this?

> **Tip** 비교급 + than ~보다 (형용사/부사)하다 라는 의미로 구체적인 비교 대상이 있을 경우 than을 사용하여 ~보다 ~하다라는 의미로 구체화시킬 수 있습니다. 오픽 시험에서는 비교/대조/변화 문제, 롤플레이 질문하기 유형에서 활용도가 높습니다.
>
> - Do you have anything cheaper than this?
>   이것보다 더 저렴한 것이 있나요?
>
> - I would say that I have less free time now than I had in the past.
>   저는 예전보다 지금 자유 시간이 더 적다고 말하고 싶어요.
>
> - They are more convenient than traditional computers.
>   그것들은 기존 컴퓨터보다 더욱 편리해요.

6 나는 재활용 정책을 이해하는 것보다 재활용을 실천하는 것이 더 중요하다고 생각한다. (important)

I think it is _____ to practice recycling rather than only understand on recycling policies.

7 집에서 휴가를 보내기에 이보다 더 좋은 방법은 없을 것 같다. (good)

I can't think of a _____ way to spend my vacation at home.

C 우리말 문장과 일치하도록 주어진 단어를 최상급으로 만들어 문장을 완성하세요.

1 이것이 가장 저렴한 것일까? (cheap)

Is this _____ one?

2 몇 년 사이 가장 더운 여름이었다. (hot)

It was _____ summer in years.

3 내게 가장 기억에 남는 부분은 화려한 조명쇼였다. (memorable)

_____ part for me was the spectacular light show.

4 내 생각에는 음악을 듣는 가장 좋은 방법은 콘서트에 가는 것이다. (good)

In my opinion, _____ way to listen to music is at a concert.

5 요즘 사람들이 가장 흔하게 사용하는 기술은 단연 스마트폰이다. (common)

Obviously, _____ piece of technology that people use these days is smartphones.

D 우리말 문장과 일치하도록 알맞은 비교급이나 최상급 형태를 넣어 문장을 완성하세요.

1 가장 인기 있는 활동 중 하나는 시골을 탐험하는 것이다.

One of ＿＿＿＿＿＿＿＿＿＿＿＿ things to do is to explore the countryside.

Tip one of the 최상급 복수명사 가장 ~한 것들 중 하나라는 의미로 오픽 답변으로 활용도가 높은 표현이니 꼭 암기해주세요.

2 최신 컴퓨터는 훨씬 더 발전되고 강력하다.

Modern computers are much ＿＿＿＿＿ advanced and powerful.

3 그것은 내 인생에서 가장 기억에 남는 경험이었다.

It was ＿＿＿＿＿＿＿＿＿＿＿ experience in my life.

Tip 경험을 이야기하는 콤보 문제에서 활용도가 높은 the most memorable 표현을 반드시 알아두세요. 답변의 시작이나 마무리에 사용할 수 있습니다.

접속사와 전치사
접속사

1 접속사는 단어와 단어, 구와 구, 문장과 문장을 이어줍니다.

[단어/구/문장] + [접속사] + [단어/구/문장]

- It makes me feel energized and positive.
  활력이 넘치고 긍정적인 기분이 들게 한다.

- The apartment is clean, modern, and spacious, but it's located in an urban gray space.
  아파트는 깨끗하고 현대적이고 넓지만, 도시의 회색 공간에 위치해 있다.

- It all depends on what I plan to do with my friends or family members.
  친구들 혹은 가족들과 함께 무엇을 할 계획인지에 따라 다르다.

2 오픽 시험 답변에 주로 사용하는 접속사는 아래와 같습니다. 등위 접속사는 문법적으로 같은 것들을 연결해 주는 접속사로 and, but, so, or이 오픽 답변에서 주로 사용됩니다.

① 등위 접속사

and 그리고	I put milk and sugar in my coffee. 나는 커피에 우유와 설탕을 넣는다.
but 그러나	He is smart but lazy. 그는 똑똑하지만 게으르다.
so 그래서	It rained so we couldn't go out. 비가 와서 밖에 나갈 수 없었다.
or 또는	Is it for here or to-go? 여기서 드실 건가요 아니면 가져가실 건가요?

3 오픽 시험 답변에 주로 사용하는 접속사는 아래와 같습니다. 종속 접속사는 말 그대로 부가적인 문장이 주가 되는 문장에 종속되어 의미를 더해주며 두 문장을 이어주는 접속사입니다. 오픽 시험에서는 전후를 나타내는 시간, 원인과 결과 등이 주로 사용됩니다.

① 종속 접속사

because 왜냐하면	I settled for the blue one, because the store clerk offered me a ten percent discount. 점원이 10% 할인을 제안해줬기 때문에 파란색으로 만족했다.

if 만약 ~하면	If you start watching the show, you can finish it around 5pm. 그 프로그램을 보기 시작한다면, 오후 5시 정도에 끝낼 수 있을 것이다.
when ~할 때	When I was young, I had more free time. 내가 어렸을 때, 더 많은 자유 시간이 있었다.
before ~전에	We had dinner before we went to the theater. 우리는 영화관에 가기 전에 저녁을 먹었다.
after ~후에	I love to go shopping after I receive my monthly salary. 나는 월급을 받은 후에 쇼핑하러 가는 것을 좋아한다.

- I like to call my brother to chat about new video games and music, because we have similar tastes.
  형에게 전화해서 새로운 비디오 게임과 음악에 대해 이야기하는 것을 좋아하는데, 취향이 비슷하기 때문이다.

- If you have any interest in these types of things, I highly recommend checking out Metacritic.
  이런 분야에 관심이 있다면 메타크리틱을 확인해 보길 강력히 추천한다.

- I didn't have these commitments when I was younger.
  어렸을 때는 이런 의무가 없었다.

- After I get dressed, I drink a cup of coffee and eat my breakfast.
  옷을 입은 후에는 커피 한 잔을 마시고 아침을 먹는다.

- I normally have to wait in line before I can speak with a bank clerk.
  은행 직원과 상담하기 전에 보통 줄을 서서 기다려야 한다.

연습 문제

📖 정답 및 해설 p.9

A 아래 문장에서 접속사에 동그라미 표시하세요.

1 It makes me feel energized and positive.
   활력이 넘치고 긍정적인 기분이 들게 한다.

2 The internet is an amazing thing, but there are several concerns people have about it.
   인터넷은 놀라운 것이지만 사람들이 인터넷에 대해 몇 가지 우려하는 사항이 있다.

3 I had never spoken with strangers online before, so I didn't know what to expect.
   온라인에서 낯선 사람과 대화를 해본 적이 없어서 무엇을 기대해야 할지 몰랐다.

4 When I first made an account and visited the chatroom, I was a bit nervous.

처음 계정을 만들고 채팅방을 방문했을 때 나는 약간 긴장했다.

5 I graduated a few years ago, but my grandfather was unable to attend my graduation ceremony.

나는 몇 년 전에 졸업했는데, 할아버지는 졸업식에 참석하지 못하셨다.

B 우리말 문장과 일치하도록 아래 접속사를 이용해 문장을 완성하세요.

because if when before after

1 내가 어렸을 때, 더 많은 자유 시간이 있었다.

_____ I was young, I had more free time.

2 새 코트를 쇼핑하기 전에 무엇을 살 지 결정했다.

_____ I went shopping for my new coat, I decided what to buy.

3 조깅 후에는 가벼운 아침 식사와 커피를 마신다.

_____ I jog, I just have a light breakfast and some coffee.

4 형에게 전화해서 새로운 비디오 게임과 음악에 대해 이야기하는 것을 좋아하는데, 취향이 비슷하기 때문이다.

I like to call my brother to chat about new video games and music, _____ we have similar tastes.

5 이런 종류의 서비스에 관심이 있다면 인스타그램을 확인해 보길 추천한다.

_____ you have any interest in these types of services, I recommend checking out Instagram.

Unit 9 접속사와 전치사
전치사

1 전치사는 명사 앞에 위치하여 주로 시간, 장소 등을 나타냅니다. 전치사 뒤에 쓰이는 명사가 어떤 의미인지에 따라 시간, 장소, 방법, 이유, 원인, 결과 등 다양한 의미를 나타냅니다.

| 전치사 | | 명사, 대명사, 동명사 |

① 시간 전치사

at ~에	시각	at 8 A.M. 오전 8시에 at night 밤에
on ~에	날짜, 요일	on Monday 월요일에 on April 9th 4월 9일에
in ~에	연도, 계절, 월	in 2002 2002년에 in summer 여름에 in July 7월에
during ~동안	일반 명사	during the summer vacation 여름 방학동안
for ~동안	수치가 있는 기간	for about 5 years 약 5년동안

- I can go out on my bike whenever I have free time, even early in the morning or late at night.
  이른 아침이나 늦은 밤에도 여유 시간이 생기면 언제든 자전거를 타고 나갈 수 있다.

- On December 15th, the recycling system will be changed.
  12월 15일에 재활용 시스템이 변경될 것이다.

- I can stay cool while jogging in summer.
  나는 여름에 조깅을 하는 동안 시원함을 유지할 수 있다.

- We even got to say a few words during the scene.
  우리는 촬영 중에 몇 마디 할 수 있는 기회도 얻었다.

- I have been listening to them for about 5 years.
  나는 약 5년정도 그들의 음악을 들어왔다.

2 시간 전치사 뿐만 아니라 장소 전치사도 상황을 설명하고 구체적인 장소나 위치를 이야기할 때 사용됩니다.

① 장소 전치사

at ~에	위치, 지점	at the park 공원에서 at the bus station 버스 정류장에서
on ~위에	표면 위	on the table 테이블 위에 on the street 도로 위에
in ~안에	내부 공간, 도시, 국가	in Seoul 서울에 in the living room 거실에

- Going shopping at the mall is one of my favorite things to do.
  쇼핑몰에서 쇼핑하는 것은 내가 가장 좋아하는 일 중 하나이다.

- There is an apple on the table.
  테이블 위에 사과 하나가 있다.

- Some people prefer to visit places in the city during their free time.
  어떤 사람들은 자유 시간에 도시의 장소를 방문하는 것을 선호한다.

연습 문제　　　　　　　　　　　　　　　　　　　　　　　　📖 정답 및 해설 p.10

A 아래 문장에서 장소 전치사에 동그라미 표시하세요.

1 We usually meet at the park near my house.
우리는 보통 우리집 근처에 있는 공원에서 만난다.

2 I have lived in Seoul for about 10 years.
나는 약 10년동안 서울에서 살고 있다.

3 I usually suggest to my friends that we go and grab a bite to eat and then watch a film together at the theater.
나는 보통 친구들에게 가서 밥을 먹고 극장에서 함께 영화를 보러 가자고 제안한다.

B 우리말 문장과 일치하도록 아래 전치사를 이용해 문장을 완성하세요.

---

in at on during for

---

1 어떤 사람들은 자유 시간에 도시의 장소를 방문하는 것을 선호한다.

Some people prefer to visit places in the city _____ their free time.

2 우리나라에서는 대부분의 사람들이 재활용을 실천하고 있다.

Most people _____ my country practice recycling.

3 또 다른 문제는 옷장 문에 있는 거울에 작은 금이 가 있다는 것이다.

Another issue is that the mirror _____ the wardrobe door has a small crack in it.

4 오후 4시에 만나자!

Let's meet _____ 4 P.M.

5 나는 ABC 회사에서 10년동안 일하고 있다.

I've been working for ABC company _____ 10 years.

C 괄호 안에서 알맞은 것을 골라보세요.

1 The bus leaves (at / on / for) 8:30.
버스는 8시 30분에 떠난다.

2 (In / On / At) my way home from work, I met Suji.
퇴근 길에 수지를 만났다.

3 I have been working on this task (for / at / since) two hours.
이 작업을 두 시간 동안 진행하고 있다.

4 I will meet my friends (at / on / in) the park.
공원에서 친구들을 만날 것이다.

Unit 10 관계대명사

1 관계대명사는 두 문장에서 공통되는 단어를 하나로 묶는 역할을 합니다. 즉, 문장과 문장을 이어주는 접속사의 역할을 하는 동시에 그 자체로 대명사의 역할을 합니다. 관계대명사가 쓰인 문장은 복잡하게 느껴질 수 있지만 수식을 받는 선행사가 무엇인지에 따라 알맞은 관계대명사를 사용해야 합니다.

I know a man. 나는 한 남자를 안다. **He is healthy.** 그는 건강하다.	**I know** a man who **is healthy.** 나는 건강한 한 남자를 안다.

2 관계대명사가 쓰인 문장은 복잡하게 느껴질 수 있지만 아래 두 가지 핵심 요소를 학습하고 사용한다면 쉽고 올바르게 사용할 수 있습니다. 첫째, 대명사의 기능을 하는 관계대명사는 관계대명사절 안에서 주격, 목적격, 소유격으로 구분되어 사용됩니다. 둘째, 선행사가 사람, 사물인지를 구분해 그에 어울리는 관계대명사를 사용해야 합니다.

선행사	주격 [주어 역할]	목적격 [목적어 역할]	소유격
사람	who	whom	whose
사물	which	which	of which whose
공통	that	that	없음

- **Harry is the sales manager** who **was hired last year.**
  해리 씨는 지난 해에 채용된 판매 매니저이다.

- **My favorite place to jog is Templeton Woods** which **is not far from my house.**
  내가 가장 좋아하는 조깅 장소는 집에서 멀지 않은 곳인 템플턴 우즈다.

3 관계대명사 what은 선행사 + 관계대명사 that이 합쳐진 형태입니다. 선행사를 이미 포함하고 있기 때문에 앞에 선행사가 오지 않아도 됩니다. 특히 회화체로 자주 쓰이기 때문에 활용도가 높습니다.

관계대명사 that	선행사 + that	**Let me know the thing that you prefer.** 어떤 걸 선호하는지 알려줘.
관계대명사 what	what	**Let me know** what **you prefer.** 어떤 걸 선호하는지 알려줘.

연습 문제

A 아래 문장에서 관계대명사에 동그라미 표시하세요.

1 I know a sales manager who works at your company.
나는 당신 회사에서 일하는 판매 매니저를 안다.

2 I have two free tickets that I won in a competition.
내가 경연에서 우승한 무료 티켓이 두 장 있어.

3 I've been thinking about what we can do.
우리가 무엇을 할 수 있을지 생각해봤어.

4 This is the house that his father built for his family.
이것은 그의 아버지가 그의 가족을 위해 지은 그 집이다.

5 I have a friend who lives in London.
나는 런던에 사는 친구가 있다.

B 왼쪽의 두 문장을 관계대명사 who, which를 이용해 주격 관계대명사가 쓰인 하나의 문장으로 완성하세요.

1 그는 매우 비싼 반지를 샀다.

He bought a ring. 그는 반지를 샀다. The ring is very expensive. 그 반지는 매우 비쌌다.	

2 나는 웃고 있는 한 남자를 봤다.

I saw the man. 나는 한 남자를 봤다. He was smiling. 그는 웃고 있었다.	

3 나는 환상적이었던 그 불빛쇼를 잊지 않을 것이다.

I will never forget the light show. 나는 그 불빛쇼를 잊지 않을 것이다. The light show was spectacular. 그 불빛쇼는 환상적이었다.	

C 우리말 문장과 일치하도록 알맞은 관계대명사를 넣어 문장을 완성하세요.

> who   which   what

1 친구들 혹은 가족들과 무엇을 할 계획인지에 따라 다르다.

It all depends on _____ I plan to do with my friends or family members.

2 너가 원하는 것을 알려줘.

Please let me know _____ you want.

> **Tip**   롤플레이 문제 해결의 마지막 문장으로 활용도가 높은 문장입니다.
> 상대방의 의사나 결정을 묻는 표현으로 마무리 문장에 활용해보세요.

3 보통 출금 및 입금과 같은 간단한 업무를 처리하는 서너 명의 은행 창구 직원이 있다.

There are normally three or four bank tellers _____ handle simple things like money withdrawals and deposits.

4 모니터는 얇은 평면 패널 디스플레이 장치로 대체되었다.

Monitors have been replaced by flat panel displays _____ are thin.

기초부터 실전까지 단계별 학습 구성

5개의 책을 All in One 패키지 하나에!
순차적으로 따라만 하면 목표달성

1 프리북

프리북
영포자, 오픽 초보자라면 프리북부터!
학습 플랜 제안은 물론, 왕초보 오픽 문법과
연습문제로 기초 확실히 다지기

2 메인북

메인북
학습한 순서대로 시험에 나온다!
오픽 출제 공식에 따라 서베이부터 Q1~Q15까지
문항별 출제 유형 학습

3 워크북
4 해설북

워크북&해설
IM부터 AL까지 목표 등급 맞춤
연습문제와 모의고사 워크북 문제풀이
워크북에 대한 꼼꼼한 해설까지!

5 부가자료

부가자료
시험 직전 최종 정리까지 책임진다!
빈출 주제별 단어장과 함께
시험 직전 파이널 벼락치기 노트로 완벽대비

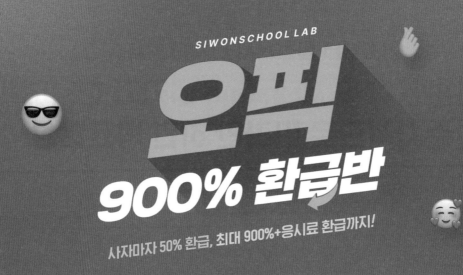

첫 시험에 오픽 AL 달성한
시원스쿨LAB 수강생의 후기!

여러분도 할 수 있습니다!

첫 시험에 오픽 AL 달성!

온라인스터디를 통해서 매일 새로운
주제가 올라왔고, 매일 다른 주제로 연습함으로써
실전에 대비할 수 있었습니다.

오픽 수강생 박승*

시원스쿨LAB(lab.siwonschool.com)에서 환급반을 신청하실 수 있습니다.
제공하는 혜택 및 환급 조건은 기간에 따라 다를 수 있습니다.

시원스쿨LAB
오픽/토스 도서 라인업

시험영어 전문 연구 조직

시원스쿨어학연구소

시험영어 전문	기출 빅데이터	264,000시간
TOEIC/TOEIC Speaking OPIc/SPA/TEPS IELTS/TOEFL/G-TELP 공인 영어시험 콘텐츠 개발 경력 20여 년 이상의 국내외 연구원들이 포진한 전문적인 연구 조직입니다.	본 연구소 연구원들은 매월 각 전문 분야의 시험에 응시해 시험에 나온 모든 문제를 철저하게 해부하고, 시험별 기출문제 빅데이터 분석을 통해 단기 고득점을 위한 학습 솔루션을 개발 중입니다.	각 분야 연구원들의 연구시간 모두 합쳐 264,000시간 이 모든 시간이 쌓여 시원스쿨어학연구소가 탄생했습니다.

히트브랜드 토익·토스·오픽 인강 1위

시원스쿨LAB 교재 라인업

*2020-2024 5년 연속 히트브랜드대상 1위 토익·토스·오픽 인강

시원스쿨 토익 교재 시리즈

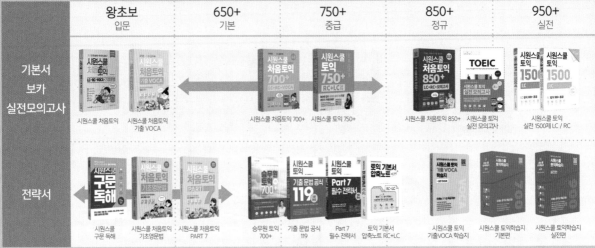

	왕초보 입문	650+ 기본	750+ 중급	850+ 정규	950+ 실전
기본서 보카 실전모의고사	시원스쿨 처음토익 / 시원스쿨 처음토익 기출 VOCA	시원스쿨 처음토익 700+	시원스쿨 토익 750+	시원스쿨 처음토익 850+ / 시원스쿨 토익 실전 모의고사	시원스쿨 토익 실전 1500제 LC / RC
전략서	시원스쿨 구문 독해 / 시원스쿨 처음토익 기초영문법 / 시원스쿨 처음토익 PART 7	승무원 토익 700+ / 기출 문법 공식 119 / Part 7 필수 전략서 / 토익 기본서 압축노트 RC+LC		시원스쿨 토익 기출VOCA 학습지 / 시원스쿨 토익학습지 기본편 / 시원스쿨 토익학습지 실전편	

시원스쿨 토익스피킹, 듀오링고, 오픽, SPA 교재 시리즈

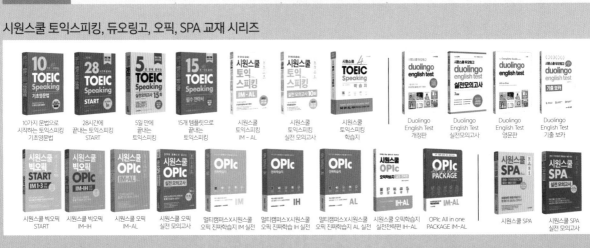

10가지 문법으로 시작하는 토익스피킹 기초영문법 · 28시간에 끝내는 토익스피킹 START · 5일 만에 끝내는 토익스피킹 · 15개 템플릿으로 끝내는 토익스피킹 · 시원스쿨 토익스피킹 IM-AL · 시원스쿨 토익스피킹 실전 모의고사 · 시원스쿨 토익스피킹 학습지 · Duolingo English Test 개정판 · Duolingo English Test 실전모의고사 · Duolingo English Test 영문판 · Duolingo English Test 기출 보카

시원스쿨 빅오픽 START · 시원스쿨 빅오픽 IM-IH · 시원스쿨 오픽 IM-AL · 시원스쿨 오픽 실전 모의고사 · 멀티캠퍼스X시원스쿨 오픽 진짜학습기 IM 실전 · 멀티캠퍼스X시원스쿨 오픽 진짜학습 IH 실전 · 멀티캠퍼스X시원스쿨 오픽 진짜학습기 AL 실전 · 시원스쿨 오픽학습지 실전전략편 IH+AL · OPIc All in one PACKAGE IM-AL · 시원스쿨 SPA · 시원스쿨 SPA 실전 모의고사

시원스쿨 아이엘츠 교재 시리즈

IELTS Study Pack · 아이엘츠 MASTER · 아이엘츠 기출 VOCA

시원스쿨 토플 교재 시리즈

시원스쿨 TOEFL Basic · 시원스쿨 TOEFL Intermediate · 시원스쿨 TOEFL Actual Tests · 시원스쿨 TOEFL 기출 VOCA · 시원스쿨 TOEFL Speaking · 시원스쿨 TOEFL Writing · 시원스쿨 TOEFL Listening · 시원스쿨 TOEFL Reading

시원스쿨 지텔프 교재 시리즈

지텔프 기출문제집 공식 기출 7회분 · 지텔프 기출문법 · 지텔프 기출VOCA · 지텔프 기출독해 · 지텔프 기출청취 · 지텔프 최신 기출 유형 문법 모의고사 · 시원스쿨 지텔프 32-50 · 시원스쿨 지텔프 65+

시원스쿨 텝스 교재 시리즈

시원스쿨 텝스 Basic · 시원스쿨 텝스 청해 · 시원스쿨 텝스 어휘 문법 · 시원스쿨 텝스 독해 · 뉴텝스 서울대 공식 기출문제집

OPIc
All in one
PACKAGE

2

메인북

OPIc
All in One 패키지

초판 1쇄 발행 2023년 8월 9일
초판 2쇄 발행 2024년 3월 4일

지은이 시원스쿨어학연구소
펴낸곳 (주)에스제이더블유인터내셔널
펴낸이 양홍걸 이시원

홈페이지 www.siwonschool.com
주소 서울시 영등포구 영신로 166 시원스쿨
교재 구입 문의 02)2014-8151
고객센터 02)6409-0878

ISBN 979-11-6150-743-9 13740
Number 1-110606-18180400-08

OPIc 기본 이론 및 목표 레벨 공략 가이드

목차

한 눈에 보는 OPIc (Oral Proficiency Interview-computer)

1:1
1:1 인터뷰 형식
iBT 기반의 응시자 친화형
외국어 말하기 평가

20
오리엔테이션 약 20분
Background Survey를 통해
시험 범위 간소화

40
시험 시간 40분
답변 제한 시간 없음

15
총 15개의 문항
선택형 주제 2세트
공통형 주제 2세트
롤플레이 1세트
* 난이도 선택 항목에 따라 달라질 수 있음

5
5개의 주제
자기 소개와 함께 주제별
총 5세트 출제

3
한 주제에 3 콤보
하나의 주제에 3개의 문제가
연이어 출제

세분화된 성적 등급
Novice Low 등급부터
Advanced Low 등급까지 나뉨
Intermediate Mid 등급은 3단계로
세분화하여 제공(IM1 < IM2 < IM3)

7
다양한 언어
영어, 중국어, 러시아어, 스페인어,
한국어, 일본어, 베트남어

개인 맞춤형 문제 출제
Background Survey를 통한
문제 출제와 다양한 주제

총괄적 평가 방식
문제당 개별 점수 없음

OPIc 시험 개요

OPIc(Oral Proficiency Interview - computer)이란?

OPIc은 1:1로 사람과 사람이 인터뷰하는 듯한 말하기 시험으로서 최대한 실제와 가깝게 만든 인터넷 기반(iBT)의 수험자 친화형 외국어 말하기 평가입니다. 단순히 문법이나 단어 등을 얼마나 많이 알고 있는가를 측정하는 것이 아니라, 실제 생활에서 얼마나 효과적이고 적절하게 해당 언어를 사용할 수 있는가를 측정하는 객관적인 언어 평가 도구입니다.

우리나라에서는 2007년에 최초 시행되어 현재 약 1,700여 개 기업과 기관에서 채용 및 인사고과 등에 활발하게 활용하고 있습니다. 영어에서부터 중국어, 일본어, 스페인어, 러시아어, 한국어, 베트남어에 이르기까지 총 7개 언어에 대한 평가를 제공합니다.

평가 언어	7개 언어 (영어, 중국어, 일본어, 스페인어, 러시아어, 한국어, 베트남어)
시험 시간	60분(Orientation 20분 + 본 시험 40분) – 문항 청취 시간 제외 약 30~35분 간 답변 녹음
문항 수	12~15문항
시험 특징	· 개인 맞춤형 평가 · 실제 인터뷰와 흡사하여 수험자의 긴장 완화 · 문항별 성취도 측정이 아닌 종합적 평가 · 회화 능숙도 평가 · 신속한 성적 처리
문항 유형	· Background Survey를 통한 개인 맞춤형 문제 출제 · 직업, 여가 생활, 취미, 관심사, 스포츠, 여행 등에 대한 주제
평가 등급	Novice Low 등급부터 Advanced Low 등급까지 있으며, 특히 Intermediate Mid 등급을 세분화하여 제공 (IM1 < IM2 < IM3)
평가 영역	· 과제 수행 / 기능 (Global Tasks / Functions) · 문맥 / 내용 (Context / Content) · 정확도 / 의사전달 능력 (Accuracy / Comprehensibility) · 문장 구성 능력 (Text Type)
시험 규정 (25일 규정)	OPIc, OPIc Writing, OPIc L&R에 응시한 모든 수험자는 최근 응시일로부터 25일 경과 후의 시험에 응시 가능한 제도 단, 각각의 시험에는 한 언어당 1회에 한하여 25일 이내의 시험에 응시할 수 있는 Waiver 제도가 제공되므로 OPIc 공식 홈페이지의 '25일 규정 계산기'를 활용해 확인 하는 것을 추천

평가 목적과 평가 영역

OPIc의 평가 목적은 아래와 같습니다.

· 수험자가 외국어를 활용해 어떤 일을 할 수 있는지 측정하는 것
· 실생활의 목적들과 연관하여 언어 기술을 사용할 수 있을지 측정하는 것

수험자가 얼마나 오랫동안 외국어를 학습했는지, 언제, 어디에서, 어떤 이유로 어떻게 습득하였는지 보다는 수험자의 본질적인 언어 활용 능력을 측정하는 데에 초점이 맞춰져 있다는 것을 알 수 있습니다.

상세한 평가 영역은 총 4가지이고 아래와 같습니다.

과제 수행 / 기능 Global Tasks/Functions 특정 과제를 수행하기 위한 언어 능력 측정	문맥 / 내용 Context/Content 과제 수행을 하기 위해 사용하는 언어 문맥 및 내용의 범위	정확도 / 의사전달 능력 Accuracy/ Comprehensibility 답변의 보편적 이해도, 정확성, 수용성 측정 – Grammar/Vocabulary, Fluency/ Pronunciation, Pragmatic Competency, Sociolinguistic Competency	문장 구성 능력 Text Type 답변의 길이와 구성 능력 (단위: 단어, 구, 문장, 접합된 문장들, 문단)

우리가 흔히 알고 있는 문법(Grammar), 어휘(Vocabulary), 발음(Pronunciation) 등의 요소는 위 평가영역 중 하나의 영역에 포함된 요소에 불과한데, **OPIc은 총체적이고 다면적인 언어 수행 능력을 평가하는 시험**이라는 것을 보여줍니다.

평가 방식

OPIc은 절대평가 방식으로 진행됩니다. 수험자가 녹음한 답변은 시험 주관인 ACTFL 공인 평가자(OPIc Rater)에게 전달되며, 평가자는 *__ACTFL의 말하기 기준__(Proficiency Guidelines Speaking: Revised 2012)에 따라 수험자에게 등급을 부여합니다.

* ACTFL의 말하기 기준(Proficiency Guidelines Speaking: Revised 2012)이란?

말하기 능숙도(Oral Proficiency)에 대한 ACTFL의 공식 언어능력 기준으로, 일상생활에서 해당 언어를 얼마나 효과적이고 적절하게 구사할 수 있는가를 측정하는 ACTFL의 40년 이상의 노하우가 집약된 공신력 있는 가이드라인입니다.

등급 체계

OPIc 등급은 총 7개로 구분되고 IM(Intermediate Mid) 등급은 IM1, IM2, IM3 로 세분화됩니다. 기업/기관 채용 시 지원하는 부서와 직무에 따라 개인별로 상이하지만 보통 이공계는 IM 등급, 인문계는 IH 등급이 요구됩니다.

NL Novice Low	NM Novice Mid	NH Novice High	IL Intermediate Low	IM Intermediate Mid	IH Intermediate High	AL Advanced Low

취업/승진 시 일반적으로
가장 많이 요구되는 등급

LEVEL		레벨별 요약설명
AL	Advanced Low	생각, 경험을 유창히 표현하는 수준. 토론, 협상, 설득 등 업무 능력 발휘가 가능하다. 일관적 시제 관리, 묘사 및 설명에 다양한 형용사를 사용, 적절한 접속사 사용으로 문장 간의 결속력이 높고 문단의 구조를 능숙히 구성한다. 익숙치 않은 복잡한 상황에서도 문제를 설명, 해결할 수 있다.
IH	Intermediate High	문법적으로 크게 오류가 없는 문단 단위의 언어를 구사하고 기본적인 토론과 업무 관련 의사소통이 가능하다. 익숙하지 않거나 예측하지 못한 복잡한 상황을 만날 때, 대부분의 상황에서 사건을 설명하고 문제를 효과적으로 해결 가능하다. 발화량이 많고 다양한 어휘를 사용한다.
IM	Intermediate Mid IM1 IM2 IM3	문법적 오류를 범하나 문장 단위의 언어를 구사하고 깊은 토론 외의 의사소통이 가능하다. 일상소재 및 익숙한 상황을 문장으로 표현할 수 있다. 다양한 문장형식이나 어휘를 실험적으로 사용하려고 하며 상대방이 조금만 배려해주면 오랜 시간 대화가 가능하다. ※ IM등급은 Fluency, Delivery, Production을 기준으로 　IM-1(하), IM-2(중), IM-3(상) 으로 세분화 되어 제공됩니다.
IL	Intermediate Low	일상적인 소재에 한해서 짧은 문장으로 구성하며 말할 수 있다. 대화에 참여하고 선호하는 소재에서는 자신감을 가지고 말할 수 있다.
NH	Novice High	단어나 어구를 통한 의사소통이 가능하며, 일상적이고 간단한 대화가 가능하다. 일상적인 소재에 대해 복합적인 단어 혹은 문장으로 말할 수 있다. 개인 정보를 질문하고 응답을 할 수 있다.
NM	Novice Mid	이미 암기한 단어나 문장으로 말하기를 할 수 있다.
NL	Novice Low	제한적인 수준이지만 영어 단어를 나열하며 말할 수 있다.

시험 진행 순서

오리엔테이션(20분)

오리엔테이션은 총 20분으로 본격적인 시험 시작 전 진행됩니다. 이 때, 시험에 있어 가장 중요한 사전 설문조사 (Background Survey)와 문제 난이도 맞춤을 위한 자가 평가(Self-Assessment)가 진행됩니다.

❶ 사전 설문조사(Background Survey)
먼저, 평가 문항을 위한 사전 설문을 진행합니다.

❷ 자기평가(Self-Assessment)
시험의 난이도 결정을 위한 자가 평가가 진행 됩니다.

❸ 사전 점검(Pre-Test Setup)
질문 청취 및 답변 녹음 기능을 사전 점검합니다.

❹ 샘플 문제 답변(Sample Question)
화면구성, 청취 및 답변 방법 등 전반적인 시험 진행 방법이 안내됩니다.

본 시험(40분)

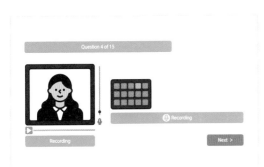

❶ 1st Session

사전 설문조사 결과와 자가 평가에서 선택한 난이도를 바탕으로 약 7개의 문제가 진행됩니다.

난이도 재조정

다음 단계의 시험에서는

쉬운 질문 을 원하십니까?　　　▶ 쉬운 질문
비슷한 질문 을 원하십니까?　　▶ 비슷한 질문
아니면 어려운 질문 을 원하십니까?　▶ 어려운 질문

❷ 난이도 재조정

시험의 난이도를 다시 설정할 수 있는 2차 난이도 설정입니다. 쉬운 질문, 비슷한 질문, 어려운 질문 중 선택하면 됩니다.

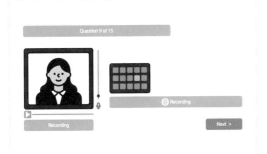

❸ 2nd Session

난이도 재조정 결과를 적용한 나머지 인터뷰 질문들(약 7개)이 출제됩니다.

사전 설문조사(Background Survey)는 문제 범위를 설정하는 매우 중요한 단계입니다. 수험자에게 총 12개의 질문을 통해 신원 및 주거 상황, 취미 및 기타 활동에 대한 정보를 선택하게 합니다. 수험자가 선택한 내용을 바탕으로 문제가 주어지기 때문에 최소한의 범위로 줄일 수 있는 서베이 항목을 선택하는 것이 중요합니다.

1. 현재 귀하는 어느 분야에 종사하고 계십니까?

☐ 사업/회사   ☐ 재택근무/재택사업   ☐ 교사/교육자   ☐ 군 복무   ☑ 일 경험 없음

> 일 경험 없음, 학생 아님, 수업 등록 후 5년 이상 지남을 선택하여 직장과 학교 관련 문제군의 출제를 제외시킬 수 있습니다.

1.1. 현재 귀하는 직업이 있으십니까?

☐ 네   ☑ 아니오

2. 현재 귀하는 학생이십니까?

☐ 네   ☑ 아니오

2.2. 최근 어떤 강의를 수강했습니까?

☐ 학위 과정 수업
☐ 전문 기술 향상을 위한 평생 학습
☐ 어학 수업
☑ 수업 등록 후 5년 이상 지남

3. 현재 귀하는 어디에 살고 계십니까?

☑ 개인 주택이나 아파트에 홀로 거주
☐ 친구나 룸메이트와 함께 주택이나 아파트에 거주
☐ 가족(배우자/자녀/기타 가족 일원)과 함께 주택이나 아파트에 거주
☐ 학교 기숙사
☐ 군대 막사

> 가족이나 룸메이트 관련 문제를 피하기 위해 개인으로 홀로 거주를 선택해주세요.

아래의 4~7번 문항에서 12개 이상을 선택해 주시기 바랍니다.

4. 귀하는 여가 활동으로 주로 무엇을 하십니까? (두개 이상 선택)

- ☑ 영화 보기
- ☐ 박물관 가기
- ☐ 스포츠 관람
- ☐ 게임하기
- ☐ SNS에 글 올리기
- ☑ TV보기
- ☐ 요리 관련 프로그램 시청하기
- ☐ 차로 드라이브하기
- ☐ 카페/커피 전문점 가기

- ☐ 클럽/나이트 클럽 가기
- ☐ 공원 가기
- ☐ 주거 개선
- ☐ 친구들에게 문자 대화하기
- ☐ 리얼리티쇼 시청하기
- ☐ 스파/마사지샵 가기
- ☑ 공연 보기
- ☐ 캠핑하기
- ☐ 체스하기

> 4번 항목에서는 비슷한 특징을 가진 여가 활동들을 선택합니다.
> 영화, 공연, TV, 리얼리티쇼, 콘서트 관람을 묶어서 선택하는 것을 추천합니다.

- ☐ 시험대비 과정 수강하기
- ☐ 뉴스 보거나 듣기
- ☐ 쇼핑하기
- ☐ 구직활동 하기
- ☑ 콘서트 보기
- ☐ 해변 가기
- ☐ 자원 봉사하기

5. 귀하의 취미나 관심사는 무엇입니까? (한 개 이상 선택)

- ☐ 아이에게 책 읽어주기
- ☐ 글쓰기(편지, 단문, 시 등)
- ☐ 독서
- ☐ 사진 촬영하기

- ☑ 음악 감상하기
- ☐ 그림 그리기
- ☐ 주식 투자하기
- ☐ 혼자 노래 부르거나 합창하기

> 5번 항목에서 음악 감상하기 하나만 선택합니다. 하나만 선택해서 더욱 높은 출제 가능성을 확보합니다.

- ☐ 신문 읽기
- ☐ 춤추기

6. 귀하는 주로 어떤 운동을 즐기십니까? (한 개 이상 선택)

- ☐ 농구
- ☐ 미식 축구
- ☐ 골프
- ☐ 배드민턴
- ☐ 자전거
- ☑ 조깅
- ☐ 하이킹/트레킹
- ☐ 태권도

- ☐ 야구/소프트볼
- ☐ 하키
- ☐ 배구
- ☐ 탁구
- ☐ 스키/스노보드
- ☑ 걷기
- ☐ 낚시
- ☐ 운동 수업 수강하기

> 6번 즐기는 운동에서도 비슷한 특징을 가진 조깅, 걷기를 선택하고 운동을 전혀 하지 않음을 선택하여 출제 범위를 줄여주세요.

- ☐ 테니스
- ☐ 수영
- ☐ 아이스 스케이트
- ☐ 요가
- ☐ 헬스
- ☑ 운동을 전혀 하지 않음

7. 당신은 어떤 휴가나 출장을 다녀온 경험이 있습니까? (한 개 이상 선택)

- ☐ 국내 출장
- ☑ 국내 여행

- ☐ 해외 출장
- ☑ 해외 여행

- ☑ 집에서 보내는 휴가

> 7번 휴가나 출장 항목에서는 집에서 보내는 휴가, 국내 여행, 해외 여행을 선택합니다. 여행과 집 활동 카테고리로 묶어 준비하면 다른 돌발 문제에 활용할 수 있습니다.

3 Self-Assessment

Self-Assessment(자가 평가) 선택 항목에 따라 난이도가 결정됩니다. 기본적으로 본인의 영어 실력을 고려해 선택해야 하지만 목표하는 등급에 맞춰 전략적으로 선택하는 것이 중요합니다. 그리고 7번 문제가 끝나고 추가 난이도 조정에서는 비슷한 질문을 선택하는 것을 추천합니다.

1단계	🔊 Sample Audio	나는 10단어 이하의 단어로 말할 수 있습니다.
2단계	🔊 Sample Audio	나는 기본적인 물건, 색깔, 요일, 음식, 의류, 숫자 등을 말할 수 있습니다. 나는 항상 완벽한 문장을 구사하지는 못하고 간단한 질문도 하기 어렵습니다.
3단계	🔊 Sample Audio	나는 나 자신, 직장, 친숙한 사람과 장소, 일상에 대한 기본적인 정보를 간단한 문장으로 전달할 수 있고, 간단한 질문을 할 수 있습니다.
4단계	🔊 Sample Audio	나는 나 자신, 일상, 일/학교와 취미에 대해 간단한 대화를 할 수 있습니다. 나는 이런 친숙한 주제와 일상에 대해 간단한 문장들을 쉽게 만들 수 있습니다. 나는 또한 필요한 것을 얻기 위해 질문도 할 수 있습니다.
5단계	🔊 Sample Audio	나는 친숙한 주제와 가정, 일, 학교, 개인과 사회적 관심사에 대해 대화할 수 있습니다. 나는 일어난 일과 일어나고 있는 일, 일어날 일에 대해 문장을 연결하여 말할 수 있습니다. 필요한 경우 설명도 할 수 있습니다. 일상 생활에서 예기치 못한 상황이 발생하더라도 임기응변으로 대처할 수 있습니다.
6단계	🔊 Sample Audio	나는 일/학교, 개인과 사회적 관심사, 시사 문제에 대한 어떤 주제에 대해서 대화나 토론할 수 있습니다. 나는 다양하고 어려운 주제에 대해 정확하고 다양한 어휘를 사용하여 자세히 설명할 수 있습니다.

목표등급에 따른 추천 선택 항목

목표 등급	선택 항목	주요 채점 기준
IM	3단계	· 문장 단위로 말할 수 있음 · 선택형 문제에 현재 시제를 활용해 답변할 수 있음
IH	4단계	· 다양한 시제와 형용사, 부사 사용할 수 있음 · 롤플레이 질문하기 유형에 답할 수 있음 · 돌발 문제에 간헐적인 실수가 있지만 답변할 수 있음
AL	5단계	· 비교/변화/이슈 고난도 유형에도 답변할 수 있음 · 전반적으로 답변의 논리성과 일관성을 가지고 있음 · 답변의 뉘앙스와 상황에 따라 현장감을 실어 답변할 수 있음

사전 설문조사와 자가 평가를 토대로 오픽 시험은 아래와 같이 출제됩니다. 난이도 선택 항목에 따라 고난도 문제 유형과 선택 및 돌발형 문제의 개수가 달라질 수 있지만 문제 아래와 같은 출제 공식을 가지고 있습니다.

또한 한 가지 주제가 결정되면 그 주제에 관한 문제 3개 혹은 2개가 연속적으로 출제되는 경향이 있습니다. 이를 콤보 세트라고 부르고 콤보 세트의 첫 번째 문항, 두 번째 문항, 세 번째 문항은 각각 현재 시제, 과거 시제, 경험 관련 문제라는 특징이 있습니다.

Q1		자기소개	
Combo 1	Q2	선택형/공통형 주제	선택형: 사전 설문조사에서 선택한 주제 공통형: 사전 설문조사에서 선택하지 않았지만 기본이나 돌발로 출제되는 주제
	Q3		
	Q4		
Combo 2	Q5		
	Q6		
	Q7		
Combo 3	Q8		
	Q9		
	Q10		
Combo 4	Q11	롤플레이	질문하기
	Q12		문제 해결하기
	Q13		경험 이야기하기
Combo 5	Q14	고난도 문제	난이도 3-3, 4-4를 선택 : Q14 경험/묘사 Q15 질문 유형 난이도 5-5, 6-6을 선택 : Q14 비교/변화 Q15 최근 이슈 유형
	Q15		

5 목표 레벨별 학습 전략

IM 필승 전략

	1	자기소개
Combo 1	2 3 4	주제 1
Combo 2	5 6 7	주제 2
Combo 3	8 9 10	주제 3
Combo 4	11 12 13	주제 4 (롤플레이)
Combo 5	14 15	주제 5 (고난도)

문장 단위로 말하라
IM 등급을 획득하기 위해서는 문법적 오류가 있더라도 문장 단위의 언어를 구사할 수 있어야 합니다. 이 때, 중요한 것은 문장의 정확성입니다. 어려운 어휘나 문장 구조를 사용하기 보다는 쉽고 간단한 문장 구조를 사용해 문법 실수를 줄이는 것이 중요합니다.

선택형 주제를 완벽하게 준비하라
사전 설문조사에서 수험자가 선택하여 출제되는 문제를 선택형 주제라고 합니다. 어떤 문제가 나올지 모르는 공통형 주제를 준비하는 것보다 선택형 빈출 주제들을 우선적으로 학습하는 것을 추천합니다. 출제 가능성이 높은 주제들을 추려 활용도가 높은 본인만의 만능 답변을 만드는 것이 중요합니다.

의문문을 만드는 연습을 해라
11번, 12번, 13번 롤플레이 유형은 역할극 형태로 주어진 상황을 설명하고 질문을 하거나 문제 해결하고 관련 경험을 이야기하는 순서로 출제됩니다. 특히 난이도 3-3 혹은 4-4를 선택할 경우, 마지막 15번 문제도 Ava에게 질문하는 유형이 등장하기 때문에 의문문을 만드는 연습을 미리 준비해두는 것이 중요합니다.

IH-AL 필승 전략

	1	자기소개
Combo 1	2 3 4	주제 1
Combo 2	5 6 7	주제 2
Combo 3	8 9 10	주제 3
Combo 4	11 12 13	주제 4 (롤플레이)
Combo 5	14 15	주제 5 (고난도)

공통형 문제에 대비하라

사전 설문조사에서 선택하지 않았지만 출제되는 문제를 공통형이라고 합니다. 공통형 주제의 개수는 늘어나지 않지만 그 안에서 더욱 다양한 문제들이 추가되고 있기 때문에 유형별로 정리하는 것이 중요합니다. 예를 들어 가족/친구, 모임, 휴일, 자유시간, 패션 등의 주제는 여가 활동의 유형으로 묶어 관련 어휘나 표현, 키워드 위주의 만능 답변을 준비하는 것이 좋습니다.

14번, 15번 고난도 문제에 대비하라

난이도 5-5 이상을 고를 경우 14번, 15번 문제는 비교 혹은 변화, 최신 이슈나 우려 사항 등 평소에 생각지 못했던 주제들이 주어지게 됩니다. 고득점 획득을 위해 필수적으로 답변해야 하는 문항들로 비교 혹은 변화, 최신 이슈에 사용할 수 있는 패턴들을 미리 준비하는 것을 추천합니다.

문법 실수를 줄이고 다양한 어휘를 사용하라

IH, AL 고득점을 목표로 하는 수험자들은 기본적인 문장 구조나 발화량 보다는 문법 실수를 최대한 줄이는 것이 중요합니다. 문장 단위를 넘어 문단 간의 연계성관 논리성이 고득점 획득의 핵심입니다. 이야기의 흐름을 매끄럽게 전개하고 주제 관련성이 높은 어휘와 표현들을 다양하게 사용할 수 있도록 연습해야 합니다.

문제 유형별 만능 답변

Q1
자기소개

자기소개는 오픽 시험 1번 문제로 항상 출제됩니다.
채점 범위에 포함되지 않기 때문에 답변을 하지 않고 넘겨도
성적에 부정적인 영향을 끼치진 않지만 이어지는 문제들에 답변하기 위한
워밍업의 용도로 간단하게 답변하는 것을 추천합니다.

목차

Unit

1 학생

빈출 문장 미리보기

주제와 관련된 문장들을 소리 내어 읽어 보고 필수 표현도 함께 익혀보세요.

1 학생 – 대학교 1학년

I'm currently studying economics at university.

제 이름은 준호이고, 현재 대학에서 경제학을 공부하고 있어요.

I'm really enjoying my studies and college life so far.

저는 지금까지의 공부와 대학 생활이 정말 즐거워요.

When I'm not studying, I like to do a wide range of activities.

공부를 하지 않을 때는 다양한 활동들을 하는 것을 좋아해요

2 학생 – 대학교 4학년

I'm Haewon, and I'm in my late 20s.

저는 혜원이고 20대 후반이에요.

I finally got a chance to study English literature as a cultural exchange student.

마침내 문화 교환 학생으로 영문학을 공부할 수 있는 기회를 얻었죠.

In my spare time, I like to write poetry and take photographs.

여가 시간에는 시를 쓰고 사진 찍는 것을 좋아해요.

■ 필수표현

Q 학생 – 대학교 1학년 ☆☆☆☆☆

Let's start the interview now. Tell me a little bit about yourself.

인터뷰를 시작합니다. 당신에 대해 말해주세요.

모범답변 MP3 2_2

Intro
나에 대해 이야기함
tell you about myself

Well, let me tell you about myself.

음, 저에 대해 이야기해볼게요.

Body
· 경제학 공부
study economics
· 신입생
freshman
· 다양한 활동
a wide range of activities
· 근황을 나눔
catch up with each other's news

My name is Junho, and I'm currently studying economics at university. I'm really enjoying my studies and college life so far. When I'm not studying, I like to do a wide range of activities. For example, I get together with some friends to play soccer every Saturday, and I'm also a member of a board game club. We usually meet on Friday evenings to play games, have some pizza, and catch up on each other's news. When I'm relaxing at home by myself, I usually listen to music or read books, because that helps me unwind after a stressful day.

제 이름은 준호이고, 현재 대학에서 경제학을 공부하고 있어요. 저는 지금까지의 공부와 대학 생활이 정말 즐거워요. 공부를 하지 않을 때는 다양한 활동들을 하는 것을 좋아해요. 예를 들어, 토요일에는 축구를 하기 위해 몇몇 친구들을 만나요. 또한 저는 보드게임 동아리의 회원이기도 해요. 우리는 보통 금요일 저녁에 만나서 게임을 하고, 피자를 먹고, 서로의 근황을 나누죠. 혼자 집에서 휴식을 취할 때는, 보통 음악을 듣거나 책을 읽어요. 왜냐하면 스트레스 받는 하루를 보낸 후 긴장을 푸는 데 도움이 되기 때문이에요.

Wrap-up
나에 대한 것들
pretty much about me

That's pretty much about me.

이 정도가 저에 대한 것들이에요.

■ 고득점 표현

어휘 표현 currently 현재, 지금 economic 경제학, 경제의 enjoy 즐기다, 즐거운 시간을 보내다 so far 지금까지, 어느 정도까지만 a wide range of 다양한, 광범위한 get together 만나다, ~을 모으다 catch up with ~와 근황을 나누다, 따라가다 relax 쉬다, 휴식을 취하다 unwind 긴장을 풀다, (감긴 것을) 풀다 stressful 스트레스가 많은, 스트레스 받는

Q 학생 – 대학교 4학년 ☆☆☆☆☆

Let's start the interview now. Tell me a little bit about yourself.

인터뷰를 시작합니다. 당신에 대해 말해주세요.

모범답변

Intro

나에 대해 이야기함
tell you about myself

> Sure, I'll tell you a little bit about myself.
>
> 그럼요, 저에 대해서 이야기할게요.

Body

· 20대 후반
  in my late 20s
· 문화 교환 학생
  cultural exchange
  student
· 시를 쓰고 사진 찍는 것을 좋아함
  like to write poetry and
  take photographs

> I'm Haewon, and I'm in my late 20s. I'm in my 4th year at Korea University. I have always wanted to go to Australia, and I finally got a chance to study English literature as a cultural exchange student. So, I'll be living in Sydney for the next year. To talk about my family, I have one sister and two brothers, and I get on really well with them. In my spare time, I like to write poetry and take photographs.
>
> 저는 혜원이고 20대 후반이에요. 고려대학교 4학년이에요. 항상 호주에 가고 싶었고, 마침내 문화 교환 학생으로 영문학을 공부할 수 있는 기회를 얻었죠. 그래서 내년에는 시드니에서 지내게 될 예정이에요. 제 가족에 대해 이야기하자면, 언니 한 명과 남동생 두 명이 있고, 그들과 정말 잘 지내요. 여가 시간에는 시를 쓰고 사진 찍는 것을 좋아해요.

Wrap-up

지금 생각나는 건 이정도임
all I can think of for now

> That's all I can think of for now.
>
> 지금 생각나는 건 이정도예요.

■ 고득점 표현

어휘표현 in my late 20s 20대 후반 university 대학교 want ~하고 싶어하다, 원하다 cultural 문화의 exchange student 교환 학생 talk about ~에 대해 이야기하다 get on well with A A와 잘 지내다, ~와 사이좋게 지내다 spare time 여가 시간 poetry 시 photograph 사진 think of ~을 생각하다, ~을 고려하다

Unit 2 직장인

빈출 문장 미리보기

주제와 관련된 문장들을 소리내어 읽어 보고 필수 표현도 함께 익혀보세요.

1 직장인 – 편집자

I work as a proofreader and editor for a fashion magazine company.

저는 패션 잡지 회사에서 교정자와 편집자로 일하고 있어요.

I really enjoy my job, and I get on well with all my colleagues.

저는 제 일이 정말 즐겁고, 모든 직장 동료들과 잘 지내요.

On the weekends, I usually go shopping and then go out for dinner.

주말에는 보통 쇼핑을 하고 저녁 식사를 하러 나가요.

2 직장인 – 엔지니어

My name is Taehun, and I just turned 33 last week.

제 이름은 태훈이고, 지난 주에 막 33살이 되었어요.

I've lived in Suwon all my life, and I work for Samsung Electronics as an R&D engineer.

저는 평생을 수원에서 살았고, 삼성 전자에서 R&D 엔지니어로 일하고 있어요.

To talk about my personality, I'm quite an introverted person, so I definitely need my own time every day.

제 성격에 대해 이야기하자면, 꽤 내향적인 사람이에요. 그래서 저는 확실히 저만의 시간이 필요하죠.

■ 필수표현

Q **직장인 – 편집자** ☆☆☆☆☆

Let's start the interview now. Tell me a little bit about yourself.

인터뷰를 시작합니다. 당신에 대해 말해주세요.

모범답변

Intro

내 소개를 함
introduce myself

Okay, let me introduce myself.

좋아요, 제 소개를 하죠.

Body

· 교정자이자 편집자
  proofreader and editor
· 홍보 자료 편집
  edit promotional
  materials
· 배드민턴과 테니스를 침
  play badminton and
  tennis
· 쇼핑, 저녁 식사를 하러 나감
  go shopping,
  got out for dinner

I'm Dasom. I'm 35 years old and I live right here in Seoul. I work as a proofreader and editor for a fashion magazine company. I mostly edit promotional materials like online advertisements, event posters, and flyers. I really enjoy my job, and I get on well with all my colleagues. In my spare time, I like to play badminton and tennis with my friends. On the weekends, I usually go shopping and then go out for dinner. Seoul has so many stores and restaurants, so it's the perfect place for me.

제 이름은 다솜이에요. 저는 35살이고 이곳 서울에 살고 있어요. 저는 패션 잡지 회사에서 교정자이자 편집자로 일하고 있어요. 주로 온라인 광고, 이벤트 포스터, 전단지와 같은 홍보 자료를 편집해요. 저는 제 일이 정말 즐겁고, 모든 직장 동료들과 잘 지내요. 여가 시간에는 친구들과 배드민턴과 테니스를 치는 것을 좋아해요. 주말에는 보통 쇼핑을 하러 가고 저녁 식사를 하러 나가요. 서울에는 가게와 식당이 정말 많아서 저에게 완벽한 곳이에요.

Wrap-up

이게 전부임
that's it

That's it.

이게 전부예요.

■ 고득점 표현

어휘
표현 introduce 소개하다 proofreader 교정자 editor 편집자 fashion magazine 패션 잡지 promotional material 홍보물 online advertisement 온라인 광고 get on well with A A와 잘 지내다 spare time 여가 시간 play badminton 배드민턴을 치다 tennis 테니스 go out 나가다 store 가게, 상점 restaurant 식당 perfect 완벽한

Q **직장인 – 엔지니어** ☆☆☆☆☆

Let's start the interview now. Tell me a little bit about yourself.

인터뷰를 시작합니다. 당신에 대해 말해주세요.

모범답변

Intro •
나에 대해 이야기함
tell you about myself

Let me tell you about myself.

저에 대해 이야기할게요.

Body •
· 막 33살이 됨
  just turned 33
· [   ]에서 일함
  work for [   ]
· 승진하기 위함
  to get promoted
· 내향적인 사람
  introverted person

My name is Taehun, and I just turned 33 last week. I've lived in Suwon all my life, and I work for Samsung Electronics as an R&D engineer. I think I'm doing okay, and I'm here to get a good score in order to get promoted next year. To talk about my personality, I'm quite an introverted person, so I definitely need my own time every day. I'm happiest when I'm just chilling at home lying on the sofa.

제 이름은 태훈이고, 지난 주에 막 33살이 되었어요. 저는 계속해서 수원에서 살고 있고, 삼성 전자에서 R&D 엔지니어로 일하고 있어요. 제 생각에 그럭저럭 잘 지내고 있는 것 같고, 내년에 승진을 하기 위해 좋은 성적을 얻고자 여기에 왔어요. 제 성격에 대해 이야기하자면, 꽤 내향적인 사람이에요. 그래서 저는 확실히 매일 저만의 시간이 필요하죠. 저는 집에서 소파에 누워 쉴 때 가장 행복해요.

Wrap-up •
나에 대한 것들
pretty much about me

Anyway, that's pretty much about me.

어쨌든, 이 정도가 저에 대한 것들이에요.

■ 고득점 표현

어휘
표현
turn 되다, 돌다 work for ~에서 일하다 score 성적, 득점 in order to (목적) 위하여 get promoted 승진하다
personality 성격 introverted person 내향적인 사람 definitely 확실히, 분명히 own 자신의 lie on 눕다 anyway 어쨌든, 게다가 pretty 어느 정도, 꽤

문제 유형별 만능 답변

Q2-10
선택형

Background Survey에서 내가 선택한 항목을 선택형 주제라고 부릅니다.
비슷한 주제별로 묶어서 구분하였으며 공통된 특징을 토대로 학습하면
최소한의 학습량으로 효율적인 학습이 가능합니다.

목차

Unit

1 영화 보기

빈출 문장 미리보기

주제와 관련된 문장들을 소리 내어 읽어 보고 필수 표현도 함께 익혀보세요.

1 좋아하는 영화 장르

I enjoy watching a wide range of films.

저는 다양한 종류의 영화를 보는 것을 좋아해요.

My favorite kind of movie to watch at the cinema is horror.

제가 영화관에서 가장 좋아하는 영화는 공포 영화예요.

I also love going to the movies to see comedy films.

저는 영화관에 코미디 영화를 보러 가는 것도 좋아해요.

2 영화를 보러 가는 일상

I'll tell you about my typical routine when I decide to go and see a movie.

영화를 보러 가기로 결정했을 때 제 일반적인 일과에 대해 이야기할게요.

I usually go to the movies with my two best friends.

저는 보통 절친한 친구 두 명과 함께 영화를 보러 가요.

We all have similar tastes in films.

우리 모두는 영화 취향이 비슷해요.

3 최근 영화 감상 경험

Last weekend, I decided to go and see a movie with my friends.

지난 주말, 저는 친구들과 영화를 보러 가기로 했어요.

Before going to the cinema, we had lunch at a coffee shop and had a chat.

영화관에 가기 전에 커피숍에서 점심을 먹으면서 이야기를 나눴죠.

Afterwards, we had dinner and chatted about the film.

그 후 저녁을 먹으며 영화에 대한 이야기를 나눴어요.

■ 필수표현

기출 문제 예시

1 좋아하는 영화 장르

You indicated in the survey that you enjoy watching movies at the theater. Tell me about the types of movies that you like to go watch.

설문조사에서 당신은 영화관에서 영화 보는 것을 즐긴다고 했습니다. 어떤 종류의 영화를 보러 가는 걸 좋아하는지 말해주세요.

2 영화 관람하는 날의 일상

Tell me what you generally do when you go to watch a movie. Who do you like going with? Is there anything that you do before or after the movie?

영화를 보러 갈 때 주로 무엇을 하는지 말해주세요. 누구와 함께 가는 것을 좋아하나요? 영화 전이나 후에 하는 일이 있나요?

3 최근 영화 관람 경험

I would like to know about your latest experience going to the movies. Tell me all about what you did that day, including everything before and after watching the movie.

최근 영화 관람 경험에 대해 알고 싶습니다. 영화를 보기 전과 후에 있었던 모든 일을 포함하여 그날 무엇을 했는지 모두 말해주세요.

추가 세트 구성

Set 1

좋아하는 영화 장르
최근 영화 관람하러 갔을 때의 일상
기억에 남는 영화

Set 2

좋아하는 영화 장르
영화 감상할 때의 일상
좋아하는 영화배우 관련 최근 이슈

Q 좋아하는 영화 장르 ★★★☆☆

You indicated in the survey that you enjoy watching movies at the theater. Tell me about the types of movies that you like to go watch.

설문조사에서 당신은 영화관에서 영화 보는 것을 즐긴다고 했습니다. 어떤 종류의 영화를 보러 가는 걸 좋아하는지 말해주세요.

모범답변

(◁)) MP3 2_10

Intro

다양한 영화
a wide range of films

I love going to see movies, and I enjoy watching a wide range of films.

저는 영화 보러 가는 것을 아주 좋아하고 다양한 영화를 보는 것을 즐겨요.

Body

· 공포 영화
  horror
· 흥미진진하고 효과적임
  exciting and effective
· 코미디 영화
  comedy films
· 더 크게 웃게 됨
  makes me laugh even harder

My favorite kind of movie to watch at the cinema is horror. Scary films are even more frightening in the cinema, because it's very dark and the volume is very loud. This makes the jump-scares so exciting and effective! I also love going to the movies to see comedy films. When I'm surrounded by other people laughing at the funny scenes, it makes me laugh even harder. I guess the only films I don't enjoy watching at the cinema are children's films, because the cinema is often filled with kids and they tend to make a lot of noise during the movie.

제가 영화관에서 가장 좋아하는 영화는 공포 영화예요. 무서운 영화는 영화관에서 볼 때 더욱 무서운데 왜냐하면 영화관은 매우 어둡고 볼륨이 매우 크기 때문이죠. 그래서 갑자기 등장하는 놀라는 장면들이 정말 흥미진진하고 효과적이에요! 저는 영화관에 코미디 영화를 보러 가는 것도 좋아해요. 웃긴 장면에서 다른 사람들에게 둘러싸여 웃으면 더 크게 웃게 되거든요. 영화관에서 즐기기 싫은 유일한 영화는 어린이 영화인데, 보통 영화관이 아이들로 가득 차서 영화가 상영되는 동안 시끄러운 경우가 많기 때문이죠.

Wrap-up

같이 영화 보러 갈래?
go and see a movie with me?

Would you like to go and see a movie with me sometime?

언제 저랑 같이 영화 보러 갈래요?

■ 고득점 표현

어휘 표현

survey 설문조사, 조사하다 enjoy 즐기다, 즐거운 시간을 보내다 a wide range of 다양한, 광범위한 favorite 가장 좋아하는, 마음에 드는 cinema 영화관, 극장 scary 무서운 frightening 무서운 dark 어두운, 캄캄한 loud 큰 소리로 jump sacre 공포 영화나 게임에서 갑자기 튀어나와 무서움을 유발하는 장면 exciting 흥미진진한, 신나는 effective 효과적인, 실질적인 surround 둘러싸다 laughing 웃음 funny 웃긴, 우스운 be filled with 가득 차다 tend to 경향이 있다 a lot of 많은 noise 소음, 소리 Would you like~? ~하시겠습니까?

Q 영화 관람하는 날의 일상 ★★★☆☆

Tell me what you generally do when you go to watch a movie. Who do you like going with? Is there anything that you do before or after the movie?

영화를 보러 갈 때 주로 무엇을 하는지 말해주세요. 누구와 함께 가는 것을 좋아하나요? 영화 전이나 후에 하는 일이 있나요?

모범답변   ⊲)) MP3 2_12

Intro

일반적인 일과
my typical routine

I'll tell you about my typical routine when I decide to go and see a movie.

영화를 보러 가기로 결정했을 때 제 일반적인 일과에 대해 이야기할게요.

Body

· 친구 두명과 함께 영화보러 감
  go to the movies with my
  two best friends
· 먼저 저녁 먹거나 영화 끝난 후
  외식함
  have dinner first, or go
  out for a meal after the
  film
· 영화관에서 나온 후 영화에 대해
  토론
  discuss the movie we
  watched and share our
  opinions about it

I usually go to the movies with my two best friends, because we all have similar tastes in films. Depending on what time the movie starts, we either have dinner first, or go out for a meal after the film ends. At the cinema, we normally buy popcorn and drinks and have a chat while we are watching the advertisements. After we leave the cinema, we always discuss the movie we watched and share our opinions about it. When I get home, I often check for information about the movie on the Internet if there were any parts of it that I didn't understand.

저는 보통 절친한 친구 두 명과 함께 영화를 보러 가는데, 영화 취향이 비슷하기 때문이죠. 영화가 시작되는 시간에 따라 먼저 저녁을 먹거나 영화가 끝난 후 외식을 하기도 해요. 영화관에서는 보통 팝콘과 음료를 사서 광고를 보면서 이야기를 나눠요. 영화관에서 나온 후에는 항상 함께 본 영화에 대해 토론하고 의견을 나누죠. 집에 가면 이해가 안 되는 부분이 있으면 인터넷에서 영화에 대한 정보를 찾아보곤 해요.

Wrap-up

기본적으로 이런 일 함
basically do these things

I basically do these things every time I go see a movie.

저는 기본적으로 영화를 보러 갈 때마다 이런 일을 해요.

■ 고득점 표현

어휘
표현
generally 주로, 일반적으로 go with 같이 가다, 어울리다 typical 일반적인 routine 일과 decide 결정하다, 결정을 내리다 similar 비슷한, 유사한 taste 취향 depend on ~에 따라, ~에 달려 있다 cinema 영화관, 극장 normally 보통 have a chat 이야기를 나누다, 잡담하다 advertisement 광고 leave 떠나다 discuss 토론하다 opinion 의견 understand 이해하다, 알아듣다 information 정보 basically 기본적으로

Q 최근 영화 관람 경험 ★★★☆☆

I would like to know about your latest experience going to the movies. Tell me all about what you did that day, including everything before and after watching the movie.

최근 영화 관람 경험에 대해 알고 싶습니다. 영화를 보기 전과 후에 있었던 모든 일을 포함하여 그날 무엇을 했는지 모두 말해주세요.

모범답변   ◁)) MP3 2_14

Intro •

가장 최근 영화관에 다녀온 것
말하겠음
tell you about my most
recent trip to the cinema

I love going to the movies, so let me tell you about my most recent trip to the cinema.

저는 영화 보러 가는 것을 아주 좋아해서 가장 최근 영화관에 다녀온 것에 대해 이야기할게요.

Body •

· 지난 주말
  last weekend
· [　]를 보기로 결정
  decided to watch [　]
· 영화관 가기 전 점심 먹음
  before going to the
  cinema, had a lunch
· 영화관에 가서 간식 삼
  went to the cinema,
  bought some snacks
· 그 후, 저녁 먹으면서 영화에
  대한 이야기 나눔
  afterwards, had dinner
  and chatted about the
  film

Last weekend, I decided to go and see a movie with my friends. We decided to watch the new Super Mario Brothers film, because we were all big fans of the video games when we were growing up. Before going to the cinema, we had lunch at a coffee shop and had a chat. Then we went to the cinema, bought some snacks, and really enjoyed the movie. Afterwards, we had dinner and chatted about the film.

지난 주말, 저는 친구들과 영화를 보러 가기로 했어요. 새로 개봉한 슈퍼 마리오 브라더스를 보기로 했는데 유년 시절에 마리오 게임의 열렬한 팬이었기 때문이죠. 영화관에 가기 전에 커피숍에서 점심을 먹으면서 이야기를 나눴어요. 그런 다음 영화관에 가서 간식을 좀 사서 영화를 정말 재미있게 봤어요. 그 후 저녁을 먹으며 영화에 대한 이야기를 나눴어요.

Wrap-up •

즐거운 하루였음
was a really fun day

It was a really fun day out for all of us.

우리 모두 정말 즐거운 하루였어요.

■ 고득점 표현

어휘
표현   latest 최근의 experience 경험 recent 최근 cinema 영화관, 극장 decide 결정하다 be a big fan of ~의 열렬한 팬이다, 아주 좋아한다 grow up 성장하다, 유년기를 보내다 have a chat 이야기를 나누다, 잡담하다 snack 간식, 간단한 식사 afterward 그 후 fun 재미있는, 재미 day out (하루 동안의) 여행, 하루

Unit 2

TV 보기, 리얼리티쇼 시청하기

빈출 문장 미리보기

주제와 관련된 문장들을 소리 내어 읽어 보고 필수 표현도 함께 익혀보세요.

1 좋아하는 TV 프로그램

My favorite type of TV shows these days are reality TV shows.
요즘 제가 가장 좋아하는 TV 프로그램 종류는 리얼리티 TV 쇼입니다.

I know that reality TV shows might have staged scenes, but I still find them very enjoyable.
리얼리티 TV 쇼가 짜여 있는 각본이라는 것을 알고 있지만, 그럼에도 불구하고 저는 리얼리티 TV 쇼가 매우 재밌어요.

Reality TV shows really help me to relieve my stress and chill out.
리얼리티 TV쇼는 스트레스를 해소하고 긴장을 푸는 데 정말 도움이 됩니다.

2 TV 프로그램이나 영화 시청 습관

I watch TV shows and movies on a regular basis.
저는 정기적으로 TV 프로그램과 영화를 시청합니다.

As soon as I wake up each morning, I turn on the TV.
매일 아침 일어나자마자 TV를 켜요.

I like to watch a show or a news program while I'm getting ready for work.
출근 준비를 하는 동안 프로그램이나 뉴스 보는 것을 좋아하기 때문입니다.

3 과거와 현재의 TV 프로그램 비교

TV shows have changed quite a lot since I was young.
제가 어렸을 때와는 TV 프로그램이 많이 달라졌어요.

One of the biggest things I noticed is that Friends uses the recorded laughter of the live audience that were there for the filming.
제가 알게 된 가장 큰 특징 중 하나는 촬영 당시 현장에 있던 관객들의 생생한 웃음을 녹음해서 사용한다는 점이었어요.

Another difference is that Friends was not as diverse as shows are these days.
또 다른 차이점은 요즘 드라마들 만큼의 다양성이 없었어요.

■ 필수표현

1 좋아하는 TV 프로그램

Tell me about your favorite types of shows or movies to watch.

즐겨 보는 프로그램이나 영화의 종류에 대해 말해주세요.

2 TV 프로그램이나 영화 시청 습관

Tell me about your TV show or movie watching habits. When do you watch them? Who do you watch them with? Where do you watch them? Tell me about what you usually like to do when watching TV shows or movies.

TV 프로그램이나 영화 시청 습관에 대해 알려주세요. 언제 시청하나요? 누구와 함께 시청하나요? 어디에서 시청하나요? TV 프로그램이나 영화를 볼 때 주로 무엇을 하는지 말해주세요.

3 과거와 현재의 TV 프로그램 비교

Over time, there have been significant changes in TV shows. Describe a TV show that you can still remember from your childhood. What was it like? How was it different from the popular TV shows of today?

시간이 지남에 따라 TV 프로그램에도 상당한 변화가 있었습니다. 어린 시절 기억에 남는 TV 프로그램에 대해 설명해 주세요. 그것은 무엇이었나요? 요즘 인기 있는 TV 프로그램과 어떻게 다른 가요?

추가 세트 구성

Set 1
좋아하는 TV 프로그램
좋아하는 TV 프로그램이나 영화 캐릭터
TV 또는 영화에 관심을 갖게 된 계기

Set 2
좋아하는 TV 프로그램
TV 또는 영화에 관심을 갖게 된 계기
기억에 남는 TV 프로그램이나 영화 관람 경험

Set 3
좋아하는 TV 프로그램
과거와 현재의 TV 프로그램 비교
기억에 남는 TV 프로그램이나 영화 관람 경험

Q **좋아하는 TV 프로그램** ★★★☆☆

Tell me about your favorite types of shows or movies to watch.
즐겨 보는 프로그램이나 영화의 종류에 대해 말해주세요.

모범답변

Intro

리얼리티 TV쇼
reality TV shows

My favorite type of TV shows these days are reality TV shows.
요즘 제가 가장 좋아하는 TV 프로그램 종류는 리얼리티 TV 쇼예요.

Body

· 짜여 있는 각본이지만 재밌음
  staged scenes but still
  find them very enjoyable
· 쉽게 보고 즐길 수 있음
  very easy to watch and
  enjoy
· 극적인 사건과 가십으로 가득
  차 있고 재미있는 순간이 많아서
  좋음
  filled with drama and
  gossip, a lot of funny
  moments

I know that reality TV shows might have staged scenes, but I still find them very enjoyable. I have a very busy work schedule, so when I get home at night, I'm already exhausted and just want to relax and turn my brain off. Reality TV is perfect for that, as it's very easy to watch and enjoy. Some of the shows I like at the moment are Selling Sunset and I Am Solo. I like reality TV shows because it's always filled with drama and gossip, and there are a lot of funny moments.

리얼리티 TV 쇼가 짜여 있는 각본이라는 것을 알고 있지만, 그럼에도 불구하고 저는 리얼리티 TV 쇼가 매우 재밌어요. 저는 업무 일정이 매우 바쁘기 때문에 밤에 집에 돌아오면 이미 지쳐 있기 때문에 긴장을 풀고 생각하고 싶지 않아요. 리얼리티 TV 쇼는 이런 면에서 완벽한데, 아주 쉽게 보고 즐길 수 있기 때문이에요. 제가 지금 좋아하는 프로그램은 셀링 선셋과 나는 솔로입니다. 리얼리티 TV 쇼는 항상 극적인 사건과 가십으로 가득 차 있고 재미있는 순간이 많아서 좋아요.

Wrap-up

스트레스를 해소하고 긴장 푸는데
정말 도움 됨

really help me to relieve my
stress and chill out

Reality TV shows really help me to relieve my stress and chill out.
리얼리티 TV쇼는 스트레스를 해소하고 긴장을 푸는 데 정말 도움이 돼요.

■ 고득점 표현

어휘
표현 type 유형, 종류 reality 리얼리티, 현실 consider 여기다, 고려하다 exhausted 지친, 기진맥진한 relax 긴장을 풀다 turn off 신경을 끊다, 생각하지 않다 brain 머리, 뇌 gossip 수다, 험담 at the moment 바로 지금, (마침) 그때 moment 순간 relieve stress 스트레스를 풀다 chill out 긴장을 풀다, 침착해지다

Q **TV 프로그램이나 영화 시청 습관** ★★★☆☆

Tell me about your TV show or movie watching habits. When do you watch them? Who do you watch them with? Where do you watch them? Tell me about what you usually like to do when watching TV shows or movies.

TV 프로그램이나 영화 시청 습관에 대해 알려주세요. 언제 시청하나요? 누구와 함께 시청하나요? 어디에서 시청하나요? TV 프로그램이나 영화를 볼 때 주로 무엇을 하는지 말해주세요.

모범답변

◁)) MP3 2_18

Intro

정기적으로
on a regular basis

I watch TV shows and movies on a regular basis.
저는 정기적으로 TV 프로그램과 영화를 시청합니다.

Body

· 프로그램이나 뉴스 보는 것 좋아함
like to watch a show or a news program

· 거실에 큰 TV가 있어서 영화 즐기기 완벽한 장소
have a big TV in my living room, the perfect place to enjoy a movie

· 주로 음식 먹거나 휴대폰을 함
usually eat some food and play on my phone

As soon as I wake up each morning, I turn on the TV, because I like to watch a show or a news program while I'm getting ready for work. I even watch a show or part of a movie during my commute. In the evenings, I normally watch a film before I go to bed. I have a big TV in my living room and a comfy couch, so it's the perfect place to enjoy a movie. While I'm watching TV shows or movies, I usually eat some food and play on my phone. Sometimes I chat with friends if we are watching the same show or film.

매일 아침 일어나자마자 TV를 켜는데 출근 준비를 하는 동안 프로그램이나 뉴스 보는 것을 좋아하기 때문입니다. 출퇴근 중에도 프로그램이나 영화의 일부분을 봅니다. 밤에는 보통 잠자리에 들기 전에 영화를 봐요. 거실에 큰 TV가 있고 편안한 소파가 있어서 영화를 즐기기에 완벽한 장소예요. TV 프로그램이나 영화를 보는 동안에 주로 음식을 먹거나 휴대폰을 합니다. 가끔은 같은 프로그램이나 영화를 보는 친구들과 수다를 떨기도 해요.

Wrap-up

집에서 영화와 TV 보는 데 많은 시간 보냄
spend a lot of time watching films and TV shows at home

I'd say that I spend a lot of time watching films and TV shows at home.
저는 집에서 영화와 TV 프로그램을 보는 데 많은 시간을 보낸다고 말할 수 있어요.

■ 고득점 표현

어휘
표현 habit 습관 usually 주로, 보통 on a regular basis 정기적으로 as soon as ~하자마자, ~하자 곧 wake up 일어나다 get ready for 준비하다 even ~도, 평평한 comfy 편안한 couch 소파 same 같은, 동일한 spend (시간을) 보내다

Q 과거와 현재의 TV 프로그램 비교 ★★★★☆

Over time, there have been significant changes in TV shows. Describe a TV show that you can still remember from your childhood. What was it like? How was it different from the popular TV shows of today?

시간이 지남에 따라 TV 프로그램에도 상당한 변화가 있었습니다. 어린 시절 기억에 남는 TV 프로그램에 대해 설명해 주세요. 그것은 무엇이었나요? 요즘 인기 있는 TV 프로그램과 어떻게 다른가요?

모범답변

🔊 MP3 2_20

Intro

많이 달라졌음
have changed quite a lot

TV shows have changed quite a lot since I was young.

제가 어렸을 때와는 TV 프로그램이 많이 달라졌어요.

Body

· 가장 인기 있었던 프로그램은 [ ]
the most popular TV show was Friends

· 여전히 재방송 시청함
still watch re-runs

· 현장 관객 웃음 소리 녹음해서 씀, 요즘엔 드묾
uses the recorded laughter of the live audience, quite rare these days

· 요즘 드라마처럼 다양하지 않았음
not as diverse as shows are these days

When I was young, the most popular TV show was Friends. I really loved the show, and I still watch re-runs whenever I see them on TV. One of the biggest things I noticed is that Friends uses the recorded laughter of the live audience that were there for the filming. This is quite rare these days, and audience laughter does sound quite dated, to be honest. Another difference is that Friends was not as diverse as shows are these days. The main cast are all attractive, white people. In modern shows, there is much more diversity, with characters of various races and appearances.

제가 어렸을 때 가장 인기 있었던 TV 프로그램은 프렌즈였어요. 저는 이 프로그램을 정말 좋아했고 지금도 TV에서 재방송이 보이면 시청하곤 합니다. 제가 알게 된 가장 큰 특징 중 하나는 촬영 당시 현장에 있던 관객들의 생생한 웃음을 녹음해서 사용한다는 점이었어요. 요즘에는 이런 경우가 매우 드물고, 솔직히 말해서 관객의 웃음소리는 상당히 구식처럼 들리기도 합니다. 또 다른 차이점은 요즘 드라마들 만큼의 다양성이 없었어요. 프렌즈의 주요 출연진은 모두 매력적인 백인이었죠. 요즘 프로그램에는 여러 인종과 외모를 가진 캐릭터들로 훨씬 더 다양해요.

Wrap-up

어떤 면에서는 더 나은 방향으로 달라졌음
have changed for the better in some ways

I will always love Friends, but TV shows have changed for the better in some ways.

저는 언제나 프렌즈를 좋아하겠지만, TV 프로그램은 어떤 면에서는 더 나은 방향으로 달라졌어요.

■ 고득점 표현

어휘 표현 over time 시간이 지나면서 significant 중요한, 상당한 childhood 어린 시절 re-run 재방송 whenever ~할 때마다, ~할 때는 언제든지 laughter 웃음, 웃음소리 audience 관객 rare 드문, 희귀한 quite 상당히, 꽤 dated 구식의 to be honest 솔직히 말하자면 diverse 다양한 cast 출연진, 출연자들 attractive 매력적인 white people 백인 diversity 다양성 character 캐릭터, 등장인물 race 인종 appearance 외모 in some way 어떤 면에서는

공연 보기, 콘서트 보기

빈출 문장 미리보기

주제와 관련된 문장들을 소리 내어 읽어 보고 필수 표현도 함께 익혀보세요.

1 좋아하는 공연이나 콘서트

When I go to see a concert, it's usually a rock band.

콘서트를 보러 갈 때는 보통 록 밴드 공연이에요.

I like a lot of guitar-based bands.

기타를 기반으로 하는 밴드를 좋아해요.

The music is always really loud and the bands perform with a lot of energy.

그 음악은 항상 정말 소리가 크고 밴드들은 많은 에너지를 갖고 공연해요.

2 좋아하는 콘서트 장소

There are a lot of good venues in my city, but I like The Astoria the most.

우리 도시에는 좋은 장소들이 많지만 저는 아스토리아를 가장 좋아합니다.

First, the stage is very close to the crowd area, so I always get a great view of the performers.

먼저, 무대가 관중석과 매우 가까워서, 항상 공연자들을 잘 볼 수 있어요.

Second, it has an amazing audio-visual system, so I can hear the music clearly.

두 번째로, 뛰어난 시청각 시스템을 갖추고 있어서 대부분의 콘서트에서 음악이 선명하게 들을 수 있어요.

3 최근 콘서트 관람 경험

Actually, I went to a concert last weekend.

사실, 저는 지난 주말에 콘서트에 갔어요.

The concert was held in an exhibition hall in Boston, so it took me about one hour to get there by bus.

콘서트는 보스턴에 있는 한 전시장에서 열렸기 때문에 그곳까지 버스로 한 시간 정도 걸렸어요.

The concert was amazing, and the most memorable part for me was the spectacular light show.

콘서트는 정말로 멋졌고 가장 기억에 남는 부분은 화려한 조명쇼였어요.

■ 필수표현

기출 문제 예시

1 좋아하는 공연이나 콘서트

You indicated in the survey that you enjoy watching concert or performances. What are your favorite types of performances, and what do you like about them?

설문조사에서 당신은 콘서트나 공연을 보는 것을 좋아한다고 했습니다. 당신이 가장 좋아하는 공연 종류는 무엇이며, 어떤 점이 좋은가요?

2 좋아하는 콘서트 장소

Do you have a favorite venue for watching live performances? Where is it located? What makes the venue special?

라이브 공연을 보기 위해 즐겨 찾는 공연장이 있나요? 어디에 위치해 있나요? 그 공연장이 특별한 이유는 무엇인가요?

3 최근 콘서트 관람 경험

Can you tell me about a concert you went to recently? Who did you see in concert? Where did it take place? Did you go there with anyone else? What was memorable about the concert?

최근에 다녀온 콘서트에 대해 말해주시겠어요? 콘서트에서 누구를 봤나요? 콘서트는 어디에서 열렸나요? 다른 사람과 함께 갔나요? 콘서트에서 기억에 남는 것은 무엇인가요?

추가 세트 구성

Set 1

좋아하는 공연이나 콘서트
공연이나 콘서트에 관심을 갖게 된 계기
기억에 남는 공연이나 콘서트 관람 경험

Set 2

좋아하는 공연이나 콘서트
최근 공연이나 콘서트 관람 경험
기억에 남는 공연이나 콘서트 관람 경험

Tip

여가 활동 항목 중 공연 보기, 콘서트 보기는 다른 항목들에 비해 출제 확률이 떨어집니다. 해당 주제의 문제 세트가 개발되어 있긴 하지만 최근 5년간의 출제 경향을 토대로 분석해 봤을 때 공연이나 콘서트 관련한 문제보다는 영화, TV 프로그램, 쇼핑 항목의 출제율이 훨씬 더 높습니다. 따라서, 오픽 시험 준비 기간이 부족한 경우에는 영화, TV 프로그램, 쇼핑을 우선적으로 학습한 뒤 공연, 콘서트를 학습하는 것을 추천 드립니다.

Q 좋아하는 공연이나 콘서트 ★★★☆☆

You indicated in the survey that you enjoy watching concert or performances. What are your favorite types of performances, and what do you like about them?

설문조사에서 당신은 콘서트나 공연을 보는 것을 좋아한다고 했습니다. 당신이 가장 좋아하는 공연 종류는 무엇이며, 어떤 점이 좋은가요?

모범답변   MP3 2_22

Intro

콘서트와 라이브 공연 보러 가는 것 즐김
enjoy going to see concerts and other performances

I really enjoy going to see concerts and other live performances.
저는 콘서트와 다른 라이브 공연들을 보러 가는 것을 정말 즐겨요.

Body

· 보통 록 밴드 공연
  usually a rock band
· 록 콘서트 분위기 정말 좋아함
  love the atmosphere at rock concerts
· 스탠드업 코미디 보러 감
  go to stand-up comedy shows
· 정말 재밌었음
  was hilarious

When I go to see a concert, it's usually a rock band. I like a lot of guitar-based bands, so I tend to buy more tickets for their concerts. I love the atmosphere at rock concerts! The music is always really loud, and the bands perform with a lot of energy. The crowd is always so energetic and enthusiastic, too. Aside from going to see live music, I often go to stand-up comedy shows. I recently went to see Kevin Hart's new stand-up show, and it was hilarious! The thing I love about seeing comedians perform is that the laughter of the crowd is contagious. When people start laughing at a comedian's jokes, other people in the crowd also start laughing, and eventually everyone in the venue is laughing.

콘서트를 보러 갈 때는 보통 록 밴드 공연이에요. 기타를 기반으로 하는 밴드를 좋아해서 그런 밴드의 콘서트 티켓을 더 많이 구매하는 편이죠. 저는 록 콘서트의 분위기를 정말 좋아해요! 그 음악은 항상 정말 소리가 크고 밴드들은 많은 에너지를 갖고 공연해요. 관중은 항상 매우 활기차고 열정적이죠. 라이브 공연을 보러 가는 것 외에도, 스탠드업 코미디 쇼를 자주 보러 가요. 최근에 케빈 하트의 새로운 스탠드업 쇼를 보러 갔는데, 정말 재밌었어요! 코미디언들이 공연하는 것을 볼 때 제가 좋아하는 점은 관중석의 웃음이 전염된다는 점이에요. 코미디언의 농담에 사람들이 웃기 시작하면 다른 사람들도 웃기 시작하고, 결국 공연장에 있는 모든 사람들이 웃게 되죠.

Wrap-up

항상 기분이 밝고 활력이 넘침
always feel upbeat and energized

I always feel upbeat and energized after seeing concerts and comedy shows.
콘서트나 코미디 쇼를 보고 나면 항상 기분이 밝고 활력이 넘칩니다.

■ 고득점 표현

어휘 표현 atmosphere 분위기, 기운 loud (소리가)큰, 시끄러운 crowd 사람들, 군중, 무리 energetic 활기찬, 활동적인 enthusiastic 열광적인, 열렬한 aside from ~외에는, ~을 제외하고 stand-up 스탠드업, (코미디언이 관객 앞에) 혼자 서서 하는 hilarious 재미있는, 우스운 laughter 웃음, 웃음소리 contagious 전염성의 joke 농담 venue 장소 upbeat 기분이 밝은, 긍정적인 energize 활력이 넘치다

Q 좋아하는 콘서트 장소 ★★★☆☆

Do you have a favorite venue for watching live performances? Where is it located? What makes the venue special?

라이브 공연을 보기 위해 즐겨 찾는 공연장이 있나요? 어디에 위치해 있나요? 그 공연장이 특별한 이유는 무엇인가요?

모범답변 MP3 2_24

Intro

[ ]를 가장 좋아함
like The Astoria the most

There are a lot of good venues in my city, but I like The Astoria the most.

우리 도시에는 좋은 장소들이 많지만 저는 아스토리아를 가장 좋아합니다.

Body

· 시내 한가운데에 자리하고 있음
right in the middle of the downtown area

· 쉽게 갈 수 있음
really easy to get to

· 무대가 관중석과 매우 가까움
the stage is very close to the crowd area

· 뛰어난 시청각 시스템을 갖추고 있음
has an amazing audio-visual system

The Astoria is a pretty old building that was originally a movie theater. It's located in the middle of the downtown area. It's really easy to get to, because several bus and subway routes pass through that part of the city. There are a few things that make The Astoria a special venue to me. First, the stage is very close to the crowd area, so I always get a great view of the performers. Second, it has an amazing audio-visual system, so I can hear the music clearly. The last thing is that it has a rooftop bar, so I can get together with friends and have a few drinks there when the weather is nice.

아스토리아는 원래 영화관이었던 꽤 오래된 건물이에요. 시내 한가운데에 자리하고 있죠. 여러 버스와 지하철 노선이 이 지역을 지나가기 때문에 정말 쉽게 갈 수 있어요. 저에게 아스토리아가 특별한 이유는 몇 가지가 있습니다. 먼저, 무대가 관중석과 매우 가까워서, 항상 공연자들을 잘 볼 수 있어요. 두 번째로, 뛰어난 시청각 시스템을 갖추고 있어서 대부분의 콘서트에서 음악을 선명하게 들을 수 있어요. 마지막으로 루프탑 바가 있어서 날씨가 좋을 때 친구들과 함께 모여서 술 한 잔할 수 있다는 점입니다.

Wrap-up

가장 좋아하는 장소 중 하나
one of my favorite places to go

I'd say The Astoria is one of my favorite places to go in my city.

아스토리아는 제가 사는 도시에서 가는 가장 좋아하는 장소 중 하나라고 말하고 싶어요.

■ 고득점 표현

어휘 표현 locate 위치하다   special 특별한, 특수한   originally 원래, 본래   in the middle of 한 가운데에, ~의 중앙에   downtown 시내, 시내에   easy to ~하기 쉬운   get to 가다, ~에 도착하다   several 몇몇의, 각각의   route 노선, 길   pass through (어떤 도시 등을) 지나가다, ~을 빠져 나가다   close (시간적·공간적으로) 가까운, 거의 ~할 것 같은   audio-visual 시청각의   clearly 선명하게, 또렷하게   rooftop 건물의 옥상, 루프탑   get together 함께 모이다

Q 최근 콘서트 관람 경험 ★★★☆☆

Can you tell me about a concert you went to recently? Who did you see in concert? Where did it take place? Did you go there with anyone else? What was memorable about the concert?

최근에 다녀온 콘서트에 대해 말해주시겠어요? 콘서트에서 누구를 봤나요? 콘서트는 어디에서 열렸나요? 다른 사람과 함께 갔나요? 콘서트에서 기억에 남는 것은 무엇인가요?

모범답변 MP3 2_26

Intro

지난 주말에 콘서트에 감
went to a concert last weekend

Actually, I went to a concert last weekend.

사실, 저는 지난 주말에 콘서트에 갔어요.

Body

· 가장 좋아하는 밴드인 [　]를 처음으로 볼 수 있었음
my first time seeing one of my favorite bands, Sleep Token

· 보스턴 전시장에서 열림
was held in an exhibition hall in Boston

· 동생과 동생 친구와 함께 감
with my brother and one of his friends

· 가장 기억에 남는 부분은 화려한 조명쇼였음
the most memorable part was the spectacular light show

I was really happy because it was my first time seeing one of my favorite bands, Sleep Token. I have been listening to them for about five years, but I had never had a chance to see them perform live. The concert was held in an exhibition hall in Boston, so it took me about one hour to get there by bus. I went to the concert with my brother and one of his friends, because they're also big fans of the band. When we arrived, we went straight to the merchandise stall to buy T-shirts. The concert was amazing, and the most memorable part for me was the spectacular light show.

저는 제가 가장 좋아하는 밴드 중 하나인, 슬립 토큰을 처음으로 볼 수 있어서 정말 기뻤어요. 5년 정도 그들의 음악을 들어왔지만 라이브로 공연을 볼 기회가 없었거든요. 콘서트는 보스턴에 있는 한 전시장에서 열렸기 때문에 그곳까지 버스로 한 시간 정도 걸렸어요. 저는 제 동생과 동생의 친구 중 한 명과 함께 콘서트에 갔는데, 그들도 이 밴드의 열렬한 팬이었기 때문이죠. 도착하자마자 바로 굿즈 가판대에 가서 티셔츠를 샀어요. 콘서트는 정말로 멋졌고 가장 기억에 남는 부분은 화려한 조명쇼였어요.

Wrap-up

평생 기억에 남을 콘서트임
going to remember that concert for the rest of my life

I'm going to remember that concert for the rest of my life.

그 콘서트는 평생 기억에 남을 거예요.

■ 고득점 표현

어휘 표현 take place 열리다, 개최되다 go with 같이 가다, 어울리다 never 지금까지 한번도 ~않다, 결코~ 않다 have a chance to ~할 기회가 있다 hold 열다, 개최하다 go straight 바로 가다, 직행하다 merchandise (상점에서 파는) 상품, 물품 stall 가판대, 좌판 spectacular 화려한 쇼[공연], 장관을 이루는 light 조명, 빛

Unit 4 쇼핑하기

빈출 문장 미리보기

주제와 관련된 문장들을 소리 내어 읽어 보고 필수 표현도 함께 익혀보세요.

1 우리나라의 쇼핑몰

Most of the stores that I enjoy shopping at are inside large shopping malls.
제가 쇼핑을 즐기는 대부분의 매장은 대형 쇼핑몰 안에 있어요.

In particular, there's a mall called the West Pacific Mall, and that has so many clothing stores that I love.
특히 웨스트 퍼시픽 몰이라는 쇼핑몰이 있는데, 제가 좋아하는 의류 매장이 정말 많아요.

West Pacific Mall also has a huge food court, so my friends and I like to meet there and have a chat and a bite to eat.
웨스트 퍼시픽 몰에는 진짜 큰 푸드 코트도 있어서 친구들과 그곳에 만나서 수다를 떨고 음식 먹는 것을 좋아해요.

2 주로 쇼핑하러 가는 장소와 쇼핑 물건

When I need to buy something, I usually go to the Five Trees Mall.
저는 물건을 사야 할 때 주로 파이브 트리즈 몰에 가요.

I go there every weekend, and I usually buy clothing when I go there.
그곳에 주말마다 가는데 주로 옷을 사러 가는 편이죠.

The best thing about the mall is that the prices are quite reasonable.
이 쇼핑몰의 가장 좋은 점은 가격이 상당히 합리적이라는 점이에요.

3 어렸을 때의 쇼핑 경험과 계기

I have a clear memory of shopping with my mother when I was a child.
어렸을 때 어머니와 함께 쇼핑을 했던 기억이 생생해요.

We would normally go to the Wellgate Shopping Center in the middle of the city.
우리는 보통 시내 한복판에 있는 웰게이트 쇼핑 센터에 가곤 했어요.

My mother would normally buy me a small toy before we left the shopping center.
어머니는 보통 쇼핑 센터를 떠나기 전에 작은 장난감을 사주셨어요.

■ 필수표현

1   우리나라의 쇼핑몰

You indicated in the survey that you go shopping. Tell me about some of the stores or shopping centers in your country. What is it like when you go to those places?

설문조사에서 당신은 쇼핑을 한다고 했습니다. 당신의 국가에 있는 상점이나 쇼핑센터에 대해 말해주세요. 그 장소에 가면 어떤 가요?

2   주로 쇼핑하러 가는 장소와 쇼핑 물건

When going shopping for something, where do you go? When you go there, what do you usually purchase? Is there anything special about that place?

쇼핑을 하러 갈 때 주로 어디로 가나요? 그곳에 가면 주로 무엇을 구매하나요? 그 장소에 특별한 점이 있나요?

3   어렸을 때의 쇼핑 경험과 계기

Tell me about your earliest shopping memories and why you like shopping so much. You could discuss things like where or when you used to go shopping, the people you went with, what you would do while shopping anything else that would clarify your shopping experience.

어렸을 때 쇼핑을 했던 기억과 쇼핑을 좋아하는 이유에 대해 말해주세요. 쇼핑을 하러 가곤 했던 장소나 시기 혹은 함께 갔던 사람들, 쇼핑하는 동안 무엇을 했는지 등 당신의 쇼핑 경험에 대해 명확하게 해줄 수 있는 어떤 것이든 이야기해주세요.

추가 세트 구성

Set 1

우리나라의 쇼핑몰
쇼핑하러 가는 날의 일상
어렸을 때 기억에 남는 쇼핑 장소

Set 2

우리나라의 쇼핑몰
어렸을 때 기억에 남는 쇼핑 장소
기억에 남는 쇼핑 경험

Set 3

쇼핑 습관
주로 쇼핑하러 가는 장소와 쇼핑 물건
어렸을 때의 쇼핑 경험과 계기

Set 4

쇼핑 습관
최근 쇼핑 경험
기억에 남는 쇼핑 경험

Q 우리나라의 쇼핑몰 ★★★☆☆

You indicated in the survey that you go shopping. Tell me about some of the stores or shopping centers in your country. What is it like when you go to those places?

설문조사에서 당신은 쇼핑을 한다고 했습니다. 당신의 국가에 있는 상점이나 쇼핑센터에 대해 말해주세요. 그 장소에 가면 어떤가요?

모범답변

Intro

쇼핑가는 것 정말 좋아함
love to go shopping

I love to go shopping after I get my salary at the end of the month.

저는 월말에 월급을 받아서 쇼핑하러 가는 것을 정말 좋아해요.

Body

· [ ]라는 쇼핑몰이 있음
  there's a mall called [ ]
· 의류 매장 정말 많음
  so many clothing stores
· 전자기기와 생활용품 쇼핑하기 좋음
  good for electronic devices and household products
· 많은 레스토랑, 영화관, 헬스장
  loads of restaurants, a movie theater, a gym
· 그곳에서 친구들 만나는 것 좋아함
  my friends and I like to meet there

Most of the stores that I enjoy shopping at are inside large shopping malls. In particular, there's a mall called the West Pacific Mall that has so many clothing stores that I love. There's also the Plaza Mall, which is really good for electronic devices and household products. I love to visit these malls because they have so many great things, aside from the stores. They each have loads of restaurants, a movie theater, and a gym. West Pacific Mall also has a huge food court, so my friends and I like to meet there and have a chat and a bite to eat.

제가 쇼핑을 즐기는 대부분의 매장은 대형 쇼핑몰 안에 있습니다. 특히 웨스트 퍼시픽 몰이라는 쇼핑몰이 있는데, 제가 좋아하는 의류 매장이 정말 많아요. 전자기기와 생활용품을 쇼핑하기 좋은 플라자 몰도 있죠. 저는 이 쇼핑몰들을 방문하는 것을 좋아하는데 왜냐하면 상점 외에도 아주 좋은 것들이 있기 때문입니다. 많은 레스토랑과 영화관, 헬스장이 있어요. 웨스트 퍼시픽 몰에는 진짜 큰 푸드 코트도 있어서 친구들과 그곳에 만나서 수다를 떨고 음식 먹는 것을 좋아해요.

Wrap-up

가장 좋아하는 일 중 하나
one of my favorite things to do

Going shopping at the mall is one of my favorite things to do.

쇼핑몰에서 쇼핑하는 것은 제가 가장 좋아하는 일 중 하나예요.

■ 고득점 표현

어휘 표현 salary 월급, 급여 inside ~의 안에, 안으로 large 대형, (규모가)큰 in particular 특히, 특별한 electronic devices 전자기기 household product 생활용품 visit 방문하다, 찾아가다 aside from ~이외에도 loads of 많은, 수많은 huge 큰 have a chat 수다 떨다, 잡담하다 have a bite to eat 간단히 먹다, 간단히 요기하다

Q 주로 쇼핑하러 가는 장소와 쇼핑 물건 ★★★☆☆

When going shopping for something, where do you go? When you go there, what do you usually purchase? Is there anything special about that place?

쇼핑을 하러 갈 때 주로 어디로 가나요? 그곳에 가면 주로 무엇을 구매하나요? 그 장소에 특별한 점이 있나요?

모범답변
🔊 MP3 2_30

Intro

주로 [　]에 감
usually go to the Five Trees Mall

When I need to buy something, I usually go to the Five Trees Mall.

저는 물건을 사야 할 때 주로 파이브 트리즈 몰에 가요.

Body

· [　]에는 내가 필요한 모든 것이 있음
　[　] has everything I need
· 주말에 가서 옷 삼
　go there every weekend to buy clothes
· 가격이 상당히 합리적임
　the prices are quite reasonable
· 볼링장
　bowling alley
· 한 달에 적어도 한 번 감
　go bowling at least once a month

The Five Trees Mall has basically everything I need. It's the place I go to whenever I want to buy clothes, electronic gadgets, video games, or art supplies. I usually go there every weekend to buy clothes. The last time I was there, I bought a new pair of jeans and a baseball cap. The best thing about the mall is that the prices are quite reasonable. I spend less money there than I would if I went to shops in the downtown area. The other thing I like about the mall is its bowling alley. My friends and I go there to go bowling at least once a month, and we always have a great time.

파이브 트리즈 몰에는 제가 필요한 모든 것이 기본적으로 있습니다. 옷, 전자기기, 비디오 게임 혹은 미술용품을 사고 싶을 때마다 가는 곳이에요. 저는 주로 주말에 가서 옷을 사요. 지난번에는 새 청바지와 야구 모자를 샀어요. 이 쇼핑몰의 가장 좋은 점은 가격이 상당히 합리적이라는 점입니다. 시내에 있는 상점에 갈 때 보다 돈을 덜 쓰게 돼요. 또 다른 좋은 점은 볼링장입니다. 친구들과 한 달에 적어도 한 번은 볼링을 치러 가는데 항상 즐거운 시간을 보내요.

Wrap-up

모든 사람에게 가보라고 추천하고 싶음
I'd recommend that everyone checks out

I'd recommend that everyone checks out the Five Trees Mall.

모든 사람에게 파이브 트리즈 몰에 가보라고 추천하고 싶어요.

■ 고득점 표현

어휘 표현 purchase 구매하다, 구입하다　clothes 옷, 의복　electronic gadget 전자기기　art supply 미술용품　price 가격, 값 reasonable 합리적인　less 덜하게, 더 적은　downtown 시내　bowling alley 볼링장　at least 적어도　once a month 한 달에 한 번　recommend 추천하다　check out 보다, 확인하다

Q 어렸을 때의 쇼핑 경험과 계기 ★★★★☆

Tell me about your earliest shopping memories and why you like shopping so much. You could discuss things like where or when you used to go shopping, the people you went with, what you would do while shopping, anything else that would clarify your shopping experience.

어렸을 때 쇼핑을 했던 기억과 쇼핑을 좋아하는 이유에 대해 말해주세요. 쇼핑을 하러 가곤 했던 장소나 시기 혹은 함께 갔던 사람들, 쇼핑하는 동안 무엇을 했는지 등 당신의 쇼핑 경험에 대해 명확하게 해줄 수 있는 어떤 것이든 이야기해주세요.

모범답변

◁)) MP3 2_32

Intro

[ ]와 함께 쇼핑했던 기억이 생생함
have a clear memory of shopping with my mother

I have a clear memory of shopping with my mother when I was a child.

어렸을 때 어머니와 함께 쇼핑을 했던 기억이 생생해요.

Body

· 매주 토요일
every Saturday
· 크고 멋져 보였음
seemed so huge and amazing
· 커피숍에서 케이크와 음료 마시면서 하루 마무리함
end the day with some cake and a drink at the coffee shop
· 작은 장난감 사줌
buy me a small toy

When I was young, my mother used to take me on shopping trips every Saturday. I can still remember them clearly, because I always enjoyed going shopping with her. We would normally go to the Wellgate Shopping Center in the middle of the city. It seemed so huge and amazing when I was little, and there were many interesting sights and sounds. Whenever we went shopping, we would end the day with some cake and a drink at the coffee shop. My mother would normally buy me a small toy before we left the shopping center.

제가 어렸을 때, 어머니는 매주 토요일 마다 저를 데리고 쇼핑을 하러 가곤 하셨어요. 아직도 그 기억이 생생한데, 어머니와 함께 하는 쇼핑은 항상 즐거웠기 때문입니다. 우리는 보통 시내 한복판에 있는 웰게이트 쇼핑 센터에 가곤 했어요. 어렸을 때는 쇼핑 센터가 정말 크고 멋져 보였고, 흥미로운 볼거리와 들을거리가 많았죠. 쇼핑을 할 때마다 커피숍에서 케이크와 음료를 마시며 하루를 마무리하곤 했어요. 어머니는 보통 쇼핑 센터를 떠나기 전에 작은 장난감을 사주셨어요.

Wrap-up

어머니와 함께 즐거운 쇼핑 할 수 있어서 정말 좋았음
glad my mother took me on all those fun shopping trips

I'm glad my mother took me on all those fun shopping trips.

어머니와 함께 즐거운 쇼핑을 할 수 있어서 정말 좋았어요.

■ 고득점 표현

어휘 표현 earliest 어릴 때 memory 기억 go with 같이 가다, 어울리다 clarify 명확하게 하다, 분명히 하다 clearly 생생한 in the middle of 가운데에 seem (~처럼) 보이다 huge 큰, 거대한 interesting 흥미로운, 재미있는 sight 볼거리 whenever ~할 때 마다 toy 장난감

Unit 5 음악 감상하기

빈출 문장 미리보기

주제와 관련된 문장들을 소리 내어 읽어 보고 필수 표현도 함께 익혀보세요.

1 좋아하는 음악 장르

My favorite genre of music is rock music, because I really like its high energy **and** loud volume.

제가 가장 좋아하는 음악 장르는 록 음악인데, 높은 에너지와 큰 소리를 정말 좋아하기 때문이죠.

Right now my favorite rock band is probably Sleep Token.

지금 제가 가장 좋아하는 록 밴드는 아마도 슬립 토큰일 거예요.

They have an amazing vocalist, **and they mix keyboard and guitar harmonies togeter well.**

보컬이 훌륭하고 키보드와 기타의 하모니가 잘 어우러져 있어요.

2 음악을 듣는 장소와 시간

I normally listen to music when I'm commuting **and when I'm** exercising.

저는 보통 출퇴근할 때나 운동할 때 음악을 들어요.

In my opinion, the best way to **listen to music is at a concert.**

제 생각에는 음악을 듣는 가장 좋은 방법은 콘서트에 가는 것이에요.

My friends and I try to **see our favorite bands live** whenever we have a chance.

저와 제 친구들은 기회가 있을 때마다 좋아하는 밴드의 라이브 공연을 보려고 노력해요.

3 음악을 듣게 된 계기와 취향 변화

I can remember taking an interest in **music when I was only about 5 or 6 years old.**

저는 제가 겨우 5살이나 6살이었을 때 음악에 관심을 가졌던 게 기억나요.

The first music I liked was pop music, because it usually has a catchy tune **and** beat.

제가 처음 좋아한 음악은 팝 음악이었는데, 주로 외우기 쉬운 멜로디와 박자기 때문이죠.

As I've gotten older, I've gotten more into guitar-based **music like** rock **and** metal.

나이가 들면서 록이나 메탈 같은 기타를 기반으로 한 음악에 더 빠져들게 되었어요.

■ 필수표현

기출 문제 예시

1 좋아하는 음악 장르

You indicated in the survey that you listen to music. What are some kinds of music that you listen to? Do you have any favorite musicians and/or composers?

설문조사에서 당신은 음악을 듣는다고 했습니다. 어떤 종류의 음악을 즐겨 듣나요? 좋아하는 뮤지션이나 작곡가가 있나요?

2 음악을 듣는 장소와 시간

When do you usually listen to music, and where? Do you prefer listening to the radio? Do you attend concerts? Tell me about how you like to enjoy music.

주로 언제 어디서 음악을 듣나요? 라디오 청취를 선호하나요? 콘서트에 참석하나요? 당신이 음악을 즐기는 방식에 대해 말해주세요.

3 음악을 듣게 된 계기와 취향 변화

When did you first take an interest in music? What was the first kind of music that you liked? Tell me about how your interest in music has changed since you were younger.

언제 처음 음악에 관심을 가지게 되었나요? 처음 좋아했던 음악은 어떤 종류였나요? 어렸을 때부터 음악에 대한 관심이 어떻게 변해왔는지 말해주세요.

추가 세트 구성

Set 1

좋아하는 음악 장르
음악을 좋아하게 된 계기와 취향 변화
라이브 음악을 들었던 경험

Set 2

서로 다른 종류의 음악 혹은 작곡가 비교
요즘 관심 가는 최신 음악 기기

Tip

음악 감상하기 주제는 출제율이 높기 때문에 시험 전 반드시 준비하는 것을 추천합니다. 난이도 선택에 따라 문제의 유형이 다르게 등장하지만 좋아하는 음악 장르 문제는 묘사 문제로 자주 등장하기 때문에 반드시 답변을 준비해야 합니다.

Q 좋아하는 음악 장르 ★★★☆☆

You indicated in the survey that you listen to music. What are some kinds of music that you listen to? Do you have any favorite musicians and/or composers?

설문조사에서 당신은 음악을 듣는다고 했습니다. 어떤 종류의 음악을 즐겨 듣나요? 좋아하는 뮤지션이나 작곡가가 있나요?

모범답변

(◁)) MP3 2_34

Intro

매우 다양한 음악 들음,
좋아하는 뮤지션 몇 명 있음
listen to a wide variety of music, have a few favorite musicians

I listen to a wide variety of music, and I have a few favorite musicians.
저는 매우 다양한 음악을 듣는데, 좋아하는 뮤지션이 몇 명 있습니다.

Body

· 가장 좋아하는 음악 장르는 [ ]
  My favorite genre of music is rock music
· 강력하고 큰 소리를 정말 좋아하기 때문
  really like its high energy and loud volume
· 가장 좋아하는 록 밴드는 [ ]
  my favorite rock band is probably Sleep Token
· 보컬이 훌륭함
  an amazing vocalist

My favorite genre of music is rock music, because I really like its high energy and loud volume. Right now my favorite rock band is probably Sleep Token. They have an amazing vocalist, and they mix keyboard and guitar harmonies together well. I also enjoy listening to some hip hop and dance music when I'm in the mood for it. I've recently become a fan of Drake, because I really like his lyrics and the way he mixes rapping with singing.

제가 가장 좋아하는 음악 장르는 록 음악인데, 높은 에너지와 큰 소리를 정말 좋아하기 때문이죠. 지금 제가 가장 좋아하는 록 밴드는 아마도 슬립 토큰일 거예요. 보컬이 훌륭하고 키보드와 기타의 하모니가 잘 어우러져 있어요. 저는 또한 힙합과 댄스 음악을 듣고 싶을 때 즐겨 듣습니다. 최근에는 드레이크의 팬이 되었는데, 그의 가사와 랩과 노래를 섞는 방식이 정말 마음에 들었기 때문이에요.

Wrap-up

매일 음악 들음
listen to it every day

I couldn't imagine my life without music. I listen to it every day.
음악이 없는 제 삶은 상상할 수 없어요. 매일 음악을 듣습니다.

■ 고득점 표현

어휘 표현 favorite 가장 좋아하는 composer 작곡가 rock music 록 음악 high energy 강력한, 다이내믹한 loud 큰 소리, 소리가 큰 volume 소리, 음량 right now 지금, 지금 당장 probably 아마도, 아마 melodic 곡조의 hip hop 힙합, 힙합 음악 dance music 댄스음악 in the mood for ~할 기분이 나서 recently 최근에 be a fan of someone ~의 팬이 되다 lyric 가사 mix 섞다, 섞이다 rap 랩을 노래하다 imagine 상상하다, 생각하다 without ~없이

Q 음악을 듣는 장소와 시간 ★★★☆☆

When do you usually listen to music, and where? Do you prefer listening to the radio? Do you attend concerts? Tell me about how you like to enjoy music.

주로 언제 어디서 음악을 듣나요? 라디오 청취를 선호하나요? 콘서트에 참석하나요? 당신이 음악을 즐기는 방식에 대해 말해주세요.

모범답변　MP3 2_36

Intro

음악 감상 습관에 대해 말하겠음
tell you about my music listening habits

Let me tell you about my music listening habits.

제 음악 감상 습관에 대해 말할게요.

Body

· 출퇴근, 운동할 때
when I'm commuting and when I'm exercising

· 지루함 덜 느끼게 해줌, 운동할 때 동기 부여 됨
less bored on the subway, motivates me when I'm in the gym

· 라디오는 그닥 잘 안 들음
don't really listen to the radio that much

· 음악 듣는 가장 좋은 방법은 콘서트에 가는 것임
the best way to listen to music is at a concert

I normally listen to music when I'm commuting and when I'm exercising. It helps me to be less bored on the subway, and it motivates me when I'm in the gym. I don't really listen to the radio that much, because the radio stations don't play much of the music I enjoy. In my opinion, the best way to listen to music is at a concert. My friends and I try to see our favorite bands live whenever we have a chance. It's such an amazing experience.

저는 보통 출퇴근할 때나 운동할 때 음악을 들어요. 지루함을 덜 느끼게 해주고, 헬스장에서 운동할 때 동기 부여가 되기도 하죠. 라디오는 그닥 잘 듣지 않는데, 라디오 방송국에서는 제가 좋아하는 음악을 많이 틀지 않기 때문이에요. 제 생각에 음악을 듣는 가장 좋은 방법은 콘서트에 가는 것이에요. 저와 제 친구들은 기회가 있을 때마다 좋아하는 밴드의 라이브 공연을 보려고 노력해요. 정말 멋진 경험이죠.

Wrap-up

음악은 언제 들어도 좋음
music is great at all the times

Music is great at all times, but you can't beat seeing bands perform live in concert.

음악은 언제 들어도 좋지만, 밴드의 라이브 공연을 직접 보는 것만큼 좋은 것은 없어요.

■ 고득점 표현

어휘 표현　commute 출퇴근하다, 통근하다　exercise 운동하다　less 덜, 덜한　bored 지루한, 지루해하는　gym 헬스장　motivate 동기를 부여하다, 흥미를 느끼게 하다　radio station 라디오 방송국　in my opinion 내 생각에는, 내가 보기에는　have a chance 기회가 있다, 가능성이 있다　at all times 항상, 언제나

Q 음악을 듣게 된 계기와 취향 변화 ★★★★☆

When did you first take an interest in music? What was the first kind of music that you liked? Tell me about how your interest in music has changed since you were younger.

언제 처음 음악에 관심을 가지게 되었나요? 처음 좋아했던 음악은 어떤 종류였나요? 어렸을 때부터 음악에 대한 관심이 어떻게 변해왔는지 말해주세요.

모범답변 MP3 2_38

Intro

아주 어릴 때부터 즐겨 들음
enjoyed listening to music from a very young age

I've enjoyed listening to music from a very young age.

저는 아주 어릴 때부터 음악을 즐겨 들었어요.

Body

· 겨우 5-6살이었음
I was only about 5 or 6 years old
· 형이 기타 침
my older bother played guitar
· 팝 음악 좋아했음
liked pop music
· 외우기 쉬운 멜로디, 박자
a catchy tune and beat
· 록, 메탈에 더 빠짐
more into music like rock and metal

I can remember taking an interest in music when I was only about 5 or 6 years old. My older brother played guitar, and he had hundreds of CDs. Every time I went into his room, he was either playing music on his guitar or listening to bands. The first music I liked was pop music, because it usually has a catchy tune and beat. As I've gotten older, I've gotten more into guitar-based music like rock and metal. I think I can relate to the lyrics more than I can with pop lyrics.

저는 제가 겨우 5살이나 6살이었을 때 음악에 관심을 가졌던 게 기억나요. 제 형은 기타를 쳤는데 수백장의 CD를 가지고 있었죠. 형의 방에 갈 때마다 형은 기타로 음악을 연주하거나 밴드 음악을 듣고 있었어요. 제가 처음 좋아한 음악은 팝 음악이었는데, 주로 외우기 쉬운 멜로디와 박자기 때문이죠. 나이가 들면서 록이나 메탈 같은 기타를 기반으로 한 음악에 더 빠져들게 되었어요. 팝 가사보다 (기타를 기반으로 한 음악의) 가사에 더 공감할 수 있는 것 같아요.

Wrap-up

내 인생의 중요한 부분이 됨
an important part of my life

I'm glad I took an interest in music from a young age, as it has become an important part of my life.

어릴 때부터 음악에 관심을 가지길 잘했다는 생각이 들 정도로 음악은 제 인생의 중요한 부분이 되었어요.

■ 고득점 표현

어휘 표현 interest 흥미 go into ~에 들어가다 either A or B A 또는 B 둘 중 하나 pop music 팝 음악 usually 보통, 대개 catchy 외우기 쉬운 tune 멜로디, 곡조 beat 박자, 리듬 relate to ~에 공감하다, ~와 관련되다 lyric (노래의)가사, 서정시의 important 중요한

Unit 6 조깅, 걷기

빈출 문장 미리보기

주제와 관련된 문장들을 소리 내어 읽어 보고 필수 표현도 함께 익혀보세요.

1 좋아하는 조깅/걷기 장소

My favorite place to jog is Templeton Woods, which is not far from my house.

제가 가장 좋아하는 조깅 장소는 집에서 멀지 않은 곳인 템플턴 우즈예요.

It's very quiet and peaceful, so I can focus on my workout and enjoy music on my headphones.

매우 조용하고 평화로워서 운동에 집중하고, 헤드폰으로 음악을 즐길 수 있죠.

Also, it's a very scenic area, so I can enjoy some nice views of nature while I jog.

또한, 경치가 매우 좋은 곳이라 조깅을 하면서 멋진 자연의 경관을 즐길 수 있어요.

2 처음으로 조깅/걷기를 하게 된 계기와 변화

I got into jogging about three years ago when I was in high school.

저는 약 3년 전 고등학교 때 조깅을 시작했어요.

My doctor recommended that I do more physical activities, and he suggested that I try jogging.

의사는 저에게 더 많은 신체 활동을 하라고 권했고, 조깅을 해보라고 제안했어요.

It makes me feel energized and positive, so it's a great way to start my day each morning.

조깅을 하면 활력이 넘치고 긍정적인 기분이 들기 때문에 매일 아침 하루를 시작하기에 아주 좋은 방법이에요.

3 기억에 남는 조깅/걷기 경험

One day last summer I was out jogging in a big park located near my apartment.

지난 여름 어느 날 저는 아파트 근처에 위치한 큰 공원에서 조깅을 하고 있었어요.

When I ran around a corner, I spotted an old lady who looked very upset.

모퉁이를 돌았을 때, 매우 당황해 보이는 할머니 한 분을 발견했어요.

I felt so bad for the lady, so I spent around one hour helping her to look for Sandy in the park.

저는 할머니가 너무 안쓰러워서 약 한 시간 동안 공원에서 샌디를 찾는 걸 도와드렸죠.

■ 필수표현

1 좋아하는 조깅/걷기 장소

You indicated in the survey that you sometimes jog for exercise. Where do you like to go when you go jogging? Why do you like jogging in those places?

설문조사에서 당신은 운동을 위해 때때로 조깅을 한다고 했습니다. 조깅을 할 때 어디로 가는 것을 좋아하나요? 그 장소에서 조깅하는 것을 좋아하는 이유는 무엇인가요?

2 처음으로 조깅/걷기를 하게 된 계기와 변화

What made you first take an interest in jogging? Why do you still enjoy jogging these days?

조깅에 처음 관심을 갖게 된 계기는 무엇인가요? 요즘도 여전히 조깅을 즐기는 이유는 무엇인가요?

3 기억에 남는 조깅/걷기 경험

Describe a memorable experience you have had while jogging. Perhaps something unexpected happened, or you took part in a special event. Start off by telling me when and where it took place. Then tell me all the details about what happened.

조깅을 하는 동안 겪었던 기억에 남는 경험을 설명해주세요. 아마 예상치 못한 일이 발생했거나 특별한 행사에 참여했을 수도 있어요. 먼저 언제 그리고 어디서 그 일이 일어났는지 말해주세요. 그런 다음 무슨 일이 있었는지 자세히 설명해주세요.

추가 세트 구성

Set 1

좋아하는 조깅/걷기 장소
조깅/걷기를 할 때 주로 하는 활동
기억에 남는 조깅/걷기 경험

Set 2

평소 조깅/걷기 습관
최근 조깅/걷기 경험
처음으로 조깅/걷기를 하게 된 계기와 변화

Q 좋아하는 조깅/걷기 장소 ★★★☆☆

You indicated in the survey that you sometimes jog for exercise. Where do you like to go when you go jogging? Why do you like jogging in those places?

설문조사에서 당신은 운동을 위해 때때로 조깅을 한다고 했습니다. 조깅을 할 때 어디로 가는 것을 좋아하나요? 그 장소에서 조깅하는 것을 좋아하는 이유는 무엇인가요?

모범답변   MP3 2_40

Intro

주말에 주로 감
normally on the weekend

> I go jogging at least once a week, normally on the weekend.
>
> 저는 적어도 일주일에 한 번 주말에 주로 조깅을 하러 가요.

Body

· 가장 좋아하는 조깅 장소는 [　]
My favorite place to jog is
Templeton Woods

· 매우 조용하고 평화로움
very quiet and peaceful

· 멋진 자연의 경관을 즐길 수 있음
can enjoy some nice
views of nature

· 나무 그늘이 많음
the trees provide a lot of
shade

> My favorite place to jog is Templeton Woods, which is not far from my house. It's a really large wooded area with lots of great trails for jogging and cycling. There are many reasons why I like jogging there. It's very quiet and peaceful, so I can focus on my workout and enjoy music on my headphones. Also, it's a very scenic area, so I can enjoy some nice views of nature while I jog. Another thing I like is that the trees provide a lot of shade, so I can stay cool while jogging in summer. I also sometimes like to jog around the block right beside my house. It's just very convenient, because I can start jogging as soon as I leave my home, and I can stop at a local coffee shop if I fancy a drink or a bite to eat.
>
> 제가 가장 좋아하는 조깅 장소는 집에서 멀지 않은 곳인 템플턴 우즈예요. 그곳은 조깅과 자전거를 타기에 좋은 길이 많은 숲이 우거진 정말 넓은 지역이에요. 제가 그곳에서 조깅을 하는 것을 좋아하는 이유는 여러 가지가 있어요. 매우 조용하고 평화로워서 운동에 집중하고, 헤드폰으로 음악을 즐길 수 있죠. 또한, 경치가 매우 좋은 곳이라 조깅을 하면서 멋진 자연의 경관을 즐길 수 있어요. 또 다른 좋은점은 나무 그늘이 많아서 여름에 조깅을 하는 동안 시원함을 유지할 수 있다는 점입니다. 가끔은 집 바로 옆 골목에서 조깅하는 것도 좋아해요. 집을 나서자마자 조깅을 시작할 수 있고 음료나 간식이 먹고 싶을 때 동네 카페에 들르면 되기 때문에 매우 편리해요.

Wrap-up

같이 조깅 하러 갈래?
come jogging with me?

> Would you like to come jogging with me sometime?
>
> 언제 저랑 같이 조깅하러 가실래요?

■ 고득점 표현

어휘 표현　at least 적어도, 최소한　normally 주로, 보통　trail 길, 산책로　quiet 조용한　peaceful 평화로운　focus on ~에 집중하다　workout 운동　scenic 경치가 좋은　provide 제공하다　shade 그늘　stay (~한 상태를)유지하다　block 골목　convenient 편리한　as soon as ~하자마자　local 지역의, 동네의　fancy 원하다, ~하고 싶다　a bite to eat 간단히 먹는 것, 간단한 요기

Q 처음으로 조깅/걷기를 하게 된 계기와 변화 ★★★★☆

What made you first take an interest in jogging? Why do you still enjoy jogging these days?

조깅에 처음 관심을 갖게 된 계기는 무엇인가요? 요즘도 여전히 조깅을 즐기는 이유는 무엇인가요?

모범답변

MP3 2_42

Intro

약 3년 전 고등학생일 때
three years ago when I was in high school

I got into jogging about three years ago when I was in high school.

저는 약 3년 전 고등학생일 때 조깅을 시작했어요.

Body

· 상당히 과체중이었음
quite overweight

· 의사가 더 많은 신체 활동 권장함
my doctor recommended do more physical activities

· 짧은 거리 조깅 시작함
started off by jogging short distances

· 체력이 아주 빠르게 향상되기 시작함
my physical fitness began to improve quite quickly

· 활력이 넘치고 긍정적이 기분이 듦
makes me feel energized and positive

At that time, I was quite overweight, because I spent most of my spare time just watching television and playing video games. My doctor recommended that I do more physical activities, and he suggested that I try jogging. I started off by jogging short distances for about 30 minutes, and my physical fitness began to improve quite quickly. I soon began to really love jogging, as it gave me a chance to listen to music and podcasts while exercising. Within a year, I was jogging for one hour each time, and jogging at a much faster pace. These days I still enjoy jogging for the same reasons, but I also enjoy it just for the feeling it gives me. It makes me feel energized and positive, so it's a great way to start my day each morning.

그 당시에, 저는 상당히 과체중이었는데, 여가 시간 대부분을 텔레비전 시청과 비디오 게임으로 보냈기 때문이에요. 의사는 저에게 더 많은 신체 활동을 하라고 권했고, 조깅을 해보라고 제안했어요. 30분 정도 짧은 거리를 조깅하는 것으로 시작했는데 체력이 아주 빠르게 향상되기 시작했죠. 운동하면서 음악과 팟캐스트를 들을 수 있어서 조깅이 정말 좋아지기 시작했어요. 1년 만에 저는 매번 한 시간씩 조깅을 하게 되었고, 훨씬 빠른 속도로 조깅을 하게 되었습니다. 요즘도 같은 이유로 여전히 조깅을 즐기지만, 조깅이 주는 기분 때문에 조깅을 즐기기도 해요. 조깅을 하면 활력이 넘치고 긍정적인 기분이 들기 때문에 매일 아침 하루를 시작하기에 아주 좋은 방법이에요.

Wrap-up

적극 추천함
highly recommend it

If you've never tried jogging before, I highly recommend it.

조깅을 한 번도 해보지 않았다면 적극 추천해요.

■ 고득점 표현

어휘 표현 at that time 그 당시에, 그 때에 overweight 과체중, 비만의 physical activity 신체 활동 suggest 제안하다, 추천하다 start off 시작하다 distance 거리 physical fitness 체력, 신체적 건강상태 improve 향상되다, 개선되다 quite 꽤, 상당히 quickly 빠르게, 빨리 podcast 팟캐스트, 인터넷 망을 통해 컨텐츠를 제공하는 서비스 same 같은, 동일한 energize 활력이 넘치다 positive 긍정적인 highly 적극, 매우

Q 기억에 남는 조깅/걷기 경험 ★★★☆☆

Describe a memorable experience you have had while jogging. Perhaps something unexpected happened, or you took part in a special event. Start off by telling me when and where it took place. Then tell me all the details about what happened.

조깅을 하는 동안 겪었던 기억에 남는 경험을 설명해주세요. 아마 예상치 못한 일이 발생했거나 특별한 행사에 참여했을 수도 있어요. 먼저 언제 그리고 어디서 그 일이 일어났는지 말해주세요. 그런 다음 무슨 일이 있었는지 자세히 설명해주세요.

모범답변

MP3 2_44

Intro

특별히 기억에 남는 경험 하나
one experience particularly memorable

I can think of one experience I had while jogging that was particularly memorable.

조깅을 하면서 특별히 기억에 남는 경험이 하나 있어요.

Body

· 지난 여름 어느 날, 아파트 근처 공원
one day last summer, in a big park located near my apartment

· 매우 당황해 보이는 할머니
an old lady who looked very upset

· 샌디 찾는 걸 도와드림
helping her to look for Sandy

· 마침내 샌디를 찾음
eventually, found Sandy

One day last summer, I was out jogging in a big park located near my apartment. When I ran around a corner, I spotted an old lady who looked very upset. I stopped to ask her what was wrong, and she told me that she had lost her dog, which was named Sandy. I felt so bad for the lady, so I spent around one hour helping her look for Sandy in the park. Eventually, we found Sandy at the hot dog stand at the park entrance. I guess the dog was hungry and followed the smell of the hot dogs! The old lady was so happy to find Sandy. She thanked me and bought me a drink and some ice cream.

지난 여름 어느 날 저는 아파트 근처에 위치한 큰 공원에서 조깅을 하고 있었어요. 모퉁이를 돌았을 때, 매우 당황해 보이는 할머니 한 분을 발견했어요. 저는 멈춰서 무슨 일이냐고 여쭤보니 할머니는 샌디라는 이름의 강아지를 잃어버렸다고 말했어요. 저는 할머니가 너무 안쓰러워서 약 한 시간 동안 공원에서 샌디를 찾는 걸 도와드렸죠. 마침내, 공원 입구에 있는 핫도그 가판대에서 샌디를 찾았어요. 제 생각엔 강아지가 배가 고파서 핫도그 냄새를 따라간 것 같아요! 할머니는 샌디를 찾아서 너무 기뻐하셨어요. 그녀는 저에게 고맙다며 음료수와 아이스크림을 사주셨어요.

Wrap-up

도와 드릴 수 있어서 정말 다행임
so glad I was able to help the old lady

I'm so glad I was able to help the old lady while I was out jogging that day.

그날 조깅을 하러 나갔다가 할머니를 도와드릴 수 있어서 정말 다행이에요.

■ 고득점 표현

어휘 표현 start off 시작하다 particularly 특별히, 특히 corner 모퉁이 spot 발견하다 upset 당황한, 기분이 상한 lose 잃어버리다, 분실하다 feel bad 안됐다, 유감이다 eventually 마침내, 결국 stand 가판대, 좌판 entrance 입구, 입장 follow 따라가다

Unit 7 국내 여행

주제와 관련된 문장들을 소리 내어 읽어 보고 필수 표현도 함께 익혀보세요.

1 좋아하는 국내 여행 장소

One of the reasons for that is that it is much more affordable to vacation in my own country.
그 이유 중 하나는 우리나라에서 휴가를 보내는 것이 훨씬 더 저렴하기 때문이죠.

However, another reason is that my country has a wide variety of fun things to do and scenic places to visit.
하지만 또 다른 이유는 우리나라에는 다양한 즐길 거리와 경치 좋은 곳이 많기 때문이에요.

For instance, there is a huge mountain range that I often visit during spring and summer with my friends.
예를 들어, 저는 봄과 여름에 친구들과 자주 방문하는 큰 산맥이 있어요.

2 여행 가기 전 준비 과정

There are lots of things that I do in preparation for a trip.
여행을 준비하면서 하는 일이 많아요.

First of all, I'll arrange the transportation.
저는 가장 먼저 교통편을 준비해요.

Once that has been sorted, I'll search online for good deals on hotels and book my accommodation.
교통편이 정해지면 온라인에서 좋은 조건의 호텔을 검색해서 숙소를 예약하죠.

3 기억에 남는 여행 경험

My friend and I were out shopping for souvenirs one day when a woman approached us.
어느 날 친구와 기념품을 쇼핑하고 있는데 한 여성이 다가왔어요.

They needed some extra people for a scene, and she said my friend and I were exactly the kind of people they were looking for.
한 장면을 위한 추가 인원이 필요한데 저와 제 친구가 바로 그들이 찾고 있던 사람들이라고 하더군요.

We were surprised and excited, and of course we agreed.
우리는 놀랍고 흥분해서 당연히 동의했어요.

■ 필수표현

기출 문제 예시

1 좋아하는 국내 여행 장소

You indicated in the survey that you like taking domestic trips. Tell me some places that you like travelling to and why you like them.

당신은 설문조사에서 국내 여행을 가는 걸 좋아한다고 답했습니다. 여행하고 싶은 장소와 그 이유를 말해주세요.

2 여행 가기 전 준비 과정

Can you tell me everything that you do when preparing to go on a trip somewhere?

어딘가로 여행을 떠날 준비를 할 때 무엇을 하는지 말씀해주시겠어요?

3 기억에 남는 여행 경험

People can experience all kinds of interesting, funny, or unexpected things while traveling. Tell me about an unforgettable travel experience of yours. Start by telling me when it was, where you went, and who you were with. Also, tell me all of the events that made this an experience that you will never forget.

여행 중에는 흥미롭고 재미있거나 예상치 못한 모든 종류의 일을 경험할 수 있습니다. 잊을 수 없는 여행 경험에 대해 말해주세요. 언제, 어디로 갔는지, 누구와 함께 했는 지부터 말해주세요. 또한, 이 경험을 잊지 못할 추억으로 만들어준 모든 일에 대해 말해주세요.

추가 세트 구성

Set 1

좋아하는 국내 여행 장소
여행 가기 전 준비 과정
어렸을 때 갔던 여행 경험

Set 2

좋아하는 국내 여행 장소
어렸을 때 갔던 여행
기억에 남는 여행 경험

Set 3

지난 5년간 여행이 어려워진 이유
여행 관련 사람들의 걱정이나 우려

Q **좋아하는 국내 여행 장소** ★★★☆☆

You indicated in the survey that you like taking domestic trips. Tell me some places that you like traveling to and why you like them.

당신은 설문조사에서 국내 여행을 가는 걸 좋아한다고 답했습니다. 여행하고 싶은 장소와 그 이유를 말해주세요.

모범답변 ⏴⏴) MP3 2_46

Intro

국내에서 보내는 휴가
vacations in my home country

I do prefer taking vacations in my home country rather than traveling abroad.

저는 해외 여행보다는 국내에서 휴가를 보내는 것을 선호합니다.

Body

· 큰 산맥
a huge mountain range

· 하이킹 즐기고, 바베큐 함
enjoy hiking, having barbecues

· 멋진 해변 몇 군데 있음
a few amazing beaches that I like to go to

· 다양한 수상 스포츠 즐길 수 있음
can try a variety of watersports

One of the reasons for that is that it is much more affordable to vacation in my own country. However, another reason is that my country has a wide variety of fun things to do and scenic places to visit. For instance, there is a huge mountain range that I often visit during spring and summer with my friends. We enjoy hiking there and having barbecues. During the summer, there are a few amazing beaches that I like to go to. The water is very clean, so I can swim and try a variety of watersports. And the place I'd recommend visiting the most in my country is Caribbean Bay. It is such a huge waterpark, with so many slides and fun things to do. Whenever I go to the waterpark, I spend at least 6 hours there.

그 이유 중 하나는 우리나라에서 휴가를 보내는 것이 훨씬 더 저렴하기 때문이죠. 하지만 또 다른 이유는 우리나라에는 다양한 즐길 거리와 경치 좋은 곳이 많기 때문입니다. 예를 들어, 저는 봄과 여름에 친구들과 자주 방문하는 큰 산맥이 있어요. 그곳에서 하이킹도 즐기고 바베큐를 해요. 여름에는 제가 가기 좋아하는 멋진 해변이 몇 군데 있어요. 물이 매우 깨끗해서 수영도 하고 다양한 수상 스포츠를 즐길 수 있죠. 그리고 우리나라에서 가장 추천하고 싶은 곳은 캐리비안베이예요. 정말 큰 워터파크로 슬라이드와 즐길 거리가 정말 많아요. 워터파크에 갈 때마다 적어도 6시간은 거기서 보내요.

Wrap-up

국내 휴가 가는데 여러 가지 이유 있음
many reasons to go on a domestic vacation

There are many reasons to go on a domestic vacation.

국내 휴가를 가는 데에는 여러가지 이유가 있어요.

■ 고득점 표현

어휘
표현
domestic trip 국내 여행 vacation 휴가, 방학 home country 국내, 모국 traveling abroad 해외 여행 affordable 저렴한, (가격, 등이) 알맞은 a wide variety of 다양한 scenic 경치가 좋은 for instance 예를 들어, 예컨대 mountain range 산맥 watersport 수상 스포츠 recommend 추천하다, 권하다 waterpark 워터파크, 수상공원 slide 슬라이드, 미끄럼틀 at least 적어도

Q 여행 가기 전 준비 과정 ★★★☆☆

Can you tell me everything that you do when preparing to go on a trip somewhere?

어딘가로 여행을 떠날 준비를 할 때 무엇을 하는지 말씀해주시겠어요?

모범답변   MP3 2_48

Intro

하는 일 많음
lots of things

> There are lots of things that I do in preparation for a trip.
>
> 여행을 준비하면서 하는 일이 많아요.

Body

· 교통편 준비, 교통편 먼저 확정함
arrange the transportation, finalize my transportation plans first

· 온라인에서 좋은 조건 호텔 검색해서 숙소 예약함
search online for good deals on hotels, book my accommodation

· 흥미로운 일이나 볼거리 조사함
do some research to find interesting things to do or see

> First of all, I'll arrange the transportation. It doesn't matter if I'm traveling by plane, car, or bus, I always finalize my transportation plans first. Once that has been sorted, I'll search online for good deals on hotels and book my accommodation. These are the two most important things. Then, I usually do some research to find interesting things to do or see in the place I'm planning to visit. I also prepare a few things at home before I leave for my trip. I often ask my neighbor to come over to feed my cat and water my plants while I'm away. I also make sure that all my work assignments are complete before I leave.
>
> 저는 가장 먼저 교통편을 준비합니다. 비행기, 자동차, 버스 등 어떤 교통수단을 이용하든 저는 항상 교통편 계획을 먼저 확정해요. 교통편이 정해지면 온라인에서 좋은 조건의 호텔을 검색해서 숙소를 예약하죠. 이 두 가지가 가장 중요한 일이예요. 그런 다음에는 보통 방문하려는 장소에서 할 수 있는 흥미로운 일이나 볼거리에 대해 조사해요. 또한 여행을 떠나기 전에 집에서 몇 가지를 준비합니다. 제가 없는 동안 이웃에게 우리집에 들러서 고양이 밥을 주고 화분에 물을 주도록 부탁하기도 하죠. 또한 떠나기 전에 모든 업무 과제가 완료되었는지도 확인해요.

Wrap-up

준비해야 할 것이 많음
many things to prepare

> To be honest, there are many things to prepare when you go away for a trip.
>
> 솔직히 말하자면 여행을 떠날 때는 준비해야 할 것이 많아요.

■ 고득점 표현

**어휘
표현** prepare 준비하다 go on a trip 여행을 가다 somewhere 어딘가로, 어딘가에서 preparation 준비 arrange 준비하다, 마련하다 transportation 교통편, 이동 (방법) plane 비행기 finalize 확정하다, 마무리 짓다 sort 정해지다, (문제 등을) 해결하다 accommodation 숙소, 거처 leave 떠나다 neighbor 이웃 come over 들르다, 들리다 feed 밥을 주다, 밥을 먹이다 make sure 확실하게 하다, 반드시 하다 work assignment 업무 과제 complete 완료하다, 끝마치다 to be honest 솔직히 말하자면 go away 떠나다, (떠나)가다

Q 기억에 남는 여행 경험 ★★★☆☆

People can experience all kinds of interesting, funny, or unexpected things while traveling. Tell me about an unforgettable travel experience of yours. Start by telling me when it was, where you went, and who you were with. Also, tell me all of the events that made this an experience that you will never forget.

여행 중에는 흥미롭고 재미있거나 예상치 못한 모든 종류의 일을 경험할 수 있습니다. 잊을 수 없는 여행 경험에 대해 말해주세요. 언제, 어디로 갔는지, 누구와 함께 했는지부터 말해주세요. 또한, 이 경험을 잊지 못할 추억으로 만들어준 모든 일에 대해 말해주세요.

모범답변

Intro

흥미로운 이야기 정말 많음
so many interesting stories

I have so many interesting stories about things that happened while I was traveling.

저는 여행 중에 일어난 일들에 대한 흥미로운 이야기가 정말 많아요.

Body

· 경주 방문 동안에
  while visiting Gyeongju
· 기념품 쇼핑중 한 여성 다가옴
  were out shopping for souvenirs one day when a woman approached us
· 엑스트라 필요함
  needed some extra people
· 유명한 TV 스타들을 만남
  meet some famous TV stars

The first story that comes to mind is about an experience I had while visiting Gyeongju. My friend and I were out shopping for souvenirs one day when a woman approached us. She introduced herself and told us she was directing an episode of a TV show nearby. They needed some extra people for a scene, and she said my friend and I were exactly the kind of people they were looking for. We were surprised and excited, and of course we agreed. We got to meet some famous TV stars, and we even got to say a few words during the scene. When filming was finished, the director treated us to dinner and offered to pay us a small fee. We said that wasn't necessary, because we were just happy to be on TV!

가장 먼저 떠오르는 이야기는 경주를 방문했을 때 겪었던 경험에 관한 것이에요. 어느 날 친구와 기념품을 쇼핑하고 있는데 한 여성이 다가왔어요. 그녀는 자신을 소개하며 근처에서 TV 프로그램의 한 에피소드를 연출하고 있다고 소개했어요. 한 장면을 위한 엑스트라(단역 배우)가 필요한데 저와 제 친구가 바로 그들이 찾고 있던 사람들이라고 하더군요. 우리는 놀랍고 흥분해서 당연히 동의했어요. 유명한 TV 스타들을 만나고 촬영 중에 몇 마디 할 수 있는 기회도 얻었죠. 촬영이 끝나자 감독은 저녁 식사를 대접하고 약간의 비용을 지불하겠다고 제안했어요. 우리는 TV에 출연하는 것만으로도 행복했기 때문에 그럴 필요 없다고 말했죠!

Wrap-up

정말 예상치 못한 일이 벌어짐
such an unexpected thing to happen

It was such an unexpected thing to happen while shopping in Gyeongju.

경주에서 쇼핑하는 동안 정말 예상치 못한 일이 벌어졌어요.

■ 고득점 표현

어휘 표현 souvenir 기념품 approach 다가오다, (다가가서) 말을 하다 introduce 소개하다 episode 에피소드, 1회 방송분 nearby 근처에서, 인근의 extra 엑스트라, 단역 배우 scene (영화·연극·책에 나오는) 장면 exactly 당연히, 정확히 agree 동의하다 film 촬영하다 treat 대하다, 대접하다 fee 비용, 요금 necessary 필요한

Unit

8 해외 여행

빈출 문장 미리보기

주제와 관련된 문장들을 소리 내어 읽어 보고 필수 표현도 함께 익혀보세요.

1 방문해 본 해외 국가나 도시

My most memorable international trip was my vacation in Scotland.
가장 기억에 남는 해외 여행은 스코틀랜드에서의 휴가였습니다.

All of the buildings looked so old and historic, and there's a huge castle on top of a mountain in the middle of the city.
모든 건물이 정말 유서 깊고 역사적으로 보였고, 도시 한가운데 산 꼭대기에 거대한 성이 있었어요.

We visited the famous Loch Ness, saw a lot of historical sites, and tried local foods like haggis.
우리는 그 유명한 네스호에 방문했고 많은 유적지를 구경하고 해기스 같은 현지 음식도 먹어봤어요.

2 해외 여행지에서 주로 하는 일들

I am very interested in international food, so I really love to try the local cuisine whenever I travel abroad.
저는 세계 각국의 음식에 관심이 많아서 해외 여행을 할 때마다 현지 음식을 맛보는 것을 정말 좋아해요.

I also like to learn some of the local language.
또한 현지 언어를 배우는 것도 좋아해요.

I really like to experience the countryside when I travel overseas, too.
저는 해외 여행 시 시골을 경험하는 것도 정말 좋아해요.

3 해외 국가나 도시 첫 방문 경험

When I was in high school, I had a chance to visit France with my family.
고등학교 때 가족과 함께 프랑스를 방문할 기회가 있었어요.

We stayed in Paris for one week and we saw so many famous landmarks.
파리에서 일주일동안 머물면서 유명한 랜드마크를 많이 봤어요.

I had lots of opportunities to practice and improve my French language skill, and the local people were happy to give us some useful tips.
프랑스어를 연습하고 향상시킬 수 있는 기회가 많았고 현지인들도 기꺼이 유용한 팁을 알려줬죠.

■ 필수표현

1 방문해 본 해외 국가나 도시

You indicated in the survey that you travel internationally. Can you tell me about one of the countries or cities that you've been to? What did it look like? Also, what did you think of the people there?

설문조사에서 당신은 해외 여행을 한다고 했습니다. 가봤던 국가나 도시 중 한 곳에 대해 말해주시겠어요? 그곳은 어떤 모습이었나요? 또한 그곳의 사람들에 대해 어떻게 생각했나요?

2 해외 여행지에서 주로 하는 일들

Can you tell me things that you enjoy doing while on vacation in a foreign country?

외국에서 휴가를 보내는 동안 즐겨 하는 일을 말해주시겠어요?

3 해외 국가나 도시 첫 방문 경험

Describe your first international vacation to me. When did you go? Where was your destination? Who was with you, and what kinds of things did you do? Describe the experience to me in detail.

당신의 첫 해외 휴가에 대해 설명해 주세요. 언제 다녀왔나요? 목적지는 어디였나요? 누구와 함께 갔으며 어떤 일을 했나요? 그 경험을 자세히 설명해 주세요.

추가 세트 구성

Set 1

방문해 본 해외 국가나 도시
해외 국가나 도시 첫 방문 경험
기억에 남는 해외 여행 경험

Set 2

우리나라 사람들이 주로 가는 해외 여행지
어렸을 때 가 본 해외 국가나 도시
기억에 남는 해외 여행 경험

Set 3

우리나라 사람들이 주로 가는 해외 여행지
어렸을 때 가 본 해외 국가나 도시
우리나라 사람들이 해외 여행지에서 주로 하는 일들

Set 4

과거와 현재의 해외 여행 비교
사람들이 해외 여행갈 때 관심 갖는 것들

Q **방문해 본 해외 국가나 도시** ★★★☆☆

You indicated in the survey that you travel internationally. Can you tell me about one of the countries or cities that you've been to? What did it look like? Also, what did you think of the people there?

설문조사에서 당신은 해외 여행을 한다고 했습니다. 가봤던 국가나 도시 중 한 곳에 대해 말해주시겠어요? 그곳은 어떤 모습이었나요? 또한 그곳의 사람들에 대해 어떻게 생각했나요?

모범답변

Intro

여러 번 다녀옴
have traveled several times

I've traveled overseas several times with my family.

저는 가족과 함께 해외 여행을 여러 번 다녀왔어요.

Body

· 스코틀랜드에서의 휴가
  my vacation in Scotland
· 항상 가보고 싶었음
  always wanted to visit
  there
· 사람들이 모두 친절하고
  도움이 많이 됨
  The people were all so
  friendly and helpful
· 스코틀랜드고지로 자동차
  여행도 감
  went on a road trip up to
  the Scottish Highlands

My most memorable international trip was my vacation in Scotland. I had always wanted to visit there, because I'm interested in the country's history, and I had heard that it was a beautiful place. I mostly stayed in the capital city, Edinburgh, and it was amazing! All of the buildings looked so old and historic, and there's a huge castle on top of a mountain in the middle of the city. The people were all so friendly and helpful, so we had a great experience. We also went on a road trip up to the Scottish Highlands. We visited the famous Loch Ness, saw a lot of historical sites, and tried local foods like haggis.

가장 기억에 남는 해외 여행은 스코틀랜드에서의 휴가였습니다. 저는 스코틀랜드의 역사에 관심이 많았고 아름다운 곳이라는 이야기를 들었기 때문에 항상 가보고 싶었죠. 저는 주로 수도인 에든버러에 머물렀는데 정말 놀라웠어요! 모든 건물이 정말 유서 깊고 역사적으로 보였고, 도시 한가운데 산 꼭대기에 거대한 성이 있었어요. 사람들이 모두 친절하고 도움이 많이 되어서 정말 좋은 경험을 할 수 있었죠. 스코틀랜드고지로 자동차 여행도 갔어요. 우리는 그 유명한 네스호에 방문했고 많은 유적지를 구경하고 해기스 같은 현지 음식도 먹어봤어요.

Wrap-up

다시 방문하고 싶은 나라임
would like to visit again

Scotland is definitely a country that I'd like to visit again someday.

스코틀랜드는 언젠가 꼭 다시 방문하고 싶은 나라예요.

■ 고득점 표현

어휘 표현 travel overseas 해외로 여행가다 several 몇몇의 stay 머무르다 capital city 수도 historic 역사적으로, 역사적인 castle 성 friendly 친절한 road trip 자동차 여행, 장거리 자동차 여행 Loch Ness 네스호(스코틀랜드 남동부의 호수) historical site 유적지, 사적지 haggis 해기스 (양의 내장으로 만든 순대 비슷한 스코틀랜드 음식)

Q 해외 여행지에서 주로 하는 일들 ★★★☆☆

Can you tell me things that you enjoy doing while on vacation in a foreign country?

외국에서 휴가를 보내는 동안 즐겨 하는 일을 말해주시겠어요?

모범답변　　　　　　　　　　　　　　　　　　　　　🔊 MP3 2_54

Intro

하고 싶은 일이 많음
many things that I like to do

There are many things that I like to do when I visit a foreign country.

외국을 방문하면 하고 싶은 일이 많아요.

Body

· 세계 각국의 음식에 관심이 많음
very interested in international food

· 가장 유명한 레스토랑을 찾으려고 노력함
find the most famous restaurants

· 시골을 경험하는 것도 정말 좋아함
really like to experience the countryside

· 현지 문화를 더 잘 느낄 수 있음
can experience the local culture better

I am very interested in international food, so I really love to try the local cuisine whenever I travel abroad. I do some research online first and try to find the most famous restaurants wherever I'm going. I also like to learn some of the local language. Learning a new language is not only fun, but also very useful when I visit a foreign country. It lets me communicate with the local people more easily and maybe even make new friends while I'm there. I really like to experience the countryside when I travel overseas, too. A lot of large cities can be quite similar, no matter which country you are in, so I feel I can experience the local culture better if I visit rural areas as well.

저는 세계 각국의 음식에 관심이 많아서 해외 여행을 할 때마다 현지 음식을 맛보는 것을 정말 좋아해요. 어디를 가든지 먼저 온라인에서 검색을 하고 가장 유명한 레스토랑을 찾으려고 노력해요. 또한 현지 언어를 배우는 것도 좋아해요. 새로운 언어를 배우는 것은 재미있을 뿐만 아니라 외국을 방문할 때 매우 유용합니다. 현지 사람들과 더 쉽게 소통할 수 있고, 현지에서 새로운 친구를 사귈 수도 있으니까요. 저는 해외 여행 시 시골을 경험하는 것도 정말 좋아해요. 대도시는 어느 나라에 가도 비슷비슷한 곳이 많기 때문에 시골을 방문하면 현지 문화를 더 잘 느낄 수 있다고 생각해요.

Wrap-up

곧 다른 여행을 떠나고 싶음
hope to go on another trip soon

Visiting a foreign country is so much fun, and I hope to go on another trip soon.

외국을 방문하는 것은 너무 재미있어서 곧 또 다른 여행을 떠나고 싶어요.

■ 고득점 표현

어휘
표현　foreign country 외국　on vacation 휴가로　international 국제적인　try 맛보다, 해보다　local cuisine 지역 요리　travel abroad 해외 여행　local language 현지 언어　useful 유용한　communicate 소통하다, 대화를 나누다　easily 쉽게　countryside 시골, 시골지역　local culture 현지 문화, 지역 문화　rural areas 시골, 시골 지역

Q 해외 국가나 도시 첫 방문 경험 ★★★☆☆

Describe your first international vacation to me. When did you go? Where was your destination? Who was with you, and what kinds of things did you do? Describe the experience to me in detail.

당신의 첫 해외 휴가에 대해 설명해 주세요. 언제 다녀왔나요? 목적지는 어디였나요? 누구와 함께 갔으며 어떤 일을 했나요? 그 경험을 자세히 설명해 주세요.

모범답변 MP3 2_56

Intro

가족 여행
a family trip

My first international vacation was a family trip.

제 첫 해외 휴가는 가족 여행이었어요.

Body

· 가족과 함께 프랑스를 방문할 기회가 있었음
had a chance to visit France with my family

· 여행 전체를 직접 계획함
planned the entire trip myself

· 유명한 랜드마크를 많이 봄
saw so many famous landmarks

· 프랑스어를 연습하고 향상시킬 수 있는 기회가 많았음
had lots of opportunities to practice and improve my French language skill

When I was in high school, I had a chance to visit France with my family. I was studying French at the time, and I planned the entire trip myself for my family. We stayed in Paris for one week, and we saw so many famous landmarks. For example, we visited the Eiffel Tower, the Arc De Triomphe, and The Louvre. While we were in Paris, we stayed in a beautiful old hotel, and I shared a room with my younger brother. I had lots of opportunities to practice and improve my French language skill, and the local people were happy to give us some useful tips. The only thing I didn't enjoy was the food, which I found a little strange.

고등학교 때 가족과 함께 프랑스를 방문할 기회가 있었어요. 당시 프랑스어를 공부하고 있었는데 가족들을 위해 여행 전체를 직접 계획했죠. 파리에서 일주일동안 머물면서 유명한 랜드마크를 많이 봤어요. 예를 들어 에펠탑, 개선문, 루브르 박물관을 방문했죠. 파리에 있는 동안 우리는 오래되고 아름다운 호텔에 머물렀는데, 저는 남동생과 함께 방을 썼어요. 프랑스어를 연습하고 향상시킬 수 있는 기회가 많았고 현지인들도 기꺼이 유용한 팁을 알려줬죠. 유일하게 즐길 수 없었던 것은 음식이 조금 이상했다는 거예요.

Wrap-up

좋은 추억이 많이 남아 있음
have so many nice memories of it

I really enjoyed my first international vacation, and I have so many nice memories of it.

첫 해외 여행이 정말 즐거웠고 좋은 추억이 많이 남아 있어요.

■ 고득점 표현

어휘 표현 destination 목적지, 도착지 in detail 자세히, 상세하게 French 프랑스어 entire 전체 stay 머무르다 The Eiffel Tower 에펠탑 The Arc De Triomphe 개선문 The Louvre 루브르 박물관 share a room ~와 방을 함께 쓰다 opportunity 기회 practice 연습하다, 실천하다 improve 향상하다, 개선되다 useful 유용한 strange 이상한 memory 추억

Unit 9 집에서 보내는 휴가

빈출 문장 미리보기

주제와 관련된 문장들을 소리 내어 읽어 보고 필수 표현도 함께 익혀보세요.

1 집에서 휴가를 보낼 때 만나고 싶은 사람

The main reason I like to stay at home is because I like to spend time relaxing when I have a vacation.
제가 집에 있는 것을 좋아하는 가장 큰 이유는 휴가 때 편안하게 시간을 보내는 것을 좋아하기 때문이에요.

My life is usually quite stressful.
평소에 스트레스를 많이 받는 편이에요.

So I really appreciate just having time to chill out at home and catch up on some household chores and TV shows.
그래서 집에서 편안히 쉬면서 집안일 좀 하고 TV 프로그램을 볼 수 있는 시간만 있어도 정말 좋습니다.

2 집에서 휴가를 보낼 때 만나는 사람들과 하고 싶은 일들

The thing I want to do most of all is meet my best friends, Jeongmin and Sunjeong.
무엇보다도 가장 하고 싶은 것은 가장 친한 친구인 정민과 선정을 만나는 것입니다.

We haven't seen each other in so long because we're all busy looking for a job.
우리는 서로를 못 본지 매우 오래됐어요. 왜냐하면 우리 모두 요즘 취업을 준비하느라 꽤 바쁘기 때문이죠.

We usually order some food using delivery service and watch the movies or TV shows we missed.
우리는 보통 배달 서비스를 이용해 음식을 주문하고 놓친 영화나 TV 프로그램을 봐요.

3 지난 휴가에 집에서 했던 일

I used a lot of my time off to take care of my garden.
저는 휴가의 많은 시간을 정원을 가꾸는 데 사용했습니다.

I spent my first day off watching online videos about gardening tips.
휴가의 첫 날은 정원 가꾸기 팁에 관한 온라인 동영상을 시청하는 데 보냈어요.

For the last few days of my holiday, I enjoyed spending time in the garden, because the weather was great.
휴가의 마지막 며칠 동안은 날씨가 좋아서 정원에서 시간을 보내는 것이 즐거웠어요.

■ 필수표현

기출 문제 예시

1 집에서 휴가를 보낼 때 만나고 싶은 사람

You indicated in the survey that you stay at home during vacations. Who would you like to meet and spend time with when you are on vacation?

설문조사에서 당신은 집에서 보내는 휴가를 보낸다고 했습니다. 휴가 기간 동안 누구를 만나 함께 시간을 보내고 싶은가요?

2 집에서 휴가를 보낼 때 만나는 사람들과 하고 싶은 일들

Describe some activities you would like to do with people or places you would like to see during your vacation.

휴가 기간 동안 보고 싶은 사람이나 장소와 함께 하고 싶은 활동을 설명해 주세요.

3 지난 휴가에 집에서 했던 일

Describe all the things that you did while spending your last vacation at home. Give me a description of each day, including the people that you met and the things that you did.

지난 휴가를 집에서 보내면서 한 모든 일에 대해 설명하세요. 만난 사람과 한 일을 포함하여 매일의 일과를 설명해 주세요.

추가 세트 구성

Set 1

집에서 휴가를 보낼 때 만나고 싶은 사람
지난 휴가에 집에서 했던 일
기억에 남는 집에서 보낸 휴가 경험

Set 2

과거와 현재의 집에서 보내는 휴가 비교
집에서 보내는 휴가의 중요성

Set 3

집에서 휴가를 보낼 때 만나는 사람들과 하고 싶은 일들
집에서 보내는 휴가의 중요성

Q 집에서 휴가를 보낼 때 만나고 싶은 사람 ★★★☆☆

You indicated in the survey that you stay at home during vacations. Who would you like to meet and spend time with when you are on vacation?

설문조사에서 당신은 집에서 보내는 휴가를 보낸다고 했습니다. 휴가 기간 동안 누구를 만나 함께 시간을 보내고 싶은가요?

모범답변

Intro

집에 있는 것 선호
do prefer to stay at home

I do prefer to stay at home during my vacation time.

저는 휴가 기간에 집에 있는 것을 선호합니다.

Body

· 편하게 시간 보내는 걸 좋아함
like to spend time relaxing

· 집안일 좀 하고 TV 프로그램 볼 수 있는 시간만 있어도 좋음
catch up on some household chores and TV shows

· 가족 만날 시간 생김
have time to meet my family members

· 함께 영화 봄, 외식 함
watch movie together, go out for some food

The main reason I like to stay at home is because I like to spend time relaxing when I have a vacation. My life is usually quite stressful, so I really appreciate just having time to chill out at home and catch up on some household chores and TV shows. I don't want the stress of planning a trip and needing to travel anywhere. Another reason I prefer to vacation at home is that I have time to meet my family members. I usually visit my parents during my vacations, and I spend a lot of time with my younger brother. We normally hang out and watch movies together or go out for some food and drinks.

제가 집에 있는 것을 좋아하는 가장 큰 이유는 휴가 때 편안하게 시간을 보내는 것을 좋아하기 때문이에요. 평소에 스트레스를 많이 받는 편이라 집에서 편안히 쉬면서 집안일 좀 하고 TV 프로그램을 볼 수 있는 시간만 있어도 정말 좋습니다. 여행을 계획하고 어디론가 떠나야만 한다는 스트레스를 받고 싶지 않거든요. 집에서 휴가를 보내는 것을 선호하는 또 다른 이유는 가족을 만날 시간이 생기기 때문입니다. 저는 휴가 기간 동안 보통 부모님 댁에 방문하고 남동생과 많은 시간을 보내요. 주로 같이 영화를 보거나 외식을 하러 가기도 해요.

Wrap-up

집에서 쉬는 것 보다 더 좋은 것은 없음
nothing I like more than chilling out at home

There's nothing I like more than chilling out at home during my vacation.

휴가 기간 동안 집에서 쉬는 것보다 더 좋아하는 것은 없어요.

■ 고득점 표현

어휘 표현 vacation 휴가 prefer ~을 선호하다 main 가장 큰, 주된 stressful 스트레스가 많은, 스트레스 받는 appreciate 좋다, 인정하다 chill out 휴식을 취하다, 긴장을 풀다 catch up on ~을 따라잡다 household chores 집안일 usually 보통, 대개 hang out 많은 시간을 보내다 go out 가다, 외출하다

Q 집에서 휴가를 보낼 때 만나는 사람들과 하고 싶은 일들 ★★★☆☆

Describe some activities you would like to do with people or places you would like to see during your vacation.

휴가 기간 동안 보고 싶은 사람이나 장소와 함께 하고 싶은 활동을 설명해 주세요.

모범답변

Intro

하고 싶은 일이 너무 많음
a lot of things I want to do

I have a vacation **coming up soon**, and there are a lot of things I want to do.

곧 휴가가 다가오는데 하고 싶은 일이 너무 많아요.

Body

· 가장 친한 친구들을 만나고 싶음
want to meet my best friends

· 배달 서비스로 음식을 주문함
order some food using delivery service

· 조부모님과 즐거운 시간을 가지고 싶음
have quality time with my grandparents

· 맛있는 저녁식사를 대접하고 밀린 이야기 나누고 싶음
treat some nice dinner and catch up with them

The thing I want to do most of all is meet my best friends, Jeongmin and Sunjeong. We haven't seen each other **in so long** because we're all busy looking for a job. We usually order some food using a delivery service and watch the movies or TV shows we missed. During this vacation, I also want to have **quality time** with my grandparents at my place. I've not seen them in a few years, and they are getting quite old. I'd like to treat them to a nice dinner and catch up with them.

무엇보다도 가장 하고 싶은 것은 가장 친한 친구인 정민이와 선정이를 만나는 것입니다. 우리는 서로를 못 본지 매우 오래됐어요. 왜냐하면 우리 모두 요즘 취업을 준비하느라 꽤 바쁘기 때문이죠. 우리는 보통 배달 서비스를 이용해 음식을 주문하고 놓친 영화나 TV 프로그램을 봐요. 또한 이번 휴가에는 조부모님과 함께 우리집에서 즐거운 시간을 보내고 싶어요. 몇 년 동안 뵙지 못했는데 연세가 꽤 많으시거든요. 맛있는 저녁 식사를 대접하고 밀린 이야기도 나누고 싶어요.

Wrap-up

정말 기대 됨
really looking forward

I'm really looking forward to my vacation time.

휴가 기간이 정말 기대 됩니다.

■ 고득점 표현

어휘 표현 most of all 무엇보다도 each other 서로 look for a job 취업을 준비하다, 구직하다 order 주문하다 delivery 배달 miss 놓치다 quality time 즐거운 시간, 의미 있는 시간 quite 꽤 treat 대접하다, 대우하다 catch up with ~와 근황을 나누다, 밀린 이야기를 나누다 look forward to ~을 기대하다, 즐거운 마음으로 기다리다

Q 지난 휴가에 집에서 했던 일 ★★★☆☆

Describe all the things that you did while spending your last vacation at home. Give me a description of each day, including the people that you met and the things that you did.

지난 휴가를 집에서 보내면서 한 모든 일에 대해 설명하세요. 만난 사람과 한 일을 포함하여 매일의 일과를 설명해 주세요.

모범답변

Intro

정말 즐거웠음
had a lot of fun

I had a lot of fun during my last vacation at home.

지난번 집에서 보낸 휴가는 정말 즐거웠습니다.

Body

· 정원 돌봄
  take care of my garden
· 정원 가꾸기 팁 온라인 동영상 봄
  watching online videos about gardening tips
· 필요한 물건 주문
  (잔디 씨앗, 원예 도구, 새 화분)
  ordered things that grass seed, gardening tools, and new flower pots
· 바비큐 파티 함, 많은 친구들과 이웃들 찾아옴
  had a barbecue, a lot of my friends and neighbors came over

I used a lot of my time off to take care of my garden. I don't know much about gardening, so I spent my first day off watching online videos about gardening tips. Then, I ordered things that I needed, like grass seed, gardening tools, and new flower pots. On the third day, I spread the grass seed and planted some flowers. For the last few days of my holiday, I enjoyed spending time in the garden, because the weather was great. I had a barbecue, and a lot of my friends and neighbors came over. We had a great time, and everyone commented on how nice my garden was looking.

저는 휴가의 많은 시간을 정원을 돌보는 데 썼어요. 제가 정원 가꾸기에 대해 잘 모르기 때문에 휴가의 첫 날은 정원 가꾸기 팁에 관한 온라인 동영상을 시청하는 데 보냈죠. 그런 다음 잔디 씨앗, 원예 도구, 새 화분 등 필요한 물건을 주문했어요. 셋째 날에는 잔디 씨앗을 뿌리고 꽃을 심었어요. 휴가의 마지막 며칠 동안은 날씨가 좋아서 정원에서 시간을 보내는 것이 즐거웠어요. 바비큐 파티를 했는데 많은 친구들과 이웃들이 찾아왔죠. 우리는 좋은 시간을 보냈고, 모두들 제 정원이 얼마나 멋진지 칭찬해 줬어요.

Wrap-up

이보다 더 좋은 방법은 없음
can't think of a better way

I can't think of a better way to spend my vacation at home.

집에서 휴가를 보내기에 이보다 더 좋은 방법은 없어요.

■ 고득점 표현

어휘
표현
description 설명, 서술 a lot of 많은 time off 휴가, 일이 없는 시간 take care of ~을 돌보다, 신경을 쓰다 gardening 정원 가꾸기, 원예 tip 팁, (실용적인) 조언 grass 풀, 잔디 seed 씨앗, 종자 gardening tool 원예 도구, 원예용 도구 flower pot 화분, 원예학 화분 neighbor 이웃, 이웃사람 come over 찾아오다, 집에 오다 comment 칭찬하다, 의견을 말하다

문제 유형별 만능 답변

Q2-10
공통형

공통형 문제란 Background Survey에서 선택하지 않았지만
시험에 등장하는 문제들입니다. 자주 등장하는 공통형 문제 주제를
비슷한 특징 별로 다섯 가지로 분류하여 학습하면
학습량은 줄이고 학습 효과는 높일 수 있습니다.

목차

공통형 주제는 크게 다섯가지로 구분할 수 있습니다. 큰 분류에 따라 자주 사용할 수 있는 패턴이나 표현들 위주로 학습하고 같은 분류에 속한 다른 주제들에도 활용할 수 있도록 대비하는 것이 중요합니다.

장소	집	가구	음식점	은행	호텔
기술	인터넷	휴대폰	기술	산업	
여가	가족/친구	모임	휴일	자유시간	패션
환경/수단	재활용	지형	날씨	교통	
건강	식품	건강			

Unit

1 집

빈출 문장 미리보기

주제와 관련된 문장들을 소리 내어 읽어 보고 필수 표현도 함께 익혀보세요.

1 현재 살고 있는 집

I live in an apartment in the downtown area.

저는 시내에 있는 한 아파트에 살고 있어요.

It's quite a new, modern building, so my apartment is very nice and clean.

꽤 새롭고 현대적인 건물이라서 제 아파트는 매우 멋지고 깨끗해요.

It's an open plan design, so the kitchen and dining room are attached to the side of the living room.

개방형 디자인이라서 주방과 식당이 거실 옆에 붙어 있어요.

2 집에서의 주중과 주말 일상

I work from Monday to Friday, so I set my alarm for 6:30 A.M. every morning during the week.

월요일부터 금요일까지 근무해서 주중에는 매일 아침 6시 30분에 알람을 맞춰 놔요.

On the weekends, I don't really have a set routine.

주말에는 사실 정해진 일과가 없어요.

It all depends on what I plan to do with my friends or family members.

친구들 혹은 가족들과 함께 무엇을 할 계획인지에 따라 달라요.

3 어렸을 때 살았던 집과 현재의 집 비교

I grew up in a house just outside a small town in the countryside.

저는 시골의 작은 마을 외곽에 있는 집에서 자랐어요.

The opposite is true of my current apartment.

지금 살고 있는 아파트와는 정반대예요.

The apartment is clean, modern, and spacious, but it's located in an urban gray space.

아파트는 깨끗하고 현대적이고 넓지만, 도시의 회색 공간에 위치해 있어요.

■ 필수표현

1 현재 살고 있는 집

I would like to discuss the place you live in. Please describe your home to me. How does it look? How many rooms are there? Give me all the details.

현재 당신이 살고 있는 곳에 대해 이야기하고 싶어요. 당신의 집을 묘사해주세요. 어떻게 생겼나요? 방은 몇 개인가요? 자세히 말해 주세요.

2 집에서의 주중과 주말 일상

Do you have a routine that you follow at home? What do you usually do during the week? On the weekends, what do you do?

당신이 집에서 따르는 일과가 있나요? 주중에는 주로 무엇을 하나요? 주말에는 무엇을 하나요?

3 어렸을 때 살았던 집과 현재의 집 비교

Describe the house you grew up in. How was that place different from the house you live in now?

당신이 자란 집에 대해 설명해 주세요. 그 집은 살고 있는 집과 어떻게 달랐나요?

추가 세트 구성

Set 1

가장 좋아하는 방
집에서 하는 집안일
어렸을 때 살았던 집과 현재의 집 비교

Set 2

가장 좋아하는 방
어렸을 때 살았던 집과 현재의 집 비교
집에 준 변화들 중 한가지

Set 3

가장 좋아하는 방
어렸을 때 살았던 집과 동네 환경
가족과 집에서 있었던 추억

Set 4

현재 살고 있는 집
집에서의 주중과 주말 일상
집에서 발생했던 문제들

Set 5

현재 살고 있는 집
집에서 발생했던 문제들
집에서 발생했던 문제들 중 한가지와 해결 방법

Set 6

지난 5년간 우리나라의 부동산 변화
우리나라 부동산 시장 관련 뉴스

Set 7

부모님과 나의 집에서 발생하는 문제들을 해결하는 방법의 차이
사람들이 집을 구할 때 겪는 문제

Q 현재 살고 있는 집 ★★★☆☆

I would like to discuss the place you live in. Please describe your home to me. How does it look? How many rooms are there? Give me all the details.

현재 당신이 살고 있는 곳에 대해 이야기하고 싶어요. 당신의 집을 묘사해주세요. 어떻게 생겼나요? 방은 몇 개인가요? 자세히 말해 주세요.

모범답변 MP3 2_64

Intro

시내에 있는 아파트
an apartment in the downtown area

I live in an apartment in the downtown area.

저는 시내에 있는 한 아파트에 살고 있어요.

Body

· 현대적인 건물이라서 매우 멋지고 깨끗함
modern building, very nice and clean

· 매우 넓음
very spacious

· 주방, 식당이 거실 옆에 붙어 있음
the kitchen and dining room are attached to the side of the living room

· 침실 두 개, 욕실 두 개 있어서 총 5개의 방 있음
two bedrooms and two bathrooms, five rooms in total

It's quite a new, modern building, so my apartment is very nice and clean. It's also very spacious! When you enter my apartment, you walk right into the living room. It's really large, with a high ceiling, so there's lots of space for my sofas, my TV, and my artwork. It's an open plan design, so the kitchen and dining room are attached to the side of the living room. There are two bedrooms and two bathrooms, so there are five rooms in total. I recently decorated the living room area. I painted the walls dark blue, and it looks really cool. My apartment is on the 20th floor of the building, so it has a great view of the city. The only problem is the rent is pretty high, but I think it's worth it.

꽤 새롭고 현대적인 건물이라서 제 아파트는 매우 멋지고 깨끗해요. 또한 매우 넓어요! 아파트에 들어서면 바로 거실로 들어가요. 정말 넓고 천장이 높기 때문에 소파, TV, 예술 작품을 놓을 공간이 많아요. 개방형 디자인이라서 주방과 식당이 거실 옆에 붙어 있어요. 침실 두 개와 욕실 두 개가 있어서 총 5개의 방이 있습니다. 저는 최근에 거실 공간을 꾸몄어요. 벽을 짙은 파란색으로 칠했는데, 정말 멋있어 보여요. 제 아파트는 건물의 20층에 있어서 도시를 내려다볼 수 있는 멋진 전망을 가지고 있어요. 유일한 문제는 임대료가 꽤 비싸다는 거지만 그만한 가치가 있다고 생각해요.

Wrap-up

정말 마음에 듦
really love

I really love where I live right now.

저는 지금 사는 곳이 정말 마음에 들어요.

■ 고득점 표현

어휘 표현 downtown area 시내, 도심 지역 spacious 넓은, 널찍한 enter 들어가다 walk into 들어가다, ~의 안으로 걸어들어가다 living room 거실 ceiling 천장 space 공간, 장소 artwork 예술 작품, 미술품 open plan 개방형, 오픈 플랜식의(건물 내부가 벽으로 나뉘지 않은) attach 붙이다, 첨부하다 in total 총, 전체로서 recently 최근에, 최근 decorate 꾸미다, 장식하다 wall 벽, 담 dark 짙은, 어두운 rent 임대료, 집세 pretty 꽤, 어느 정도 worth it 그만한 가치가 있는

Q 집에서의 주중과 주말 일상 ★★★☆☆

Do you have a routine that you follow at home? What do you usually do during the week? On the weekends, what do you do?

당신이 집에서 따르는 일과가 있나요? 주중에는 주로 무엇을 하나요? 주말에는 무엇을 하나요?

모범답변 MP3 2_66

Intro

꽤 규칙적인 일과
a pretty regular routine

> I have a pretty regular routine during the week, because of my job.
>
> 저는 직장 때문에 주중에는 꽤 규칙적인 일과를 보내고 있습니다.

Body

· 월-금 근무함
  work from Monday to Friday
· 매일 아침 6시 30분으로 알람 맞춰 놓음
  set my alarm for 6:30 A.M.
· 아침 8시 15분에 버스 타고 출근함
  catch the bus to work at 8:15 A.M.
· 주중에는 저녁 6시 30분에 집에 도착함
  get home at about 6:30 P.M. during the week
· 저녁 만들고 영화 봄
  make my dinner and watch a movie
· 주말에는 사실 정해진 일과 없음
  on the weekends, don't really have a set routine

> I work from Monday to Friday, so I set my alarm for 6:30 A.M. every morning during the week. When I wake up, I use my exercise bike for 45 minutes, and then I take a shower. After I get dressed, I drink a cup of coffee and eat my breakfast while watching a news program on TV. I usually catch the bus to work at 8:15 A.M. I get home at about 6:30 P.M. during the week, and then I make my dinner and watch a movie. I normally go to bed by 11. On the weekends, I don't really have a set routine. It all depends on what I plan to do with my friends or family members.
>
> 월요일부터 금요일까지 근무해서 주중에는 매일 아침 6시 30분에 알람을 맞춰 놔요. 일어나면, 실내 운동용 자전거를 45분 동안 탄 다음 샤워를 하죠. 옷을 입은 후에는 TV에서 뉴스 프로그램을 보면서 커피 한 잔을 마시고 아침을 먹어요. 저는 보통 8시 15분에 버스를 타고 출근해요. 주중에는 오후 6시 30분 정도에 집에 도착해서 저녁을 만들고 영화를 봐요. 보통 11시쯤 잠자리에 들어요. 주말에는 사실 정해진 일과가 없어요. 친구들 혹은 가족들과 함께 무엇을 할 계획인지에 따라 달라요.

Wrap-up

일과가 있는 것이 좋음
enjoy having a routine

> I enjoy having a routine, because everything runs smoothly.
>
> 모든 것이 원활하게 돌아가기 때문에 일과가 있는 것이 좋아요.

■ 고득점 표현

**어휘
표현** routine 일과, 일상 follow 따르다 during the week 주중에는, 일주일 동안 pretty 꽤, 어느정도 regular 규칙적인, 정기적인 wake up 일어나다 exercise bike 실내 운동용 자전거 take a shower 샤워를 하다 get dressed 옷을 입다 a cup of coffee 커피 한 잔 catch a bus 버스를 타다, 버스를 잡아타다 get home 집에 도착하다 set 정해진, 계획된 depend on ~에 따라 다르다, ~에 달려 있다 smoothly 원활하게, 순조롭게

Q 어렸을 때 살았던 집과 현재의 집 비교 ★★★★☆

Describe the house you grew up in. How was that place different from the house you live in now?

당신이 자란 집에 대해 설명해 주세요. 그 집은 살고 있는 집과 어떻게 달랐나요?

모범답변

Intro

시골의 작은 마을 외곽에 있는 집
a house just outside a small town in the countryside

I grew up in a house just outside a small town in the countryside.

저는 시골의 작은 마을 외곽에 있는 집에서 자랐어요.

Body

· 상태가 좋지 않은 아주 작은 집에서 살았음
  a very small house that was in poor condition
· 매우 비좁았음
  was very cramped
· 주변 경관 아름다웠음
  the area around the house was beautiful
· 지금 살고 있는 아파트와는 정반대
  the opposite is true of my current apartment
· 깨끗하고 현대적이고 넓음
  clean, modern, and spacious

My childhood house was very different compared to the apartment I live in now. When I was growing up, my family was poor, so we lived in a very small house that was in poor condition. There were only two bedrooms, with three members of my family sleeping in each room, so it was very cramped. The roof of the house was very in bad shape, so water would sometimes leak in when it rained. But, on a positive note, the area around the house was beautiful, because it was located in the countryside. The opposite is true of my current apartment. The apartment is clean, modern, and spacious, but it's located in an urban gray space.

제가 어렸을 때 살던 집은 지금 살고 있는 아파트와 비교하면 많이 달랐어요. 어렸을 때 우리집은 가난했기 때문에 상태가 좋지 않은 아주 작은 집에서 살았죠. 침실이 두개 뿐이었고, 각 방에 가족 세 명이 자고 있었기 때문에 매우 비좁았어요. 집 지붕이 매우 열악해서 비가 오면 물이 새기도 했어요. 하지만 긍정적으로 생각하면 시골에 위치한 집이라 주변 경관이 아름다웠죠. 지금 살고 있는 아파트와는 정반대예요. 지금 아파트는 깨끗하고 현대적이고 넓지만, 도시의 회색 공간에 위치해 있어요.

Wrap-up

내가 자란 집 그리움

miss the house where I grew up

To be honest, I miss the house where I grew up.

솔직히 저는 제가 자란 집이 그리워요.

■ 고득점 표현

어휘 표현 live in 살다 outside 외곽, 바깥쪽 countryside 시골, 지방, 교외 childhood 어린, 어린 시절 compared to ~와 비교하면 poor 가난한 be in a poor condition 상태가 좋지 않다, 열악한 환경이다 cramped 비좁고 갑갑한 bad shape 상태가 좋지 않은, 상태가 나쁜 roof 지붕 leak 새다 on a positive note 긍정적으로 생각하면, 긍정적으로 말하면 the opposite is true of ~의 정반대다 spacious 넓은, 널찍한 urban 도시의 gray 회색

빈출 문장 미리보기

주제와 관련된 문장들을 소리 내어 읽어 보고 필수 표현도 함께 익혀보세요.

1 집 근처 좋아하는 음식점

Gidi Grill serves Caribbean-style food like Jamaican jerk chicken and barbecued pork ribs.

기디 그릴은 자메이카 저크 치킨과 바비큐 폭립 같은 카리브해 스타일의 음식을 제공해요.

It's quite expensive, but the portion sizes are very generous, so I think it's still good value for money.

가격이 꽤 비싸지만 양이 매우 넉넉해서 가성비가 좋다고 생각해요.

Another good thing is that soft drinks are free when you buy any main course.

또 한 가지 좋은 점은 식사의 주요리를 주문하면 음료가 무료라는 점입니다.

2 좋아하는 외국 음식점

My favorite ethnic restaurant is called Bombay Joe's.

제가 가장 좋아하는 전통 음식점은 봄베이 조스라고 해요.

It mostly serves traditional dishes from northern and eastern India, and the menu is so huge.

주로 인도 북부와 동부의 전통 요리를 제공하며 메뉴가 매우 많아요.

In addition, the décor inside is beautiful.

또한 내부 장식도 예뻐요.

3 최근 외국 음식점 방문 경험

I went to a Mexican restaurant about two weeks ago.

저는 약 2주 전에 멕시칸 음식점에 갔었어요.

The restaurant is called Casa Amigos, and it's located not far from where I live.

이 음식점은 카사 아미고스라고 하는데, 제가 사는 곳에서 멀지 않은 곳에 위치해 있어요.

I ordered the Spanish paella, and I was a little disappointed.

스페인 빠에야를 주문했는데 조금 실망스러웠어요.

■ 필수표현

1 집 근처 좋아하는 음식점

Tell me about a restaurant in your neighborhood. What kind of food is served there? Is it cheap or expensive? How frequently do you visit that restaurant? Give me lots of details regarding one of your favorite places to eat in your area.

당신의 동네에 있는 음식점에 대해 말해주세요. 어떤 종류의 음식을 제공하나요? 저렴하거나 비싼가요? 얼마나 자주 그 음식점을 방문하나요? 당신이 살고 있는 지역에서 가장 좋아하는 음식점에 대해 자세히 말해주세요.

2 좋아하는 외국 음식점

Describe your favorite ethnic or international restaurant. Tell me all that you can about that place and include lots of details.

당신이 가장 좋아하는 전통 음식점이나 외국 음식점에 대해 설명해주세요. 그 음식점에 대한 모든 것을 가능한 상세하게 말해주세요.

3 최근 외국 음식점 방문 경험

When did you last eat at a restaurant that specializes in international cuisine? Where was it? Who did you go with? What did you order? Tell me all about your latest visit to that restaurant.

최근 국제적인 요리를 전문으로 하는 음식점에서 식사한 것은 언제였나요? 어디였나요? 누구와 함께 갔었나요? 무엇을 주문했나요? 최근 음식점에 방문한 것에 대해 모두 말해주세요.

추가 세트 구성

Set 1

우리나라의 대중적인 음식점
음식점에 가면 하는 일들
어렸을 때 음식점에 갔던 경험

Set 2

좋아하는 포장이나 배달 음식점
최근 포장이나 배달 음식점에서 구매한 경험
어렸을 때 음식점에 갔던 경험

Set 3

음식점과 외식 문화의 변화
사람들이 음식점에 대해 이야기하는 것들

Set 4

음식점들 건강식 메뉴에 제공에 대한 변화
체인 음식점과 작은 지역 음식점의 차이

Set 5

요즘의 포장이나 배달 음식점의 건강식 제공
포장이나 배달 음식의 트렌드 변화

Q **집 근처 좋아하는 음식점** ★★★☆☆

Tell me about a restaurant in your neighborhood. What kind of food is served there? Is it cheap or expensive? How frequently do you visit that restaurant? Give me lots of details regarding one of your favorite places to eat in your area.

당신의 동네에 있는 음식점에 대하 말해주세요. 어떤 종류의 음식을 제공하나요? 저렴하거나 비싼가요? 얼마나 자주 그 음식점을 방문하나요? 당신이 살고 있는 지역에서 가장 좋아하는 음식점에 대해 자세히 말해주세요.

모범답변

(◁)) MP3 2_70

Intro •

[　]에 대해 말하겠음
going to tell you about Gidi
Grill

There are a few good restaurants in my neighborhood, but I'm going to tell you about Gidi Grill.

우리 동네에 맛있는 음식점이 몇 군데 있는데, 그 중에서도 기디 그릴에 대해 말할게요.

Body •

· 카리브해 스타일 음식 제공
serves Caribbean-style
food

· 꽤 비싸지만 양이 매우 넉넉함
quite expensive, but the
portion sizes are very
generous

· 모든 직원이 매우 친절함
all of the staff are very
friendly

Gidi Grill serves Caribbean-style food like Jamaican jerk chicken and barbecued pork ribs. It's quite expensive, but the portion sizes are very generous, so I think it's still good value for money. Also, the desserts at the restaurant are delicious, and I usually order the deep-fried bananas with ice cream. Another good thing is that soft drinks are free when you buy any main course. I usually go for a meal at Gidi Grill about once per month. I normally go with my friend Bobby, because he is a huge fan of the ribs there. The owner and all of the staff at the restaurant are very friendly, and they try to make sure everyone has an excellent dining experience.

기디 그릴은 자메이카 저크 치킨과 바비큐 폭립 같은 카리브해 스타일의 음식을 제공해요. 가격이 꽤 비싸지만 양이 매우 넉넉해서 가성비가 좋다고 생각해요. 디저트도 맛있어서 저는 보통 아이스크림과 함께 튀긴 바나나를 주문합니다. 또 한 가지 좋은 점은 식사의 주요리를 주문하면 음료가 무료라는 점입니다. 저는 주로 한 달에 한 번 정도 기디 그릴에 가서 식사를 합니다. 보통 제 친구 바비와 함께 가는데, 그는 그곳의 립을 좋아하기 때문입니다. 음식점의 주인과 모든 직원들은 매우 친절하고 모두가 훌륭한 식사 경험을 할 수 있도록 노력해요.

Wrap-up •

같이 가서 먹자
let's go for a bite to eat

Let's go for a bite to eat at Gidi Grill together sometime.

언제 같이 기디 그릴에서 같이 가서 먹어요.

■ 고득점 표현

어휘 **표현** neighborhood 동네 serve 제공하다 cheap 저렴한 frequently 자주 regarding ~에 대해, ~에 관하여 Caribbean 카리브해, 카리브해 지역 quite 꽤, 상당히 expensive 비싼, 돈이 많이 드는 portion size 양, 1회 제공량 generous 넉넉한, 너그러운 deep-fried 튀긴 soft drink 음료, 청량음료 normally 보통 owner 주인, 소유주 friendly 친절한, 상냥한 try to ~하려고 노력하다 excellent 훌륭한, 아주 좋은 dining 식사, 만찬 experience 경험

Q **좋아하는 외국 음식점** ★★★☆☆

Describe your favorite ethnic or international restaurant. Tell me all that you can about that place and include lots of details.

당신이 가장 좋아하는 전통 음식점이나 외국 음식점에 대해 설명해주세요. 그 음식점에 대한 모든 것을 가능한 상세하게 말해주세요.

모범답변 (◁)) MP3 2_72

Intro •

[　]라고 불림
is called Bombay Joe's

Body •

· 인도 음식점
an Indian restaurant

· 인도 북부와 동부 전통 요리 제공함
serves traditional dishes from northern and eastern India

· 50여가지의 다양한 카레
around fifty different varieties of curry

· 정말 맛있음
absolutely delicious

· 인도 조각품과 그림 많음
lots of Indian sculptures and paintings

My favorite ethnic restaurant is called Bombay Joe's.

제가 가장 좋아하는 전통 음식점은 봄베이 조스라고 불립니다.

Bombay Joe's is an Indian restaurant located on Yonge Street in the downtown area. It mostly serves traditional dishes from northern and eastern India, and the menu is so huge. I'd estimate that there are around fifty different varieties of curry on the menu, and almost as many appetizers and side dishes. I've tried countless items from the menu, and each one was absolutely delicious! In addition, the décor inside is beautiful. There's a large pond and fountain in the middle of the dining area, and there are lots of Indian sculptures and paintings. The restaurant also has an outdoor seating area, so I love to eat there when the weather is nice and warm.

봄베이 조스는 시내 중심가의 영 스트리트에 위치한 인도 음식점이에요. 주로 인도 북부와 동부의 전통 요리를 제공하며 메뉴가 매우 많아요. 메뉴에는 약 50가지의 다양한 카레와 거의 비슷한 수의 애피타이저와 사이드 메뉴가 있는 것으로 추정됩니다. 메뉴에 있는 수많은 음식을 먹어봤는데 모두 정말 맛있었어요! 또한 내부 장식도 예뻐요. 음식점 한가운데에는 큰 연못과 분수가 있고, 인도 조각품과 그림이 많이 있어요. 이 음식점은 야외 좌석 공간도 있어서 날씨가 따뜻하고 좋을 때 그곳에서(야외 좌석 공간에서) 식사하는 것을 좋아해요.

Wrap-up •

can't wait to go back
빨리 다시 가고 싶음

I can't wait to go back to Bombay Joe's for some more food.

빨리 봄배이 조스에 다시 가서 음식을 먹고 싶네요.

■ 고득점 표현

어휘 표현 be called ~라고 불리다 ethnic 전통의, 민족의 Indian 인도의, 인도인 downtown 시내 중심가의 serve 제공하다 traditional 전통, 전통의 dish 요리, 접시 northern 북부 eastern 동부 estimate 예상하다 variety 다양함 curry 카레 almost 거의 countless 수많은, 무수한 absolutely 정말 décor 장식 fishpond 연못 fountain 분수 sculpture 조각, 조각품 painting 그림 outdoor 야외의 warm 따뜻한, 따뜻하게 하다

Q 최근 외국 음식점 방문 경험 ★★★☆☆

When did you last eat at a restaurant that specializes in international cuisine? Where was it? Who did you go with? What did you order? Tell me all about your latest visit to that restaurant.

최근 국제적인 요리를 전문으로 하는 음식점에서 식사한 것은 언제였나요? 어디였나요? 누구와 함께 갔었나요? 무엇을 주문했나요? 최근 음식점에 방문한 것에 대해 모두 말해 주세요.

모범답변

◁)) MP3 2_74

Intro

멕시칸 음식점, 2주 전
a Mexican restaurant,
two weeks ago

I went to a Mexican restaurant about two weeks ago.

저는 약 2주 전에 멕시칸 음식점에 갔었어요.

Body

· [　]라고 불림
  is called Casa Amigos
· 집에서 멀지 않음
  not far from where I live
· 절친과 함께 있었음
  was with my best friend
· 타코와 부리토 주문함
  order tacos and burritos

The restaurant is called Casa Amigos, and it's located not far from where I live. As you might be able to guess from the name, Casa Amigos serves Spanish and Mexican cuisine, and it is so tasty. The last time I went there, I was with my best friend, Carl. We met at the subway station and then had a short walk to the restaurant. I normally order Mexican food like tacos and burritos, but last time, I decided to try something different. I ordered the Spanish paella, and I was a little disappointed. I think I'll stick to the Mexican dishes in the future. My friend and I also ordered some margaritas, and they were absolutely delicious.

이 음식점은 카사 아미고스라고 하는데, 제가 사는 곳에서 멀지 않은 곳에 위치해 있어요. 이름에서 짐작할 수 있듯이 카사 아미고스는 스페인과 멕시칸 요리를 제공하는데 정말 맛있어요. 제가 최근에 갔을 때는 제 절친인 칼과 함께 있었죠. 우리는 지하철역에서 만나서 음식점까지 조금 걸어갔어요. 저는 보통 타코와 부리토 같은 멕시칸 음식을 주문하지만 지난번에는 다른 음식을 먹어 보기로 했어요. 스페인 빠에야를 주문했는데 조금 실망스러웠어요. 앞으로는 멕시코 요리만 먹어야 할 것 같아요. 친구와 마가리타도 함께 주문했는데 정말 맛있었어요.

Wrap-up

다음 방문이 정말 기대 됨
definitely looking forward
to my next visit

I'm definitely looking forward to my next visit to Casa Amigos.

카사 아미고스의 다음 방문이 정말 기대 됩니다.

■ 고득점 표현

**어휘
표현**　specialize in ~을 전문으로 하다　cuisine 음식, 요리　go with ~와 함께 가다, 어울리다　latest 최근의　far from ~에서 먼　guess 짐작하다, 추측하다　tasty 맛있는　normally 보통　taco 타코　burrito 부리토　paella 파에야(쌀, 닭고기, 생선, 채소를 넣은 스페인 요리)　disappointed 실망스러운, 실망한　stick to ~을 고수하다　absolutely 정말　look forward to ~을 기대하다

빈출 문장 미리보기

주제와 관련된 문장들을 소리 내어 읽어 보고 필수 표현도 함께 익혀보세요.

1 우리나라의 은행

To be honest, I think banks in my country probably look similar to those in most other countries.

솔직히 말해서 우리나라 은행은 다른 나라 은행과 비슷하게 생겼을 것 같아요.

There are normally three or four bank tellers who handle money withdrawals and deposits.

보통 서너 명의 은행 창구 직원이 출금 및 입금 업무를 처리해요.

One or two tellers who help customers with things like opening accounts and applying for credit cards.

한두 명의 직원이 계좌 개설 및 신용카드 신청과 같은 업무를 도와줘요.

2 은행에 갔을 때 하는 업무

When I walk into the bank, the first thing I do is take a number.

은행에 들어가서 가장 먼저 하는 일은 번호표를 뽑는 것입니다.

My bank is always busy, no matter what time I visit, so I normally have to wait in line.

은행은 언제 방문해도 항상 바쁘기 때문에 줄을 서서 기다려야 하는 경우가 많죠.

Sometimes I go in to open a new account like a savings account.

가끔은 적금 같은 계좌를 새로 개설하러 가기도 하죠.

3 과거와 현재의 은행 비교

At that time, a lot of banks were in very old impressive buildings, whereas now they are normally in new modern buildings.

그 당시에는 많은 은행이 아주 오래된 인상적인 건물에 있었지만 지금은 대부분 새롭고 현대적인 건물에 있어요.

Nowadays, banks have lost their personal touch, mostly because they have such a large number of customers.

요즘 은행은 고객과의 친근한 관계가 사라졌는데 고객 수가 너무 많아 졌기 때문이에요.

These days most banks have comfortable waiting areas.

요즘 대부분의 은행에는 편안한 대기 공간이 있어요.

■ 필수표현

1 우리나라의 은행

Tell me about your country's banks. What do they generally look like? Where can they be found?

당신의 나라의 은행에 대해 말해주세요. 은행은 일반적으로 어떻게 생겼나요? 어디에서 찾을 수 있나요?

2 은행에 갔을 때 하는 업무

Tell me about what you typically do when you visit a bank.

당신이 은행에 방문했을 때 주로 하는 업무는 무엇인지 말해주세요.

3 과거와 현재의 은행 비교

Banks have made some major changes over the years. Tell me about a bank that you remember from when you were growing up. What was it like? How did it differ from the banks of today?

은행은 수년에 걸쳐 몇 가지 큰 변화를 겪었습니다. 당신이 기억하는 어릴 적 은행에 대해 말해주세요. 어떤 모습이었나요? 오늘날의 은행과 어떻게 달랐나요?

추가 세트 구성

Set 1

우리나라의 은행
과거화 현재의 은행 비교
은행 서비스 관련 겪은 문제와 해결 방법

Set 2

우리나라의 은행 및 은행원
워싱턴에 있는 케피탈 은행에 계좌가 있는데 몇 가지 질문

Q **우리나라의 은행** ★★★★☆

Tell me about your country's banks. What do they generally look like? Where can they be found?

당신의 나라의 은행에 대해 말해주세요. 은행은 일반적으로 어떻게 생겼나요? 어디에서 찾을 수 있나요?

모범답변

Intro

설명 위해 최선을 다하겠음
do my best to describe

I'll do my best to describe banks in my country.

우리나라 은행들을 설명하기 위해서 최선을 다해볼게요.

Body

· 다른 나라 은행들과 비슷함
  look similar to those in
  most other countries
· 입금 및 출금
  withdrawals and deposits
· 계좌 개설
  opening accounts
· 신용카드 신청
  applying for credit cards
· 시내에 위치
  located downtown

To be honest, I think banks in my country probably look similar to those in most other countries. When you walk into most banks, there's an information desk. The employee there asks how they can help and then directs you to the correct customer service desk. There are normally three or four bank tellers who handle simple things like money withdrawals and deposits, and one or two tellers who help customers with things like opening accounts and applying for credit cards. The main branches of most banks are located downtown. There are also local branches in suburban and rural areas, but these sometimes only offer a limited range of services.

솔직히 말해서 우리나라 은행은 다른 나라 은행과 비슷하게 생겼을 것 같아요. 대부분의 은행에 들어가면 안내 데스크가 있습니다. 직원은 무엇을 도와줄 수 있는지 물어본 다음 올바른 고객 서비스 창구로 안내하죠. 보통 서너 명의 은행 창구 직원이 출금 및 입금과 같은 간단한 업무를 처리하고 한두 명의 직원이 계좌 개설 및 신용카드 신청과 같은 업무를 도와줍니다. 대부분의 은행 본점은 시내에 위치해 있어요. 교외나 시골 지역에도 지점이 있지만 제한된 범위의 서비스만 제공하는 경우가 있어요.

Wrap-up

할 말이 그리 많지 않음
really much else to say

There isn't really much else to say about the banks in my country.

우리나라의 은행에 대해 할 말이 그리 많지 않아요.

■ 고득점 표현

어휘
표현
generally 일반적으로   look like ~처럼 생기다   describe 설명하다, 말하다   to be honest 솔직히 말해서   similar 비슷하게, 비슷한   walk into 들어가다, ~의 안으로 걸어 들어가다   information desk 안내 데스크   employee 직원, 고용인   direct 안내하다, ~로 향하다   teller 직원, (은행의) 금전 창구 직원   handle 처리하다, 다루다   withdrawal 출금, (계좌에서의) 인출   deposit 입금, 예금   opening 개설   account 계좌   apply for ~을 신청하다   branch 지점, 분점   limited 제한된   range 범위

Q 은행에 갔을 때 하는 업무 ★★★★☆

Tell me about what you typically do when you visit a bank.

당신이 은행에 방문했을 때 주로 하는 업무는 무엇인지 말해주세요.

모범답변

MP3 2_78

Intro

한 달에 한 번,
동네 은행 지점 방문함
visit my local bank branch
about once a month

I visit my local bank branch about once a month.

저는 한 달에 한 번 정도 동네 은행 지점을 방문해요.

Body

· 번호표를 뽑고 대기 공간에
앉는 것
take a number and then
sit in the waiting area

· 줄을 서서 기다려야 함
have to wait in line

· 커피나 물을 마시며 시간
보내곤 함
help myself to a coffee or
some water

· 환전을 위해 은행에 감
go to the bank to
exchange currency

When I walk into the bank, the first thing I do is take a number and then sit in the waiting area. My bank is always busy, no matter what time I visit, so I normally have to wait in line before I can speak with a bank clerk. While I'm waiting, I normally help myself to a coffee or some water, because the refreshments are free. I usually go to the bank to exchange currency, because I travel overseas quite frequently for my job. Sometimes I go in to open a new account like a savings account. I usually have a nice chat with the bank employees because I know them quite well after being a customer there for several years.

은행에 들어가서 가장 먼저 하는 일은 번호표를 뽑고 대기 공간에 앉는 것입니다. 은행은 언제 방문해도 항상 바쁘기 때문에 은행 직원과 상담하기 전에 줄을 서서 기다려야 하는 경우가 많죠. 다과가 무료이기 때문에 기다리는 동안 보통 커피나 물을 마시며 시간을 보내곤 해요. 저는 업무상 해외 출장이 잦기 때문에 주로 환전을 위해 은행에 가요. 가끔은 적금 같은 계좌를 새로 개설하러 가기도 하죠. 은행 직원들과는 몇 년 동안 고객으로 지내면서 잘 알고 있기 때문에 보통 그들과 즐거운 대화를 나눠요.

Wrap-up

기본적으로 이정도임
that's basically all I do

That's basically all I do when I visit the bank.

은행을 방문할 때 제가 하는 일은 기본적으로 이정도예요.

■ 고득점 표현

**어휘
표현** major 큰, 주요한 over the year 수년에 걸쳐, 수년 간 at that time 그 당시에는, 그때(에) impressive 인상적인, 인상깊은 modern 현대적인, 현대의 bank manger 은행 지점장 greet 맞이하다, 환영하다 nowadays 요즘, 요즘에는 a number of 많은, 다수의 difference 차이점, 차이 wait in line 줄을 서서 기다리다 most 대부분의 comfortable 편안한, 편한 waiting area 대기 공간, 대기실 refreshment 다과, 간단한 식사 magazine 잡지 overall 전반적으로, 전부

Q **과거와 현재의 은행 비교** ★★★★☆

Banks have made some major changes over the years. Tell me about a bank that you remember from when you were growing up. What was it like? How did it differ from the banks of today?

은행은 수년에 걸쳐 몇 가지 큰 변화를 겪었습니다. 당신이 기억하는 어릴 적 은행에 대해 말해주세요. 어떤 모습이었나요? 오늘날의 은행과 어떻게 달랐나요?

모범답변

Intro

조금 달랐음
a little different

Banks were a little different when I was younger.

제가 어렸을 때는 은행이 조금 달랐어요.

Body

· 당시에는 아주 오래된 인상적인 건물
 at that time, very old impressive buildings

· 지금은 새롭고 현대적인 건물
 now normally in new modern buildings

· 그때는 고객 수가 적었음
 banks had fewer customers back then

· 요즘은 고객 수가 아주 많아 짐
 nowadays, they have such a large number of customers

I remember going into some banks with my parents when I was very young. At that time, a lot of banks were in very old impressive buildings, whereas now they are normally in new modern buildings. In the old days, the bank manager would often greet the customers, and the manager would know all of the customers' names, because banks had fewer customers back then. Nowadays, banks have lost their personal touch, mostly because they have such a large number of customers. Another difference was that we had to wait in line at the bank for a long time. These days most banks have comfortable waiting areas with refreshments and magazines.

아주 어렸을 때 부모님과 함께 은행에 갔던 기억이 나요. 그 당시에는 많은 은행이 아주 오래된 인상적인 건물에 있었지만 지금은 대부분 새롭고 현대적인 건물에 있어요. 그때는 은행 지점장이 고객을 맞이하는 경우가 많았고, 은행 지점장은 고객의 이름을 모두 알고 있었어요. 왜냐하면 은행의 고객 수가 적었기 때문이에요. 요즘 은행은 고객과의 친근한 관계가 사라졌는데 고객 수가 아주 많아 졌기 때문이에요. 또 다른 차이점은 은행에서 장시간 줄을 서서 기다려야 했다는 점이죠. 요즘 대부분의 은행에는 다과와 잡지가 비치된 편안한 대기 공간이 있어요.

Wrap-up

prefer modern banks to the older ones
예전 은행보다 현대의 은행 선호함

Overall, I think I prefer modern banks to the older ones.

전반적으로 저는 예전 은행보다 현대의 은행을 선호해요.

■ 고득점 표현

어휘 표현 impressive 인상적인   whereas (주절과의 대비, 비교) ~임에 비하여, 반하여, ~이지만   greet 인사하다, 맞이하다   back then 당시, 그때, 그 시절엔   large number of 다수의   wait in line 줄을 서서 기다리다   for a long time 오랫동안, 길게   refreshment 다과, 간식   magazine 잡지

빈출 문장 미리보기

주제와 관련된 문장들을 소리 내어 읽어 보고 필수 표현도 함께 익혀보세요.

1 내가 인터넷으로 주로 하는 일들

More than anything else, I chat with my friends online.

무엇보다도, 저는 온라인에서 친구들과 채팅을 많이 해요.

I also share a lot of pictures and videos with my friends online.

저는 또한 온라인에서 친구들과 많은 사진과 비디오를 공유해요.

I do most of my shopping online as well.

그리고 대부분의 쇼핑도 온라인으로 하죠.

2 가장 좋아하는 웹사이트

I like a lot of different websites, but my favorite is probably Metacritic.

저는 많은 다양한 웹사이트를 좋아하지만 가장 좋아하는 사이트는 메타크리틱 일 겁니다.

The main reason for that is that it has information and reviews about all my favorite things.

주된 이유는 제가 좋아하는 모든 것들에 대한 정보와 리뷰가 있기 때문이에요.

There's always something interesting for me to read about.

항상 흥미로운 읽을거리가 있어요.

3 처음 인터넷을 접하게 된 계기와 경험

At that time, I was a huge fan of a pop band called Westlife, and one of my friends told me about a chatroom that was for fans of the band.

당시 저는 웨스트라이프라는 팝 밴드의 열렬한 팬이었는데, 친구 중 한 명이 그 밴드의 팬들을 위한 채팅방에 대해 알려줬어요.

I was pleased to find that everyone was really nice and welcoming.

모든 사람들이 정말 친절하고 반갑게 맞이해줘서 좋았어요.

Eventually, I made some friends in the chatroom.

결국 채팅방에서 몇몇 친구를 사귀게 되었죠.

■ 필수표현

1 내가 인터넷으로 주로 하는 일들

What do you like to do when you're online? Do you use the internet to share videos, do shopping, read the news, etc? What are your online habits?

당신은 온라인에서 무엇을 하는 것을 좋아하나요? 인터넷으로 동영상을 공유하고 쇼핑을 하고 뉴스를 읽는 등의 용도로 사용하나요? 인터넷에서 습관처럼 하게 되는 것에는 무엇이 있나요?

2 가장 좋아하는 웹사이트

Tell me about a website that you like or the kind of websites you usually visit. Why do you like them? Give me all the details that you can.

좋아하는 웹사이트나 평소 자주 방문하는 웹사이트에 대해 말해주세요. 왜 좋아하나요? 가능한 한 자세히 말해주세요.

3 처음 인터넷을 접하게 된 계기와 경험

When did you initially develop an interest in surfing the internet? Tell me in detail about how you first started experiencing the internet. What kind of impression did you get at first? What do you remember about it?

언제 처음 인터넷 서핑에 관심을 갖게 되었나요? 인터넷을 처음 접하게 된 계기에 대해 자세히 말해 주세요. 처음에 어떤 인상을 받았나요? 어떤 점이 기억에 남나요?

추가 세트 구성

Set 1

사람들이 인터넷으로 주로 하는 일들
내가 인터넷으로 주로 하는 일들
처음 인터넷을 접하게 된 계기와 경험

Set 2

내가 인터넷으로 주로 하는 일들
처음 인터넷을 접하게 된 계기와 경험
자료를 찾아봐야 하는 프로젝트에서 인터넷을 활용한 경험

Set 3

인터넷으로 주로 보는 영상
인터넷으로 주로 하는 일들
기억에 남는 인터넷 영상 시청 경험

Set 4

인터넷으로 주로 보는 영상
기억에 남는 인터넷 영상 시청 경험
최근 인터넷으로 했던 일들

Set 5

인터넷 관련 사람들의 걱정이나 우려
세대별 인터넷 이용의 차이

Q 내가 인터넷으로 주로 하는 일들 ★★★★☆

What do you like to do when you're online? Do you use the internet to share videos, do shopping, read the news, etc? What are your online habits?

당신은 온라인에서 무엇을 하는 것을 좋아하나요? 인터넷으로 동영상을 공유하고 쇼핑을 하고 뉴스를 읽는 등의 용도로 사용하나요? 인터넷에서 습관처럼 하게 되는 것에는 무엇이 있나요?

모범답변

MP3 2_82

Intro

온라인에서 많은 시간 보냄
spend a lot of time online

I spend a lot of time online, so let me tell you what types of things I like to do.

저는 온라인에서 많은 시간을 보내서 제가 어떤 유형의 일을 좋아하는지 말할게요.

Body

· 친구들과 채팅을 많이 함
chat with my friends online

· 친구들과 많은 사진과 비디오를 공유함
share a lot of pictures and videos with my friends online

· 유튜브에서 뮤직 비디오와 비디오 게임 리뷰 봄
watch music videos and video game reviews on Youtube

· 대부분의 쇼핑도 함
do most of my shopping online as well

More than anything else, I chat with my friends online. We have so many chat groups on several different applications and social media platforms, and we are always messaging each other on them. I also share a lot of pictures and videos with my friends online just to show them things like what I am doing and what I am eating. Another thing I do online is watch music videos and video game reviews on Youtube. Oh, and I do most of my shopping online as well. I just feel that shopping online is far more convenient and efficient than visiting the stores in person. Aside from all that, I just browse random websites.

무엇보다도, 저는 온라인에서 친구들과 채팅을 많이 해요. 여러 가지 앱과 소셜 미디어 플랫폼에 많은 채팅 그룹이 있고, 그 그룹에서 항상 서로 메시지를 주고받아요. 저는 또한 온라인에서 친구들과 많은 사진과 비디오를 공유하는데 무엇을 하고 있는지, 무엇을 먹고 있는지 같은 것들을 보여주기 위해서예요. 또 다른 온라인 활동은 유튜브에서 뮤직 비디오와 비디오 게임 리뷰를 보는 것입니다. 아, 그리고 대부분의 쇼핑도 온라인으로 하죠. 직접 매장에 방문하는 것보다 온라인 쇼핑이 훨씬 더 편리하고 효율적이라고 생각하기 때문이에요. 이 모든 것 외에도 그냥 무작위로 웹사이트를 훑어봐요.

Wrap-up

다양한 일을 하고 있음

do a lot of different things online

As you can tell, I do a lot of different things online!

아시다시피 저는 온라인에서 다양한 일을 하고 있어요!

■ 고득점 표현

여휘 표현 etc (et cetera) 기타 등등, 그 밖의 여러가지   more than anything else 무엇보다도   several 많은, 여러   application 애플리케이션, 앱   social media platform 소셜미디어 플랫폼 (SNS)   message 메시지를 보내다   share 공유하다   far more 훨씬 더   convenient 편리한   efficient 효율적인   than ~보다   aside from all that 이 모든 것 외에도   browse 훑어보다, 살펴보다   random 마구잡이의, 생각나는 대로의   as you can tell 아시다시피, 보시다시피

Q **가장 좋아하는 웹사이트** ★★★★☆

Tell me about a website that you like or the kind of websites you usually visit. Why do you like them? Give me all the details that you can.

좋아하는 웹사이트나 평소 자주 방문하는 웹사이트에 대해 말해주세요. 왜 좋아하나요? 가능한 한 자세히 말해주세요.

모범답변 MP3 2_84

Intro

가장 좋아하는 것은 [ ]
my favorite is probably
Metacritic

I like a lot of different websites, but my favorite is probably Metacritic.

저는 많은 다양한 웹사이트를 좋아하지만 가장 좋아하는 사이트는 메타크리틱일 겁니다.

Body

· [ ]를 매일 확인함
check the Metacritic
website every day

· 좋아하는 것의 모든 정보와 리뷰
있음
information and review
about all my favorite
things

· 다양한 의견을 읽을 수 있음
can read a wide range of
opinions

· 사이트가 잘 설계되어 있고 탐색
하기 쉬움
well laid out and easy to
navigate

I check the Metacritic website every day, and the main reason for that is that it has information and reviews about all my favorite things. It features movies, games, music, and TV shows, so there's always something interesting for me to read about. Another reason I like the site is because it makes things very convenient. It has links to basically all the reviews of any game, film, music album, and TV show, so I can read a wide range of opinions about each one. It also features trailers and interviews with people from the entertainment industry. The site is well laid out and easy to navigate, so it's easy for me to find whatever I'm looking for.

저는 메타크리틱 웹사이트를 매일 확인하는데 주된 이유는 제가 좋아하는 모든 것들에 대한 정보와 리뷰가 있기 때문이에요. 영화, 게임, 음악, TV 프로그램을 다루고 있기 때문에 항상 흥미로운 읽을거리가 있어요. 제가 이 사이트를 좋아하는 또 다른 이유는 매우 편리하기 때문이에요. 기본적으로 모든 게임, 영화, 음악 앨범, TV 프로그램에 대한 모든 리뷰에 대한 링크가 있기 때문에 각 항목에 대한 다양한 의견을 읽을 수 있어요. (영화, TV 프로그램) 예고편과 엔터테인먼트 업계 사람들의 인터뷰도 볼 수 있죠. 사이트가 잘 설계되어 있고 탐색하기 쉬워서 원하는 정보를 쉽게 찾을 수 있어요.

Wrap-up

[ ]를 확인해 보길 강력히 추천함
highly recommend
checking out Metacritic

If you have any interest in these types of things, I highly recommend checking out Metacritic.

이런 분야에 관심이 있다면 메타크리틱을 확인해 보길 강력히 추천해요.

■ 고득점 표현

어휘
표현
probably 아마도, 아마 feature 특징으로 삼다, ~의 특징을 이루다 convenient 편리한, 간편한 basically 기본적으로
review 평가, 리뷰 a wide range of 광범위한, 다양한 trailer 예고편 opinion 의견, 견해, 관점 industry 산업 lay out 설
계하다, 계획하다 navigate 탐색하다, 길을 찾다 check out 확인하다

Q 처음 인터넷을 접하게 된 계기와 경험 ★★★★☆

When did you initially develop an interest in surfing the internet? Tell me in detail about how you first started experiencing the internet. What kind of impression did you get at first? What do you remember about it?

언제 처음 인터넷 서핑에 관심을 갖게 되었나요? 인터넷을 처음 접하게 된 계기에 대해 자세히 말해 주세요. 처음에 어떤 인상을 받았나요? 어떤 점이 기억에 남나요?

모범답변 MP3 2_86

Intro

12살 무렵
was about 12 years old

I think I first became interested in surfing the internet when I was about 12 years old.

인터넷 서핑에 처음 관심을 갖게 된 것은 12살 무렵이었던 것 같아요.

Body

· 웨스트라이프라는 팝 밴드의 열렬한 팬이었음
was a huge fan of a pop band called Westlife

· 그 밴드를 위한 채팅방 있음
a chatroom that was for fans of the band

· 모든 사람들이 정말 친절하고 반갑게 맞이해줌
everyone was really nice and welcoming

· 결국 몇몇 친구를 사귐
eventually I made some friends

At that time, I was a huge fan of a pop band called Westlife, and one of my friends told me about a chatroom that was for fans of the band. When I first made an account and visited the chatroom, I was a bit nervous. I had never spoken with strangers online before, so I didn't know what to expect. I was pleased to find that everyone was really nice and welcoming. I started to get more involved in the discussions, and eventually I made some friends in the chatroom. We are still friends today, and we even meet up sometimes to chat or go and see our favorite band these days.

당시 저는 웨스트라이프라는 팝 밴드의 열렬한 팬이었는데, 친구 중 한 명이 그 밴드의 팬들을 위한 채팅방에 대해 알려줬어요. 처음 계정을 만들고 채팅방을 방문했을 때 저는 약간 긴장했죠. 온라인에서 낯선 사람과 대화를 해본 적이 없어서 무엇을 기대해야 할지 몰랐어요. 모든 사람들이 정말 친절하고 반갑게 맞이해줘서 좋았어요. 저는 대화에 더 많이 참여하게 되었고 결국 채팅방에서 몇몇 친구를 사귀게 되었죠. 우리는 지금도 여전히 친구로 지내고 있고 가끔 만나서 수다를 떨거나 요즘 가장 좋아하는 밴드를 보러 가기도 해요.

Wrap-up

채팅방을 발견하고 인터넷을 즐기기 시작한 것이 정말 좋음
really glad I discovered that chatroom and started to enjoy the internet

I'm really glad I discovered that chatroom and started to enjoy the internet.

그 채팅방을 발견하고 인터넷을 즐기기 시작한 것이 정말 좋아요.

■ 고득점 표현

어휘표현 initially 처음, 처음에 interest 관심, 흥미 surfing 인터넷 서핑 in detail 자세하게, 상세하게 experience 접하다, 경험하다 impression 인상, 느낌 at first 처음에는 at that time 당시, 그때(에) huge 열렬한, (크기·양·정도가) 막대한 chatroom 채팅방, 대화방 account 계정, 계좌 a bit 약간, 조금 nervous 긴장한, 불안해 하는 stranger 낯선 사람, 처음 온 사람 expect 기대하다, 예상하다 welcoming 반갑게 맞이하는, 따뜻한 involve 참여하다, 몰두하다 discussion 대화, 논의 eventually 결국 meet up ~와 만나다 discover 발견하다, 찾다

빈출 문장 미리보기

주제와 관련된 문장들을 소리 내어 읽어 보고 필수 표현도 함께 익혀보세요.

1 친구들과 전화 통화할 때 이야기하는 주제

When I call my friends, we are normally making plans to meet up that day or at the weekend.
친구들에게 전화할 때는 보통 그날이나 주말에 만나기로 하는 약속을 잡아요.

We usually have news to share about our work lives and relationships, and we always have advice for each other.
주로 직장 생활이나 인간관계에 대한 소식을 나누고 서로를 위한 조언을 하기도 하죠.

I call my family members to check how they are doing and make sure they are happy and healthy.
가족들에게도 전화를 걸어 안부를 묻고 행복하고 건강한지 확인해요.

2 전화 통화 습관이나 일상

I talk with lots of friends every day on the phone, and I sometimes call my parents, too.
저는 많은 친구들과 매일 전화 통화를 하고 부모님께도 가끔 전화해요.

When I call my parents, it's typically a fairly short call just to find out how they are doing.
부모님께 전화할 때는 보통 부모님의 안부를 묻는 짧은 통화를 주로 합니다.

I usually talk to them for around an hour, and I'll be watching a TV show or preparing my dinner while I talk with them.
보통 한 시간 정도 통화하는데, 통화하는 동안 TV 프로그램을 보거나 저녁 식사를 준비하곤 해요.

3 기억에 남는 전화 통화 경험

I remember having a very good conversation with my grandfather after I graduated from high school.
고등학교를 졸업한 후 할아버지와 아주 좋은 대화를 나눴던 기억이 나요.

He told me how proud he was of me, and that I had the potential to be anything I wanted to be in life.
할아버지는 제가 얼마나 자랑스러운지, 그리고 제 인생에서 무엇이든 될 수 있는 잠재력을 가지고 있다고 말해주셨죠.

It was a very special conversation to me, as I could feel how proud my grandfather was of me.
할아버지가 저를 얼마나 자랑스러워 하시는지 느낄 수 있는 아주 특별한 대화였습니다.

■ 필수표현

1 친구들과 전화 통화할 때 이야기하는 주제

Tell me what kinds of things you and your friends usually discuss over the phone.

친구들과 주로 전화로 어떤 이야기를 나누는지 말해주세요.

2 전화 통화 습관이나 일상

I'd like to know about your habits related to talking on the phone. Who do you usually talk with, when do you make phone calls, and how long are your calls in general? Do you multitask while you are talking on the phone with someone?

전화 통화와 관련된 당신의 습관에 대해 알고 싶습니다. 주로 누구와 통화하고, 언제 통화를 하며, 보통 통화 시간은 얼마나 되나요? 누군가와 전화 통화를 하는 동안 동시에 여러 가지 일을 하나요?

3 기억에 남는 전화 통화 경험

Can you tell me about a special memory of a conversation that you have had over the phone? Maybe you heard some good news from a friend or relative. Or perhaps something funny happened while you were talking on the phone with someone. Tell me the full story from start to finish, and give details to explain why it was so memorable.

전화로 나눈 대화 중 특별한 기억에 대해 말해 주시겠어요? 아마도 친구나 친척으로부터 좋은 소식을 들었을 수도 있습니다. 또는 누군가와 전화 통화를 하던 중 재미있는 일이 있었을 수도 있겠죠. 처음부터 끝까지 전체 이야기를 말해주시고, 기억에 남는 이유를 자세히 설명해 주세요.

추가 세트 구성

Set 1

휴대폰에서 가장 좋아하는 기능
통화를 제외하고 휴대폰으로 주로 하는 일들
처음 사용했던 휴대폰과 지금의 휴대폰 비교

Set 2

휴대폰에서 가장 좋아하는 기능
처음 사용했던 휴대폰과 지금의 휴대폰 비교
휴대폰을 사용하다가 겪은 문제

Set 3

친구들과 전화 통화할 때 이야기하는 주제
전화 통화 습관이나 일상
지금 사용하는 휴대폰 기종과 선택 이유

Set 4

5년 전과 현재의 휴대전화 이용 비교
젊은 사람들의 과도한 휴대폰 사용에 대한 부작용

Q 친구들과 전화 통화할 때 이야기하는 주제 ★★★★☆

Tell me what kinds of things you and your friends usually discuss over the phone.

친구들과 주로 전화로 어떤 이야기를 나누는지 말해주세요.

모범답변

Intro

하루에 여러 번 통화 함
on the phone several times
per day

> I speak with friends and family on the phone several times per day.
>
> 저는 하루에 여러 번 친구 및 가족과 전화 통화를 해요.

Body

· 그날 만나기로 하는 약속 잡음
making plans to meet up
that day

· 안부 물음
check how they are doing

· 새로운 비디오 게임과 음악에 대
해 이야기함
chat about new video
games and music

> When I call my friends, we are normally making plans to meet up that day or on the weekend. Sometimes we make plans using instant messaging, but when there are lots of things to discuss, it's more convenient just to call each other. I also call my friends late at night just to gossip about stuff. We usually have news to share about our work lives and relationships, and we always have advice for each other. I call my family members to check how they are doing and make sure they are happy and healthy. My grandmother is getting very old, so I call her to see if she needs anything. And I like to call my brother to chat about new video games and music, because we have similar tastes.
>
> 친구들에게 전화할 때는 보통 그날이나 주말에 만나기로 하는 약속을 잡아요. 때로는 인스턴트 메신저로 약속을 잡기도 하지만, 할 얘기가 많을 때는 그냥 전화하는 것이 더 편리하죠. 저는 밤늦은 시간에도 친구들에게 전화해서 이런저런 잡담을 하기도 해요. 주로 직장 생활이나 인간관계에 대한 소식을 나누고 서로를 위한 조언을 하기도 하죠. 가족들에게도 전화를 걸어 안부를 묻고 행복하고 건강한지 확인해요. 할머니는 연세가 많으셔서 필요한 것이 있는지 전화로 여쭤봐요. 그리고 형(동생)에게 전화해서 새로운 비디오 게임과 음악에 대해 이야기하는 것을 좋아하는데, 취향이 비슷하기 때문이죠.

Wrap-up

소중한 사람들과 전화 통화하는 것
을 정말 좋아함
really love speaking with
the people I care about on
the phone

> I really love speaking with the people I care about on the phone.
>
> 저는 소중한 사람들과 전화 통화하는 것을 정말 좋아해요.

■ 고득점 표현

**어휘
표현**
discuss 이야기를 나누다, 논의하다 speak with ~와 이야기를 나누다, 담화하다 **per day** 하루에 normally 보통, 보통은 meet up ~와 만나다 instant messaging 인스턴트 메신저(인터넷상으로 서로 즉시 메시지 교환이 가능한 시스템) gossip 잡담하다, 수다떨다 relationship 인간 관계, 관계 each other 서로 make sure 확인하다, 확실하게 하다 see if ~인지 여부를 확인하다 similar 비슷한, 유사한 taste 취향

Q 전화 통화 습관이나 일상 ★★★★☆

I'd like to know about your habits related to talking on the phone. Who do you usually talk with, when do you make phone calls, and how long are your calls in general? Do you multitask while you are talking on the phone with someone?

전화 통화와 관련된 당신의 습관에 대해 알고 싶습니다. 주로 누구와 통화하고, 언제 통화를 하며, 보통 통화 시간은 얼마나 되나요? 누군 가와 전화 통화를 하는 동안 동시에 여러 가지 일을 하나요?

모범답변

Intro

많은 시간을 보냄
spend a lot of time

> I spend a lot of time talking with people on the phone.
> 저는 사람들과 전화 통화를 하는 데 많은 시간을 보내요.

Body

· 많은 친구들과 매일 전화 통화
talk with lots of friends every day

· 가끔 부모님께 전화함
sometimes call my parents

· 보통 짧은 통화
typically a fairly short call

· 길어야 10분
last about 10 minutes at most

· 보통 여러가지 일 동시에 안 함
don't usually multitask

> I talk with lots of friends every day on the phone, and I sometimes call my parents, too. I usually call people in the evening, or right before I go to bed, because I'm normally busy working during the day. When I call my parents, it's typically a fairly short call just to find out how they are doing. The calls probably last about 10 minutes at most, and I don't usually multitask when I'm talking with them. That's because I want to give my parents my full attention. It's a different story whenever I call my friends. I usually talk to them for around an hour, and I'll be watching a TV show or preparing my dinner while I talk with them.
>
> 저는 많은 친구들과 매일 전화 통화를 하고 부모님께도 가끔 전화해요. 낮에는 일하느라 바쁘기 때문에 보통 저녁이나 잠자리에 들기 직전에 전화를 해요. 부모님께 전화할 때는 보통 부모님의 안부를 묻는 짧은 통화를 주로 합니다. 통화 시간은 길어야 10분 정도이고, 부모님과 통화할 때는 보통 여러 가지 일을 동시에 하지 않아요. 부모님께 온전히 집중하고 싶기 때문이에요. 친구들과 통화할 때는 이야기가 달라져요. 보통 한 시간 정도 통화하는데, 통화하는 동안 TV 프로그램을 보거나 저녁 식사를 준비하곤 해요.

Wrap-up

대화 상대에 따라 달라짐
depend on who I am talking to

> I guess my phone habits just depend on who I am talking to.
> 제 전화 습관은 대화 상대에 따라 달라지는 것 같아요.

■ 고득점 표현

어휘
표현   habit 습관, 버릇   related to ~와 관련된, ~와 관련 있는   talk with 통화하다, 이야기를 나누다   in general 보통, 대개   multitask 동시에 여러 가지 일을 하다, 다중 작업을 하다   go to bed 자다, 취침하다   fairly 꽤, 상당히   at most 길어야, 많아봐야   full 온전히, 가득한   attention 집중, 주의   depend on ~에 따라 다르다

Q 기억에 남는 전화 통화 경험 ★★★★☆

Can you tell me about a special memory of a conversation that you have had over the phone? Maybe you got some good news from a friend or relative. Or perhaps something funny happened while you were talking on the phone with someone. Tell me the full story from start to finish, and give details to explain why it was so memorable.

전화로 나눈 대화 중 특별한 기억에 대해 말해 주시겠어요? 아마도 친구나 친척으로부터 좋은 소식을 들었을 수도 있습니다. 또는 누군가와 전화 통화를 하던 중 재미있는 일이 있었을 수도 있겠죠. 처음부터 끝까지 전체 이야기를 말해주시고, 기억에 남는 이유를 자세히 설명해 주세요.

모범답변 ⊲)) MP3 2_92

Intro

할아버지와 아주 좋은 대화 나눔
having a very good conversation with my grandfather

I remember having a very good conversation with my grandfather after I graduated from high school.

고등학교를 졸업한 후 할아버지와 아주 좋은 대화를 나눴던 기억이 나요.

Body

· 할아버지가 졸업식 참석 못해서 낙담함
  was disappointed that he wasn't at the ceremony

· 전화로 긴 대화 나눔
  had a long chat on the phone

· 어려운 상황에 대해 많은 조언 공유해 줌
  shared lots of advice about difficult situations

· 극복할 수 있는 방법 알려 줌
  suggested way to overcome them

I graduated a few years ago, but my grandfather was unable to attend my graduation ceremony. Unfortunately, he had not long before fallen ill, and the doctor had recommended that he rest in bed for a few days. I was disappointed that he wasn't at the ceremony, and he was even more disappointed. When I got home, he called me and we had a long chat on the phone. He told me how proud he was of me, and that I had the potential to be anything I wanted to be in life. He shared lots of advice about difficult situations I might face as an adult, and suggested ways to overcome them. It was a very special conversation to me, as I could feel how proud my grandfather was of me.

저는 몇 년 전에 졸업했는데, 할아버지가 졸업식에 참석하지 못하셨어요. 안타깝게도 할아버지는 최근에 아프셨고 의사는 며칠 동안 침대에서 휴식을 취하라고 권유했죠. 저는 할아버지가 졸업식에 참석하지 못하신 것에 낙담했고, 할아버지는 더욱 낙담하셨어요. 집에 돌아와서 할아버지가 전화를 주셔서 우린 전화로 긴 대화를 나눴죠. 할아버지는 제가 얼마나 자랑스러운지, 그리고 제 인생에서 무엇이든 될 수 있는 잠재력을 가지고 있다고 말해주셨죠. 제가 어른이 되어서 겪을 수 있는 어려운 상황에 대해 많은 조언을 공유해주시고 극복할 수 있는 방법도 알려주셨어요. 할아버지가 저를 얼마나 자랑스러워 하시는지 느낄 수 있는 아주 특별한 대화였습니다.

Wrap-up

그 전화 통화를 절대 잊지 않을 거임
never forget that phone call

I'll never forget that phone call.

저는 그 전화 통화를 절대 잊지 않을 거예요.

■ 고득점 표현

어휘 표현 be unable to ~할 수 없다 graduation ceremony 졸업식 fall ill 병에 걸리다

Unit 6 기술

빈출 문장 미리보기

주제와 관련된 문장들을 소리 내어 읽어 보고 필수 표현도 함께 익혀보세요.

1 우리나라 사람들이 주로 사용하는 기술

Obviously, the most common piece of technology that people use these days is smartphones.

요즘 사람들이 가장 흔하게 사용하는 기술은 단연 스마트폰입니다.

Another common device is the laptop computer.

또 다른 흔한 기기는 휴대용 컴퓨터(노트북)예요.

Most people also have a pair of earbuds or headphones.

또한 대부분의 사람들은 이어폰이나 헤드폰도 가지고 있죠.

2 내가 자주 사용하는 기술

An air fryer is a kitchen appliance that cooks food by circulating hot air around it.

에어프라이어는 뜨거운 공기를 순환시켜 음식을 조리하는 주방 가전제품이에요.

I just need to put it into the air fryer and choose the correct time and temperature.

에어프라이어에 넣고 정확한 시간과 온도를 선택하기만 하면 돼요.

Most things take less than 30 minutes to cook, so it's really handy for me because I have a hectic schedule.

대부분의 요리가 30분도 채 걸리지 않아 바쁜 일정을 소화해야 하는 제게는 정말 편리해요.

3 과거와 현재의 특정 기술 비교

It was a Pentium computer, and it was much different compared with modern computers.

그건 펜티엄 컴퓨터였고 요즘 컴퓨터와 비교하면 많이 달랐죠.

First of all, the computer was large and very heavy, and it took up a lot of space.

우선, 컴퓨터는 크고 매우 무거웠으며, 공간을 많이 차지 했어요.

Modern computers are not only much more advanced and powerful, but they're also relatively lightweight and portable.

최신 컴퓨터는 훨씬 더 발전되고 강력할 뿐만 아니라 상대적으로 가볍고 휴대가 간편해요.

■ 필수표현

기출 문제 예시

1 우리나라 사람들이 주로 사용하는 기술

What sort of technology do people in your country usually use? Do they have computers, cell phones, and hand-held devices? What are some common technological devices that people use?

당신의 나라 사람들은 주로 어떤 종류의 기술을 사용하나요? 컴퓨터, 휴대폰, 휴대용 기기를 가지고 있나요? 사람들이 흔하게 사용하는 기술적인 기기에는 어떤 것이 있나요?

2 내가 자주 사용하는 기술

Tell me about some technology that you use on a daily basis. What sorts of things do you use it to do?

당신이 매일 사용하는 어떤 기술에 대해서 말해주세요. 당신이 사용하는 것에는 어떤 종류가 있나요?

3 과거와 현재의 특정 기술 비교

Technology has shown some major changes over the years. Tell me about a piece of technology that you remember from when you were younger. It could be something like an old computer or cell phone. Describe what that technology was like at the time. How has that kind of technology changed between then and now?

기술은 수년에 걸쳐 몇 가지 큰 변화를 보여왔습니다. 어렸을 때 기억나는 기술에 대해 말해주세요. 오래된 컴퓨터나 휴대폰 같은 것일 수 있겠죠. 그 당시의 기술이 어땠는지 설명해 주세요. 그 당시와 지금 사이에 그 기술이 어떻게 변했나요?

추가 세트 구성

Set 1

우리나라 사람들이 주로 사용하는 기술
과거와 현재의 특정 기술 비교
특정 기술을 사용하다가 겪었던 불편 경험

Q 우리나라 사람들이 주로 사용하는 기술 ★★★★☆

What sort of technology do people in your country usually use? Do they have computers, cell phones, and hand-held devices? What are some common technological devices that people use?

당신의 나라 사람들은 주로 어떤 종류의 기술을 사용하나요? 컴퓨터, 휴대폰, 휴대용 기기를 가지고 있나요? 사람들이 흔하게 사용하는 기술적인 기기에는 어떤 것이 있나요?

모범답변

Intro

다양한 유형의 기술
many different types of technology

People in my country use many different types of technology.

우리나라 사람들은 다양한 유형의 기술을 사용해요.

Body

· 스마트폰
smartphones
· 다양한 용도로 사용함
use it for a wide range of things
· 노트북 컴퓨터
laptop computer
· 이어폰이나 헤드폰도 가지고 있음
also have a pair of earbuds or headphones

Obviously, the most common piece of technology that people use these days is smartphones. Everyone, even the older generation, seems to have a smartphone now, and they use it for a wide range of things. Another common device is the laptop computer. Everyone I know has a laptop, because they are more convenient than traditional computers. It's common to see people using their laptops in coffee shops, libraries, or even on the subway. Most people also have a pair of earbuds or headphones so that they can listen to music through their smartphone or watch TV shows and movies on their laptop.

요즘 사람들이 가장 흔하게 사용하는 기술은 단연 스마트폰입니다. 모든 사람들, 나이든 세대들도 이제 스마트폰을 가지고 있는 것 같고, 다양한 용도로 스마트폰을 사용해요. 또 다른 흔한 기기는 휴대용(노트북) 컴퓨터예요. 노트북이 기존 컴퓨터보다 편리하기 때문에 제가 아는 모든 사람들이 노트북을 가지고 있죠. 커피숍, 도서관, 심지어 지하철에서도 노트북을 사용하는 사람들을 흔히 볼 수 있어요. 또한 대부분의 사람들은 스마트폰으로 음악을 듣거나 노트북으로 TV 프로그램과 영화를 볼 수 있도록 이어폰이나 헤드폰도 가지고 있죠.

Wrap-up

이 정도가 지금 생각나는 다임
that's all I can think of right now

There are other devices, but that's all I can think of right now.

다른 장치도 있지만 이 정도가 지금 생각나는 다예요.

■ 고득점 표현

**어휘
표현** technology 기술, 기계 usually 주로, 보통 use 사용하다, 쓰다 hand-held device 휴대용 기기, 휴대용 단말기 장치 common 흔한, 공통의 type 유형, 종류 obviously 단연, 확실히 seem ~처럼 보이다, ~인 것 같다 a wide range of 다양한, 광범위한 convenient 편리한, 간편한 traditional 기존의, 전통의 earbud 이어폰, 초소형 헤드폰 headphone 헤드폰 device 장치

Q **내가 자주 사용하는 기술** ★★★★☆

Tell me about some technology that you use on a daily basis. What sorts of things do you use it to do?

당신이 매일 사용하는 어떤 기술에 대해서 말해주세요. 당신이 사용하는 것에는 어떤 종류가 있나요?

모범답변

(◀)) MP3 2_96

Intro

에어프라이어
air fryer

> Of course, I use my smartphone every day, but I'm going to tell you about my air fryer instead because I have become interested in cooking recently.
>
> 물론 저는 매일 스마트폰을 사용하지만 최근 요리에 관심이 생겨서 에어프라이어에 대해 말할게요.

Body

· 뜨거운 공기를 순환시켜 음식 조리

cooks food by circulating hot air around it

· 매일 저녁에 저녁을 요리할 때 사용함

use it every evening to cook my dinner

· 넣고 정확한 시간과 온도를 선택하기만 하면 됨

put it into the air fryer and choose the correct time and temperature

> An air fryer is a kitchen appliance that cooks food by circulating hot air around it. It produces a crispy texture, similar to deep frying with less oil. I use it every evening to cook my dinner. These days, I don't think I'd be able to cook my meals without it, because it makes everything so easy. Whether I'm making fish, steak, or chicken, I just put it into the air fryer and choose the correct time and temperature. Then, I simply press start, and the food cooks perfectly. Most things take less than 30 minutes to cook, so it's really handy for me because I have a hectic schedule.
>
> 에어프라이어는 뜨거운 공기를 순환시켜 음식을 조리하는 주방 가전제품이에요. 적은 기름으로 튀김과 비슷한 바삭한 식감을 만들어내죠. 저는 에어프라이어를 매일 저녁에 저녁을 요리할 때 사용합니다. 요즘에는 에어프라이어 없이는 요리를 할 수 없을 것 같아요 왜냐하면 모든 것이 너무 쉬워졌기 때문이죠. 생선, 스테이크, 치킨 등 어떤 음식을 만들든 에어프라이어에 넣고 정확한 시간과 온도를 선택하기만 하면 되요. 그 다음 시작을 누르기만 하면 음식이 완벽하게 요리되죠. 대부분의 요리가 30분도 채 걸리지 않아 바쁜 일정을 소화해야 하는 제게는 정말 편리해요.

Wrap-up

구입하는 것 추천함
recommend getting one

> If you don't have an air fryer already, I recommend getting one.
>
> 아직 에어프라이어가 없다면 구입하는 것을 추천해요.

■ 고득점 표현

어휘
표현 technology 기술, 기계 air fryer 에어 프라이어(순환하는 뜨거운 공기를 사용해서 음식을 튀기는 조리 기구) cooking 요리, 음식 준비 recently 최근, 최근에 kitchen appliance 주방용품 circulate 순환하다, 순환시키다 produce 만들다, 생산하다 crispy 바삭한 texture 식감, 감촉 less 적은, 더 적게 without ~없이 correct 정확한, 적절한 temperature 온도, 기온 press 누르다 perfectly 완벽하게 handy 편리한, 유용한 hectic 바쁜, 빡빡한 already 아직, 이미 recommend 추천하다

Q **과거와 현재의 특정 기술 비교** ★★★★★

Technology has shown some major changes over the years. Tell me about a piece of technology that you remember from when you were younger. It could be something like an old computer or cell phone. Describe what that technology was like at the time. How has that kind of technology changed between then and now?

기술은 수년에 걸쳐 몇 가지 큰 변화를 보여왔습니다. 어렸을 때 기억나는 기술에 대해 말해주세요. 오래된 컴퓨터나 휴대폰 같은 것일 수 있겠죠. 그 당시의 기술이 어땠는지 설명해 주세요. 그 당시와 지금 사이에 그 기술이 어떻게 변했나요?

모범답변 （MP3 2_98）

Intro

가정용 컴퓨터
a home computer

One of the first pieces of technology I had was a home computer.

제가 가진 첫 번째 기술적인 기기 중 하나는 가정용 컴퓨터였어요.

Body

· 많이 다름
  much different
· 크고 무거움
  large and very heavy
· 공간을 많이 차지했음
  took up a lot of space
· 발전되고 강력해짐
  advanced and powerful
· 가볍고 휴대가 간편해짐
  lightweight and portable

I was very excited when my family got our first computer. It was a Pentium computer, and it was much different compared to modern computers. First of all, the computer was large and very heavy, with a beige or off-white color only, and when we placed it on our desk at home, it took up a lot of space. I also remember that the monitor had a curved glass screen with low resolution. This meant that the graphics were very chunky and pixelated. Software options were limited, and cloud-based services were not provided. Modern computers are not only much more advanced and powerful, but they're also relatively lightweight and portable. Also, monitors have been replaced by flat panel displays, which are thin, lightweight, and offer higher resolutions. I can easily find a variety of colors and finishes.

우리 가족에게 첫 컴퓨터가 생겼을 때 저는 매우 신났습니다. 그건 펜티엄 컴퓨터였고 요즘 컴퓨터와 비교하면 많이 달랐죠. 우선, 컴퓨터는 크고 매우 무거웠으며 베이지색 아니면 흰색 밖에 없었고, 집 책상 위에 올려놓았을 때 공간을 많이 차지했어요. 또한 모니터는 해상도가 낮은 곡선의 유리 화면이었던 것으로 기억해요. 따라서 그래픽이 매우 뭉툭하고 깨져보였죠. 소프트웨어 선택지도 제한적이었고 클라우드 기반 서비스도 제공되지 않았습니다. 최신 컴퓨터는 훨씬 더 발전되고 강력할 뿐만 아니라 상대적으로 가볍고 휴대가 간편해요. 또한 모니터는 얇고 가벼우며 더 높은 해상도를 제공하는 평면 패널 디스플레이 장치로 대체되었어요. 다양한 색상과 마감재를 쉽게 찾을 수 있죠.

Wrap-up

이게 전부임
That's it.

That's it.

이게 전부예요.

■ 고득점 표현

어휘 표현 off-white 흰색 resolution 해상도 chunky 뭉툭한, 두툼한 pixelated 깨져보이는, 화소로 처리된 relatively 상대적으로

Unit 7 자유 시간

빈출 문장 미리보기

주제와 관련된 문장들을 소리 내어 읽어 보고 필수 표현도 함께 익혀보세요.

1 우리나라 사람들이 자유 시간에 가는 장소

One of the most popular things to do is to explore the countryside and enjoy the wide open spaces.

가장 인기 있는 활동 중 하나는 시골을 탐험하고 넓게 펼쳐진 공간을 즐기는 것이에요.

Some people prefer to visit places in the city during their free time.

어떤 사람들은 자유 시간에 도시의 장소를 방문하는 것을 선호해요.

They quite often just spend time meeting with their friends on coffee shops.

그들은 커피숍에서 친구들과 만나 시간을 보내기도 해요.

2 우리나라 사람들이 자유 시간에 하는 일들

Some of the most common things people spend their free time doing are hiking, playing sports, and going on long bike rides in rural areas.

사람들이 자유 시간에 가장 많이 하는 활동으로는 하이킹, 스포츠, 지방에서 장거리 자전거 타기 등이 있어요.

Other activities that are popular with people in my country are going to see a movie at the cinema and going out for a meal with friends.

우리나라 사람들에게 인기 있는 다른 활동으로는 영화관에 가서 영화를 보거나 친구들과 함께 밥을 먹는 것이 있어요.

In general, people in my country do a wide range of things in their free time.

일반적으로 우리나라 사람들은 자유 시간에 다양한 것을 해요.

3 과거와 현재의 자유 시간 비교

I would say that I have less free time now than I had in the past.

저는 예전보다 지금 자유 시간이 더 적다고 말하고 싶어요.

I find that I have less free time as I get older.

나이가 들수록 자유 시간이 줄어드는 것을 느껴요.

I didn't have these commitments when I was younger, so I was able to spend more time meeting friends or enjoying other outdoor activities.

어렸을 때는 이런 의무가 없었기 때문에 친구를 만나거나 다른 야외 활동을 즐기는 데 더 많은 시간을 할애할 수 있었어요.

■ 필수표현

1 우리나라 사람들이 자유 시간에 가는 장소

Tell me about where people in your country like to go to spend their free time. Do they go to parks, beaches, or other kinds of places? What are some of the main locations to spend free time?

당신 나라의 사람들이 자유 시간을 보내는 장소에 관해 이야기해 주세요. 공원이나 해변 혹은 다른 장소에 가나요? 자유 시간을 보내는 주요 장소는 어디인가요?

2 우리나라 사람들이 자유 시간에 하는 일들

What are some activities that people in your country enjoy in their free time? What are some of the most common things to do in one's free time?

당신의 나라 사람들이 자유 시간에 즐기는 활동에는 어떤 것이 있나요? 자유 시간에 가장 많이 하는 일은 무엇인가요?

3 과거와 현재의 자유 시간 비교

Compared to the past, do you have more free time or less? Describe how the amount of free time that you have has changed over the years.

과거와 비교했을 때 자유 시간이 더 많아졌나요, 아니면 줄어들었나요? 지난 몇 년 동안 당신의 자유 시간이 어떻게 변했는지 설명해 주세요.

추가 세트 구성

Set 1

우리나라 사람들이 자유 시간에 가는 장소
과거와 현재의 자유 시간 비교
최근 자유 시간에 했던 일들

Q 우리나라 사람들이 자유 시간에 가는 장소 ★★★☆☆

Tell me about where people in your country like to go to spend their free time. Do they go to parks, beaches, or other kinds of places? What are some of the main locations to spend free time?

당신 나라의 사람들이 자유 시간을 보내는 장소에 관해 이야기해 주세요. 공원이나 해변 혹은 다른 장소에 가나요? 자유 시간을 보내는 주요 장소는 어디인가요?

모범답변

Intro

다양한 것을 함
do many different things

People in my country do many different things in their free time.
우리나라 사람들은 자유 시간에 다양한 것을 해요.

Body

· 시골 탐험
explore the countryside
· 넓게 펼쳐진 공간 즐김
enjoy the wide open spaces
· 어린이들 주변에 차 없이 놀 수 있음
children play without cars being around
· 어떤 사람들은 도시 방문 선호
some prefer to visit places in the city
· 박물관 방문, 미술관 전시 관람
visit museums, art galleries to view the exhibits

One of the most popular things to do is to explore the countryside and enjoy the wide open spaces. When people visit the countryside, they normally enjoy cycling, running, playing sports, or walking their dogs. Children, especially, enjoy visiting the countryside, because they have enough space to play without cars being around, and they have freedom to roam without getting lost. Some people prefer to visit places in the city during their free time. They visit museums and art galleries to view the exhibits, and they quite often just spend time meeting with their friends in coffee shops.

가장 인기 있는 활동 중 하나는 시골을 탐험하고 넓게 펼쳐진 공간을 즐기는 것이에요. 시골을 방문하는 사람들은 보통 자전거 타기, 달리기, 스포츠, 반려견 산책 등을 즐겨요. 특히 어린이들은 주변에 차가 없어도 충분히 놀 수 있고 길을 잃지 않고 자유롭게 돌아다닐 수 있기 때문에 시골을 방문하는 것을 좋아해요. 어떤 사람들은 자유 시간에 도시의 장소를 방문하는 것을 선호해요. 그들은 박물관과 미술관을 방문해 전시를 관람하거나 커피숍에서 친구들과 만나 시간을 보내기도 해요.

Wrap-up

갈 수 있는 장소 매우 다양함
quite a lot of options for places to go

We have quite a lot of options for places to go during our free time.
자유 시간에 갈 수 있는 장소는 매우 다양해요.

■ 고득점 표현

**어휘
표현** spend (시간을) 보내다 park 공원 beach 해변 main location 주요 장소, 주요 위치 free time 자유 시간 many different 다양한 explore 탐험하다 countryside 시골 wide 넓게, 넓은 normally 보통, 보통(은) cycling 자전거 타기, 사이클링 especially 특히, 특별히 enough 충분히, 충분한 without ~없이 get lost 길을 잃다 prefer ~을 선호하다, ~을 더 좋아하다 art galleries 미술관

Q **우리나라 사람들이 자유 시간에 하는 일들** ★★★★☆

What are some activities that people in your country enjoy in their free time? What are some of the most common things to do in one's free time?

당신의 나라 사람들이 자유 시간에 즐기는 활동에는 어떤 것이 있나요? 자유 시간에 가장 많이 하는 일은 무엇인가요?

모범답변

（◁》MP3 2_102）

Intro

다양한 것을 함
do many different things

People in my country spend their free time doing many different things.

우리나라 사람들은 자유 시간에 다양한 것을 해요.

Body

· 하이킹, 스포츠, 장거리 자전거 타기
hiking, playing sports, long bike
· 점심 직접 싸서 당일치기 여행
pack their own lunch and go on a day trip
· 영화관에 가서 영화 봄
going to see a movie at the cinema
· 친구들과 함께 밥 먹음
going out for a meal with friends

Some of the most common things people spend their free time doing are hiking, playing sports, and going on long bike rides in rural areas. These are popular activities because they are either very affordable or completely free. Some people pack their own lunch and go on a day trip when the weather is nice. Other activities that are popular with people in my country are going to see a movie at the cinema and going out for a meal with friends. Whenever I have free time, I usually suggest to my friends that we go and grab a bite to eat and then watch a film together at the theater.

사람들이 자유 시간에 가장 많이 하는 활동으로는 하이킹, 스포츠, 지방에서 장거리 자전거 타기 등이 있어요. 이 활동들은 가격이 적당하거나 완전히 무료이기 때문에 인기 있는 활동들이에요. 대부분의 사람들은 날씨가 좋을 때 점심을 직접 싸서 당일치기 여행을 떠나기도 해요. 우리나라 사람들에게 인기 있는 다른 활동으로는 영화관에 가서 영화를 보거나 친구들과 함께 밥을 먹는 것이 있어요. 저는 자유 시간이 생기면 보통 친구들에게 가서 밥을 먹고 극장에서 함께 영화를 보러 가자고 제안해요.

Wrap-up

다양한 것을 함
do a wide range of things

In general, people in my country do a wide range of things in their free time.

일반적으로 우리나라 사람들은 자유 시간에 다양한 것을 해요.

■ 고득점 표현

어휘
표현
activity 활동 common 많이 하는, 흔한 many different 다양한 hiking 하이킹, 도보 여행 rural area 지방, 시골 지역
popular 인기 있는 either A or B A이거나 B인 affordable 가격이 적당한, 감당할 수 있는 completely 완전히 pack 싸다,
챙기다 go on a trip 여행을 떠나다, 여행을 가다 cinema 영화관 go out 나가다 grab a bite to eat 밥을 먹다, 간단히 먹다
watch a film 영화를 보다 In general 일반적으로, 보통 a wide range of 다양한, 광범위한

Q **과거와 현재의 자유 시간 비교** ★★★★★

Compared to the past, do you have more free time or less? Describe how the amount of free time that you have has changed over the years.

과거와 비교했을 때 자유 시간이 더 많아졌나요, 아니면 줄어들었나요? 지난 몇 년 동안 당신의 자유 시간이 어떻게 변했는지 설명해 주세요.

모범답변 🔊 MP3 2_104

Intro •

지금 자유 시간이 더 적음
less free time now

I would say that I have less free time now than I had in the past.

저는 예전보다 지금 자유 시간이 더 적다고 말하고 싶어요.

Body •

· 나이 들수록 자유 시간 줄어듦
less free time as I get older

· 혼자 생활하면서 공부함
living alone and studying

· 집안일을 주말에나 할 수 있음
household chores can only be on weekends

· 자유 시간 거의 남지 않음
very little free time left

· 더 많은 시간 쓸 수 있었음
was able to spend more time

I find that I have less free time as I get older. This is mainly due to living alone and studying. I spend most of my free time by myself now. I spend a lot of time studying and doing my part-time job in a café. This means that household chores can only be done later in the evening or on weekends, so there is very little free time left. I didn't have these commitments when I was younger, so I was able to spend more time meeting friends or enjoying other outdoor activities.

나이가 들수록 자유 시간이 줄어드는 것을 느껴요. 아무래도 혼자 생활하면서 공부를 해야 하기 때문이죠. 지금은 대부분의 여가 시간을 혼자 보냅니다. 저는 많은 시간을 공부하고 카페에서 아르바이트를 해요. 그러다 보니 집안일은 저녁 늦게나 주말에만 할 수 있어서 자유 시간이 거의 남지 않아요. 어렸을 때는 이런 의무가 없었기 때문에 친구를 만나거나 다른 야외 활동을 즐기는 데 더 많은 시간을 할애할 수 있었어요.

Wrap-up •

더 많은 자유 시간 생기면 좋겠음
hope that I will have more free time

I hope that I will have more free time for personal activities and hobbies.

앞으로는 개인 활동이나 취미 생활에 더 많은 자유 시간이 생기면 좋겠어요.

■ 고득점 표현

 어휘 표현 compared to ~와 비교했을 때, ~와 비교하여 change over 변하다, 바꾸다 in the past 예전, 옛날 get older 나이가 들다 due to ~때문이다 live alone 혼자 살다 by myself 혼자 part-time job 아르바이트 household chores 집안일, 가정 가사 evening 저녁 commitment 의무, 책무 outdoor activity 야외 활동 personal 개인적인 hobby 취미생활, 취미

빈출 문장 미리보기

주제와 관련된 문장들을 소리 내어 읽어 보고 필수 표현도 함께 익혀보세요.

1 우리나라 사람들의 패션

For example, while I am working in the office, I am required to wear a suit with a shirt and tie and polished shoes.
예를 들어 사무실에서 일할 때는 셔츠와 넥타이를 매고 정장을 입고 광택이 나는(깔끔한) 구두를 신어야 하죠.

However, outside of work and during the weekend, I tend to wear more comfortable clothing.
하지만 업무 외 시간이나 주말에는 좀 더 편안한 옷을 입는 편이에요.

During the hot summer months, I often wear shorts so that I can stay fairly cool.
더운 여름철에는 시원하게 지낼 수 있도록 반바지를 입는 경우가 많아요.

2 쇼핑하는 습관이나 즐겨 가는 장소

I tend to start out my clothes shopping trips by looking for shoes or trainers.
저는 신발이나 운동화를 찾는 것으로 옷 쇼핑을 시작하는 편이에요.

I always look for plain T-shirts so that they can be used for both leisurewear and a semi-professional look.
저는 항상 평상복이나 세미 정장에도 활용할 수 있는 기본 티셔츠를 찾아요.

The last thing I usually do to end my shopping day is purchase socks to match the clothing I have bought.
쇼핑을 마무리할 때 마지막으로 하는 것은 구입한 옷에 어울리는 양말을 구입하는 거예요.

3 옷을 사러 갔다가 겪은 문제 상황이나 경험

The last piece of clothing I purchased was a coat.
마지막으로 구입한 옷은 코트였어요.

I decided that I would prefer a lightweight coat with a hood in case of rain.
저는 비가 올 때를 대비해 후드가 달린 가벼운 코트를 선택하기로 결정했죠.

I settled for the same type of jacket, but in a dark blue color, because the store clerk offered me a ten percent discount.
점원이 10% 할인을 제안해줬기 때문에 같은 종류의 재킷이지만 진한 파란색으로 만족했어요.

■ 필수표현

1 우리나라 사람들의 패션

What sorts of clothing do the people in your country generally wear? Are there different clothes for work and leisure? Tell me about your country's clothing.

당신의 나라 사람들은 일반적으로 어떤 종류의 옷을 입나요? 일할 때와 여가를 즐길 때 입는 옷이 다른가요? 당신 나라의 옷에 대해 말해 주세요.

2 쇼핑하는 습관이나 즐겨 가는 장소

What do you do when going shopping? What places do you go to, and what do you try to find? Tell me about your personal clothes shopping routine in detail.

쇼핑을 할 때는 무엇을 하나요? 어떤 장소에 가서 어떤 것을 찾으려고 하나요? 개인적으로 옷을 쇼핑하는 루틴에 대해 자세히 말해 주세요.

3 옷을 사러 갔다가 겪은 문제 상황이나 경험

Tell me about the last piece of new clothing that you purchased. What were you looking for, and where did you find it? Did you encounter any challenges or problems? Give me as many details as you can.

마지막으로 구입한 새 옷에 대해 말씀해 주세요. 무엇을 찾고 계셨고, 어디서 찾으셨나요? 어떤 어려움이나 문제가 있었나요? 가능한 한 자세히 말씀해 주세요.

추가 세트 구성

Set 1

우리나라 사람들의 패션
내가 좋아하는 패션 스타일
과거와 현재의 유행하는 패션 비교

Set 2

우리나라 사람들의 패션
과거와 현재의 유행하는 패션 비교
옷을 사러 갔다가 겪은 문제 상황이나 경험

Set 3

우리나라 사람들의 패션
옷을 사러 갈 때의 일상
과거와 현재의 유행하는 패션 비교

Q 우리나라 사람들의 패션 ★★★★☆

What sorts of clothing do the people in your country generally wear? Are there different clothes for work and leisure? Tell me about your country's clothing.

당신의 나라 사람들은 일반적으로 어떤 종류의 옷을 입나요? 일할 때와 여가를 즐길 때 입는 옷이 다른가요? 당신 나라의 옷에 대해 말해 주세요.

모범답변

Intro

상황에 따라 다양한 종류의 옷
different types of clothing for different occasions

There are different types of clothing in my country for different occasions.

우리나라에는 상황에 따라 다양한 종류의 옷이 있어요.

Body

· 일할 때는 셔츠와 넥타이 맴
working in the office, required to wear a suit with a shirt

· 전문적인 모습 보여줌
display a professional appearance

· 업무 외 시간, 좀 더 편안한 옷
outside of work, wear more comfortable clothing

· 청바지, 캐주얼 셔츠 입음
wear a pair of jeans and a casual t-shirt

For example, while I am working in the office, I am required to wear a suit with a shirt and tie and polished shoes. This is because it is important that we display a professional appearance at my company. However, outside of work and during the weekend, I tend to wear more comfortable clothing. I typically just wear a pair of jeans and a casual t-shirt if the weather is warm, and I put on a sweater or hoody if it's a bit chilly. During the hot summer months, I often wear shorts so that I can stay fairly cool. Most people in my country do the same.

예를 들어 사무실에서 일할 때는 셔츠와 넥타이를 매고 정장을 입고 광택이 나는(깔끔한) 구두를 신어야 하죠. 회사에서는 전문적인 모습을 보여주는 것이 중요하기 때문이에요. 하지만 업무 외 시간이나 주말에는 좀 더 편안한 옷을 입는 편이에요. 날씨가 따뜻할 때는 청바지와 캐주얼 티셔츠를 입고, 날씨가 조금 쌀쌀할 때는 스웨터나 후드티를 입는 편입니다. 더운 여름철에는 시원하게 지낼 수 있도록 반바지를 입는 경우가 많아요. 우리나라 사람 대부분은 그렇게 하죠.

Wrap-up

처한 환경에 따라 다름
depends on the type of environment we are in

The type of clothing we wear depends on the type of environment we are in and the weather.

우리가 입는 옷의 종류는 우리가 처한 환경과 날씨에 따라 달라져요.

■ 고득점 표현

어휘 표현 sort of 종류의, 일종의 clothing 옷 generally 일반적으로 leisure 여가 occasion 상황, 경우 type 종류, 유형 wear a suit 정장을 입다 shirt 셔츠 tie 넥타이 polished 광택이 나는(깔끔한), 세련된 important 중요한 display 보이다, 드러내다 professional 전문적인 appearance 모습, 외모 company 회사 tend to ~하는 편이다, (~하는) 경향이 있다 jeans 청바지, 데님 바지 put on 입다 sweater 스웨터 hoody 후드티, 모자 달린 옷 a bit 조금, 다소 chilly 쌀쌀한, 추운 shorts 반바지 wear 입다 depend on ~에 따라 다르다, ~에 달려 있다 environment 환경

Q 쇼핑하는 습관이나 즐겨 가는 장소 ★★★★☆

What do you do when going shopping? What places do you go to, and what do you try to find? Tell me about your personal clothes shopping routine in detail.

쇼핑을 할 때는 무엇을 하나요? 어떤 장소에 가서 어떤 것을 찾으려고 하나요? 개인적으로 옷을 쇼핑하는 루틴에 대해 자세히 말해 주세요.

모범답변 MP3 2_108

Intro

여러 곳 방문
visit a number of different places

When I go shopping, I visit a number of different places for clothing.

저는 쇼핑을 할 때 여러 곳을 방문해 옷을 삽니다.

Body

· 신발이나 운동화
  shoes or trainers
· 기본 티셔츠, 평상복과 세미 정장 둘 다 활용 가능
  plain T-shirts, can be used for both leisurewear and a semi-professional look
· 어떤 상황에도 준비되어 있어야 함
  prepare for any occasion
· 옷에 어울리는 양말 구입
  purchase socks to match the clothing

I tend to start out my clothes shopping trips by looking for shoes or trainers. This will determine where I shop next for other items such as jeans or shirts. I always look for plain T-shirts so that they can be used for both leisurewear and a semi-professional look. I take the same approach when looking for jeans or trousers, because it is important to me that I am presentable in all situations and I am prepared for any occasion. The last thing I usually do to end my shopping day is purchase socks to match the clothing I have bought. I buy sports socks if I have purchased sports clothing or dress socks if I've bought more formal clothing.

저는 신발이나 운동화를 찾는 것으로 옷 쇼핑을 시작하는 편이에요. 그 다음에는 청바지나 셔츠 같은 다른 아이템을 쇼핑할 곳을 결정하죠. 저는 항상 평상복이나 세미 정장에도 활용할 수 있는 기본 티셔츠를 찾아요. 청바지나 바지를 고를 때도 같은 기준을 따르는데, 어떤 상황에서도 멋지게 보이고 어떤 상황에도 대비할 준비가 되어 있어야 하는 것이 중요하기 때문이에요. 쇼핑을 마무리할 때 마지막으로 하는 것은 구입한 옷에 어울리는 양말을 구입하는 거예요. 스포츠 의류를 구입했다면 스포츠 양말을, 정장 의류를 구입했다면 정장 양말을 구입하죠.

Wrap-up

가능한 한 많은 곳 방문하려고함
try to visit as many places as possible

I try to visit as many places as possible when shopping to find proper clothes at a good price.

저는 쇼핑할 때 가능한 한 많은 곳을 방문해 좋은 가격에 적절한 옷을 구입하려고 노력해요.

■ 고득점 표현

어휘 표현 tend to ~하는 편이다, (~하는) 경향이 있다 start out 시작하다 look for 찾다 shoes 신발 trainer 운동화 determine 결정하다 item 아이템, 항목 such as ~와 같은 jeans 청바지 used for ~에 활용하는, ~에 사용하는 leisurewear 평상복, 캐주얼복(편한 여가 활동이나 운동을 할 때 입는 옷) approach 기준, 접근법 trousers 바지 important 중요한 presentable 멋지게 보이고, (모습이) 남 앞에 내놓을 만한 prepare 대비하다, 준비하다 occasion 상황, 경우 sock 양말 match 어울리다 as many as possible 가능한 한 많은, 되도록 많이 proper 알맞은, 정확한 at a good price 좋은 가격에, 싼 값으로

Q 옷을 사러 갔다가 겪은 문제 상황이나 경험 ★★★★★

Tell me about the last piece of new clothing that you purchased. What were you looking for, and where did you find it? Did you encounter any challenges or problems? Give me as many details as you can.

마지막으로 구입한 새 옷에 대해 말씀해 주세요. 무엇을 찾고 계셨고, 어디서 찾으셨나요? 어떤 어려움이나 문제가 있었나요? 가능한 한 자세히 말씀해 주세요.

모범답변

Intro

코트
a coat

The last piece of clothing I purchased was a coat.
마지막으로 구입한 옷은 코트였어요.

Body

· 이전에 입던 코트 색 바램
my previous jacket had become faded from use

· 가벼운 코트 사기로 함
decided to buy a lightweight coat

· 찾고 있는 상품 가지고 있지 않음
did not have the color I was looking for

· 같은 종류 재킷이지만 파란색
the same type of coat, but in a dark blue color

· 10% 할인 제안함
offered me a ten percent discount

I went in search of a coat as the season had changed, and my previous jacket had become faded from use. Before I went shopping for my new coat, I considered which color I would like and where I might be able to find it. I decided to buy a lightweight coat with a hood in case of rain. I wanted a black coat as I felt this would be most suitable to match my other clothes. I was able to find the style of coat I wanted in the men's section of the local department store, but they did not have the color I was looking for. I settled for the same type of jacket, but in a dark blue color, because the store clerk offered me a ten percent discount.

계절이 바뀌고 이전에 입던 코트가 색이 바랬기 때문에 코트를 찾아 나섰어요. 새 코트를 쇼핑하기 전에 어떤 색상의 코트를 원하는지, 어디서 찾을 수 있을지 고민했어요. 저는 비가 올 때를 대비해 후드가 달린 가벼운 코드를 선택하기로 결정했죠. 다른 옷과 가장 잘 어울릴 것 같아서 검은색 코트를 원했어요. 지역 백화점의 남성복 매장에서 원하는 스타일의 재킷을 찾았지만 제가 원하는 색상이 없어서 약간의 문제가 생겼어요. 점원이 10% 할인을 제안해줬기 때문에 같은 종류의 재킷이지만 진한 파란색으로 만족했어요.

Wrap-up

성공적인 쇼핑
a successful shopping trip

Overall, it was a successful shopping trip, and I was really happy with my purchase.
전반적으로 성공적인 쇼핑이었고 구매에 정말 만족했어요.

■ 고득점 표현

어휘 표현 look for 찾다 challenge 어려움, 도전 in search of ~을 찾아, ~을 찾아서 season 계절 previous 이전의 fade 바래다, 바래게 만들다 consider 고민하다, 고려하다 decide 결정하다 lightweight 가벼운 hood 후드, 모자 in case of ~에 대비해, ~의 경우 match 어울리다 encounter 생기다, 맞닥뜨리다 minor 약간의, 작은 department store 백화점 settle for ~으로 만족하다 dark 진한, 어두운 store clerk 점원 overall 전반적으로, 종합적인 successful 성공적인 purchase 구매

빈출 문장 미리보기

주제와 관련된 문장들을 소리 내어 읽어 보고 필수 표현도 함께 익혀보세요.

1 우리나라의 재활용

When practicing recycling it is important that we understand what can and cannot be recycled.

재활용을 실천할 때는 재활용할 수 있는 것과 재활용할 수 없는 것을 이해하는 것이 중요해요.

For example, it is important that tin cans are cleaned and crushed.

예를 들어, 깡통은 가능한 한 깨끗하게 세척하고 뭉개는 것이 중요해요.

I separate my recyclable items into different boxes or plastic bags.

저는 재활용 가능한 품목을 각기 다른 박스나 비닐 봉지에 넣어요.

2 내가 재활용하는 물건

Most of the items that I put into my recycling bins are plastics and drink containers.

제가 재활용 쓰레기통에 넣는 품목의 대부분은 플라스틱과 음료수 용기예요.

Aside from food packaging, I also make sure I recycle old batteries.

식품 포장재 외에도 오래된 건전지는 반드시 재활용합니다.

I also sometimes recycle old clothing.

가끔은 헌 옷도 재활용하죠.

3 재활용 관련 기억에 남는 경험

All of the trash was placed in the same bag and just left outside for collection.

모든 쓰레기를 같은 봉투에 담아 수거를 위해 밖에 그대로 뒀어요.

It was a lot easier and faster back then, but this was a very bad practice for the environment.

그 당시에는 훨씬 쉽고 빨랐지만 환경에는 매우 안 좋은 방식이었어요.

Now we need to separate all of the different trash into several different recycling bins, and these are collected by trash collectors.

이제 우리는 모든 다른 쓰레기를 각기 다른 재활용 쓰레기통에 분리해야 하며, 쓰레기 청소기사가 수거해 갑니다.

■ 필수표현

1 우리나라의 재활용

I'd like to know how people in your country practice recycling. What specifically do you do? Tell me the process of how people recycle things.

당신의 나라 사람들은 재활용을 어떻게 실천하는지 알고 싶어요. 구체적으로 어떤 일을 하나요? 사람들이 물건을 재활용하는 과정을 말해주세요.

2 내가 재활용하는 물건

It is very common for people to recycle. Tell me about all the various things that you recycle.

사람들이 재활용하는 것은 매우 흔한 일입니다. 당신이 재활용하는 다양한 물건에 대해 말해주세요.

3 재활용 관련 기억에 남는 경험

Tell me how recycling was done when you were a child. Did you family practice recycling? Was there a special place where you brought recyclables to? Did you use specified containers? Describe in detail what the recycling process was like and how you practiced it.

당신이 어렸을 때 재활용은 어떻게 이루어졌는지 말해 주세요. 가족 모두가 재활용을 실천했나요? 재활용품을 가져다 놓는 특별한 장소가 있었나요? 지정된 용기를 사용했나요? 재활용 과정이 어땠는지, 어떻게 실천했는지 자세히 설명해 주세요.

추가 세트 구성

Set 1
우리나라의 재활용
내가 재활용하는 물건
어렸을 때 재활용 했던 경험

Set 2
내가 재활용하는 물건
어렸을 때 재활용 했던 방법
재활용을 하다가 문제가 발생했던 경험

Set 3
과거와 현재의 재활용 시스템의 변화
재활용이나 환경 관련 최신 뉴스나 이슈

Set 4
과거와 현재의 재활용에 대한 사람들의 생각 변화
재활용이나 환경 관련 최신 뉴스나 이슈

Q 우리나라의 재활용 ★★★★☆

I'd like to know how people in your country practice recycling. What specifically do you do? Tell me the process of how people recycle things.

당신의 나라 사람들은 재활용을 어떻게 실천하는지 알고 싶어요. 구체적으로 어떤 일을 하나요? 사람들이 물건을 재활용하는 과정을 말해주세요.

모범답변   (MP3 2_112)

Intro •

많은 사람들이 재활용 실천함
lots of people practice recycling

Lots of people in my country practice recycling.

우리나라에서는 많은 사람들이 재활용을 실천하고 있어요.

Body •

· 재활용할 수 있는 것과 재활용 할 수 없는 것 이해하는 것 중요함
understand what can and cannot be recycled

· 깡통은 가능한 깨끗하게 세척하고 뭉개야함
tin cans are cleaned and crushed whenever possible

· 플라스틱 제품은 라벨 제거 필요함
plastic items, as the labels need to be removed

· 재활용 가능한 품목을 각기 다른 박스나 비닐 봉지에 넣음
separate my recyclable items into different boxes or plastic bags

When practicing recycling, it is important that we understand what can and cannot be recycled. We are given guidance by our local council about what can be recycled and how it should be done. For example, it is important that tin cans are cleaned and crushed whenever possible to allow for quick and safe recycling. This is different from plastic items, as the labels need to be removed, and the caps may not be recyclable. Information about this can usually be found on the label. I separate my recyclable items into different boxes or plastic bags, and I put them outside according to the city council's pick-up schedule. The waste is then collected by the recycling center teams and taken to the appropriate place to be used to make something new.

재활용을 실천할 때는 재활용할 수 있는 것과 재활용할 수 없는 것을 이해하는 것이 중요해요. 우리는 지역 의회에서 재활용할 수 있는 것과 어떻게 해야 하는지에 대한 안내를 받아요. 예를 들어, 깡통은 가능한 한 깨끗하게 세척하고 뭉개서 빠르고 안전하게 재활용할 수 있도록 하는 것이 중요해요. 플라스틱 제품은 다른데, 라벨(상표)을 제거해야 하고 뚜껑은 재활용이 불가능할 수 있기 때문입니다. 이에 대한 정보는 포장지에서 찾을 수 있어요. 저는 재활용 가능한 품목을 각기 다른 박스나 비닐 봉지에 넣어서 시의회의 수거 일정에 따라 밖에 버려요. 그러면 재활용 센터 팀에서 쓰레기를 수거하여 새로운 것을 만드는 데 사용할 수 있도록 적절한 장소로 가져가요.

Wrap-up •

매우 중요함
very important

I think recycling is very important, and I hope you recycle your waste, too.

저는 재활용이 매우 중요하다고 생각하고 당신도 쓰레기를 재활용했으면 좋겠어요.

■ 고득점 표현

어휘 표현 practice 실천하다 specifically 구체적으로, 분명히 process 과정, 절차 guidance 안내, 지도 local council 지역의회, 지방의회 tin can 깡통 clean 세척하다, (깨끗이) 닦다 crush 눌러 부수다, 쭈그러뜨리다 item 제품, 항목 label 포장지, 라벨 cap 뚜껑 separate 분리하다 according to ~에 따라, ~에 의하면 city council 시의회 take to 가져가다 appropriate 적절한

Q **내가 재활용하는 물건** ★★★★☆

It is very common for people to recycle. Tell me about all the various things that you recycle.

사람들이 재활용하는 것은 매우 흔한 일입니다. 당신이 재활용하는 다양한 물건에 대해 말해주세요.

모범답변   🔊 MP3 2_114

Intro

재활용할 수 있는 생활용품 많음
many household items that can be recycled

There are many household items that can be recycled.

재활용할 수 있는 생활용품은 정말 많아요.

Body

· 플라스틱과 음료수 용기 넣음
put into my recycling bins are plastics and drink containers

· 오래된 건전지 재활용함, 지정된 수거 장소에 놓음
make sure I recycle old batteries, take them to a collection point

· 가끔은 헌 옷도 재활용 함
also sometimes recycle old clothing

· 지정된 의류 재활용 상자에 넣음
put into designated clothing recycling boxes

Most of the items that I put into my recycling bins are plastics and drink containers. There are numerous different types, but the most common things for me are drink cans, which I put in the blue bin for metals, and pizza boxes, which go in the red bin for paper and cardboard products. Aside from food packaging, I also make sure I recycle old batteries, because it's unsafe to just throw them into the normal waste bin. So, I take them to a collection point at my apartment complex. I also sometimes recycle old clothing. These items need to be sorted into different bags and put into designated clothing recycling boxes. Then, they will be collected and made into new fabrics for different clothing.

제가 재활용 쓰레기통에 넣는 품목의 대부분은 플라스틱과 음료수 용기예요. 종류는 다양하지만 제가 가장 많이 버리는 것은 음료수 캔으로 금속류는 파란색 쓰레기통에, 종이와 판지류는 빨간색 쓰레기통에 넣어요. 식품 포장재 외에도 오래된 건전지는 일반 쓰레기통에 그냥 버리는 것은 안전하지 않기 때문에 반드시 재활용합니다. 그래서 아파트 단지에 있는 지정된 수거 장소에 가져다 놓아요. 가끔은 헌 옷도 재활용하죠. 이 품목들은 다른 봉투에 분류하여 지정된 의류 재활용 상자에 가져가야 해요. 그런 다음 수거되어 다른 옷의 새 원단으로 만들어져요.

Wrap-up

지구를 지킬 수 있는 쉬운 방법
an easy way to look after our planet

I'm very diligent when it comes to recycling, because it's an easy way to look after our planet.

재활용은 지구를 지킬 수 있는 쉬운 방법이기 때문에 저는 재활용에 관해서는 매우 부지런해요.

■ 고득점 표현

**어휘
표현** household item 생활용품, 가정용품 bin 쓰레기통 container 용기, 그릇 metal 금속 cardboard 판지 aside from ~외에는, ~을 제외하고 food packaging 식품 포장재, 식품 포장 make sure 반드시 하다, 확실하게 하다 unsafe 안전하지 않은 throw 버리다, 던지다 waste bin 쓰레기통 collection 수거, 수집 point 장소, 지점 complex 단지 sometime 가끔, 언젠가 sort into ~로 분류하다 designated 지정된 make A into A로 만들다 fabric 원단, 천 diligent 부지런한, 근면한 when it comes to ~에 관해서는, ~에 관한 한 planet 행성

Q **재활용 관련 기억에 남는 경험** ★★★★☆

Tell me how recycling was done when you were a child. Did your family practice recycling? Was there a special place where you brought recyclables to? Did you use specified containers? Describe in detail what the recycling process was like and how you practiced it.

당신이 어렸을 때 재활용은 어떻게 이루어졌는지 말해 주세요. 가족 모두가 재활용을 실천했나요? 재활용품을 가져다 놓는 특별한 장소가 있었나요? 지정된 용기를 사용했나요? 재활용 과정이 어땠는지, 어떻게 실천했는지 자세히 설명해 주세요.

모범답변

Intro

매우 다름
very different

Recycling was very different when I was a child.

제가 어렸을 때는 재활용이 매우 달랐어요.

Body

· 재활용 생활화 한다는 것이 그리 흔하지 않았음
much less common to practice recycling

· 환경에 매우 안 좋은 방식
a very bad practice for the environment

· 자라면서 점점 보편화 됨
as I grew up, recycling became more common

· 모든 다른 쓰레기를 각기 다른 재활용 쓰레기통에 분리해야 함
separate all of the different trash into several different recycling bins

At that time, it was much less common to practice recycling. All of the trash was placed in the same bag and just left outside for collection. It was a lot easier and faster back then, but this was a very bad practice for the environment. As I grew up, recycling became more common. The first change came when people were encouraged to place plastic bottles and tin cans into one designated box, and these items would be collected together. Now, we need to separate all of the different trash into several different recycling bins, and these are collected by trash collectors. I even have special bins for garden waste and food waste, and these are all put out for collection on different days of the week.

그 당시에는 재활용을 생활화 한다는 것이 그리 흔하지 않았어요. 모든 쓰레기를 같은 봉투에 담아 수거를 위해 밖에 그대로 뒀어요. 그 당시에는 훨씬 쉽고 빨랐지만 환경에는 매우 안 좋은 방식이었어요. 제가 자라면서 재활용은 점점 보편화되었죠. 첫 번째 변화는 사람들이 플라스틱 병과 깡통을 하나의 지정된 상자에 넣도록 권장하고 이러한 품목을 함께 수거하는 것이 었습니다. 이제 우리는 모든 다른 쓰레기를 각기 다른 재활용 쓰레기통에 분리해야 하며, 쓰레기 청소기사가 수거해 갑니다. 심지어 정원 쓰레기와 음식물 쓰레기를 위한 전용 쓰레기통도 있는데, 이 쓰레기들은 모두 다른 요일에 수거하도록 되어 있어요.

Wrap-up

일반적인 습관, 매우 중요함
a common practice these days, very important

Recycling is a common practice these days, and I think it's very important.

요즘은 재활용이 일반적인 습관이고, 저는 재활용이 매우 중요하다고 생각해요

■ 고득점 표현

어휘 표현
practice 실천하다 special 특별한, 특수한 recyclable 재활용품, 재활용가능품 specified 지정된, 명시된 container 용기, 그릇 process 과정, 절차 bag 봉투, 봉지 collection 수거, 수집 back then 그 당시에는 practice 방식, 관행 environment 환경 encourage 권장하다, 장려하다 plastic 플라스틱, 플라스틱으로 된 bottle 병 tin can 깡통 designated 지정된 item 품목, 항목 collect 수거하다 separate 분리하다 several 각기, 각각의 waste 쓰레기 food waste 음식물 쓰레기 common practice 일반적인 습관

Unit 10 지형

빈출 문장 미리보기

주제와 관련된 문장들을 소리 내어 읽어 보고 필수 표현도 함께 익혀보세요.

1 우리나라의 지형

In general, my country is very mountainous compared with most other countries.
전반적으로 우리나라는 다른 나라에 비해 산이 많은 편이에요.

We also have a lot of beautiful rivers and lakes in my country, and the water in these is usually very clean, making them suitable for swimming.
또한 우리나라에는 아름다운 강과 호수가 많이 있으며, 강과 호수의 물은 일반적으로 매우 깨끗하여 수영하기에 적절해요.

Because Korea is a peninsula, with much of the land surrounded by the ocean, there are numerous beaches on the coastline.
한국은 반도이기 때문에 국토의 대부분이 바다로 둘러싸여 있고, 해안 지대에는 수많은 해변이 있어요.

2 우리나라 사람들의 일반적인 야외 활동

Walking is very popular, and so is playing in the water.
걷는 것이 매우 인기가 있고 계곡에서 물놀이도 인기가 많아요.

Cycling is also very common, as this can be done anywhere, regardless of the area in which you live.
자전거 타기도 거주 지역에 관계없이 어디서나 할 수 있기 때문에 매우 대중적이죠.

As you can tell, there are many different outdoor activities that people enjoy in my country.
이처럼 우리나라에는 사람들이 즐기는 매우 다양한 야외 활동이 있어요.

3 어렸을 때 지형 관련된 경험

As a child, my family and I took a trip to Seorak-san National Park.
어렸을 때 가족과 함께 설악산 국립공원으로 여행을 떠났어요.

It was the first time I had ever been on a trip to the mountains, so it is still very memorable to me.
산에 가본 것은 처음이었기 때문에 아직도 기억에 많이 남아요.

My country has many wonderful natural environments, but Seorak-san National Park is still my favorite place.
우리나라에는 멋진 자연환경이 많지만 설악산 국립공원은 여전히 제가 가장 좋아하는 곳이에요.

■ 필수표현

기출 문제 예시

1. 우리나라의 지형

Describe the geography of your country to me. Does it have mountains, lakes, or rivers? What is the land like in your country?

당신의 나라의 지형에 대해 설명해 주세요. 산, 호수, 강이 있나요? 당신의 나라의 국토는 어떻게 생겼나요?

2. 우리나라 사람들의 일반적인 야외 활동

Tell me about some of the popular outdoor activities in your country. Do people go for hikes, bike rides, or swims? What kinds of things do people do outdoors?

당신의 나라에서 인기 있는 야외 활동에 대해 말해주세요. 사람들이 하이킹, 자전거 타기, 수영을 하러 가나요? 사람들이 야외에서 하는 활동에는 어떤 것들이 있나요?

3. 어렸을 때 지형 관련된 경험

Tell me about a memory from your youth that is related to your country's geography. Maybe you took a trip to a special place or visited a famous natural landmark. Describe what you saw when you went there.

어린 시절의 기억 중 당신의 나라 지리와 관련된 기억에 대해 말해 주세요. 특별한 장소로 여행을 갔거나 유명한 자연 명소를 방문했을 수도 있습니다. 그곳에 갔을 때 무엇을 봤는지 설명해 주세요.

추가 세트 구성

Set 1

우리나라의 지형
어렸을 때 좋아했던 장소의 지형적 특징
기억에 남는 국내 장소 관련 경험

Set 2

이웃나라의 지형적 특징과 문화
우리나라 사람들의 일반적인 활동
기억에 남는 국내 장소 관련 경험

Set 3

이웃나라의 지형적 특징과 문화
어렸을 때 좋아했던 장소의 지형적 특징
지난 10년동안 우리나라의 지형적 변화

Set 4

우리나라와 다른 나라들 간의 국제 정세 변화
우리나라와 이웃나라 간의 역사적인 사건

Q 우리나라의 지형 ★★★★☆

Describe the geography of your country to me. Does it have mountains, lakes, or rivers? What is the land like in your country?

당신의 나라의 지형에 대해 설명해 주세요. 산, 호수, 강이 있나요? 당신의 나라의 국토는 어떻게 생겼나요?

모범답변

MP3 2_118

Intro

매우 다름
very different

The landscape of Korea is very different depending on where you go.

한국의 지형은 어디를 가느냐에 따라 매우 달라요.

Body

· 산이 아주 많음
very mountainous

· 등산로, 사찰과 같은 흥미로운 특징 있음
interesting features such as hiking trails, temples

· 아름다운 강과 호수 많음
a lot of beautiful rivers and lakes

· 국토 대부분 바다로 둘러 쌓임
much of the land surrounded by the ocean

· 해안 지대에 수많은 해변 있음
numerous beaches on the coastline

In general, my country is very mountainous compared to many other countries. No matter where you travel to within Korea, you will never be far from some mountains, and almost all of these have interesting features such as hiking trails, temples, and other landmarks. We also have a lot of beautiful rivers and lakes in my country, and the water is usually very clean, making them suitable for swimming. Because Korea is a peninsula, with much of the land surrounded by the ocean, there are numerous beaches on the coastline. And, in between all of the mountains and rivers, we have a mixture of large urban areas and fertile fields and land that is used for agriculture.

전반적으로 우리나라는 다른 나라에 비해 산이 많은 편이에요. 한국 어디를 여행하든 산을 가까이서 볼 수 있고, 거의 모든 산에 등산로, 사찰과 다른 대표적인 건물들과 같은 흥미로운 특징들이 있어요. 또한 우리나라에는 아름다운 강과 호수가 많이 있으며, 강과 호수의 물은 일반적으로 매우 깨끗하여 수영하기에 적절해요. 한국은 반도이기 때문에 국토의 대부분이 바다로 둘러싸여 있고, 해안 지대에는 수많은 해변이 있어요. 그리고 산과 강 사이에는 넓은 도시 지역과 농사에 활용되는 비옥한 들판과 땅이 섞여 있어요.

Wrap-up

당신에게 보여주고 싶음
would love to show you

I'd love to show you the landscape of my country sometime.

언젠가 당신에게 우리나라의 풍경을 보여주고 싶네요.

■ 고득점 표현

어휘 표현 landscape 지형, 지역, 풍경 depend ~에 달려 있다, 좌우되다 in general 전반적으로, 일반적으로 mountainous 산이 많은, 산지의 no matter 상관없다, ~든 far from ~에서 먼 hiking trail 등산로 temple 절, 사원 landmark 주요 지형 지물, 역사적인 건물(장소) suitable 적절한, 적합한, 알맞은 peninsula 반도 be surrounded by ~로 둘러싸여 있다 numerous 수많은, 다양한 coastline 해안 지대, 해안선 mixture 섞인, 복합 fertile 비옥한 field 들판, 밭 use for ~을 위해 사용하다 agriculture 농업

Q 우리나라 사람들의 일반적인 야외 활동 ★★★★☆

Tell me about some of the popular outdoor activities in your country. Do people go for hikes, bike rides, or swims? What kinds of things do people do outdoors?

당신의 나라에서 인기 있는 야외 활동에 대해 말해주세요. 사람들이 하이킹, 자전거 타기, 수영을 하러 가나요? 사람들이 야외에서 하는 활동에는 어떤 것들이 있나요?

모범답변 · MP3 2_120

Intro

사람들이 아주 많은 것을 함
lots of things that people do

There are lots of things that people do outdoors in my country.

우리나라에는 사람들이 야외에서 하는 것이 아주 많아요.

Body

· 걷는 것이 매우 인기가 있음
walking is very popular

· 계곡에서 물놀이도 인기가 많음
so is playing in the water

· 자전거 타기도 매우 대중적
cycling is also very common

Walking is very popular, and so is playing in the water. Many of the local walking trails go through beautiful woodland and past nice, clean lakes which are ideal for playing in the water. Cycling is also very common, as this can be done anywhere, regardless of the area in which you live. Jogging and running are consistently gaining popularity as there are several local groups that you can join that will arrange large group runs and even marathons. This gives you the chance to meet new, like-minded people who enjoy the same activities as you.

걷는 것이 매우 인기가 있고 계곡에서 물놀이도 인기가 많아요. 현지의 많은 산책로는 아름다운 숲을 지나고 물놀이를 즐기기에 이상적인 깨끗하고 멋진 계곡을 지나갑니다. 자전거 타기도 거주 지역에 관계없이 어디서나 할 수 있기 때문에 매우 대중적이죠. 조깅과 달리기는 대규모 그룹 달리기나 마라톤을 주선하는 여러 지역 그룹에 가입할 수 있기 때문에 꾸준히 인기를 얻고 있어요. 이를 통해 같은 활동을 즐기는 같은 생각을 가진 새로운 사람들을 만날 수 있는 기회를 얻을 수 있죠.

Wrap-up

매우 다양한 야외 활동 있음
many different outdoor activities

As you can tell, there are many different outdoor activities that people enjoy in my country.

이처럼 우리나라에는 사람들이 즐기는 매우 다양한 야외 활동이 있어요.

■ 고득점 표현

어휘 표현 go through (장소를) 가로지르다 woodland 삼림지, 숲 lake 호수 ideal for ~에 이상적인 regardless of ~에 관계없이, 상관없이 consistently 지속적으로 gain 얻다, 증가하다 popularity 인기, 인지도 like-minded 같은 생각의, 같은 의견을 가진

Q **어렸을 때 지형 관련된 경험** ★★★★☆

Tell me about a memory from your youth that is related to your country's geography. Maybe you took a trip to a special place or visited a famous natural landmark. Describe what you saw when you went there.

어린 시절의 기억 중 당신의 나라 지리와 관련된 기억에 대해 말해 주세요. 특별한 장소로 여행을 갔거나 유명한 자연 명소를 방문했을 수도 있습니다. 그곳에 갔을 때 무엇을 봤는지 설명해 주세요.

모범답변 🔊 MP3 2_122

Intro •

탐험했던 가장 좋은 기억
my fondest memory of exploring

Let me tell you about my fondest memory of exploring my country's landscape.

우리나라의 풍경을 탐험했던 가장 좋은 기억에 대해 말할게요.

Body •

· [　]로 여행
a trip to Seorak-san National Park

· 거대한 부처님 조각상
the gigantic statue of Buddha

· 거대한 모습에 경외심 느낌
in awe at how massive

· [　]주변 산책 즐김
enjoying a walk around Sinheung Temple

· 짧은 등산
a short hike

· 아름다운 풍경 많음
a lot of beautiful scenery

As a child, my family and I took a trip to Seorak-san National Park. It was the first time I had ever been on a trip to the mountains, so it is still very memorable to me. The thing I remember the most is the gigantic statue of Buddha near the main entrance to the park. In English, the statue is called the Great Unification Buddha, and it is almost 15-meters-tall. When I first saw it as a child, I was in awe at how massive it seemed! I also remember enjoying a walk around Sinheung Temple before we went on a short hike. We didn't reach any of the summits, which are very high, but we saw a lot of beautiful scenery during our trip.

어렸을 때 가족과 함께 설악산 국립공원으로 여행을 떠났어요. 산에 가본 것은 처음이었기 때문에 아직도 기억에 많이 남아요. 가장 기억에 남는 것은 공원 정문 근처에 있는 거대한 부처님 조각상이에요. 통일대불이라고 불리는 이 불상은 높이가 거의 15미터에 이르죠. 어렸을 때 처음 봤을 때 그 거대한 모습에 경외감을 느꼈어요! 또한 신흥사 주변 산책을 즐기고 짧은 등산도 했던 기억이 나요. 너무 높아서 정상에는 오르지 못했지만 여행하는 동안 아름다운 풍경을 많이 봤어요.

Wrap-up •

멋진 자연환경 많음
many wonderful natural environments

My country has many wonderful natural environments, but Seorak-san National Park is still my favorite place.

우리나라에는 멋진 자연환경이 많지만 설악산 국립공원은 여전히 제가 가장 좋아하는 곳이에요

■ 고득점 표현

어휘 표현　fondest memory 가장 좋아하는 기억　explore 탐험하다　take a trip 여행하다　gigantic 거대한　statue 동상, 조각상　main entrance 정문, 중앙 출입구　almost 거의　awe 경외심　massive 거대한, 대규모의　remember -ing ~했던 걸 기억한다　summit 정상　scenery 풍경, 경치　wonderful 멋진, 훌륭한　natural environment 자연환경

Unit 11 건강

빈출 문장 미리보기

주제와 관련된 문장들을 소리 내어 읽어 보고 필수 표현도 함께 익혀보세요.

1 내가 아는 건강한 사람

My sister is very strict with the food she consumes and her exercise schedule.

제 여동생은 먹는 음식과 운동 스케줄을 매우 엄격하게 관리해요.

She often goes for a run around our local park or lifts weights at the gym.

그녀는 종종 동네 공원을 산책하거나 헬스장에서 근력 운동을 해요.

She also goes swimming every Saturday morning.

또한 매주 토요일 아침에는 수영을 하러 가요.

2 건강 관리를 위해 새롭게 노력해 본 것들

This has involved me waking up earlier in the morning to allow me to get out for a run before the rest of the family are up.

아침 일찍 일어나 다른 가족들이 일어나기 전에 조깅을 하러 나가려고 아침 일찍 일어나기 시작했죠.

I keep track of how much water I've consumed using a cell phone app.

휴대폰 앱으로 제가 얼마나 많은 물을 섭취했는지 기록하고 있어요.

I've also reduced the portion sizes of my evening meals so that I consume fewer calories.

또한 저녁 식사의 양을 줄여 칼로리 섭취를 줄었어요.

3 건강 관리를 위해 구체적으로 했던 것들

I recently took up cycling in order to improve my health.

저는 최근 건강을 개선하기 위해 자전거 타기를 시작했어요.

Not only does cycling exercise your whole body at the same time, but it is basically a completely free means of exercise.

자전거 타기는 온몸을 동시에 운동할 수 있을 뿐만 아니라 기본적으로 비용이 전혀 들지 않는 운동 수단이에요.

Cycling is also convenient, because I can go out on my bike whenever I have free time.

자유 시간이 생기면 언제든 자전거를 타고 나갈 수 있기 때문에 편리하기도 해요.

■ 필수표현

1 내가 아는 건강한 사람

Tell me about a healthy person that you know. What is this person like?

당신이 아는 건강한 사람에 대해 말해 주세요. 그 사람은 어떤 사람인가요?

2 건강 관리를 위해 새롭게 노력해 본 것들

Tell me about an instance when you or someone you know decided to try doing something new in order to become more healthy. Maybe it involved some kind of exercise or eating healthy foods. Tell me in detail about the change that the person made.

본인 또는 지인이 더 건강해지기 위해 새로운 것을 시도하기로 결심했던 경우에 대해 말해 주세요. 운동을 하거나 건강에 좋은 음식을 먹었을 수도 있어요. 그 사람이 어떤 변화를 겪었는지 자세히 말해 주세요.

3 건강 관리를 위해 구체적으로 했던 것들

People do all sorts of things in order to be healthy. They might sign up for a healthy cooking class or join a gym membership. Tell me about a time that you did something in an attempt to improve your health. Tell me why you chose that activity and whether or not it worked out well for you.

사람들은 건강을 위해 갖가지 종류의 일을 합니다. 건강한 요리 수업에 등록하거나 헬스장 멤버십에 가입하기도 하죠. 건강을 개선하기 위해 무언가를 시도한 적이 있다면 말해 주세요. 그 활동을 선택한 이유와 그 활동이 본인에게 잘 들어맞았는지 아닌지 말해 주세요.

추가 세트 구성

Set 1

건강한 사람들의 식습관
건강 관리를 위해 평소에 하는 것들
과거와 현재의 건강에 대한 사람들의 인식 비교

Set 2

주변에 건강한 음식을 파는 가게
건강한 사람들의 식습관
과거와 현재의 건강에 대한 사람들의 인식 비교

Set 3

과거와 현재의 세대별 건강에 대한 인식 비교
건강 관련 최신 뉴스나 이슈

Set 4

과거와 현재의 사람들이 건강을 유지하는 방법 비교
건강 관련 최근 일어났던 뉴스나 사건

Q **내가 아는 건강한 사람** ★★★★☆

Tell me about a healthy person that you know. What is this person like?

당신이 아는 건강한 사람에 대해 말해 주세요. 그 사람은 어떤 사람인가요?

모범답변

Intro •

내 여동생

my sister

> My sister is a very healthy person.
>
> 제 여동생은 매우 건강한 사람이에요.

Body •

· 엄격하게 관리

very strict

· 먹는 모든 음식 기록함

tracks all of the meals

· 헬스장에서 근력 운동함

lifts weights at the gym

· 자전거를 타기도 함

also go cycling

· 아마 내가 아는 사람 중 가장 건강한 사람

probably the healthiest person I know

> My sister is very strict with her exercise schedule and the food she consumes. She tracks all of the meals she eats to ensure that she is getting everything her body needs from the foods she is eating, and she will plan her exercise around this. She often goes for a run around our local park or lifts weights at the gym. On occasion, she may also go cycling, but this will depend on the weather and how much time she has that day. She also goes swimming every Saturday morning. All things considered, she is probably the healthiest person I know.
>
> 제 여동생은 먹는 음식과 운동 스케줄을 매우 엄격하게 관리해요. 동생은 자신이 먹는 모든 음식을 기록하여 몸에 필요한 모든 영양소를 섭취하고 있는지 확인하고, 이를 중심으로 운동 계획을 짭니다. 그녀는 종종 동네 공원을 산책하거나 헬스장에서 근력 운동을 해요. 가끔 자전거를 타기도 하지만 날씨와 그날의 주어진 시간에 따라 달라지죠. 또한 매주 토요일 아침에는 수영을 하러 가요. 모든 면을 고려했을 때, 그녀는 아마도 제가 아는 사람 중 가장 건강한 사람일 거예요.

Wrap-up •

더 건강해 지려고 노력해야 함

should probably try to be more healthy

> I should probably try to be more healthy, just like my sister.
>
> 저도 동생처럼 더 건강해 지려고 노력해야 할 것 같아요.

■ 고득점 표현

어휘 표현 healthy 건강한 person 사람 strict 엄격한 consume 먹다 exercise 운동 track 기록하다, 추적하다 meal 음식 ensure 확인하다 go for a run 산책하다, 달리다 local 동네의, 지역의 park 공원 lift weights 근력운동을 하다, (바벨, 덤벨, 역기 같은 무게 기구를 사용하려고) 운동하러 가다 on occasion 가끔 depend on ~에 따라 다르다, ~에 달려 있다 all things considered 모든 면을 고려했을 때, 모든 것을 고려하여 probably 아마도 try to ~하려고 노력하다

Q 건강 관리를 위해 새롭게 노력해 본 것들 ★★★★☆

Tell me about an instance when you or someone you know decided to try doing something new in order to become more healthy. Maybe it involved some kind of exercise or eating healthy foods. Tell me in detail about the change that the person made.

본인 또는 지인이 더 건강해지기 위해 새로운 것을 시도하기로 결심했던 경우에 대해 말해 주세요. 운동을 하거나 건강에 좋은 음식을 먹었을 수도 있어요. 그 사람이 어떤 변화를 겪었는지 자세히 말해 주세요.

모범답변

MP3 2_126

Intro

건강해지기 위해 노력함
made an effort to be healthier

I have recently made an effort to be healthier.
저는 최근에 더 건강해지기 위해 노력하고 있어요.

Body

· 생활 방식에 몇 가지 큰 변화 줌
a few big changes to my lifestyle
· 조깅하러 나감
get out for a run
· 물을 더 많이 마심
drink a lot more water
· 저녁 식사 양을 줄였음
reduced the portion sizes of my evening meals
· 반려견들과 아주 오랫동안 산책함
take my dogs for a really long walk

A few months ago, I decided I wanted to lose some weight and feel fitter, so I made a few big changes to my lifestyle. This has involved me waking up earlier in the morning to allow me to get out for a run before the rest of my family is up. After my run, I just have a light breakfast and some coffee. I am also making sure that I drink a lot more water each day, and I keep track of how much water I've consumed using a cell phone app. I've also reduced the portion sizes of my evening meals so that I consume fewer calories. If I have energy at the end of the day, I take my dogs for a really long walk, just to fit in some extra exercise.

몇 달 전, 체중을 좀 줄이고 더 건강해지기로 결심하고 생활 방식에 몇 가지 큰 변화를 줬어요. 아침 일찍 일어나 다른 가족들이 일어나기 전에 조깅을 하러 나가려고 아침 일찍 일어나기 시작했죠. 조깅 후에는 가벼운 아침 식사와 커피를 마셔요. 또한 매일 물을 더 많이 마시려고 노력하고 있으며, 휴대폰 앱으로 제가 얼마나 많은 물을 섭취했는지 기록하고 있어요. 또한 저녁 식사의 양을 줄여 칼로리 섭취를 줄였어요. 하루 일과가 끝나고 에너지가 남으면 반려견들을 데리고 아주 오랫동안 산책을 하며 추가로 운동을 하기도 해요.

Wrap-up

이점 느끼고 있음
feeling the benefits

I'm already feeling the benefits of my new, healthy lifestyle.
새롭고 건강한 생활 방식의 이점을 이미 느끼고 있어요.

■ 고득점 표현

어휘 표현　instance 경우, 사례　decide to ~하기로 결심하다　try 시도하다, 노력하다　in order to ~하기 위해, ~하려고　healthy 건강한　change 변화　make an effort 노력하다　lose weight 체중이 줄다, 살이 빠지다　lifestyle 생활 방식　wake up 일어나다, 정신을 차리다　get out 나가다　light 가벼운　make sure 노력하다, 확인하다　each day 매일, 날마다　keep track of ~을 기록하다　consume 섭취하다, 먹다　reduce 줄이다　portion size 양　calories 칼로리, 열량　extra 추가의　already 이미, 벌써　benefit 이점, 혜택

Q 건강 관리를 위해 구체적으로 했던 것들 ★★★★★

People do all sorts of things in order to be healthy. They might sign up for a healthy cooking class or join a gym membership. Tell me about a time that you did something in an attempt to improve your health. Tell me why you chose that activity and whether or not it worked out well for you.

사람들은 건강을 위해 갖가지 종류의 일을 합니다. 건강한 요리 수업에 등록하거나 헬스장 멤버십에 가입하기도 하죠. 건강을 개선하기 위해 무언가를 시도한 적이 있다면 말해 주세요. 그 활동을 선택한 이유와 그 활동이 본인에게 잘 들어맞았는지 아닌지 말해 주세요.

모범답변

Intro

최근에 자전거 타기 시작함
recently took up cycling

I recently took up cycling in order to improve my health.

저는 최근 건강을 개선하기 위해 자전거 타기를 시작했어요.

Body

· 친구가 자전거 사자고 제안함
a friend of mine suggested that I buy a bike

· 자전거 타는 데 비용 전혀 들지 않음
costs me nothing to cycle

· 자유 시간 생기면 언제든 자전거 타고 나갈 수 있음
can go out on my bike whenever I have free time

· 훨씬 더 몸이 좋아지고 건강해진 느낌
feel so much fitter and healthier now

I had considered joining a gym, but I feel a little self-conscious exercising in front of other people. A friend of mine suggested that I buy a bike instead, and it turned out to be a great decision. Not only does cycling exercise your whole body at the same time, but it is basically a completely free means of exercise. Aside from occasional repairs, it costs me nothing to cycle every day, whereas a gym membership can cost monthly. Cycling is also convenient, because I can go out on my bike whenever I have free time, even early in the morning or late at night. I've been cycling daily for almost a year now, and I feel so much fitter and healthier now.

헬스장에 가입할까 생각했지만 다른 사람들 앞에서 운동하는 것이 조금 부담스러웠어요. 그러던 중 친구가 자전거를 사자고 제안했고, 정말 잘한 결정이었죠. 자전거 타기는 온몸을 동시에 운동할 수 있을 뿐만 아니라 기본적으로 비용이 전혀 들지 않는 운동 수단이에요. 가끔씩 수리를 하는 것 외에는 매일 자전거를 타는 데 드는 비용이 전혀 들지 않는 반면, 헬스장 멤버십은 매달 비용이 들어요. 이른 아침이나 늦은 밤에도 여유 시간이 생기면 언제든 자전거를 타고 나갈 수 있기 때문에 편리하기도 해요. 거의 1년 동안 매일 자전거를 타고 있는데, 지금은 훨씬 더 몸이 좋아지고 건강해진 것 같아요.

Wrap-up

언제 같이 자전거 타러 나갈까?
go out for a bike ride together sometime?

Why don't we go out for a bike ride together sometime?

언제 같이 자전거를 타러 나가면 어떨까요?

■ 고득점 표현

어휘 표현 sort of 종류의, 일종의 in order to ~하기 위해, ~하려고 sign up 등록하다, 참가하다 join 가입하다 in an attempt to ~하기 위해, ~하려는 시도로 improve 개선하다 choose 선택하다 work out 잘 맞다, 잘 풀리다 recently 최근 take up ~을 시작하다, ~을 배우다 improve one's health 건강을 개선하다 consider 생각하다, 고려하다 self-conscious 부담스러운, 멋쩍은 turn out (일·진행·결과가 특정 방식으로) 되다 decision 결정 whole body 온몸, 전신 at the same time 동시에 basically 기본적으로 means 수단 occasional 가끔의 repair 수리, 보수 cost 비용이 들다

문제 유형별 만능 답변

Q11-13
롤플레이

롤플레이 문제는 항상 11, 12, 13번 문제로 출제됩니다.
질문하기, 문제 해결하기, 관련 경험 말하기 순서로 구성되는데
주어진 역할극 상황을 정확하게 이해하고 설명할 수 있어야 합니다.
문제 상황에 대한 현장감을 살려 답변하면
더욱 좋은 등급을 획득할 수 있습니다.

목차

출제 순서와 유형

11, 12, 13번 문제로 등장하는 롤플레이 문제는 주어진 상황에서 역할극을 하는 유형입니다. 질문하기, 문제 해결하기, 관련 경험 말하기 순서로 출제되며 상황을 이해하고 설명하는 것이 중요합니다.

1 출제 순서

롤플레이 유형도 3-combo 출제 원칙을 따릅니다. 즉, 한 가지의 주제에 세 가지 문제가 연속적으로 출제됩니다. 아래와 같이 주제는 달라지지만 문제 유형은 변하지 않기 때문에 관련 템플릿을 암기하는 것을 추천합니다. 또한 유일한 역할극 문제인 만큼 주어진 상황을 정확히 이해했음을 보여주고 유창성을 향상시키기 위해 현장감을 살려 답변하는 것이 중요합니다.

Q11 질문하기   Q12 문제 해결하기   Q13 관련 경험 말하기

2 주제 구분

롤플레이 유형에서는 선택형과 공통형 주제 모두 등장할 수 있습니다. 그러므로 주제별로 나누어 학습하면 대비해야 하는 주제의 개수가 매우 많아지기 때문에 상황별로 나누어 준비하는 것을 추천합니다. 크게 구매, 예매 혹은 예약, 업체 문의, 친구에게 문의하는 네 가지 상황으로 구분할 수 있습니다. 이 때, 활용 가능한 템플릿과 표현 단위로 암기하면 어떤 주제가 등장하더라도 당황하지 않고 답변할 수 있습니다.

구매   예매/예약   업체 문의   친구 문의

만능 템플릿

질문하기

Intro •
인사 및 안부
상황 설명

> **Good morning(afternoon/evening).**
> 좋은 아침(오후/저녁)입니다.
>
> **I'd like to ~**
> ~하고 싶어요.
>
> **I'm calling to ~**
> ~하려고 전화했어요.
>
> **I'm calling because I have a few questions about ~**
> ~에 대해 몇 가지 질문이 있어서 전화했어요.

Body •
· 세부 상황 설명
· 질문 1
· 질문 2
· 질문 3

> **First, do you think [질문 1]?**
> 먼저, ~라고 생각하나요?
>
> **Another question I have is [질문 1]**
> 또 다른 질문은: ~
>
> **Finally, what do you think about [질문 2]?**
> 마지막으로, ~에 대해 어떻게 생각하나요?

Wrap-up •
마무리 인사
미래 제안

> **Thank you. Bye.**
> 고마워. 끊을게.
>
> **I'll wait to hear back from you.**
> 연락 기다릴게요.
>
> **I hope you can get back to me and answer my questions.**
> 다시 연락 주셔서 제 질문에 답변해 주셨으면 해요.

문제 해결하기

Intro •──────

인사 및 안부 상황 설명

Hello, this is Ahram

여보세요, 저 아람이에요.

문제 상황

I'm calling about a problem with ~

저는 ~ 문제에 대해 이야기하려고 전화했어요.

I had a problem with ~

~에 문제가 생겼어요.

약속 취소

I'm sorry but I have some bad news. 안타깝게도 안 좋은 소식이 있어.

Body •──────

· 세부 상황 설명
· 해결책 1
· 해결책 2
· 해결책 3

The main problem is that ~

가장 큰 문제는 ~

Another issue is that ~

또 다른 문제는 ~

Can you [해결책 1]?

~할 수 있을까요?

Could you please [해결책 2]?

~해 주실 수 있을까요?

Would you be able to [해결책 3]?

~하실 수 있을까요?

I'd like to [해결책 3]

저는 ~하고 싶어요.

Wrap-up •──────

마무리 인사

문제 상황

I hope we can find an agreeable resolution to this problem.

이 문제에 대한 원만한 해결책을 찾을 수 있기를 바래요.

약속 취소

Please let me know what you think would be best.

어떤 게 가장 좋다고 생각하는지 알려주면 좋겠어.

I'm sorry again. 다시 한 번 미안해.

Unit

1 가구

빈출 문장 미리보기

주제와 관련된 문장들을 소리 내어 읽어 보고 필수 표현도 함께 익혀보세요.

1 점원에게 구입하고 싶은 가구 문의

Hi, I'd like to buy some furniture for my new apartment.

안녕하세요, 새로 이사할 아파트에 사용할 가구를 구입하고 싶어요.

The main things I am hoping to buy are a bed and a wardrobe.

제가 중점적으로 사고 싶은 것은 침대와 옷장이에요.

Regarding color, I'd like the headboard to be green or blue so that it matches well with my bedroom walls and floor color.

색상은 침실 벽과 바닥 색상과 잘 어울리도록 침대 머리판이 녹색 또는 파란색이었으면 좋겠어요.

2 구입한 가구에 문제가 생긴 상황 문제 해결

Hello, I'm calling about a problem with my recent purchase.

안녕하세요, 최근 구매한 제품에 문제가 있어서 전화드렸어요.

When I unpacked all the parts and the assembly guide, I noticed that one of the shelves was missing.

모든 부품과 조립 설명서의 포장을 풀었을 때 선반 중 하나가 누락된 것을 알아차렸어요.

Would it be better to fully replace the product?

제품을 완전히 교체하는 것이 더 나을까요?

3 구입한 가구에 문제가 생겼던 경험

I had a problem with my tumble dryer last month.

지난달에 건조기에 문제가 발생했었어요.

I thought the appliance must be faulty, so I called technical support.

기기에 분명히 결함이 있는 것 같아서 기술 지원팀에 전화를 했어요.

I'm really glad I got the problem resolved in the end.

결국 문제를 해결해서 정말 다행이에요.

■ 필수표현

1 점원에게 구입하고 싶은 가구 문의

Imagine that you want to purchase new furniture for your home. Explain what you are interested in buying to a salesperson.

당신의 집에 사용할 새 가구를 구매하고 싶다고 가정해 보세요. 어떤 가구를 구매하는 것에 관심이 있는지 판매 직원에게 설명해보세요.

2 구입한 가구에 문제가 생긴 상황 문제 해결

You found a defect in the furniture you purchased. Call the store and describe the problem to them.

당신이 구매한 가구에서 하자를 발견했습니다. 매장에 전화하여 문제를 설명해 주세요.

3 구입한 가구에 문제가 생겼던 경험

Tell me about a time when you had a problem with a household product. Describe the issue you encountered and how you resolved it.

가정용품에 문제가 발생했을 때를 말해주세요. 발생했던 문제와 어떻게 그 문제를 해결했는지 설명해 주세요.

추가 세트 구성

구매 상황에서 등장할 수 있는 롤플레이 추가 세트입니다.

Set 1 MP3 플레이어

MP3 플레이어를 구입하기 전 친구에게 질문
MP3 플레이어를 빌렸다가 고장 낸 상황 문제 해결
사용하던 기기가 고장 났던 경험

Set 2 의류 매장

의류 매장에서 원하는 옷에 대해 문의
배송 받은 셔츠에 문제가 있는 상황 문제 해결
구입한 물건이나 서비스에 문제가 있었던 경험

Set 3 식료품점

친구가 추천한 식료품점에 대해 친구에게 질문
구입한 물건 중 일부가 종업원의 실수로 누락된 상황 문제 해결
주로 가는 식료품점이나 상점을 방문 계기와 경험

Set 4 가구점

점원에게 구입하고 싶은 가구 문의
배송 받은 가구의 모양에 대해 불만족스러운 상황 문제 해결
구입한 물건이 마음에 들지 않았던 경험

Q 점원에게 구입하고 싶은 가구 문의 ★★★☆☆

Imagine that you want to purchase new furniture for your home. Explain what you are interested in buying to a salesperson.

당신의 집에 사용할 새 가구를 구매하고 싶다고 가정해 보세요. 어떤 가구를 구매하는 것에 관심이 있는지 판매 직원에게 설명해보세요.

모범답변
🔊 MP3 2_130

Intro

가구 구입하고 싶음
buy some furniture

> Hi, I'd like to buy some furniture for my new apartment.
>
> 안녕하세요, 새로 이사할 아파트에 사용할 가구를 구입하고 싶어요.

Body

· 침대와 옷장 사고 싶음
  a bed and a wardrobe

· 슈퍼 킹 사이즈
  super-king sized

· 아주 푹신한 매트리스
  a very soft mattress

· 수납 서랍
  storage drawers

· 옷장도 필요함
  also need a wardrobe

> The main things I am hoping to buy are a bed and a wardrobe. I'd like the biggest bed possible, so I hope you have some that are super-king sized. I'd like a very soft mattress that is guaranteed to maintain its shape and comfortability for several years. For the base of the bed, I'd like one that has storage drawers on the left-hand side. Regarding color, I'd like the headboard to be green or blue so that it matches well with my bedroom walls and floor color. As I mentioned, I also need a wardrobe. Hopefully, you have a large one that has space to hang a lot of shirts and jackets. I'd prefer it to also include some shelves or drawers.
>
> 제가 중점적으로 사고 싶은 것은 침대와 옷장인데, 가능한 한 가장 큰 침대를 사고 싶어서 슈퍼 킹 사이즈가 있었으면 좋겠어요. 매트리스는 몇 년 동안 모양과 편안함을 유지할 수 있는 아주 푹신한 것을 원해요. 침대 바닥은 왼쪽에 수납 서랍이 있는 침대였으면 좋겠어요. 색상은 침실 벽과 바닥 색상과 잘 어울리도록 침대 머리판이 녹색 또는 파란색이었으면 좋겠어요. 앞서 말씀드렸듯이 옷장도 필요합니다. 셔츠와 재킷을 많이 걸 수 있는 공간이 있는 큰 옷장이면 좋겠어요. 선반이나 서랍도 좀 있으면 좋겠네요.

Wrap-up

이런 물건 찾는 데 도움 줄 수 있음?
Do you think you can help me find those items?

> Do you think you can help me find those items?
>
> 이런 물건을 찾는 데 도움을 주실 수 있을까요?

■ 고득점 표현

어휘 표현 furniture 가구 main 가장, 중요한 wardrobe 옷장 soft 부드러운, 푹신한 mattress (침대의) 매트리스 guarantee 품질 보증을 하다, 확인하다 maintain 유지하다, 지탱하다 shape 모양, 형태 comfortability 쾌적함, 안락함 storage 저장 drawer 서랍 headboard 침대의 머리판, 머리판 match well with ~와 어울리는, 조화되다 wall 벽, 담 hang 걸다, 매달다 include 포함하다 shelve 선반, 책꽂이

Q **구입한 가구에 문제가 생긴 상황 문제 해결** ★★★★☆

You found a defect in the furniture you purchased. Call the store and describe the problem to them.

당신이 구매한 가구에서 하자를 발견했습니다. 매장에 전화하여 문제를 설명해 주세요.

모범답변

Intro

최근 구매한 제품에 문제 있음
a problem with my recent purchase

Hello, I'm calling about a problem with my recent purchase.

안녕하세요, 최근 구매한 제품에 문제가 있어서 전화드렸어요.

Body

· 옷장 구입함
  bought a wardrobe

· 선반 하나 누락됨
  one of the shelves was missing

· 선반 3개 있어야 하는데 2개 밖에 없음
  should be three shelves included, only have two

· 작은 금 있음
  has a small crack in it

· 선반과 교체용 거울 문 하나 보내주길 바람
  send out a shelf, a replacement mirrored door

I recently bought a wardrobe from your shop, and it was delivered this morning. When I unpacked all the parts and the assembly guide, I noticed that one of the shelves was missing. According to the assembly guide, there should be three shelves included, but I only have two. I checked all the packaging thoroughly, but I'm definitely missing one shelf. Another issue is that the mirror on the wardrobe door has a small crack in it. I am not looking for a refund, as I really like the way the wardrobe looks. Would you be able to send out a shelf and a replacement mirrored door? Or would it be better to fully replace the product?

최근에 매장에서 옷장을 구입했는데 오늘 아침에 배송 받았습니다. 모든 부품과 조립 설명서의 포장을 풀었을 때 선반 중 하나가 누락된 것을 알아차렸어요. 조립 가이드에 따르면, 선반이 세 개가 포함되어 있어야 하는데 두개만 있었어요. 모든 구성품을 꼼꼼히 확인했지만 선반이 하나 빠진 것이 분명해요. 또 다른 문제는 옷장 문에 있는 거울에 작은 금이 가 있다는 거예요. 옷장 모양이 정말 마음에 들기 때문에 환불을 원하지는 않아요. 선반과 교체용 거울 문 하나를 보내주실 수 있나요? 아니면 제품을 완전히 교체하는 것이 더 나을까요?

Wrap-up

어떻게 해결할 계획인지 알려줘
let me know how you plan to resolve

Please let me know how you plan to resolve this.

이 문제를 어떻게 해결하실 계획인지 알려주세요.

■ 고득점 표현

어휘 표현 defect 하자, 결함 wardrobe 옷장 deliver (물건·편지 등을) 배달하다 unpack (짐을) 풀다, 꺼내다 assembly 조립 shelve 선반, 책꽂이 include 포함하다 check 확인하다, 살피다 thoroughly 꼼꼼히, 철저히 definitely 분명히, 틀림없이 missing 빠진 issue 문제, 안건 crack 금, 틈 refund 환불 look 모양, 겉모습 replacement 교체, 대체 fully 완전히 resolve 해결하다

Q **구입한 가구에 문제가 생겼던 경험** ★★★★☆

Tell me about a time when you had a problem with a household product. Describe the issue you encountered and how you resolved it.

가정용품에 문제가 발생했을 때를 말해주세요. 발생했던 문제와 어떻게 그 문제를 해결했는지 설명해 주세요.

모범답변 MP3 2_134

Intro

건조기에 문제 있었음
a problem with my tumble dryer

I had a problem with my tumble dryer last month.

지난달에 건조기에 문제가 발생했었어요.

Body

· 처음으로 건조기 구입
 bought my first tumble dryer
· 옷이 여전히 축축함
 the clothes were still damp
· 기기에 분명히 결함 있음
 the appliance must be faulty
· 기술 지원팀에 전화 함
 called technical support
· 보풀 필터 청소함
 clean the lint filter
· 옷을 다시 빠르게 건조함
 drying my clothes quickly again

I bought my first tumble dryer, and it was working perfectly for the first week or so. However, I started to notice that the clothes were still damp, even when they had been in the dryer for a couple of hours. I realized that I hadn't emptied the tray that captures all the water, so I did that, but the problem continued. I thought the appliance must be faulty, so I called technical support. The agent advised me to clean the lint filter. I hadn't even noticed that! Sure enough, after I did that, the dryer started drying my clothes quickly again.

처음으로 건조기를 구입했는데 처음 일주일 정도는 완벽하게 작동했어요. 하지만 몇 시간 동안 건조기에 넣어두어도 옷이 여전히 축축하다는 것을 알기 시작했어요. 모든 물을 담는 통을 비우지 않았다는 사실을 깨닫고 비웠지만 문제는 계속되더라고요. 기기에 분명히 결함이 있는 것 같아서 기술 지원팀에 전화를 했어요. 상담원은 보풀 필터를 청소하라고 조언해줬어요. 저는 그 사실을 전혀 몰랐어요! 아니나 다를까, 필터를 청소하고 나니 건조기가 옷을 다시 빠르게 건조하기 시작했어요.

Wrap-up

결국 문제 해결해서 다행임
glad I got the problem resolved in the end

I'm really glad I got the problem resolved in the end.

결국 문제를 해결해서 정말 다행이에요.

■ 고득점 표현

어휘 표현 household product 가정용품 tumble dryer 건조기, 회전식 건조기 perfectly 완벽하게, 완전히 damp 축축한, 눅눅한 even ~도(조차) realize 알아차리다, 깨닫다 capture 담다, 담아내다 appliance (가정용) 기기 faulty 결함이 있는 technical support (회사의) 기술 지원팀 advise 조언하다, 충고하다 lint filter 보풀(보푸라기) 필터 sure enough 아니나 다를까 in the end 결국, 마침내

Unit 2 병원

빈출 문장 미리보기

주제와 관련된 문장들을 소리 내어 읽어 보고 필수 표현도 함께 익혀보세요.

1 병원에 진료 예약 문의

Hello. I'm calling to **arrange an** appointment to see a dentist.

안녕하세요. 치과 진료 예약을 잡기 위해 전화드렸어요.

First, **do I need to** fill out a new patient form on your web site first, or can I just **fill out a** form when I arrive in person?

우선, 웹사이트에서 신규 환자 양식을 먼저 작성해야 하나요, 아니면 직접 방문해서 양식을 작성해도 되나요?

Second, can you tell me how much it would cost for a tooth extraction?

두 번째로, 발치 비용이 얼마나 드는지 알려주실 수 있나요?

2 진료 예약을 했지만 못 가게 된 상황 문제 해결

Hello, I'm afraid I won't be able to **make it** to my appointment at 5:30 this evening.

안녕하세요, 오늘 저녁 5시 30분에 예약한 진료에 갈 수 없을 것 같아요.

Something has **come up** at my company, and I will need to work until 6 p.m.

회사에 일이 생겨서 오후 6시까지 일해야 하거든요.

Please **let me know** what would be best, and I'm sorry again.

무엇이 최선일지 알려주세요. 다시 한 번 죄송합니다.

3 예약 일정을 취소하거나 늦은 경험

I can **remember** a time when I was very late for a job interview.

채용 면접에 많이 늦었던 때가 기억나요.

When I arrived, I **figured out** I was supposed to be at the Pontius Building on the other side of town.

도착해서 보니 시내 반대편에 있는 폰티우스 빌딩에 가야 한다는 사실을 알게 되었죠.

I **explained** what had happened to the interviewers and, **fortunately**, they were very understanding.

저는 면접관들에게 무슨 일이 있었는지 설명했고 다행히도 그들은 아주 잘 이해해 줬어요.

■ 필수표현

1 병원에 진료 예약 문의

I'd like to give you a situation to act out. You need to make a dental appointment. Call the dentist's office and ask the receptionist three or four questions to find out more information about seeing the dentist. You will also need to schedule a suitable appointment time.

당신에게 주어진 상황에 맞춰서 역할극을 해주세요. 당신은 치과 예약을 해야 합니다. 치과에 전화하여 접수 담당자에게 서너 가지 질문을 하여 치과 진료에 관한 정보를 더 알아보세요. 또한 적절한 진료 시간을 예약해야 합니다.

2 진료 예약을 했지만 못 가게 된 상황 문제 해결

I'm sorry, but there is a problem I need you to resolve. On the day of your dentist's appointment, something happens and you are unable to attend the appointment. Call the dentist and explain the problem. Then, give two or three suggestions to resolve the issue.

유감스럽게도, 당신이 해결해야 할 문제가 있습니다. 치과 예약 당일에 어떤 일이 생겨서 진료에 갈 수 없게 되었습니다. 치과에 전화하여 문제를 설명해 주세요. 그런 다음 문제 해결을 위한 대안을 두세 가지 제시해 주세요.

3 예약 일정을 취소하거나 늦은 경험

That's the end of the situation. Have you ever missed or arrived late for an important meeting or appointment in the past? What was the reason for this, and what did you to about it? Please provide as many details as possible.

상황극이 종료되었습니다. 과거에 중요한 회의나 약속을 놓치거나 늦게 도착한 적이 있나요? 그 이유는 무엇이었으며 이에 대해 어떻게 대처했나요? 가능한 한 많이 자세히 말해 주세요.

추가 세트 구성

예매 혹은 예약 상황에서 등장할 수 있는 롤플레이 추가 세트입니다.

Set 1 호텔
여행지에서 당일 호텔 예약 문의 객실이 너무 지저분한 상황 문제 해결 기억에 남는 호텔 투숙 경험

Set 2 영화
친구와 함께 볼 영화표 예매 전화로 문의 영화관에서 잘못 판매한 예매표를 받은 상황 문제 해결 마지막 순간에 취소하거나 변경했던 경험

Q 병원에 진료 예약 문의 ★★★☆☆

I'd like to give you a situation to act out. You need to make a dental appointment. Call the dentist's office and ask the receptionist three or four questions to find out more information about seeing the dentist. You will also need to schedule a suitable appointment time.

당신에게 주어진 상황에 맞춰서 역할극을 해주세요. 당신은 치과 예약을 해야 합니다. 치과에 전화하여 접수 담당자에게 서너 가지 질문을 하여 치과 진료에 관한 정보를 더 알아보세요. 또한 적절한 진료 시간을 예약해야 합니다.

모범답변 MP3 2_136

Intro

진료 예약 잡기 위해 전화함
arrange an appointment

Hello. I'm calling to arrange an appointment to see a dentist.

안녕하세요. 치과 진료 예약을 잡기 위해 전화드렸어요.

Body

· 몇 가지 질문 있음
have a few questions
· 사이트에서 신규 환자 양식 먼저
작성해야 할지
fill out a new patient form
on your web site first
· 발치 비용 얼마나 드는지
cost for a tooth extraction
· 근처에 주차장이 있는지
a parking lot near your
dental clinic

I just moved to this city, so this is my first trip to a dentist here. As such, I have a few questions. First, do I need to fill out a new patient form on your web site first, or can I just fill out a form when I arrive in person? Second, can you tell me how much it would cost for a tooth extraction? I have very bad toothache, so I think I will need to have the tooth removed. Third, do you have a parking lot near your dental clinic? If so, how much does it cost to park there? I'm hoping I can get an appointment sometime this week. Anytime after 5 p.m. would be perfect.

저는 얼마 전에 이 도시로 이사 와서 이번에 처음으로 치과를 방문하게 되었어요. 그래서 몇 가지 질문이 있습니다. 우선, 웹사이트에서 신규 환자 양식을 먼저 작성해야 하나요, 아니면 직접 방문해서 양식을 작성해도 되나요? 두 번째로, 발치 비용이 얼마나 드는지 알려주실 수 있나요? 치통이 매우 심해서 발치를 해야 할 것 같아요. 마지막으로 치과 근처에 주차장이 있나요? 그렇다면, 주차 비용은 얼마 정도인가요? 이번 주 중으로 예약할 수 있기를 바랍니다. 오후 5시 이후라면 언제든 괜찮아요.

Wrap-up

[ ]로 연락줘
get back to me at
555-0234

Please get back to me at 555-0234 at your earliest convenience.

가급적 빠른 시일 내에 555-0234로 연락주시길 부탁드려요.

■ 고득점 표현

어휘 표현 a dental appointment 치과 진료 예약 receptionist 접수 담당자, 접수직원 suitable 적절한, 적합한 appointment 예약, 약속 see a doctor 진찰을 받다 move to 이사하다, 거처를 옮기다 dentist 치과 의사, 치과 patient 환자, 고객 fill out a form 양식을 작성하다, 용지에 써넣다 in person 직접 tooth extraction 발치(술) remove 치우다, 제거하다 parking lot 주차장 near 근처에, 가까이 dental clinic 치과(병원) get back to ~에게 연락하다, ~에게 나중에 연락하다

Q 진료 예약을 했지만 못 가게 된 상황 문제 해결 ★★★★☆

I'm sorry, but there is a problem I need you to resolve. On the day of your dentist's appointment, something happens and you are unable to attend the appointment. Call the dentist and explain the problem. Then, give two or three suggestions to resolve the issue.

유감스럽게도, 당신이 해결해야 할 문제가 있습니다. 치과 예약 당일에 어떤 일이 생겨서 진료에 갈 수 없게 되었습니다. 치과에 전화하여 문제를 설명해 주세요. 그런 다음 문제 해결을 위한 대안을 두세 가지 제시해 주세요.

모범답변

MP3 2_138

Intro

갈 수 없을 것 같음
won't be able to make it

Hello, I'm afraid I won't be able to make it to my appointment at 5:30 this evening.

안녕하세요, 오늘 저녁 5시 30분에 예약한 진료에 갈 수 없을 것 같아요.

Body

· 6시 까지 일해야 함
  need to work until 6 p.m.
· 취소해서 죄송함
  really sorry to cancel
· 몇 가지 제안 있음
  have a few suggestions
· 6시 15분까지 갈 수 있는데
  그때 진료 가능할지
  get there at 6:15,
  possible to see a dentist
  then
· 내일로 예약 가능할지
  schedule an appointment
  for tomorrow

Something has come up at my company, and I will need to work until 6 p.m. I'm really sorry to cancel my dentist's appointment at such short notice, especially when I really need help with my toothache. I have a few suggestions, and I hope one of them will be suitable. I know the last appointment at your clinic is at 6 p.m. but I could probably get there at 6:15. Would it be possible to see a dentist then? If not, would I be able to schedule an appointment for tomorrow? If that is not possible, I will just take the next available appointment, even if it is during my work hours.

회사에 일이 생겨서 오후 6시까지 일해야 하거든요. 치과 예약을 이렇게 급하게 취소하게 되어 정말 죄송해요. 치통 때문에 정말 도움이 필요한데 말이죠. 몇 가지 제안이 있는데 그 중 하나가 적절하기를 바랍니다. 치과 마지막 진료 시간이 오후 6시라는 것을 알고 있지만 6시 15분에 도착할 수 있을 것 같아요. 그 시간에 치과 진료를 받을 수 있을까요? 그렇지 않다면 내일로 예약을 잡을 수 있나요? 그게 불가능하다면 근무 시간 중이더라도 다음으로 가능한 예약을 잡을 게요.

Wrap-up

뭐가 최선일지 알려줘
let me know what would be best

Please let me know what would be best, and I'm sorry again.

무엇이 최선일지 알려주세요. 다시 한 번 죄송합니다.

■ 고득점 표현

어휘표현 resolve 해결하다 dentist 치과, 치과의사 appointment 예약, 약속 attend 가다, 참석하다 issue 문제, 안건 come up 생기다, 발생하다 cancel 취소하다 at such short notice 급하게, 예고 없이 especially 특히 need 필요하다 toothache 치통 suggestion 제안, 제의 suitable 적절한, 적합한 last 마지막, 마지막의 probably 아마 get there 도착하다 available 가능한, 이용 가능한 even if ~일지라도 work hours 근무시간

Q 예약 일정을 취소하거나 늦은 경험 ★★★★☆

That's the end of the situation. Have you ever missed or arrived late for an important meeting or appointment in the past? What was the reason for this, and what did you do about it? Please provide as many details as possible.

상황극이 종료되었습니다. 과거에 중요한 회의나 약속을 놓치거나 늦게 도착한 적이 있나요? 그 이유는 무엇이었으며 이에 대해 어떻게 대처했나요? 가능한 한 많이 자세히 말해 주세요.

모범답변

Intro

채용 면접에 많이 늦었음
very late for a job interview

I can remember a time when I was very late for a job interview.

채용 면접에 많이 늦었던 때가 기억나요.

Body

· 회계 회사에 입사 지원서 제출함
  applied for a job at an accounting firm
· 자신 있었음
  feeling confident
· 회사 주소 잘못 적음
  had written down the wrong business address
· 45분 늦게 도착함
  arrived 45 minutes late
· 면접관들에게 무슨 일이 있었는지 설명함
  explained what had happened to the interviewers

Just a couple of months after I graduated from university, I applied for a job at an accounting firm. I was very excited, because I wanted to begin a career as an accountant. I prepared well for the interview, and I was feeling confident. The problem was that I'd written down the wrong business address. So, on the day of the interview, I traveled to the downtown area and went to the Pontiac Building for the interview. When I arrived, I figured out I was supposed to be at the Pontius Building on the other side of town. I had to grab a taxi to get there as quickly as possible, but I arrived 45 minutes late. I explained what had happened to the interviewers and, fortunately, they were very understanding. Surprisingly, they even offered me the job!

대학을 졸업한 지 두어 달 만에 회계 회사에 입사 지원서를 제출했어요. 회계사로서 직장 생활을 시작하고 싶었기 때문에 매우 기뻤어요. 면접을 잘 준비했고 자신 있었죠. 그런데 문제는 회사 주소를 잘못 적었다는 것이었어요. 면접 당일, 저는 시내로 이동해 폰티악 빌딩으로 면접을 보러 갔어요. 도착해서 보니 시내 반대편에 있는 폰티우스 빌딩에 가야 한다는 사실을 알게 되었죠. 최대한 빨리 가기 위해 택시를 타야 했지만 45분이나 늦게 도착했어요. 저는 면접관들에게 무슨 일이 있었는지 설명했고 다행히도 그들은 아주 잘 이해해 줬어요. 놀랍게도 그들은 저에게 일자리를 제안하기까지 했어요!

Wrap-up

더 주의해야 한다는 것 배웠음
learned to be more careful

I definitely learned to be more careful when taking note of appointment details.

약속 세부 사항을 기록할 때 더 주의해야 한다는 것을 확실히 배웠어요.

■ 고득점 표현

어휘 표현 arrive late 늦게 도착하다 job interview 채용 면접, 취직 면접 graduated from ~를 졸업하다 apply for a job 입사 지원서를 제출하다 accounting firm 회계 회사, 회계 법인 begin a career 직장 생활을 시작하다, ~에서 일을 시작하다 prepare for ~를 준비하다 write down 적다, 기록하다 figure out 알다, 생각해 내다

주제와 관련된 문장들을 소리 내어 읽어 보고 필수 표현도 함께 익혀보세요.

1 여행사에 전화해서 상품 문의

The first thing I'd like to know about is the specific destinations on the cruise.

가장 먼저 알고 싶은 것은 크루즈의 구체적인 행선지입니다.

Can you tell me which cities or towns I would get to visit?

어느 도시나 마을을 방문하게 되는지 알려주실 수 있나요?

Finally, can you please tell me about the cabins that are available?

마지막으로 이용 가능한 선실에 대해 알려주실 수 있나요?

2 환불 불가능한 여행 상품을 취소해야 하는 상황 문제 해결

Regretfully, my family and I won't be able to go on the cruise.

유감스럽게도 제 가족과 저는 크루즈에 탑승할 수 없게 되었어요.

I had a few ideas regarding my cruise package, which I know is non-refundable.

크루즈 패키지에 대해 몇 가지 생각이 있는데, 환불이 불가능하다는 것은 알고 있습니다.

Would it be possible to change the dates to next summer instead?

대신 내년 여름으로 날짜를 변경할 수 있을까요?

3 기억에 남는 여행 경험

I'm going to tell you about something that happened while I was visiting relatives in Canada.

캐나다에 있는 친척을 방문했을 때 있었던 일에 대해 말할게요.

While I was visiting there three years ago, I was just browsing items in an arts and crafts store when I bumped into the famous movie director Steven Spielberg.

3년 전 이곳을 방문했을 때 예술 공예품 가게에서 물건을 구경하다가 유명한 영화감독 스티븐 스필버그와 마주쳤어요.

That was certainly an experience I'll remember for the rest of my life.

그것은 확실히 평생 기억에 남을 경험이었어요.

■ 필수표현

기출 문제 예시

1 여행사에 전화해서 상품 문의

I'd like to give you a situation to act out. You are planning to go on a Mediterranean cruise during your summer vacation. Call a travel agent and ask three or four questions to find out more information about the cruise.

당신에게 주어진 상황에 맞춰서 역할극을 해주세요. 여름 휴가 기간 동안 지중해 크루즈를 탈 계획입니다. 여행사에 전화하여 크루즈에 대한 자세한 정보를 찾기 위해 서너 가지 질문을 해보세요.

2 환불 불가능한 여행 상품을 취소해야 하는 상황 문제 해결

I'm sorry, but there is a problem I need you to resolve. You have booked a non-refundable cruise package. However, something has happened, and you will be unable to go on the cruise next month. Call the travel agent and explain what has happened. Then, offer some ideas to resolve the problem.

유감스럽게도, 당신이 해결해야 할 문제가 있습니다. 당신은 환불 불가능한 유람선 관광상품을 예매했습니다. 그러나 다음 주에 여행을 갈 수 없는 상황이 발생했습니다. 여행사에 전화해서 상황을 설명하고 이 상황을 해결하기 위해서 몇 가지 대안을 제시하세요.

3 기억에 남는 여행 경험

That's the end of the situation. There are times when something unexpected happens while traveling. Has anything surprising or unusual happened to you during a trip? Please tell me about that experience in detail. I'd like to know when and where it happened and what made it so memorable.

상황극이 종료되었습니다. 여행 중에는 예상치 못한 일이 발생할 때가 있습니다. 여행 중에 놀랍거나 특이한 일이 있었던 적이 있나요? 그 경험에 대해 자세히 말해주세요. 언제 어디서 일어났고 무엇이 기억에 남는지 알고 싶습니다.

추가 세트 구성

업체에 문의하는 상황에 등장할 수 있는 롤플레이 추가 세트입니다.

Set 1 재활용	Set 1 렌터카
새로 입주한 아파트의 안내데스크에 재활용 방법 문의 새로 들어온 주민이 쓰레기를 잘못 버린 상황 문제 해결 어렸을 때 했던 재활용 경험	렌터카 업체에 전화해 렌트 문의 빌린 렌터카에 문제가 발생한 상황 문제 해결 렌터카 업체 이용 경험

Q **여행사에 전화해서 상품 문의** ★★★☆☆

I'd like to give you a situation to act out. You are planning to go on a Mediterranean cruise during your summer vacation. Call a travel agent and ask three or four questions to find out more information about the cruise.

당신에게 주어진 상황에 맞춰서 역할극을 해주세요. 여름 휴가 기간 동안 지중해 크루즈를 탈 계획입니다. 여행사에 전화하여 크루즈에 대한 자세한 정보를 찾기 위해 서너 가지 질문을 해보세요.

모범답변

Intro

몇 가지 질문 있음
have a few questions

Good morning. I'm calling because I have a few questions about your Mediterranean cruise.

좋은 아침입니다. 지중해 크루즈에 대해 몇 가지 질문이 있어서 전화했어요.

Body

· 구체적인 행선지 알고 싶음
specific destinations

· 어느 도시나 마을 방문하게 되는 지
which cities or towns

· 오락 편의 시설 종류와 가능한 활동들
what types of recreational amenities and activities are available

· 이용 가능한 선실
cabins that are available

The first thing I'd like to know about is the specific destinations of the cruise. I know that the cruise ship stops at four different ports and allows passengers to explore and do some sightseeing and shopping. Can you tell me which cities or towns I would get to visit? I'd also like to know what types of recreational amenities and activities are available onboard the ship. In particular, I'm wondering if there is a swimming pool. Finally, can you please tell me about the cabins that are available? I'm planning to travel with my husband and two children, so I just want to make sure that you have family-sized cabins.

가장 먼저 알고 싶은 것은 크루즈의 구체적인 행선지입니다. 크루즈가 네 개의 다른 항구에 정박하며 승객들이 관광과 쇼핑을 할 수 있는 것으로 알고 있어요. 어느 도시나 마을을 방문하게 되는지 알려주실 수 있나요? 또한 선내에서 어떤 종류의 오락 편의시설과 활동을 이용할 수 있는지 알고 싶어요. 특히 수영장이 있는지 궁금해요. 마지막으로 이용 가능한 선실에 대해 알려주실 수 있나요? 가족과 함께 여행할 계획이라 가족용 선실이 있는지 확인하고 싶어요.

Wrap-up

다시 연락 주길 바람
hope you can get back to me

I hope you can get back to me and answer my questions.

다시 연락 주셔서 제 질문에 답변해 주셨으면 해요.

■ 고득점 표현

**어휘
표현** cruise 크루즈, 유람선 travel agent 여행사, 여행사 직원 specific 구체적인, 명확한 destination 행선지, 도착지 port 항구, 항만 시설 sightseeing 관광 recreational 레크리에이션[오락]의 amenity 시설, 생활 편의 시설 onboard the ship 선내에서, 배 안에 wonder 궁금하다, 궁금해하다 swimming pool 수영장 cabin 선실, 객실 available 이용 가능한, 이용할 수 있는 family-size 가족용, (가족 전원이 쓸 수 있는) 대형의 get back to ~에게 다시 연락하다, ~에게 나중에 연락하다

Q | 환불 불가능한 여행 상품을 취소해야 하는 상황 문제 해결 ★★★★☆

I'm sorry, but there is a problem I need you to resolve. You have booked a non-refundable cruise package. However, something has happened, and you will be unable to go on the cruise next month. Call the travel agent and explain what has happened. Then, offer some ideas to resolve the problem.

유감스럽게도, 당신이 해결해야 할 문제가 있습니다. 당신은 환불 불가능한 유람선 관광상품을 예매했습니다. 그러나 다음 주에 여행을 갈 수 없는 상황이 발생했습니다. 여행사에 전화해서 상황을 설명하고 이 상황을 해결하기 위해서 몇 가지 대안을 제시하세요.

모범답변 (◁)) MP3 2_144

Intro

크루즈 패키지에 문제 있음
a problem with the cruise package

Hi, I'm calling because I have a problem with the cruise package I booked through your agency.

안녕하세요, 여행사를 통해 예약한 크루즈 패키지에 문제가 있어서 전화드렸어요.

Body

· 크루즈 탑승 못하게 됨
 won't be able to go on the cruise
· 일본으로 이사해야 함
 need to move to Japan
· 내년 여름으로 날짜 바꾸고 싶음
 change the dates to next summer
· 동생에게 양도하고 싶음
 transfer the booking to my brother
· 부분 환불 가능한지
 at least a partial refund

Regretfully, my family and I won't be able to go on the cruise. I have just been offered a new job in Asia, and we need to move to Japan in the next couple of weeks. I'm quite disappointed, as we were really looking forward to the cruise. I had a few ideas regarding my cruise package, which I know is non-refundable. Would it be possible to change the dates to next summer instead? If not, can I transfer the booking to my brother and his family? They would be happy to take our place. If neither option is possible, is there any chance of getting at least a partial refund? Please get back to me about this.

유감스럽게도 제 가족과 저는 크루즈에 탑승할 수 없게 되었어요. 방금 아시아에서 새로운 일자리를 제안받았는데 앞으로 몇 주 안에 일본으로 이사해야 해요. 크루즈 여행을 정말 고대하고 있었기 때문에 매우 실망스러워요. 크루즈 패키지에 대해 몇 가지 생각이 있는데, 환불이 불가능하다는 것은 알고 있습니다. 대신 내년 여름으로 날짜를 변경할 수 있을까요? 그렇지 않다면 동생과 그의 가족에게 예약을 양도할 수 있나요? 동생과 가족은 기꺼이 우리를 대신할 것입니다. 두 가지 선택지가 모두 불가능하다면 최소한 부분 환불을 받을 수 있나요? 이와 관련하여 다시 연락 주시기 바랍니다.

Wrap-up

원만한 해결책 찾을 수 있길 바람
hope we can find an agreeable resolution

I hope we can find an agreeable resolution to this problem.

이 문제에 대한 원만한 해결책을 찾을 수 있기를 바래요.

■ 고득점 표현

어휘 표현 non-refundable 환불 불가능한, 환불이 안 되는 travel agent 여행사 regretfully 유감스럽게도 move 이사하다 disappoint 실망시키다 look forward to ~을 기대하다 regarding ~에 관하여, ~에 대하여 change the date 날짜를 변경하다 oversea 해외의, 해외에서의 transfer 양도하다, 옮기다 neither 둘 중 어느것도 ~아니다 at least 최소한, 적어도 partial 부분, 부분적인 get back to ~에게 다시 연락하다 agreeable 원만한, 받아들일 수 있는

Q **기억에 남는 여행 경험** ★★★★☆

That's the end of the situation. There are times when something unexpected happens while traveling. Has anything surprising or unusual happened to you during a trip? Please tell me about that experience in detail. I'd like to know when and where it happened and what made it so memorable.

상황극이 종료되었습니다. 여행 중에는 예상치 못한 일이 발생할 때가 있습니다. 여행 중에 놀랍거나 특이한 일이 있었던 적이 있나요? 그 경험에 대해 자세히 말해주세요. 언제 어디서 일어났고 무엇이 기억에 남는지 알고 싶습니다.

모범답변

(((MP3 2_146

Intro

캐나다에 있는 친척 방문
relatives in Canada

I'm going to tell you about something that happened while I was visiting relatives in Canada.

캐나다에 있는 친척을 방문했을 때 있었던 일에 대해 말할게요.

Body

· 작은 마을
  a small town
· 평소에 매우 조용
  normally very quiet
· 유명한 영화 감독 마주침
  bumped into the famous
  movie director
· 깜짝 놀랐고 긴장함
  shocked and nervous
· 매우 놀라운 경험
  an amazing experience

My aunt and uncle live in a small town in the Canadian province of Ontario. The town is normally very quiet, with a population of only about 10,000. However, I didn't realize that a lot of rich and famous people have cottages near the lakes there, and they often visit during summer. While I was visiting there three years ago, I was just browsing items in an arts and crafts store when I bumped into the famous movie director Steven Spielberg. He could see that I was shocked and nervous, so he introduced himself and had a chat with me. He was very kind and chatty, so it was an amazing experience for me, because I am a huge fan of many of his films.

제 이모와 삼촌은 캐나다 온타리오주의 작은 마을에 살고 계세요. 인구가 약 1만 명에 불과한 이 마을은 평소에는 매우 조용해요. 하지만 부유하고 유명한 많은 사람들이 호수 근처에 별장을 가지고 있고 여름에 자주 방문한다는 사실을 모르고 있었어요. 3년 전 이곳을 방문했을 때 예술 공예품 가게에서 물건을 구경하다가 유명한 영화감독 스티븐 스필버그와 마주쳤어요. 스필버그는 제가 깜짝 놀랐고 긴장을 하고 있는 것을 보고 자기소개를 하고 대화를 나눴어요. 스필버그는 매우 친절하고 친근하게 말을 걸어주었고, 제겐 매우 놀라운 경험이었는데, 저는 그의 영화의 열렬한 팬이기 때문이죠.

Wrap-up

평생 기억에 남을 경험
remember for the rest of
my life

That was certainly an experience I'll remember for the rest of my life.

그것은 확실히 평생 기억에 남을 경험이었어요.

■ 고득점 표현

어휘
표현 unexpected 예상치 못한, 예상 밖의 relative 친척 aunt 이모 province (행정 단위인) 주 normally 보통, 보통은 population 인구, 모든 주민 cottage (시골에 있는) 작은 집, 별장 lake 호수 craft 공예품 bump into ~와 마주치다 nervous 긴장한, 불안해하는 introduce 소개하다 have a chat 대화를 나누다, 잡담하다 chatty 친근하게 말을 거는, 수다스러운 huge 열렬한, (크기·양·정도가) 막대한

Unit

4 약속

빈출 문장 미리보기

주제와 관련된 문장들을 소리 내어 읽어 보고 필수 표현도 함께 익혀보세요.

1 친구와 주말에 만나기 위한 약속 질문

I've been thinking about what we can do, and I have a few suggestions.
우리가 무엇을 할 수 있을지 생각해봤는데 몇 가지 제안이 있어.

My first idea is that we could go to the food festival that is being held downtown.
첫 번째 아이디어는 시내에서 열리는 음식 축제에 가는 거야.

Admission is free, and there will be a lot of delicious food for us to try.
입장료는 무료고 맛있는 음식도 많이 먹을 수 있을 거야.

2 친구와 만나기로 한 약속을 못 가게 된 상황 문제 해결

Hey, Sam. I'm afraid I have some bad news.
안녕, 샘. 안타깝지만 안 좋은 소식이 있어.

I'm running late to meet you because the bus I took has broken down.
내가 타고 온 버스가 고장 나서 너를 만나러 가는 데 늦을 것 같아.

Well, first of all, if you don't mind waiting for me, I could still meet you there at around noon.
음, 우선, 네가 날 기다려도 괜찮다면 12시에 거기서 만날 수 있을 것 같아.

3 약속을 취소했던 경험

I remember a time last year when I had to cancel plans I had made with a coworker.
작년에 동료와 약속한 일정을 취소해야 했던 때가 기억나요.

The problem was that I hurt my back a couple of days before we were due to leave, and I was having difficulty even walking around.
문제는 출발 며칠 전에 허리를 다쳐서 걷는 것조차 힘들다는 것이었어요.

He was very understanding and wished me a speedy recovery.
그는 저를 잘 이해해줬고 빠른 회복을 기원해줬어요.

■ 필수표현

기출 문제 예시

1 친구와 주말에 만나기 위한 약속 질문

I'd like to give you a situation to act out. You want to meet up with your friend this Saturday. Call your friend and provide two or three suggestions about what you can do together and when you want to meet.

당신에게 주어진 상황에 맞춰서 역할극을 해주세요. 이번 토요일에 친구를 만나고 싶다고 가정해 봅시다. 친구에게 전화하여 함께 할 수 있는 일과 만나고 싶은 시간에 대해 두세 가지 제안을 해 보세요.

2 친구와 만나기로 한 약속을 못 가게 된 상황 문제 해결

I'm sorry, but there is a problem I need you to resolve. You are unable to meet your friend at the time and place that was agreed upon. Call your friend and give three or four alternatives to address the problem.

유감스럽게도, 당신이 해결해야 할 문제가 있습니다. 친구를 만나기로 한 시간과 장소에서 친구를 만날 수 없게 되었습니다. 친구에게 전화해서 이 상황을 해결할 수 있는 서너 가지 대안을 제시해주세요.

3 약속을 취소했던 경험

That's the end of the situation. Have you ever had to cancel your plans with someone? Maybe it was due to bad weather or a busy schedule. What did you do to deal with the situation and how did you make it up to the person you were supposed to meet?

상황극이 종료 되었습니다. 다른 사람과의 약속을 취소해야 했던 적이 있나요? 악천후나 바쁜 일정 때문이었을 수도 있습니다. 그 상황에 대처하기 위해 어떻게 하셨고, 만나기로 한 사람에게 어떻게 보상하셨나요?

추가 세트 구성

친구에게 질문하는 상황에 등장할 수 있는 롤플레이 추가 세트입니다.

Set 1 음식점

친구 가족이 연 음식점에 대해 친구에게 질문
배달시킨 음식에 문제가 생긴 상황 문제 해결
최근 기억에 남는 음식점 방문 경험

Set 2 인터넷

친구가 알려 준 웹사이트에 대해 친구에게 질문
해당 사이트에 접속이 안되는 상황 문제 해결
인터넷을 사용하면서 겪은 문제 및 해결 경험

Set 3 영화

친구가 추천한 영화에 대해 친구에게 질문
영화관에서 영화를 보다가 지루해서 중간에 나오고 싶은
상황 문제 해결
재미 없는 영화를 봤던 경험

MP3 2_147

Q 친구와 주말에 만나기 위한 약속 질문 ★★★☆☆

I'd like to give you a situation to act out. You want to meet up with your friend this Saturday. Call your friend and provide two or three suggestions about what you can do together and when you want to meet.

당신에게 주어진 상황에 맞춰서 역할극을 해주세요. 이번 토요일에 친구를 만나고 싶다고 가정해 봅시다. 친구에게 전화하여 함께 할 수 있는 일과 만나고 싶은 시간에 대해 두세 가지 제안을 해 보세요.

모범답변 MP3 2_148

Intro
계획 세우려고 함
try and make some plans

Hi, Sam. This is David. I'm just calling to try and make some plans with you this Saturday.

안녕, 샘. 나야 데이비드. 이번 토요일에 함께 할 계획을 세우려고 전화했어.

Body
· 계획 세울 수 있어서 아주 신남
  excited to make plans
· 몇 가지 제안 있음
  have a few suggestions
· 음식 축제 가기
  go to the food festival
· 등산 하기
  go on a hike
· 영화 보기
  see a movie

You mentioned that you are free this Saturday, so I'm excited to make plans. I've been thinking about what we can do, and I have a few suggestions. My first idea is that we could go to the food festival that is being held downtown. Admission is free, and there will be a lot of delicious food for us to try. Or perhaps we could go on a hike at Mount Percy. The weather is supposed to be very nice, so it would be a perfect day for some outdoor activities. The final suggestion I have is that we could go and see a movie at the cinema. I have two free tickets that I won in a competition, and I'd be happy to give you one of them. Anyway, let's meet at the coffee shop at 11 a.m. and take it from there.

이번 토요일에 시간이 있다고 해서 계획을 세울 수 있어서 아주 신나. 우리가 무엇을 할 수 있을지 생각해봤는데 몇 가지 제안이 있어. 첫 번째 아이디어는 시내에서 열리는 음식 축제에 가는 거야. 입장료는 무료고 맛있는 음식도 많이 먹을 수 있을 거야. 아니면 퍼시 산에서 등산을 할 수도 있어. 날씨가 아주 좋다고 하니 야외 활동을 하기에 완벽한 날이 될 거야. 마지막으로 제안하고 싶은 것은 영화관에 가서 영화를 보는 거야. 내가 경연에서 우승한 무료 티켓이 두 장 있는데 그중 하나를 너에게 기꺼이 줄게. 어쨌든 오전 11시에 커피숍에서 만나서 거기서부터 시작하자.

Wrap-up
어떤 걸 하고 싶은지 알려줘
let me know what you fancy doing

Have a think about it and let me know what you fancy doing.

잘 생각해보고 어떤 걸 하고 싶은지 알려줘.

■ 고득점 표현

어휘표현 meet up ~와 만나다 make plans 계획을 세우다 suggestion 제안, 제의 think about ~을 생각하다, ~에 관해 생각하다 hold 열다, 개최하다 admission 입장료, 입장 perfect 완벽한, 완전한 outdoor activity 야외 활동, 실외 활동 win 우승하다, 이기다 competition 경연, 대회 fancy ~하고 싶다, 원하다

Q11-13 롤플레이 147

Q **친구와 만나기로 한 약속을 못 가게 된 상황 문제 해결** ★★★★☆

I'm sorry, but there is a problem I need you to resolve. You are unable to meet your friend at the time and place that was agreed upon. Call your friend and give three or four alternatives to address the problem.

유감스럽게도, 당신이 해결해야 할 문제가 있습니다. 친구를 만나기로 한 시간과 장소에서 친구를 만날 수 없게 되었습니다. 친구에게 전화해서 이 상황을 해결할 수 있는 서너 가지 대안을 제시해주세요.

모범답변

Intro

안 좋은 소식 있음
have some bad news

Hey, Sam. I'm afraid I have some bad news.

안녕, 샘. 안타깝지만 안 좋은 소식이 있어.

Body

· 내가 탄 버스 고장 남
the bus I took has broken down

· 시간 맞춰 도착할 수 없음
won't be able to make it

· 12시에 만날 수 있음
could still meet you there at around noon

· 먼저 음식축제 가도 됨
go to the food festival ahead of me

· 대신 내일 만날 수 있음
meet tomorrow instead

I'm running late to meet you because the bus I took has broken down. I won't be able to make it to the coffee shop at 11 like we planned. I have a few ideas to solve the problem. Well, first of all, if you don't mind waiting for me, I could still meet you there at around noon. But, if you'd prefer to leave, why don't you just go to the food festival ahead of me and start enjoying the food? I can just meet you there in a little while. Another option is that we could just meet tomorrow instead, if you don't want to wait around. I'm free all day tomorrow, too, and the food festival is a two-day event anyway.

내가 타고 온 버스가 고장 나서 너를 만나러 가는 데 늦을 것 같아. 약속한 11시까지 커피숍에 도착할 수 없을 것 같아. 문제를 해결할 수 있는 몇 가지 아이디어가 있어. 음, 우선, 네가 날 기다려도 괜찮다면 12시에 거기서 만날 수 있을 것 같아. 근데 먼저 가고 싶으면 나보다 먼저 음식 축제에 가서 음식을 즐기는 건 어때? 조금 있다가 거기서 만날 수 있어. 또 다른 선택지는 네가 만약 기다리기 싫다면 내일 만날 수도 있어. 나는 내일도 하루 종일 시간이 여유롭고 어차피 음식 축제는 이틀간의 행사니까.

Wrap-up

다시 전화 줘
give me a call back

Give me a call back and let me know what you'd prefer.

다시 전화 해서 어떤 걸 원하시는지 말해줘.

■ 고득점 표현

어휘 표현 alternative 대안, 선택 가능한 것 address 해결하다, 다루다 take 타다, 이용하다 break down 고장 나다 make it 도착하다, 시간 맞춰 가다 solve the problem 문제를 해결하다 first of all 우선 prefer to ~을 선호하다 leave 가다, 떠나다 why don't you ~하는 건 어때? ahead of ~보다 먼저, ~보다 빨리 instead 대신, 대신에 wait around 기다리다

Q 약속을 취소했던 경험 ★★★★☆

That's the end of the situation. Have you ever had to cancel your plans with someone? Maybe it was due to bad weather or a busy schedule. What did you do to deal with the situation and how did you make it up to the person you were supposed to meet?

상황극이 종료 되었습니다. 다른 사람과의 약속을 취소해야 했던 적이 있나요? 악천후나 바쁜 일정 때문이었을 수도 있습니다. 그 상황에 대처하기 위해 어떻게 하셨고, 만나기로 한 사람에게 어떻게 보상하셨나요?

모범답변 MP3 2_152

Intro
일정 취소 해야 했음
had to cancel plans

I remember a time last year when I had to cancel plans I had made with a coworker.

작년에 동료와 약속한 일정을 취소해야 했던 때가 기억나요.

Body
· 직장 동료와
with my coworker
· 미술 전시회 보러 가기로 함
go see an art exhibition
· 허리 다침
hurt my back
· 설명해야 했음
had to explain
· 잘 이해해줌
very understanding
· [　]과 함께 맛있는 저녁 먹으러 가기로 함
took Stefan out for a nice dinner

I had arranged with my coworker, Stefan, to go see an art exhibition at a gallery in Jeju. We had made a lot of plans, such as travel and accommodation arrangements, and we were both looking forward to our trip. The problem was that I hurt my back a couple of days before we were due to leave, and I was having difficulty even walking around. I had to explain to Stefan that I couldn't go to Jeju. He was very understanding and wished me a speedy recovery. I still felt very bad about the trip being canceled, though, so I took Stefan out for a nice dinner once my back had healed.

직장 동료인 스테판과 제주도의 한 갤러리에서 미술 전시회를 보러 가기로 했죠. 여행과 숙소 예약 등 많은 계획을 세웠고 둘 다 여행을 기대하고 있었어요. 문제는 출발 며칠 전에 허리를 다쳐서 걷는 것조차 힘들다는 것이었어요. 스테판에게 제주도에 갈 수 없다고 설명해야 했어요. 그는 저를 잘 이해해줬고 빠른 회복을 기원해줬어요. 그래도 여행이 취소된 것이 너무 아쉬워서 허리가 다 나으면 스테판과 함께 맛있는 저녁을 먹으러 가기로 했어요.

Wrap-up
친절하고 이해심 많은 동료
have such a nice,
understanding coworker

I'm lucky that I have such a nice, understanding coworker.

이렇게 친절하고 이해심 많은 동료가 있다는 것은 행운이에요.

■ 고득점 표현

어휘표현 cancel one's plan 약속을 취소하다 due to ~ 때문에 deal with 처리하다, ~을 다루다 make it up to ~에게 (손해를) 보상하다 be supposed to ~하기로 되어 있다, ~해야 한다 coworker 동료, 같이 일하는 사람 art exhibition 미술 전시회 accommodation 숙소, 시설 arrangement 예약, 준비 look forward to ~을 기대하다 hurt 다치다, 아프다 back 허리, 등 a couple of 두 개의, 몇 개의 have difficulty (in) -ing ~하기가 힘들다, ~하는데 어려움이 있다 even ~도(조차) explain 설명하다 understanding 이해해 주는, 이해심 있는 wish 기원하다, 바라다 speedy recovery 빠른 회복 still 그래도, 여전히 feel bad 아쉽다, ~에 낙담하다 heal 낫다, 치유되다

Unit 5 음식점

주제와 관련된 문장들을 소리 내어 읽어 보고 필수 표현도 함께 익혀보세요.

1 친구 가족이 연 음식점에 대해 친구에게 질문

Do you know if the shop offers a discount on large orders?
이 매장에서 대량 주문 시 할인을 제공하는지 알고 있나요?

And do you know how many different fillings the shop offers for its sandwiches?
그리고 샌드위치에 들어가는 재료가 몇 가지나 되는지 알고 있나요?

Lastly, **do you know roughly how long** it would take the shop to prepare the order?
마지막으로, 매장에서 주문을 준비하는 데 대략 얼마나 걸리는지 알고 있나요?

2 배달시킨 음식에 문제가 생긴 상황 문제 해결

It seems as though there has been some kind of mix-up with my order and another customer's order.
제 주문과 다른 고객의 주문에 혼동이 있었던 것 같아요.

I checked the order ticket on the bag, and it has another customer's name on it.
봉투에 있는 주문 영수증을 확인했는데 다른 고객의 이름이 적혀 있었어요.

Can you send the delivery driver back with my correct order as soon as possible?
가능한 한 빨리 제 주문대로 배달 기사를 다시 보내주실 수 있나요?

3 최근 기억에 남는 음식점 방문 경험

I went out for a meal with some of my friends about a month ago.
약 한 달 전에 친구들과 함께 외식을 하러 나갔어요.

The meal at the Thai restaurant was amazing.
태국 음식점에서의 식사는 정말 훌륭했어요.

It was a really enjoyable night, and I'll always remember it.
정말 즐거운 밤이었고 항상 기억에 남을 거예요.

■ 필수표현

기출 문제 예시

1 친구 가족이 연 음식점에 대해 친구에게 질문

I'd like to give you a situation to act out. Your coworker has a friend who has just opened up a sandwich shop. Ask three or four questions to learn more about this new restaurant to decide whether you want to order food from it.

당신에게 주어진 상황에 맞춰서 역할극을 해주세요. 직장 동료의 친구가 얼마전에 샌드위치 가게를 개업했습니다. 서너 가지 질문을 해서 이 음식점에 대해 자세히 알아보고 음식을 주문할 지 결정해 보세요.

2 배달시킨 음식에 문제가 생긴 상황 문제 해결

I'm sorry, but there is a problem I need you to resolve. You ordered sandwiches to be delivered to your office for a staff meeting. When you checked the items you received, you realized that you had been sent another customer's order by mistake. Call the sandwich shop and explain what happened to the owner. Then offer two or three solutions to the problem so that you can get the correct sandwiches you ordered.

유감스럽게도, 당신이 해결해야 할 문제가 있습니다. 당신은 직원 회의를 위해 사무실로 샌드위치를 배달해 달라고 주문했습니다. 받은 음식을 확인해보니 실수로 다른 고객의 주문이 배달되었다는 사실을 알게 되었습니다. 샌드위치 가게에 전화하여 주인에게 무슨 일이 있었는지 설명하세요. 그런 다음 주문한 샌드위치를 올바르게 받을 수 있도록 문제에 대한 두세 가지 해결책을 제시하세요.

3 최근 기억에 남는 음식점 방문 경험

That's the end of the situation. Tell me about a time when you went out for a meal with your family, friends or work colleagues. Was it for a special occasion? Where did you go and what happened during the meal? Tell me all of the details.

상황극이 종료 되었습니다. 가족이나 친구들 또는 직장 동료들과 함께 외식하러 나갔던 경험에 대해 말해 주세요. 특별한 날이었나요? 어디로 갔고, 식사 중에 어떤 일이 있었나요? 모든 일을 자세히 말해주세요.

Q 친구 가족이 연 음식점에 대해 친구에게 질문 ★★★☆☆

I'd like to give you a situation to act out. Your coworker has a friend who has just opened up a sandwich shop. Ask three or four questions to learn more about this new restaurant to decide whether you want to order food from it.

당신에게 주어진 상황에 맞춰서 역할극을 해주세요. 직장 동료의 친구가 얼마전에 샌드위치 가게를 개업했습니다. 서너 가지 질문을 해서 이 음식점에 대해 자세히 알아보고 음식을 주문할 지 결정해 보세요.

모범답변

Intro

좀 더 자세히 알고 싶음
know a bit more

I'd like to know a bit more about the sandwich shop that your friend has opened.

친구가 개업한 샌드위치 가게에 대해 좀 더 자세히 알고 싶어요.

Body

· 몇 가지 질문 있음
  have a few questions
· 대량 주문 시 할인 제공하는 지
  offers a discount on large orders
· 들어가는 재료 몇가지나 되는 지
  how many different fillings
· 얼마나 걸리는 지
  how long it would take

I'm thinking about ordering sandwiches for the staff meeting this afternoon, but I have a few questions first. Do you know if the shop offers a discount on large orders? I'm thinking about ordering between 20 and 30 sandwiches, so it would be nice if there was a small discount. And do you know how many different fillings the shop offers for its sandwiches? Ideally, I'd like to get a wide range of fillings, from tuna to cheese and ham to turkey. Lastly, do you know roughly how long it would take the shop to prepare the order? The meeting is two hours from now, so maybe I've left it a little late.

오늘 오후에 있을 직원 회의에서 먹을 샌드위치를 주문할까 하는데, 먼저 몇 가지 질문이 있어요. 이 매장에서 대량 주문 시 할인을 제공하는지 알고 있나요? 샌드위치를 20~30개 정도 주문하려고 하는데, 조금이라도 할인이 된다면 좋을 것 같아요. 그리고 샌드위치에 들어가는 재료가 몇 가지나 되는지 알고 있나요? 이상적으로는 참치부터 치즈, 햄, 칠면조까지 다양한 속 재료를 준비하고 싶어요. 마지막으로, 매장에서 주문을 준비하는 데 대략 얼마나 걸리는지 알고 있나요? 회의가 두 시간 남았으니 조금 늦은 것 같기도 해요.

Wrap-up

답변해 주시면 감사함
appreciate it if you could answer

I'd appreciate it if you could answer these questions.

이 질문에 답변해 주신다면 감사하겠습니다.

■ 고득점 표현

어휘 표현 coworker 동료, 같이 일하는 사람 open up 개업하다, (새로운 사업을) 시작하다 a bit 좀, 조금 offer 제공하다 large order 대량 주문 filling (파이 등 음식의) 소(속), 속에 넣는 것 Ideally 이상적으로 a wide range of 다양한 tuna 참치 turkey 칠면조 lastly 마지막으로, 끝으로 roughly 대략, 거의 how long 얼마나 prepare 준비하다, 준비시키다 appreciate 고마워하다, 환영하다

Q 배달시킨 음식에 문제가 생긴 상황 문제 해결 ★★★★☆

I'm sorry, but there is a problem I need you to resolve. You ordered sandwiches to be delivered to your office for a staff meeting. When you checked the items you received, you realized that you had been sent another customer's order by mistake. Call the sandwich shop and explain what happened to the owner. Then offer two or three solutions to the problem so that you can get the correct sandwiches you ordered.

유감스럽게도, 당신이 해결해야 할 문제가 있습니다. 당신은 직원 회의를 위해 사무실로 샌드위치를 배달해 달라고 주문했습니다. 받은 음식을 확인해보니 실수로 다른 고객의 주문이 배달되었다는 사실을 알게 되었습니다. 샌드위치 가게에 전화하여 주인에게 무슨 일이 있었는지 설명하세요. 그런 다음 주문한 샌드위치를 올바르게 받을 수 있도록 문제에 대한 두세 가지 해결책을 제시하세요.

모범답변

Intro

주문에 문제 있음
a problem with my order

Hello, I'm calling about a problem with my order from your sandwich shop.

안녕하세요, 샌드위치 가게에서 주문한 샌드위치에 문제가 있어서 전화드려요.

Body

· 주문에 혼동 있음
some kind of mix-up with my order

· 다른 고객 이름 적혀 있었음
has another customer's name on it

· 내 주문대로 다시 보내주길 바람
send the delivery driver back with my correct order

· 불가능 하면 직접 찾아가겠음
come and collect the order myself

Your delivery driver just dropped off an order at the reception desk in my office, and he had already left by the time I checked the contents. It seems as though there has been some kind of mix-up with my order and another customer's order. I ordered ten Cajun chicken sandwiches, and ten ham and cheese sandwiches, but I've received twenty egg salad sandwiches instead. I checked the order ticket on the bag, and it has another customer's name on it. Can you send the delivery driver back with my correct order as soon as possible? I need the sandwiches by 1 p.m. If that's not possible, I will come and collect the order myself, assuming you will offer a discount.

방금 배달 기사가 제 사무실의 안내 데스크에 주문을 맡겼는데 제가 내용물을 확인했을 때는 이미 떠난 후였어요. 제 주문과 다른 고객의 주문에 혼동이 있었던 것 같아요. 케이준 치킨 샌드위치 10개와 햄 치즈 샌드위치 10개를 주문했는데, 대신 에그 샐러드 샌드위치 20개를 받았어요. 봉투에 있는 주문 영수증을 확인했는데 다른 고객의 이름이 적혀 있었어요. 가능한 한 빨리 제 주문대로 배달 기사를 다시 보내주실 수 있나요? 오후 1시까지 샌드위치를 받아야 하는데, 그게 불가능하다면 할인을 해 준다는 가정 하에 제가 직접 가서 주문한 것을 찾아 갈게요.

Wrap-up

가능한 빨리 다시 연락 바람
get back to me as soon as possible

Please get back to me as soon as possible so that we can sort this situation out.

이 상황을 해결할 수 있도록 가능한 한 빨리 다시 연락 부탁 드려요.

■ 고득점 표현

어휘 표현 realize 알게 되다, 알아차리다 by mistake 실수로, 잘못하여 owner 주인 drop off 맡기다, 배달해주다 content 내용물 mix-up 혼동 order ticket 주문 영수증 correct 올바른 as soon as possible 가능한 한 빨리, 되도록 빨리 collect 찾아가다, ~을 데리러 가다 assume 가정하다, 생각하다 sort out 문제를 해결하다

Q 최근 기억에 남는 음식점 방문 경험 ★★★★☆

That's the end of the situation. Tell me about a time when you went out for a meal with your family, friends or work colleagues. Was it for a special occasion? Where did you go and what happened during the meal? Tell me all of the details.

상황극이 종료 되었습니다. 가족이나 친구들 또는 직장 동료들과 함께 외식하러 나갔던 경험에 대해 말해 주세요. 특별한 날이었나요? 어디로 갔고, 식사 중에 어떤 일이 있었나요? 모든 일을 자세히 말해주세요.

모범답변

🔊 MP3 2_158

Intro •

외식하러 나감
went out for a meal

I went out for a meal with some of my friends about a month ago.

약 한 달 전에 친구들과 함께 외식을 하러 나갔어요.

Body •

· 태국 음식점
  a Thai restaurant
· 친구에게 작별 인사
  wishing farewell to our friend
· 잘 되길 함께 바라고 싶었음
  wanted to get together to wish all the best
· 술 몇 잔 즐김
  enjoyed a few drinks
· 정말 즐거운 시간 보냄
  had a really fun time

There were ten of us in total, and we all met at a Thai restaurant in the downtown area. The reason we were meeting was that we were wishing farewell to our friend Stuart, who was moving to Australia. We have all been good friends since high school, so we wanted to get together to wish Stuart all the best with his move. The meal at the Thai restaurant was amazing. We shared at least 20 different dishes, and each one was delicious. After the meal, we stayed in the restaurant and enjoyed a few drinks while chatting and telling stories from our high school days. We all felt sad that one of our friends was leaving, but we had a really fun time.

우리는 총 10명이었고 시내에 있는 태국 음식점에서 만났어요. 우리가 모인 이유는 호주로 이사 가는 친구 스튜어트에게 작별 인사를 하기 위해서였죠. 우리 모두 고등학교 때부터 절친한 친구 였기 때문에 호주로 이사하는 스튜어트가 잘 되기를 함께 바라고 싶었어요. 태국 음식점에서의 식사는 정말 훌륭했어요. 적어도 20가지 이상의 요리를 나눠 먹었는데 모두 맛있었어요. 식사 후 에는 레스토랑에 남아서 술 몇 잔을 즐기면서 고등학교 시절 이야기를 나누며 수다를 떨었어요. 친구 중 한 명이 떠난다는 사실에 모두 아쉬워했지만 정말 즐거운 시간을 보냈어요.

Wrap-up •

항상 기억에 남을 것임
always remember it

It was a really enjoyable night, and I'll always remember it.

정말 즐거운 밤이었고 항상 기억에 남을 거예요.

■ 고득점 표현

어휘 표현 go out for a meal 외식하러 나가다, 식사를 하러 나가다 farewell 작별, 송별(환송)회 move to 이사하다, 거처를 옮기다 get together 함께 모이다, 모이다 share 나누다, 나눠 갖다 at least 적어도, 최소한 stay in 남아있다, 머무르다 drink 술 (한 잔), 음료 chat 이야기를 나누다, 수다를 떨다 feel sad 아쉬움을 느끼다, 애수를 느끼다 enjoyable 즐거운

문제 유형별 만능 답변

Q14-15
고난도

14, 15번 문제는 2-combo로 출제되고 등급을 결정하는데
중요한 역할을 하는 고난도 문제가 출제됩니다.
난이도 선택에 따라 두 가지 문제 유형이 출제되기 때문에
본인의 목표 등급에 맞춰 학습하는 것이 중요합니다.

목차

난이도별 출제 유형

Self-assessment에서 선택한 난이도에 따라 아래와 같이 고난도 문제가 출제됩니다. 문제 유형을 미리 학습하고 시험장에 가면 말할 거리를 유형에 맞게 떠올릴 수 있고 활용 가능한 패턴이나 표현들을 우선적으로 학습할 수 있습니다.

1. 난이도 3-3, 4-4 선택

Q14 묘사, 설명

문제 예시

Q14 집 묘사

Please describe your house to me. How does it look? How many rooms are in your house? Tell me about all the rooms in your house in detail.

Q15 Ava에게 질문

Q15 집 관련 질문

I recently moved overseas to live in the UK. Ask me three or four questions about the home I live in now.

2. 난이도 5-5, 6-6 선택

Q14 비교/대조

문제 예시

Q14 소도시와 대도시의 모임 차이점과 비교

Gatherings and celebrations in small towns tend to be quite different from ones held in major cities. Tell me about some of the things that would be similar or different between the celebrations of small towns and big cities in your country.

Q15 최근 뉴스나 이슈

Q15 모임과 관련된 사람들의 우려나 걱정

What are people in your neighborhood most concerned about when it comes to holding gatherings or celebrations in the area? Do they complain about traffic, parking, noise, garbage, or other issues? What do your neighbors think about such events?

Unit

1 음악

빈출 문장 미리보기

주제와 관련된 문장들을 소리 내어 읽어 보고 필수 표현도 함께 익혀보세요.

1 좋아하는 가수 - 노래의 특징

SW Kim makes a lot of ballads and slow songs.

SW 킴은 발라드와 느린 노래를 많이 만들어요.

He is also known for his acoustic tracks that have a soft melody.

조용하고 부드러운 멜로디의 어쿠스틱 곡으로도 유명하죠.

SW Kim's voice is pleasant to listen to and always puts me at ease when I am stressed out.

SW 킴의 목소리는 듣기 좋고 제가 스트레스를 받을 때 항상 마음을 편안하게 해줘요.

2 좋아하는 가수 - 좋아하는 이유

I also really respect SW Kim as a person because he is hard-working and composes all his songs himself.

또한 열심히 노력하고 모든 곡을 직접 작곡하기 때문에 인간적으로도 정말 존경해요.

He never tries to follow trendy music styles and always stays true to his roots.

그는 절대 유행하는 음악 스타일을 따르지 않고 항상 자신의 음악적 근본에 충실합니다.

Basically, I like SW Kim the best because of his great personality.

기본적으로 저는 SW 킴의 좋은 성격 때문에 그를 가장 좋아해요.

3 연주하는 악기 관련 질문

First, why did you choose the drums out of all instruments?

우선, 여러 악기 중에서 드럼을 선택한 이유는 무엇인가요?

Also, what made you choose to participate in a band?

또한 밴드에 들어가게 된 계기는 무엇인가요?

Lastly, what kind of music did your band perform?

마지막으로 당신의 밴드는 어떤 종류의 음악을 연주했나요?

■ 필수표현

기출 문제 예시

1. 좋아하는 가수

I'd like to know about your favorite musician or singer. What type of music does he or she make? What about he or she do you like? Using specific examples, please explain what kind of person he or she is.

당신이 가장 좋아하는 뮤지션이나 가수에 대해 알고 싶어요. 어떤 유형의 음악을 하나요? 그 가수의 어떤 부분을 좋아하시나요? 구체적인 예를 들어 그 사람이 어떤 사람인지 설명해 주세요.

2. 연주하는 악기 관련 질문

I played the drums in my high school band. Please ask me three or four questions about this experience.

저는 고등학교 밴드에서 드럼을 연주했습니다. 이 경험에 대해 서너 가지 질문을 해주세요.

Q 좋아하는 가수 ★★★★☆

I'd like to know about your favorite musician or singer. What type of music does he or she make? What about he or she do you like? Using specific examples, please explain what kind of person he or she is.

당신이 가장 좋아하는 뮤지션이나 가수에 대해 알고 싶어요. 어떤 유형의 음악을 하나요? 그 가수의 어떤 부분을 좋아하시나요? 구체적인 예를 들어 그 사람이 어떤 사람인지 설명해 주세요.

모범답변 (()) MP3 2_160

Intro

가장 좋아하는 가수는 [ ]
favorite singer is SW Kim

My favorite singer is SW Kim.

제가 가장 좋아하는 가수는 SW 킴이에요.

Body

· 발라드와 느린 노래
  ballads and slow songs
· 목소리가 듣기 좋음
  voice is pleasant
· 마음을 편안하게 해줌
  puts me at ease
· 모든 곡을 직접 작곡함
  composes all his songs
  himself
· 자신의 음악적 근본에 충실함
  stays true to his roots

SW Kim makes a lot of ballads and slow songs. He is also known for his acoustic tracks that have a soft melody. SW Kim's voice is pleasant to listen to and always puts me at ease when I am stressed out. I also really respect SW Kim as a person because he is hard-working and composes all his songs himself. He never tries to follow trendy music styles and always stays true to his roots. Also, even though his songs are a little serious or sad, SW Kim is actually a very funny and extroverted person in real life.

SW 킴은 발라드와 느린 노래를 많이 만들어요. 조용하고 부드러운 멜로디의 어쿠스틱 곡으로도 유명하죠. SW 킴의 목소리는 듣기 좋고 제가 스트레스를 받을 때 항상 마음을 편안하게 해줘요. 또한 열심히 노력하고 모든 곡을 직접 작곡하기 때문에 인간적으로도 정말 존경해요. 그는 절대 유행하는 음악 스타일을 따르지 않고 항상 자신의 음악적 근본에 충실합니다. 또한 그의 노래는 조금 진지하거나 슬프기도 하지만 실제로는 매우 재미있고 외향적인 사람이에요.

Wrap-up

[ ]을 가장 좋아함
like SW Kim the best

Basically, I like SW Kim the best because of his great personality and the calming music that he makes.

기본적으로 저는 SW 킴의 좋은 성격과 그가 만드는 잔잔한 음악 때문에 그를 가장 좋아해요.

■ 고득점 표현

어휘 표현 soft melody 조용하고 부드러운 음악 pleasant 좋은 put somebody at ease ~를 편안하게 해 주다 stress out 스트레스를 받다 compose 작곡하다 follow 따르다 true 충실한 extroverted 외향적인 personality 성격 calming 잔잔한

Q 연주하는 악기 관련 질문 ★★★★☆

I played the drums in my high school band. Please ask me three or four questions about this experience.

저는 고등학교 밴드에서 드럼을 연주했습니다. 이 경험에 대해 서너 가지 질문을 해주세요.

모범답변　　　　　　　　　　　🔊 MP3 2_162

Intro •———

몇 가지 궁금함
curious about a few things

> Oh, really? That sounds so cool. I am curious about a few things.
>
> 정말요? 정말 멋지네요. 제가 궁금한 게 몇 가지 있는데요.

Body •———

· 드럼 선택한 이유 무엇인지
  why choose the drums

· 밴드에 들어가게 된 계기가
  무엇인지
  what made you choose
  to participate in a band

· 처음에 어떻게 결성하게 됐는지
  how you guys formed in
  the beginning

· 어떤 종류의 음악 연주 했는지
  what kind of music your
  band perform

> First, why did you choose the drums out of all instruments? I heard that the drums are very difficult to play because you have to use your hands and feet at the same time! Also, what made you choose to participate in a band? Did you make the team with your friends? I can't imagine joining a band with people I do not know, so I wonder how you guys formed in the beginning. Lastly, what kind of music did your band perform? Since you played the drums, it sounds like you might've made rock music. Am I right?
>
> 우선, 여러 악기 중에서 드럼을 선택한 이유는 무엇인가요? 드럼은 손과 발을 동시에 사용해야 하기 때문에 연주하기가 매우 어렵다고 들었어요! 또한 밴드에 들어가게 된 계기는 무엇인가요? 친구들과 함께 팀을 만들었나요? 저는 모르는 사람들과 함께 밴드를 한다는 것은 상상도 할 수 없는데, 처음에 어떻게 결성하게 되었는지 궁금해요. 마지막으로 당신의 밴드는 어떤 종류의 음악을 연주했나요? 드럼을 치셨다고 하니 록 음악을 하셨을 것 같은데요. 맞나요?

Wrap-up •———

이게 전부임
that's all

> That's all I have for you.
>
> 이게 당신에게 궁금한 질문 전부예요.

■ 고득점 표현

어휘
표현　instrument 악기　participate in ~에 참여하다　wonder 궁금하다　form 형성하다　perform 연주하다

빈출 문장 미리보기

주제와 관련된 문장들을 소리 내어 읽어 보고 필수 표현도 함께 익혀보세요.

1 우리나라 사람들이 자유 시간에 하는 일들 – 근황 나누기

In my country, people do various things when they have free time.

우리나라 사람들은 자유 시간이 생기면 다양한 일을 해요.

The most common thing for people to do is catch up with their friends or family.

사람들이 가장 흔히 하는 일은 친구나 가족과 근황을 나누는 거예요.

They will usually go out for a meal together, and maybe have a few drinks afterwards.

보통 함께 외식을 하고, 식사 후에는 약간의 술을 마시기도 해요.

2 우리나라 사람들이 자유 시간에 하는 일들 – 등산

Another popular activity that people enjoy in their free time is hiking.

사람들이 자유 시간에 즐기는 또 다른 인기 활동은 등산이에요.

We have lots of nice hiking routes all over the country.

전국에 멋진 등산로가 많아요.

So it's convenient for people to visit the mountains when they have free time.

그래서 사람들이 자유 시간이 있을 때 산을 방문하기 편리해요.

3 자유 시간 관련 질문

What did you do on Saturday?

토요일에는 무엇을 했나요?

Did you meet up with some friends, or eat anything interesting?

친구를 만나거나 맛있는 것을 먹었나요?

Did you go to the festival to check out some of the bands?

축제에 가서 어떤 밴드들을 보러 갔었나요?

■ 필수표현

1. 우리나라 사람들이 자유 시간에 하는 일들

What do people in your country like to do when they have free time? Are there any particular activities that they prefer to do?

당신의 나라 사람들은 자유 시간이 있을 때 무엇을 하기를 좋아하나요? 사람들이 선호하는 특별한 활동이 있나요?

2. 자유 시간 관련 질문

I had a lot of free time last weekend. Ask me three to four questions about how I spent my free time.

저는 지난 주말에 자유 시간이 무척 많았습니다. 제가 자유 시간을 어떻게 보냈는지 서너 가지 질문을 해보세요.

Q **우리나라 사람들이 자유 시간에 하는 일들** ★ ★ ★ ☆ ☆

What do people in your country like to do when they have free time? Are there any particular activities that they prefer to do?

당신의 나라 사람들은 자유 시간이 있을 때 무엇을 하기를 좋아하나요? 사람들이 선호하는 특별한 활동이 있나요?

모범답변

Intro

다양한 일 함
do various things

In my country, people do various things when they have free time.

우리나라 사람들은 자유 시간이 생기면 다양한 일을 해요.

Body

· 친구나 가족과 근황 나눔
  catch up with their
  friends or family
· 함께 외식함
  go out for a meal together
· 술 마심
  a have a few drinks
· 등산
  hiking
· 전국에 멋진 등산로 많음
  lots of nice hiking routes
  all over the country

These days, it's quite rare for anyone to have much free time, as we all spend most of our time studying or working. So, when people do have free time, they try to make good use of that time. The most common thing for people to do is catch up with their friends or family. They will usually go out for a meal together, and maybe have a few drinks afterwards. Another popular activity that people enjoy in their free time is hiking. We have lots of nice hiking routes all over the country, so it's convenient for people to visit the mountains when they have free time.

요즘은 공부나 일에 대부분의 시간을 할애하기 때문에 자유 시간이 많은 사람이 드뭅니다. 그래서 사람들은 자유 시간이 생기면 그 시간을 잘 이용하려고 노력합니다. 사람들이 가장 흔히 하는 일은 친구나 가족과 근황을 나누는 거예요. 보통 함께 외식을 하고, 식사 후에는 약간의 술을 마시기도 해요. 사람들이 자유 시간에 즐기는 또 다른 인기 활동은 등산이에요. 전국에 멋진 등산로가 많아서 사람들이 자유 시간이 있을 때 산을 방문하기 편리해요.

Wrap-up

나도 이런 활동 하는 것 좋아함
like to do these things, too

When I have some free time, I like to do these things, too.

저도 자유 시간이 생기면 이런 활동을 하는 것을 좋아해요.

■ 고득점 표현

어휘
표현 various 다양한, 여러가지의 rare 드문, 흔치않은 make use of ~을 이용하다 catch up with ~와 근황을 나누다 go out 나가다, 외출하다 afterwards 그 후, 나중에 hiking route 등산로 convenient 편리한

Q **자유 시간 관련 질문** ★★★★☆

I had a lot of free time last weekend. Ask me three to four questions about how I spent my free time.

저는 지난 주말에 자유 시간이 무척 많았습니다. 제가 자유 시간을 어떻게 보냈는지 서너 가지 질문을 해보세요.

모범답변 🔊 MP3 2_166

Intro

어떤 일을 했는지
what kind of things you were up to

I know you had some free time last weekend, so I was wondering what kind of things you were up to.

지난 주말에 자유 시간이 있었다고 하셨는데 어떤 일을 했는지 궁금해요.

Body

· 주말에 늦잠 잤는지
  sleep late on the weekend
· 친구 만났는지
  meet up with some friends
· 관심있는 음식 먹었는지
  eat anything interesting
· 축제에 갔는지
  go to the festival

The first thing I'd like to know is, did you sleep in on the weekend because you had a lot of free time? I normally sleep untill at least 9 A.M. when I don't have much planned for the day. And, what did you do on Saturday? Did you meet up with some friends, or eat anything interesting? On Sunday, I know there was a music festival in the city. Did you go to the festival to check out some of the bands? If so, what did you do when the festival was over?

가장 먼저 알고 싶은 것은 주말에 자유 시간이 많아서 늦잠을 잤나요? 저는 보통 하루 계획이 많지 않을 때는 오전 9시까지 자는 편이에요. 그리고 토요일에는 무엇을 했나요? 친구를 만나거나 맛있는 것을 먹었나요? 일요일에는 도시에서 음악 축제가 있었던 것으로 알고 있어요. 축제에 가서 어떤 밴드들을 보러 갔었나요? 그렇다면 축제가 끝난 후에는 무엇을 했나요?

Wrap-up

정말 알고 싶음
would love to know

I'd love to know how you spent your time last weekend.

지난 주말에 어떻게 시간을 보냈는지 정말 알고 싶어요.

■ 고득점 표현

어휘
표현 be up to ~하고 있다 sleep late 늦잠자다 normally 보통, 일반적으로, 대게 plan 계획 meet up with ~와 만나다 music festival 음악 축제, 음악제 check out 보다, 확인하다 over 끝이 난

빈출 문장 미리보기

주제와 관련된 문장들을 소리 내어 읽어 보고 필수 표현도 함께 익혀보세요.

1 지난 5년에서 10년간 주택의 변화 – 변화 이유

I've noticed big changes to homes in my neighborhood over the past decade.
저는 지난 10년 동안 우리 동네의 집들이 크게 변화하는 것을 느꼈어요.

Over the years, many of these houses have been purchased by the city council and demolished.
지난 몇 년 동안 이 집들 중 상당수가 시의회에 의해 매입되어 철거되었어요.

The reason they did this was that the council wanted to build some large apartment buildings on my street.
시의회가 그렇게 한 이유는 제가 사는 동네에 대형 아파트 건물을 짓고 싶었기 때문이에요.

2 지난 5년에서 10년간 주택의 변화 – 원룸형 아파트

These apartments are small, one-bedroom apartments that are more suitable for young people living alone, not families.
이 아파트들은 가족이 아닌 혼자 사는 청년들에게 더 적합한 작은 원룸형 아파트예요.

I guess it's because of a decrease in population and a demand for low-cost housing.
인구 감소와 저렴한 주택에 대한 수요 때문인 것 같아요.

As a result, my neighborhood has changed quite a lot.
그 결과 제가 사는 동네는 많이 변했죠.

3 우리나라의 주택 시장 관련 뉴스나 이슈

At that time, there was not enough affordable housing in the city.
당시 도시에는 알맞은 가격의 주택이 충분하지 않았어요.

So, the number of homeless people was increasing significantly.
그래서 노숙자의 수가 크게 증가하고 있었죠.

This was making the city dirtier and more dangerous, so a lot of people were complaining.
이로 인해 도시가 더 지저분해 지고 위험해지면서 많은 사람들이 항의했어요.

■ 필수표현

1 지난 5년에서 10년간 주택의 변화

I would like to discuss the place you live in. How have homes changed in style in your neighborhood over the past 5 or 10 years? Are the houses that are being built now very different from those that were being built 10 years ago? What kinds of changes have you noticed?

당신이 현재 살고 있는 곳에 대해 이야기하고 싶어요. 지난 5년 또는 10년 동안 살고 있는 동네의 주택 스타일이 어떻게 변했나요? 지금 지어지고 있는 집들이 10년 전에 지어졌던 집들과 많이 달라졌나요? 어떤 변화가 눈에 띄나요?

2 우리나라의 주택 시장 관련 뉴스나 이슈

Sometimes, having either too many or too few houses can create controversy in a community. Think of a time when your local news covered issues regarding housing. What was the issue, and why were people discussing it?

때때로 주택이 너무 많거나 너무 적으면 지역 사회에서 논란이 생길 수 있습니다. 지역 뉴스에서 주택 관련 이슈를 다뤘던 때를 생각해 보세요. 그 이슈는 무엇이었고 왜 이에 대해 논의했나요?

Q 지난 5년에서 10년간 주택의 변화 ★★★★★

I would like to discuss the place you live in. How have homes changed in style in your neighborhood over the past 5 or 10 years? Are the houses that are being built now very different from those that were being built 10 years ago? What kinds of changes have you noticed?

당신이 현재 살고 있는 곳에 대해 이야기하고 싶어요. 지난 5년 또는 10년 동안 살고 있는 동네의 주택 스타일이 어떻게 변했나요? 지금 지어지고 있는 집들이 10년 전에 지어졌던 집들과 많이 달라졌나요? 어떤 변화가 눈에 띄나요?

모범답변

(◁)) MP3 2_168

Intro

크게 변화하는 것 느낌
noticed big changes to homes

I've noticed big changes to homes in my neighborhood over the past decade.

저는 지난 10년 동안 우리 동네의 집들이 크게 변화하는 것을 느꼈어요.

Body

· 10년 전, 주택만 있었음
ten years ago, had only houses

· 가족들이 살기 좋은 집들
good houses for families

· 시의회에 의해 매입되어 철거됨
purchased by the city council and demolished

· 대형 아파트 건물 짓고 싶었음
wanted to build some large apartment buildings

· 작은 원룸형 아파트
small, one-bedroom apartments

Ten years ago, the street I live on had only houses. They were all good houses for families, with large yards and at least two bedrooms. Over the years, many of these houses have been purchased by the city council and demolished. The reason they did this was that the council wanted to build some large apartment buildings on my street. These apartments are small, one-bedroom apartments that are more suitable for young people living alone, not families. I guess it's because of a decrease in population and a demand for low-cost housing. As a result, my neighborhood has changed quite a lot. There is less open space, and a lot more shops and businesses that cater to all the new residents.

10년 전만 해도 제가 사는 거리에는 주택만 있었어요. 모두 넓은 마당과 침실이 두 개 이상 있어서 가족들이 살기에 좋은 집들이었습니다. 지난 몇 년 동안 이 집들 중 상당수가 시의회에 의해 매입되어 철거 되었어요. 시의회가 그렇게 한 이유는 제가 사는 동네에 대형 아파트 건물을 짓고 싶었기 때문이에요. 이 아파트들은 가족이 아닌 혼자 사는 청년들에게 더 적합한 작은 원룸형 아파트예요. 인구 감소와 저렴한 주택에 대한 수요 때문인 것 같아요. 그 결과 제가 사는 동네는 많이 변했죠. 공터는 줄어들고 새로운 주민들의 구미에 맞춘 상점과 사업체가 훨씬 더 많아졌어요.

Wrap-up

10년 전의 동네 모습 더 좋아함
prefer the way my neighborhood looked ten years ago

To be honest, I prefer the way my neighborhood looked ten years ago.

솔직히 저는 10년 전의 동네 모습을 더 좋아해요.

■ 고득점 표현

어휘 표현 notice 눈에 띄다, 주목하다 decade 10년 purchase 매입하다, 구입하다 city council 시의회 demolish 철거하다 one-bedroom apartment 원룸형 아파트, 침실 하나짜리 아파트 suitable for ~에 적합한, ~에 알맞은 young people 청년 decrease in population 인구 감소 demand 수요, 요구 low-cost 저렴한 open space 공터, 녹지 cater to ~의 구미에 맞추다, ~을 충족시키다 resident 주민

Q 우리나라의 주택 시장 관련 뉴스나 이슈 ★★★★★

Sometimes, having either too many or too few houses can create controversy in a community. Think of a time when your local news covered issues regarding housing. What was the issue, and why were people discussing it?

때때로 주택이 너무 많거나 너무 적으면 지역 사회에서 논란이 생길 수 있습니다. 지역 뉴스에서 주택 관련 이슈를 다뤘던 때를 생각해 보세요. 그 이슈는 무엇이었고 왜 이에 대해 논의했나요?

모범답변

(◁)) MP3 2_170

Intro

몇 년 전
a few years ago

I remember there was a housing problem in my city a few years ago.

몇 년 전 제가 사는 도시에 주택 문제가 있었던 것을 기억해요.

Body

· 많은 기사 나옴
a lot of stories in the newspapers
· 알맞은 가격의 집이 충분하지 않았음
not enough affordable housing
· 노숙자 수 크게 증가함
the number of homeless people was increasing
· 도시가 더 지저분해 지고 위험해 짐
the city dirtier and more dangerous
· 많은 사람들이 항의함
a lot of people were complaining

There were a lot of stories in the newspapers and on local news channels about the housing problem. At that time, there was not enough affordable housing in the city, so the number of homeless people was increasing significantly. This was making the city dirtier and more dangerous, so a lot of people were complaining. When the problem started getting covered in the media, the city council announced that it would build several new apartment blocks. These were completed about two years ago, and people are a lot happier now. There are far fewer people living on the streets, and the city is a much safer place to live.

신문과 지역 뉴스 채널에서 주택 문제에 대한 많은 기사가 나왔어요. 당시 도시에는 알맞은 가격의 주택이 충분하지 않았기 때문에 노숙자 수가 크게 증가하고 있었죠. 이로 인해 도시가 더 지저분해 지고 위험해지면서 많은 사람들이 항의 했어요. 이 문제가 언론에 보도되기 시작하자 시의회는 여러 개의 새 아파트 단지를 건설하겠다고 발표했어요. 약 이년 전에 완성되었고 사람들은 이제 훨씬 더 행복해졌어요. 길거리에 노숙하는 사람들이 훨씬 줄어들었고 도시는 살기에 훨씬 더 안전한 곳이 되었죠.

Wrap-up

모두에게 알맞은 가격의 주택을 충분히 제공해야 한다고 생각함
should provide enough affordable housing for everyone

I think every city should provide enough affordable housing for everyone.

저는 모든 도시가 모든 사람에게 충분히 감당할 수 있는 가격의 주택을 제공해야 한다고 생각해요.

■ 고득점 표현

어휘 표현 either A or B A이거나 B인 controversy 논란 cover 다루다 issue 이슈, 사안 regarding 관련, ~에 관하여 affordable (가격 등이)알맞은, 저렴한 complain 불만을 토로하다, 불평하다 city council 시의회 announce 발표하다, 알리다 apartment block 아파트 단지, 아파트 건물 complete 완성하다, 완료하다

Unit 4 인터넷

빈출 문장 미리보기

주제와 관련된 문장들을 소리 내어 읽어 보고 필수 표현도 함께 익혀보세요.

1 세대별 인터넷 이용의 차이 – 세대별 이용 차이

Depending on their age, people do very different things on the internet.

연령에 따라 사람들은 인터넷에서 매우 다른 일을 해요.

Younger kids spend most of their time watching videos on Youtube, and other similar platforms.

어린 아이들은 대부분의 시간을 유튜브 및 기타 유사한 플랫폼에서 동영상을 시청하는 데 보내요.

People who are aged around 50 and up spend less time on social media.

50대쯤 연령대의 사람들은 소셜 미디어에 보내는 시간이 더 적어요.

2 인터넷 관련 사람들의 걱정이나 우려 – 10대와 20대의 인터넷 이용

Teenagers and young adults usually spend most of their time on social media platforms like Instagram.

청소년과 청년들은 보통 인스타그램과 같은 소셜 미디어 플랫폼에서 대부분의 시간을 보내죠.

They post pictures from their day-to-day lives and check out their friends' posts as well.

이들은 일상의 사진을 게시하고 친구들의 게시물도 확인해요.

Personally, I use the internet for all of these things!

개인적으로 저는 이 모든 것들을 하기 위해 인터넷을 사용해요!

3 인터넷 관련 사람들의 걱정이나 우려

In the early days, the main concern regarding the internet was security.

초창기 인터넷에 대한 주요 우려 사항은 보안이었어요.

These days people are more concerned about excessive internet usage.

요즘 사람들은 과도한 인터넷 사용에 대해 더 우려하고 있습니다.

This can negatively affect not only their work and social life, but also their health.

이는 업무와 사회 생활뿐만 아니라 건강에도 부정적인 영향을 미칠 수 있어요.

■ 필수표현

1 세대별 인터넷 이용의 차이

How do people of different age groups vary in the ways that they use the internet? Why do different people use the internet? What do they use it for? Please talk about this in as much detail as you can.

연령대별로 사람들이 인터넷을 사용하는 방식은 어떻게 다른가요? 사람들이 인터넷을 사용하는 이유는 무엇인가요? 무엇을 위해 인터넷을 사용하나요? 가능한 한 자세히 말해주세요.

2 인터넷 관련 사람들의 걱정이나 우려

What are people concerned about in regards to internet usage and security, privacy, or safety? How have people's concerns about these issues changed over the years? Please discuss this matter in as much detail as you can.

인터넷 사용과 보안, 개인정보 보호 또는 안전과 관련하여 사람들이 우려하는 것은 무엇인가요? 이러한 문제에 대한 사람들의 우려는 지난 몇 년 동안 어떻게 변했나요? 이 문제에 대해 가능한 한 자세히 말해 주세요.

Q **세대별 인터넷 이용의 차이** ★★★★☆

How do people of different age groups vary in the ways that they use the internet? Why do different people use the internet? What do they use it for? Please talk about this in as much detail as you can.

연령대별로 사람들이 인터넷을 사용하는 방식은 어떻게 다른가요? 사람들이 인터넷을 사용하는 이유는 무엇인가요? 무엇을 위해 인터넷을 사용하나요? 가능한 한 자세히 말해주세요.

모범답변   (◁)) MP3 2_172

Intro

매우 다양한 것을 함
do very different things

> Depending on their age, people do very different things on the internet.
>
> 연령에 따라 사람들은 인터넷에서 매우 다양한 것들을 해요.

Body

· 어린 아이들: 유튜브 시청
  younger kids: Youtube

· 청소년, 청년들: 소셜 미디어
  플랫폼
  social media platforms

· 50대쯤 연령대: 소셜 미디어 적
  게 함, 물건 구매
  less time on social media,
  make purchases

> Younger kids spend most of their time watching videos on Youtube, and other similar platforms. These days, a lot of kids enjoy watching videos about games like ZEPETO and Minecraft, so some Youtube content creators make content that appeals to these kids. Teenagers and young adults usually spend most of their time on social media platforms like Instagram. They post pictures from their day-to-day lives and check out their friends' posts as well. People who are aged around 50 and up spend less time on social media. They tend to use the internet just to make purchases and read websites.
>
> 어린 아이들은 대부분의 시간을 유튜브 및 기타 유사한 플랫폼에서 동영상을 시청하는 데 보내요. 요즘에는 많은 어린이들이 제페토나 마인크래프트와 같은 게임에 관한 동영상을 즐겨 보기 때문에 일부 유튜브 컨텐츠 제작자는 이러한 어린이들의 관심을 끌 수 있는 컨텐츠를 제작해요. 청소년과 청년들은 보통 인스타그램과 같은 소셜 미디어 플랫폼에서 대부분의 시간을 보내죠. 이들은 일상의 사진을 게시하고 친구들의 게시물도 확인해요. 50대쯤 연령대의 사람들은 소셜 미디어에 보내는 시간이 더 적어요. 이들은 단지 물건을 구매하거나 웹사이트를 읽기 위해 인터넷을 사용하는 경향이 있어요.

Wrap-up

이 모든 것들을 하기 위해 인터넷
사용함
use the internet for all of
these things

> Personally, I use the internet for all of these things!
>
> 개인적으로 저는 이 모든 것을 하기 위해 인터넷을 사용해요!

■ 고득점 표현

어휘 표현 age group 연령대 vary 다르다, 달라지다 use the internet 인터넷을 사용하다 depending on ~에 따라 on the internet 인터넷에서 watch a video 비디오를 보다 content creator 컨텐츠 제작자 content 컨텐츠, 내용물 appeal to ~의 관심을 끌다, ~에 호소하다 teenager 청소년, 십대 young adult 청년 social media platform 소셜 미디어 플랫폼 post 게시하다 day-to-day life 일상 생활 check out 확인하다 tend to ~하는 경향이 있다 make a purchase 물건을 구매하다(사다) personally 개인적으로

Q 인터넷 관련 사람들의 걱정이나 우려 ★★★★★

What are people concerned about in regards to internet usage and security, privacy, or safety? How have people's concerns about these issues changed over the years? Please discuss this matter in as much detail as you can.

인터넷 사용과 보안, 개인정보 보호 또는 안전과 관련하여 사람들이 우려하는 것은 무엇인가요? 이러한 문제에 대한 사람들의 우려는 지난 몇 년 동안 어떻게 변했나요? 이 문제에 대해 가능한 한 자세히 말해 주세요.

모범답변 ◁)) MP3 2_174

Intro

몇 가지 우려하는 사항
several concerns

The internet is an amazing thing, but there are several concerns people have about it.

인터넷은 놀라운 것이지만 사람들이 인터넷에 대해 몇 가지 우려하는 사항이 있어요.

Body

· 초창기: 보안
in the early days: security
· 개인 정보 접근
accessing their personal details
· 요즘: 과도한 인터넷 사용
these days: excessive internet usage
· 업무, 사회 생활, 건강에 부정적 영향 미침
negatively affect work and social life, their health

In the early days, the main concern regarding the internet was security. People were very worried about hackers accessing their personal details, and especially their banking information. Over the years, online security has improved, and most people do not think twice about making purchases online. These days, people are more concerned about excessive internet usage. Some teenagers, and even some adults, become addicted to the internet and spend far too much time on it. This can negatively affect not only their work and social life, but also their health.

초창기 인터넷에 대한 주요 우려 사항은 보안이었어요. 사람들은 해커가 자신의 개인 정보, 특히 은행 정보에 접근하는 것을 매우 걱정했죠. 수년에 걸쳐 온라인 보안은 개선되었고 대부분의 사람들은 온라인 구매에 대해 두 번 생각하지 않아요. 요즘 사람들은 과도한 인터넷 사용에 대해 더 우려하고 있습니다. 일부 청소년과 심지어 일부 성인은 인터넷에 중독되어 인터넷에 너무 많은 시간을 소비해요. 이는 업무와 사회 생활뿐만 아니라 건강에도 부정적인 영향을 미칠 수 있어요.

Wrap-up

적당히 사용하는 것은 괜찮음
fine to use it in moderation

While I understand some of the concerns people have about the internet, I think it is fine to use it in moderation.

인터넷에 대한 사람들의 우려는 이해하지만, 적당히 사용하는 것은 괜찮다고 생각해요.

■ 고득점 표현

**어휘
표현** in regards to ~와 관련하여 internet usage 인터넷 사용 security 보안 personal detail 개인 정보 in the early days 초창기 access 접근하다 improve 개선되다, 나아지다 make a purchase 물건을 구매하다(사다) excessive 과도한, 지나친 addicted to ~에 중독된 negatively 부정적인 affect 영향을 미치다 not only A but also B A 뿐만 아니라 B도 social life 사회 생활 in moderation 적당히, 알맞게

Unit 5 모임

빈출 문장 미리보기

주제와 관련된 문장들을 소리 내어 읽어 보고 필수 표현도 함께 익혀보세요.

1 소도시와 대도시의 모임 차이점과 비교 - 공통점

Celebrations in my country are not very different between small towns and big cities.
우리나라의 축제는 소도시와 대도시가 크게 다르지 않아요.

In both small towns and big cities, celebrations often bring people together to celebrate their community.
소도시와 대도시 모두 축제를 통해 사람들이 함께 모여 지역사회를 축하하는 경우가 많아요.

They also include various forms of entertainment and activities such as live music, competitions, and fireworks.
또한 라이브 음악, 경연 대회, 불꽃놀이 등 다양한 형태의 오락과 활동이 포함되어 있어요.

2 소도시와 대도시의 모임 차이점과 비교 - 대도시의 축제

Celebrations in big cities typically have a larger scale due to the larger population and resources available.
대도시의 축제는 일반적으로 더 많은 인구와 자원을 사용할 수 있기 때문에 규모가 더 크죠.

They can attract huge crowds and major media outlets, influencers, and social media platforms may give extensive coverage to city celebrations.
대규모 인파가 모이고 주요 언론 매체, 인플루언서, 소셜 미디어 플랫폼이 도시 축제를 대대적으로 보도할 수 있어요.

3 모임과 관련된 사람들의 우려나 걱정

People in my neighborhood often have concerns when it comes to holding events.
우리 동네 사람들은 행사 개최와 관련하여 종종 우려를 표합니다.

The most common concerns are mainly about road closures, which usually lead to traffic issues, and about the amount of trash that would be left behind after an event.
가장 일반적인 우려는 주로 교통 문제로 이어지는 도로 폐쇄와 행사 후 남겨지는 쓰레기의 양에 관한 것이에요.

There are usually a lot of event volunteers on hand to assist with cleaning up after events.
행사 후 청소를 도와줄 많은 자원봉사자를 배치하는 것이 일반적이죠.

■ 필수표현

1 소도시와 대도시의 모임 차이점과 비교

Gatherings and celebrations in small towns tend to be quite different from ones held in major cities. Tell me about some of the things that would be similar or different between the celebrations of small towns and big cities in your country.

소도시의 모임과 축제는 대도시에서 열리는 축제와는 상당히 다른 경향이 있어요. 당신의 나라에서 소도시와 대도시의 축제가 비슷하거나 다른 점이 있다면 어떤 것들이 있는지 말해주세요.

2 모임과 관련된 사람들의 우려나 걱정

What are people in your neighborhood most concerned about when it comes to holding gatherings or celebrations in the area? Do they complain about traffic, parking, noise, garbage, or other issues? What do your neighbors think about such events?

동네에서 모임이나 행사를 개최할 때 동네 사람들이 가장 우려하는 것은 무엇인가요? 교통, 주차, 소음, 쓰레기 또는 기타 문제에 대해 불만을 얘기하나요? 이웃들은 이러한 행사에 대해 어떻게 생각하나요?

Q 소도시와 대도시의 모임 차이점과 비교 ★★★★☆

Gatherings and celebrations in small towns tend to be quite different from ones held in major cities. Tell me about some of the things that would be similar or different between the celebrations of small towns and big cities in your country.

소도시의 모임과 축제는 대도시에서 열리는 축제와는 상당히 다른 경향이 있어요. 당신의 나라에서 소도시와 대도시의 축제가 비슷하거나 다른 점이 있다면 어떤 것들이 있는지 말해주세요.

모범답변

Intro

크게 다르지 않음
not very different

Celebrations in my country are not very different between small towns and big cities.

우리나라의 축제는 소도시와 대도시가 크게 다르지 않아요.

Body

· 모든 사람들이 함께 모여 지역사회 축하함
both bring people together to celebrate their community

· 다양한 형태의 오락과 활동 포함됨
also include various forms of entertainment and activities

· 대도시는 일반적으로 규모가 더 큼
big cities typically have a larger scale

· 대규모 인파 모일 수 있음
can attract huge crowds

In both small towns and big cities, celebrations often bring people together to celebrate their community. They also include various forms of entertainment and activities such as live music, competitions, and fireworks. However, celebrations in big cities typically have a larger scale due to the larger population and resources available. They can attract huge crowds as major media outlets, and social media platforms may give extensive coverage of city celebrations while celebrations in small towns are more likely to be attended just by local residents. I enjoy both types of celebration, but the smaller ones are where I want to be, as I enjoy the sense of community.

소도시와 대도시 모두 축제를 통해 사람들이 함께 모여 지역사회를 축하하는 경우가 많아요. 또한 라이브 음악, 경연 대회, 불꽃놀이 등 다양한 형태의 오락과 활동이 포함되어 있어요. 하지만 대도시의 축제는 일반적으로 더 많은 인구와 자원을 사용할 수 있기 때문에 규모가 더 크죠. 대규모 인파가 모이고 주요 언론 매체, 인플루언서, 소셜 미디어 플랫폼이 도시 축제를 대대적으로 보도할 수 있는 반면, 소도시의 축제는 지역 주민들만 참석할 가능성이 더 높아요. 저는 두 가지 유형의 축제를 모두 좋아하지만, 지역사회와 함께하는 것을 좋아하기 때문에 소규모 축제를 더 좋아해요.

Wrap-up

지금 내가 생각할 수 있는 전부임
all I can think of for now

These are all I can think of for now.

지금은 이게 제가 생각할 수 있는 전부예요.

■ 고득점 표현

어휘 표현 gathering 모임 different from ~와 다른 both A and B A와 B 모두 community 지역사회 include 포함하다 form 형태 entertainment 오락 competition 경연 대회 firework 불꽃놀이 typically 일반적으로 population 인구 resource 자원 huge crowd 대규모 인파, 엄청난 수의 군중 major 주요 media outlet 언론 매체, 매스컴 influencer 인플루언서, 영향력을 행사하는 사람 social media platform 소셜 미디어 플랫폼 give coverage 보도를 하다 extensive 대대적으로, 광범위한 be likely to ~할 가능성이 있다, ~할 것 같다 local resident 지역 주민, 거주민 sense of community 공동체 의식

Q **모임과 관련된 사람들의 우려나 걱정** ★★★★★

What are people in your neighborhood most concerned about when it comes to holding gatherings or celebrations in the area? Do they complain about traffic, parking, noise, garbage, or other issues? What do your neighbors think about such events?

동네에서 모임이나 행사를 개최할 때 동네 사람들이 가장 우려하는 것은 무엇인가요? 교통, 주차, 소음, 쓰레기 또는 기타 문제에 대해 불만을 얘기하나요? 이웃들은 이러한 행사에 대해 어떻게 생각하나요?

모범답변

Intro

종종 우려를 표함
often have concerns

People in my neighborhood often have concerns when it comes to holding events.

우리 동네 사람들은 행사 개최와 관련하여 종종 우려를 표합니다.

Body

· 교통 문제, 쓰레기의 양
road closures, the
amount of trash
· 주최 측이 우려사항 해결해야 함
should be addressed by
the organizers
· 도로 혼란 최소화함
minimal disruption to the
roadways
· 많은 자원봉사자 배치함
a lot of event volunteers

The most common concerns are mainly about road closures, which usually lead to traffic issues, and about the amount of trash that would be left behind after an event. Most local people are supportive of these events and will join in, but it is important that the concerns should be addressed by the event organizers. The organizers normally have plans in place to ensure that there is minimal disruption to the roadways leading to homes, and there are usually a lot of event volunteers on hand to assist with cleaning up after events.

가장 일반적인 우려는 주로 교통 문제로 이어지는 도로 폐쇄와 행사 후 남겨지는 쓰레기의 양에 관한 것이에요. 대부분의 지역 주민들은 이런 행사를 지지하고 행사에 참여하겠지만, 행사 주최 측에서 이러한 우려를 해결해야 한다는 것이 중요해요. 주최측은 보통 집으로 향하는 도로의 혼란을 최소화하는 계획을 마련하고 있으며, 행사 후 청소를 도와줄 많은 자원봉사자를 배치하는 것이 일반적이죠.

Wrap-up

대부분 이웃들이 지역행사 즐김
most of my neighbors
enjoy local events

On the whole, I think most of my neighbors enjoy local events held in our area.

전체적으로 저는 대부분의 이웃들이 우리 동네에서 열리는 지역 행사를 즐긴다고 생각해요.

■ 고득점 표현

어휘 표현 hold 개최하다, 열다 complain 불만, 불평 traffic 교통, 차량들 noise 소음 garbage 쓰레기 issue 문제, 사안 neighbor 이웃 think about ~에 관해 생각하다 such 이러한, (곧 언급하려는) 그런 when it comes to ~에 관련하여, ~에 관한 한 common 일반적인, 흔한 road closure 도로 폐쇄 lead to ~로 이어지다 the amount of ~의 양 trash 쓰레기 leave behind 남겨지다, 뒤에 남기다 local people 지역 주민 be supportive of ~을 지지하다 join 참여하다, 함께 ~을 하다 address 해결하다, 문제를 맞서다 event organizer 주최측, 행사 주최자 have plans to ~할 계획이 있다 minimal 최소한 disruption 혼란 roadway 도로 volunteer 자원봉사자 assist with ~을 돕다 clean up 청소하다, 치우다 on the whole 전체적으로 local event 지역 행사, 지역 이벤트

IM-IH 목표 연습 문제

Q2-10 선택형

앞서 메인북에서 학습했던 선택형 주제에 대한
어휘와 표현, 문장들을 복습합니다.
빈칸을 채우고 소리내어 말해보고
해설북에서 정답 및 해설을 확인해보세요.

목차

STEP 1 어휘 익히기

📖 정답 및 해설 p.11

주어진 우리말 어휘를 보고 빈칸을 채우고 해설북에서 모범 답안을 확인해보세요.

1 영화		6 일반적인	
2 공포 영화		7 일과	
3 영화를 보러 가다		8 취향	
4 코미디		9 최근	
5 장면		10 영화관	

STEP 2 문장 만들기

주어진 우리말 문장을 보고 문장을 만들고 해설북에서 모범 답안을 확인해보세요.

1 저는 영화 보러 가는 것을 좋아해요.

▶

love, going to the movies

2 저는 다양한 영화를 보는 것을 즐겨요.

▶

enjoy, a wide range of

3 제가 영화관에서 가장 좋아하는 영화는 공포 영화예요.

▶

favorite, kind of, at the cinema, horror

4 영화를 보러 가기로 결정했을 때 저의 일반적인 일과에 대해 이야기할게요.

▶

tell, typical, routine, decide to, see a movie

5 가장 최근 영화관에 다녀온 것에 대해 이야기할게요.

▶

tell, most, recent, trip, cinema

STEP 3   스토리라인 만들기

주어진 우리말을 보고 빈칸을 채우고 해설북에서 모범 답안을 확인해보세요.

1   좋아하는 영화 장르

I enjoy seeing _____ _____ _____ _____ films.
저는 다양한 종류의 영화를 보는 것을 좋아해요.

My _____ kind of movie to watch at the cinema is _____.
제가 영화관에서 가장 좋아하는 영화는 공포 영화예요.

I also love going to the movies to see _____ _____.
저는 영화관에 코미디 영화를 보러 가는 것도 좋아해요.

2   영화 관람하는 날의 일상

I'll tell you about my _____ _____ when I decide to go and see a movie.
영화를 보러 가기로 결정했을 때 저의 일반적인 일과에 대해 이야기할게요.

I _____ _____ _____ _____ _____ with my two best friends.
저는 보통 절친한 친구 두 명과 함께 영화를 보러 가요.

We all have _____ _____ in films.
우리 모두는 영화 취향이 비슷해요.

3   최근 영화 감상 경험

Last weekend, I _____ _____ go and see a movie with my friends.
지난 주말, 저는 친구들과 영화를 보러 가기로 했어요.

Before _____ _____ _____ _____, we had lunch at a coffee shop and had a chat.
영화관에 가기 전에 커피숍에서 점심을 먹으면서 이야기를 나눴죠.

_____, we had dinner and chatted about the film.
그 후 저녁을 먹으며 영화에 대한 이야기를 나눴어요.

STEP 1 어휘 익히기

정답 및 해설 p.11

주어진 우리말 어휘를 보고 빈칸을 채우고 해설북에서 모범 답안을 확인해보세요.

1 종류, 유형   _____

2 ~로 가득찬   _____

3 스트레스를 풀다   _____

4 긴장을 풀다, 침착해지다   _____

5 정기적으로   _____

6 켜다   _____

7 인기 있는   _____

8 재방송   _____

9 다양한   _____

10 주요 출연진   _____

STEP 2 문장 만들기

주어진 우리말 문장을 보고 문장을 만들고 해설북에서 모범 답안을 확인해보세요.

1 리얼리티 TV 쇼가 짜여 있는 각본이라는 것을 알고 있어요.

▶

know that, reality TV shows, are considered, staged

2 리얼리티 TV 쇼는 항상 극적인 사건과 가십으로 가득 차 있어서 좋아요.

▶

like, reality TV shows, always, filled with, drama, gossip

3 저는 집에서 영화와 TV 프로그램을 보는 데 많은 시간을 보낸다고 말할 수 있어요.

▶

would say that, spend a lot of time, at home

4 저는 이 프로그램을 정말 좋아했고 지금도 TV에서 재방송이 보이면 시청하곤 해요.

▶

really loved, still, re-runs, whenever I see

5 요즘 프로그램에는 여러 인종과 외모를 가진 캐릭터로 훨씬 더 다양해요.

▶

modern, shows, diversity, characters of, various, races, appearances

STEP 3   스토리라인 만들기

주어진 우리말을 보고 빈칸을 채우고 해설북에서 모범 답안을 확인해보세요.

1 좋아하는 TV 프로그램

My favorite _____ of TV shows these days are _____ _____ _____.
요즘 제가 가장 좋아하는 TV 프로그램 종류는 리얼리티 TV 쇼입니다.

I know that reality TV shows are considered _____ _____, but I still find them very

_____.
리얼리티 TV 쇼가 짜여 있는 각본이라는 것을 알고 있지만, 그럼에도 불구하고 저는 리얼리티 TV 쇼가 매우 재밌어요.

Reality TV shows really help me to _____ _____ _____ and _____

_____.
리얼리티 TV 쇼는 스트레스를 해소하고 긴장을 푸는 데 정말 도움이 됩니다.

2 TV 프로그램이나 영화 시청 습관

I watch TV shows and movies _____ ____ _____ _____.
저는 정기적으로 TV 프로그램과 영화를 시청합니다.

_____ _____ _____ I wake up each morning, I _____ _____ the TV.
매일 아침 일어나자마자 TV를 켜요.

I like to watch a show or a news program while I'm _____ _____ _____ _____.
출근 준비를 하는 동안 프로그램이나 뉴스 보는 것을 좋아하기 때문입니다.

3 과거와 현재의 TV 프로그램 비교

TV shows have changed _____ a lot since I was young.
제가 어렸을 때와는 TV 프로그램이 꽤 많이 달라졌어요.

One of the biggest things I noticed is that Friends uses the recorded laughter of the live audience
that were there for the _____.
제가 알게 된 가장 큰 특징 중 하나는 촬영 당시 현장에 있던 관객들의 생생한 웃음을 녹음해서 사용한다는 점이었어요.

Another _____ is that Friends was not as _____ as shows are these days.
또 다른 차이점은 요즘 드라마들 만큼의 다양성이 없었어요.

Unit 3 공연 보기, 콘서트 보기

STEP 1 어휘 익히기

정답 및 해설 p.12

주어진 우리말 어휘를 보고 빈칸을 채우고 해설북에서 모범 답안을 확인해보세요.

1 라이브 공연   6 관중석

2 활기찬, 활동적인   7 공연자, 연주자

3 장소   8 ~을 모으다, 모이다

4 ~에 위치해 있다   9 ~의 열혈팬이다, 아주 좋아한다

5 무대   10 기억에 남는

STEP 2 문장 만들기

주어진 우리말 문장을 보고 문장을 만들고 해설북에서 모범 답안을 확인해보세요.

1 저는 콘서트와 다른 라이브 공연들을 보러 가는 것을 정말 즐겨요.

▶

enjoy, go to see, live performance

2 저는 록 콘서트의 분위기를 좋아해요!

▶

love, atmosphere, rock

3 제가 사는 도시의 극장가 지역에 위치해 있어요.

▶

is located in, theater district

4 루프탑 바가 있어서 날씨가 좋을 때 친구들과 함께 모여서 술 한잔할 수 있습니다.

▶

can get together, have a few drinks, weather

5 도착하자마자 바로 굿즈 가판대에 가서 티셔츠를 샀어요.

▶

when, arrive, went straight to, merchandise stall, buy

STEP 3 스토리라인 만들기

주어진 우리말을 보고 빈칸을 채우고 해설북에서 모범 답안을 확인해보세요.

1 좋아하는 공연이나 콘서트

When I _____ _____ _____ ___ _____, it's usually a rock band.

콘서트를 보러 갈 때는 보통 록 밴드 공연이에요.

I like a lot of _____ bands.

기타를 기반으로 하는 밴드를 좋아해요.

The music is always really _____ and the bands perform _____ ____ _____ _____ _____.

그 음악은 항상 정말 소리가 크고 밴드들은 많은 에너지를 갖고 공연해요.

2 좋아하는 콘서트 장소

There are a lot of good _____ in my city, but I like The Astoria _____ _____.

우리 도시에는 좋은 장소들이 많지만 저는 아스토리아를 가장 좋아합니다.

First, the _____ is very close to the _____ _____, so I always get a great view of the _____.

먼저, 무대가 관중석과 매우 가까워서, 항상 공연자들을 잘 볼 수 있어요.

Second, it has an amazing _____ _____, so I can hear the music _____ and enjoy a spectacular light show during most concerts.

두 번째로, 뛰어난 시청각 시스템을 갖추고 있어서 대부분의 콘서트에서 음악이 선명하게 들리고 화려한 조명 쇼를 즐길 수 있어요.

3 최근 콘서트 관람 경험

_____, I went to a concert last weekend.

사실, 저는 지난 주말에 콘서트에 갔어요.

The concert _____ _____ in an exhibition hall in Boston, so it _____ me _____ one hour to get there by bus.

콘서트는 보스턴에 있는 한 전시장에서 열렸기 때문에 그곳까지 버스로 한 시간 정도 걸렸어요.

The concert was amazing, and _____ _____ _____ _____ for me was the _____ light show.

콘서트는 정말로 멋졌고 가장 기억에 남는 부분은 화려한 조명쇼였어요.

Unit 4 쇼핑하기

STEP 1 어휘 익히기

📖 정답 및 해설 p.12

주어진 우리말 어휘를 보고 빈칸을 채우고 해설북에서 모범 답안을 확인해보세요.

1 쇼핑하러 가다 _____

2 의류 매장 _____

3 가격 _____

4 합리적인 _____

5 추천하다 _____

6 보다, 확인하다 _____

7 큰, 거대한 _____

8 흥미로운, 재미있는 _____

9 구경 거리, 관광지 _____

10 사다 _____

STEP 2 문장 만들기

주어진 우리말 문장을 보고 문장을 만들고 해설북에서 모범 답안을 확인해보세요.

1 전자기기와 생활용품을 쇼핑하기 좋은 플라자 몰도 있죠.

▶ _____

be good for, electronic devices, household products

2 쇼핑몰에서 쇼핑하는 것은 제가 가장 좋아하는 일 중 하나예요.

▶ _____

going shopping, one of, my favorite things to do

3 파이브 트리즈 몰에는 제가 필요한 모든 것이 기본적으로 있어요.

▶ _____

basically, everything I need

4 모든 사람에게 파이브 트리즈 몰에 가보라고 추천하고 싶어요.

▶ _____

I'd recommend that, checks out

5 어렸을 때는 쇼핑 센터가 정말 거대하고 놀라워 보였고, 흥미로운 볼거리와 들을거리가 많았죠.

▶ _____

seemed, so huge, when I was a little, interesting sights and sounds

스토리라인 만들기

주어진 우리말을 보고 빈칸을 채우고 해설북에서 모범 답안을 확인해보세요.

1 우리나라의 쇼핑몰

_____ _____ the stores that I enjoy shopping at are _____ _____ shopping malls.

제가 쇼핑을 즐기는 대부분의 매장은 대형 쇼핑몰 안에 있어요.

____ _____, there's a mall _____ the West Pacific Mall, and that has so many _____ _____ that I love.

특히 웨스트 퍼시픽 몰이라는 쇼핑몰이 있는데, 제가 좋아하는 의류 매장이 정말 많아요.

West Pacific Mall also has a huge _____ _____, so my friends and I like to meet there and _____ ____ _____ and a bite to eat.

웨스트 퍼시픽 몰에는 진짜 큰 푸드 코트도 있어서 친구들과 그곳에 만나서 수다를 떨고 음식 먹는 것을 좋아해요.

2 주로 쇼핑하러 가는 장소와 쇼핑 물건

When I need to buy something, I _____ go to the Five Trees Mall.

저는 물건을 사야 할 때 주로 파이브 트리즈 몰에 가요.

I go there every weekend, and I usually buy _____ when I go there.

그곳에 주말마다 가는데 주로 옷을 사러 가는 편이죠.

_____ _____ _____ _____ the mall is that the prices are quite _____.

이 쇼핑몰의 가장 좋은 점은 가격이 상당히 합리적이라는 점이에요.

3 어렸을 때의 쇼핑 경험과 계기

I have ____ _____ _____ ____ shopping with my mother when I was a child.

어렸을 때 어머니와 함께 쇼핑을 했던 기억이 생생해요.

We would normally go to the Wellgate Shopping Center _____ _____ _____ ____ _____ _____.

우리는 보통 시내 한복판에 있는 웰게이트 쇼핑 센터에 가곤 했어요.

My mother would _____ buy me a small toy before we left the shopping center.

어머니는 보통 쇼핑 센터를 떠나기 전에 작은 장난감을 사주셨어요.

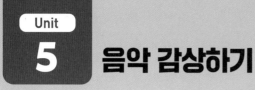

Unit 5 음악 감상하기

STEP 1 **어휘 익히기**

정답 및 해설 p.13

주어진 우리말 어휘를 보고 빈칸을 채우고 해설북에서 모범 답안을 확인해보세요.

1 매우 다양한 _____

2 뮤지션, 음악가 _____

3 장르 _____

4 가사 _____

5 외우기 쉬운 _____

6 곡, 멜로디 _____

7 박자 _____

8 ~에 빠져들다, ~에 흥미를 갖게 되다 _____

9 ~에 공감하다, ~와 관련되다 _____

10 관심 _____

STEP 2 **문장 만들기**

주어진 우리말 문장을 보고 문장을 만들고 해설북에서 모범 답안을 확인해보세요.

1 저는 다양한 음악을 듣는데, 좋아하는 뮤지션이 몇 명 있어요.

  ▶ _____

  a wide range of, favorite, musicians

2 저는 또한 힙합과 댄스 음악을 듣고 싶을 때 즐겨 들어요.

  ▶ _____

  listening to, some hip hop, dance music, in the mood for it

3 제 음악 감상 습관에 대해 말할게요.

  ▶ _____

  let me tell, music listening, habits

4 정말 놀라운 경험이죠.

  ▶ _____

  It's such an, experience

5 팝 가사보다 (기타를 기반으로 한 음악의) 가사에 더 공감할 수 있는 것 같아요.

  ▶ _____

  I think, relate to, lyrics, more than, pop

STEP 3 스토리라인 만들기

주어진 우리말을 보고 빈칸을 채우고 해설북에서 모범 답안을 확인해보세요.

1 좋아하는 음악 장르

My favorite genre of music is rock music, because I really like its _____ _____ and _____ _____.

제가 가장 좋아하는 음악 장르는 록 음악인데, 높은 에너지와 큰 소리를 정말 좋아하기 때문이죠.

Right now my favorite rock band is _____ Sleep Token.

지금 제가 가장 좋아하는 록 밴드는 아마도 슬립 토큰일 거예요.

They have an _____ _____, and they include _____ _____ with the _____ _____ _____.

보컬이 훌륭하고 아름다운 곡조의 키보드 파트와 큰 소리의 기타 파트가 잘 어우러져 있죠.

2 음악을 듣는 장소와 시간

I normally listen to music when I'm _____ and when I'm _____.

저는 보통 출퇴근할 때나 운동할 때 음악을 들어요.

In my opinion, _____ _____ _____ ____ listen to music is at a concert.

제 생각에는 음악을 듣는 가장 좋은 방법은 콘서트에 가는 것이에요.

My friends and I _____ ____ see our favorite bands live _____ ____ ____ ____ _____.

저와 제 친구들은 기회가 있을 때마다 좋아하는 밴드의 라이브 공연을 보려고 노력해요.

3 음악을 듣게 된 계기와 취향 변화

I can remember _____ ____ _____ ____ music when I was only about 5 or 6 years old.

저는 제가 겨우 5살이나 6살이었을 때 음악에 관심을 가졌던 게 기억나요.

The first music I liked was pop music, because it usually has a _____ _____ and _____.

제가 처음 좋아한 음악은 팝 음악이었는데, 주로 외우기 쉬운 멜로디와 박자기 때문이죠.

____ _____ _____ _____, I've gotten more into _____ music like _____ and _____.

나이가 들면서 록이나 메탈 같은 기타를 기반으로 한 음악에 더 빠져들게 되었어요.

Unit 6 조깅, 걷기

STEP 1 어휘 익히기

정답 및 해설 p.13

주어진 우리말 어휘를 보고 빈칸을 채우고 해설북에서 모범 답안을 확인해보세요.

1 길, 산책로

2 평화로운

3 ~에 집중하다

4 ~을 (시작)하게 되다

5 체력

6 향상되다, 개선되다

7 속도

8 활력을 띠게 하다

9 긍정적인

10 경험

STEP 2 문장 만들기

주어진 우리말 문장을 보고 문장을 만들고 해설북에서 모범 답안을 확인해보세요.

1 저는 적어도 일주일에 한 번 주말에 주로 조깅을 하러 가요.

▶

go jogging, at least, once a week, normally, at the weekend

2 그곳은 조깅과 자전거를 타기에 좋은 길이 많은 숲이 우거진 정말 넓은 지역이에요.

▶

really, large, wooded area, lots of, trails, jogging, cycling

3 30분 정도 짧은 거리를 조깅하는 것으로 시작했는데 체력이 아주 빠르게 향상되기 시작했죠.

▶

started off, short distances for about 30 minutes, physical fitness, began to, improve, quite, quickly

4 조깅을 한 번도 해보지 않았다면 적극 추천해요.

▶

have never tried, jogging, before, highly recommend

5 조깅을 하면서 특별히 기억에 남는 경험이 하나 있어요.

▶

can think of, experience, while jogging, particularly, memorable

STEP 3 스토리라인 만들기

주어진 우리말을 보고 빈칸을 채우고 해설북에서 모범 답안을 확인해보세요.

1 좋아하는 조깅/걷기 장소

My _____ place to jog is Templeton Woods, which is not far from my house.
제가 가장 좋아하는 조깅 장소는 집에서 멀지 않은 곳인 템플턴 우즈예요.

It's very _____ and _____, so I can _____ _____ my workout and enjoy music on my headphones.
매우 조용하고 평화로워서 운동에 집중하고, 핸드폰으로 음악을 즐길 수 있죠.

Also, it's a very _____ _____, so I can _____ some _____ _____ of nature while I jog.
또한, 경치가 매우 좋은 곳이라 조깅을 하면서 멋진 자연의 경관을 즐길 수 있어요.

2 처음으로 조깅/걷기를 하게 된 계기와 변화

I _____ _____ jogging about three years ago when I was in high school.
저는 약 3년 전 고등학교 때 조깅을 시작했어요.

My doctor recommended that I do more _____ _____, and he _____ that I try jogging.
의사는 저에게 더 많은 신체 활동을 하라고 권했고, 조깅을 해보라고 제안했어요.

It makes me feel _____ and _____, so it's a great way to start my day each morning.
조깅을 하면 활력이 넘치고 긍정적인 기분이 들기 때문에 매일 아침 하루를 시작하기에 아주 좋은 방법이에요.

3 기억에 남는 조깅/걷기 경험

One day last summer I was out jogging in a big park _____ near my apartment.
지난 여름 어느 날 저는 아파트 근처에 위치한 큰 공원에서 조깅을 하고 있었어요.

When I ran around a corner, I _____ an old lady who looked very upset.
모퉁이를 돌았을 때, 매우 당황해 보이는 할머니 한 분을 발견했어요.

I felt so bad for the lady, so I spent around one hour helping her to _____ _____ Sandy in the park.
저는 할머니가 너무 안쓰러워서 약 한 시간 동안 공원에서 샌디를 찾는 걸 도와드렸죠.

Unit 7 국내 여행

📖정답 및 해설 p.14

STEP 1 어휘 익히기

주어진 우리말 어휘를 보고 빈칸을 채우고 해설북에서 모범 답안을 확인해보세요.

1	휴가를 보내다, 가다	6	좋은 조건, 좋은 거래
2	경치가 좋은	7	숙소, 거처
3	산맥	8	준비하다, 대비하다
4	준비하다, 마련하다	9	기념품
5	교통편, 이동 (방법)	10	예상치 못한

STEP 2 문장 만들기

주어진 우리말 문장을 보고 문장을 만들고 해설북에서 모범 답안을 확인해보세요.

1 그곳에서 하이킹도 하고 바비큐도 즐기죠.

▶

enjoy hiking, having barbecues

2 여름에는 제가 가기 좋아하는 멋진 해변이 몇 군데 있어요.

▶

during the summer, beaches, that I like

3 그런 다음에는 보통 그 장소에서 할 수 있는 흥미로운 일이나 볼거리에 대해 조사해요.

▶

then, usually, do some research, find out about, things to do, see in the place

4 솔직히 말하자면 여행을 떠날 때는 준비해야 할 것이 많아요.

▶

to be honest, many things to, go away, for a trip

5 저는 여행 중에 일어난 일들에 대한 흥미로운 이야기가 정말 많아요.

▶

have, interesting stories, things that happened, while, traveling

스토리라인 만들기

주어진 우리말을 보고 빈칸을 채우고 해설북에서 모범 답안을 확인해보세요.

1 좋아하는 국내 여행 장소

One of the reasons for that is that it is much more _____ to vacation _____ _____
_____ _____.
그 이유 중 하나는 우리나라에서 휴가를 보내는 것이 훨씬 더 저렴하기 때문이죠.

However, another reason is that my country has ___ _____ _____ ____ fun things to do and
_____ places to visit.
하지만 또 다른 이유는 우리나라에는 다양한 즐길 거리와 경치 좋은 곳이 많기 때문이에요.

For instance, there is a huge _____ _____ that I often visit during spring and summer
with my friends.
예를 들어, 저는 봄과 여름에 친구들과 자주 방문하는 큰 산맥이 있어요.

2 여행 가기 전 준비 과정

There are lots of things that I do in _____ for a trip.
여행을 준비하면서 하는 일이 많아요.

First of all, I'll _____ the _____.
저는 가장 먼저 교통편을 준비해요.

Once that has been _____, I'll _____ _____ for _____ _____ on hotels and
book my _____.
교통편이 정해지면 온라인에서 좋은 조건의 호텔을 검색해서 숙소를 예약하죠.

3 기억에 남는 여행 경험

My friend and I were out shopping for _____ one day when a woman approached us.
어느 날 친구와 기념품을 쇼핑하고 있는데 한 여성이 다가왔어요.

They needed some extra people for a _____, and she said my friend and I were exactly the
kind of people they were looking for.
한 장면을 위한 추가 인원이 필요한데 저와 제 친구가 바로 그들이 찾고 있던 사람들이라고 하더군요.

We were _____ and _____, and of course we agreed.
우리는 놀랍고 흥분해서 당연히 동의했어요.

Unit 8 해외 여행

STEP 1 어휘 익히기

📖 정답 및 해설 p.15

주어진 우리말 어휘를 보고 빈칸을 채우고 해설북에서 모범 답안을 확인해보세요.

1 해외로 여행가다 ....

2 해외 여행 ....

3 자동차 여행, 장거리 자동차 여행 ....

4 유적지 ....

5 현지 음식 ....

6 ~에 관심(흥미)이 있다 ....

7 유용한 ....

8 소통하다, ~와 대화를 나누다 ....

9 외국의 ....

10 머무르다, 지내다 ....

STEP 2 문장 만들기

주어진 우리말 문장을 보고 문장을 만들고 해설북에서 모범 답안을 확인해보세요.

1 저는 가족과 함께 해외 여행을 여러 번 다녀왔어요.

  ▶ ....

  have traveled overseas, several times, with

2 저는 그 나라의 역사에 관심이 많았기 때문에 항상 가보고 싶었죠.

  ▶ ....

  had always wanted, am interested in, country's history

3 외국을 방문하면 하고 싶은 일이 많아요.

  ▶ ....

  there are many things, I like to do, foreign country

4 새로운 언어를 배우는 것은 재미있을 뿐만 아니라 매우 유용해요.

  ▶ ....

  learning a new language, not only but also, useful

5 첫 해외 여행이 정말 즐거웠고 좋은 추억이 많이 남아 있어요.

  ▶ ....

  really enjoyed, international vacation, nice memories

스토리라인 만들기

주어진 우리말을 보고 빈칸을 채우고 해설북에서 모범 답안을 확인해보세요.

1 방문해 본 해외 국가나 도시

My most memorable _____ trip was my vacation in Scotland.

가장 기억에 남는 해외 여행은 스코틀랜드에서의 휴가였습니다.

All of the buildings looked so _____ and _____, and there's a huge castle on top of a mountain ____ _____ _____ ____ the city.

모든 건물이 정말 유서 깊고 역사적으로 보였고, 도시 한가운데 산 꼭대기에 거대한 성이 있었어요.

We visited the famous Loch Ness, saw a lot of _____ _____, and tried _____
_____ like haggis.

우리는 그 유명한 네스호에 방문했고 많은 유적지를 구경하고 해기스 같은 현지 음식도 먹어봤어요.

2 해외 여행지에서 주로 하는 일들

I am very interested in international food, so I really love to try the _____ _____ whenever I _____ _____.

저는 세계 각국의 음식에 관심이 많아서 해외 여행을 할 때마다 현지 음식을 맛보는 것을 정말 좋아해요.

I also like to _____ some of the _____ _____.

또한 현지 언어를 배우는 것도 좋아해요.

I really like to _____ _____ _____ when I _____ _____, too.

저는 해외 여행 시 시골을 경험하는 것도 정말 좋아해요.

3 해외 국가나 도시 첫 방문 경험

When I was in high school, I _____ ____ _____ to visit France with my family.

고등학교 때 가족과 함께 프랑스를 방문할 기회가 있었어요.

We _____ ____ Paris for one week and we saw so many famous _____.

파리에서 일주일동안 머물면서 유명한 랜드마크를 많이 봤어요.

I had lots of opportunities to practice and _____ my French language skill, and the local people were happy to give us some useful tips.

프랑스어를 연습하고 향상시킬 수 있는 기회가 많았고 현지인들도 기꺼이 유용한 팁을 알려줬죠.

Unit 9 집에서 보내는 휴가

STEP 1 어휘 익히기

정답 및 해설 p.15

주어진 우리말 어휘를 보고 빈칸을 채우고 해설북에서 모범 답안을 확인해보세요.

1	집에 머무르다	6	가사, 허드렛일
2	휴가	7	놀다, 어울리다
3	~하면서 시간을 보내다	8	쉬는 날
4	휴식을 취하다, 긴장을 풀다	9	주문하다
5	밀린 것을 따라잡다	10	즐거운 시간, 의미 있는 시간

STEP 2 문장 만들기

주어진 우리말 문장을 보고 문장을 만들고 해설북에서 모범 답안을 확인해보세요.

1 저는 휴가 기간에 집에 있는 것을 선호해요.

▶

do prefer to, stay at home, during, vacation time

2 집에서 휴가를 보내는 것을 선호하는 또 다른 이유는 가족을 만날 시간이 생기기 때문이죠.

▶

another reason, prefer to, vacation at home, have time, family member

3 휴가 기간 동안 집에서 쉬는 것보다 더 좋아하는 것은 없어요.

▶

there's nothing I like, more than, chilling out at home

4 지난번 집에서 보낸 휴가는 정말 즐거웠어요.

▶

had a lot of fun, last vacation, at home

5 우리는 좋은 시간을 보냈고, 모두들 제 정원이 얼마나 멋진지 칭찬해 줬어요.

▶

had a great time, commented on, how nice, looking

STEP 3   스토리라인 만들기

주어진 우리말을 보고 빈칸을 채우고 해설북에서 모범 답안을 확인해보세요.

1 집에서 휴가를 보낼 때 만나고 싶은 사람

The main _____ I like to _____ at home is because I like to _____ _____ _____ when I have a vacation.

제가 집에 있는 것을 좋아하는 가장 큰 이유는 휴가 때 편안하게 시간을 보내는 것을 좋아하기 때문이에요.

My life is usually quite _____.

평소에 스트레스를 많이 받는 편이에요.

So I really appreciate just having time to _____ _____ at home and _____ _____ on some _____ _____ and TV shows.

집에서 편안히 쉬면서 집안일 좀 하고 TV 프로그램을 볼 수 있는 시간만 있어도 정말 좋습니다.

2 집에서 휴가를 보낼 때 만나는 사람들과 하고 싶은 일들

The thing I want to do _____ _____ _____ is meet my best friends, Jeongmin and Sunjeong.

무엇보다도 가장 하고 싶은 것은 가장 친한 친구인 정민과 선정을 만나는 것입니다.

We haven't seen _____ _____ in so long because we're all _____ looking for a job.

우리는 서로를 못 본지 매우 오래됐어요. 왜냐하면 우리 모두 요즘 취업을 준비하느라 꽤 바쁘기 때문이죠.

We usually _____ some food using _____ service and watch the movies or TV shows we _____.

우리는 보통 배달 서비스를 이용해 음식을 주문하고 놓친 영화나 TV 프로그램을 봐요.

3 지난 휴가에 집에서 했던 일

I used a lot of my time off to _____ _____ _____ my garden.

저는 휴가의 많은 시간을 정원을 가꾸는 데 사용했습니다.

I _____ my first day off watching _____ videos about gardening tips.

휴가의 첫 날은 정원 가꾸기 팁에 관한 온라인 동영상을 시청하는 데 보냈어요.

For the last few days of my _____, I enjoyed spending time in the garden, because the weather was _____.

휴가의 마지막 며칠 동안은 날씨가 좋아서 정원에서 시간을 보내는 것이 즐거웠어요.

IM-IH 목표 연습 문제

Q2-10
공통형

앞서 메인북에서 학습했던 공통형 주제에 대한
어휘와 표현, 문장들을 복습합니다.
빈칸을 채우고 소리내어 말해보고
해설북에서 정답 및 해설을 확인해보세요.

목차

STEP 1 어휘 익히기

정답 및 해설 p.16

주어진 우리말 어휘를 보고 빈칸을 채우고 해설북에서 모범 답안을 확인해보세요.

1 시내, 도심 지역
2 넓은, 널찍한
3 꾸미다, 장식하다
4 규칙적인
5 일과

6 알람을 맞추다, 시계를 맞추다
7 자다, 취침하다
8 시골
9 ~와 비교하면, ~와 비교하여
10 현대적인

STEP 2 문장 만들기

주어진 우리말 문장을 보고 문장을 만들고 해설북에서 모범 답안을 확인해보세요.

1 아파트에 들어서면 바로 거실로 들어가요.
▶
when, enter my apartment, walk right into, living room

2 정말 넓고 천장이 높기 때문에 소파, TV, 예술 작품을 놓을 공간이 많아요.
▶
large, high ceiling, lots of space for, artwork

3 저는 최근에 거실 공간을 꾸몄어요.
▶
recently, decorated, living room area

4 저는 직장 때문에 주중에는 꽤 규칙적인 일과를 보내고 있어요.
▶
pretty, regular routine, during the week, my job

5 제가 어렸을 때 살던 집은 지금 살고 있는 아파트와 비교하면 많이 달랐어요.
▶
childhood house, different, compared to, apartment I live in

주어진 우리말을 보고 빈칸을 채우고 해설북에서 모범 답안을 확인해보세요.

1 현재 살고 있는 집

I live in an apartment in the _____ _____.

저는 시내에 있는 한 아파트에 살고 있어요.

It's quite a new, _____ building, so my apartment is very _____ and _____.

꽤 새롭고 현대적인 건물이라서 제 아파트는 매우 멋지고 깨끗해요.

It's an _____ _____ _____, so the kitchen and dining room are _____ ____ the side of the living room.

개방형 디자인이라서 주방과 식당이 거실 옆에 붙어 있어요. 침실 두 개와 욕실 두 개가 있어서 총 5개의 방이 있습니다.

2 집에서의 주중과 주말 일상

I _____ _____ Monday ____ Friday, so I set my alarm for 6:30 A.M. every morning _____ _____ ____.

월요일부터 금요일까지 근무해서 주중에는 매일 아침 6시 30분에 알람을 맞춰 놔요.

____ _____ _____, I don't really have a _____ _____.

주말에는 정해진 일과가 없어요.

It all _____ ____ what I plan to do with my friends or family members.

친구들 혹은 가족들과 함께 무엇을 할 계획인지에 따라 달라요.

3 어렸을 때 살았던 집과 현재의 집 비교

I _____ ____ in a house just outside a small town ____ _____ _____.

저는 시골의 작은 마을 외곽에 있는 집에서 자랐어요.

The opposite is true of my _____ apartment.

지금 살고 있는 아파트와는 정반대예요.

The apartment is _____, _____, and, _____, but it' ___ _____ ____ an urban gray space.

아파트는 깨끗하고 현대적이고 넓지만, 도시의 회색 공간에 위치해 있어요.

Unit 2 은행

STEP 1 어휘 익히기

📖 정답 및 해설 p.16

주어진 우리말 어휘를 보고 빈칸을 채우고 해설북에서 모범 답안을 확인해보세요.

1	고객	6	지점
2	은행 창구 직원	7	번호표를 뽑다
3	출금	8	환전하다, 화폐를 바꾸다
4	입금	9	적금 계좌
5	계좌	10	차이점

STEP 2 문장 만들기

주어진 우리말 문장을 보고 문장을 만들고 해설북에서 모범 답안을 확인해보세요.

1 대부분의 은행 본점은 시내에 위치해 있어요.

▶ _____

main brances, most banks, are located, downtown

2 교외나 시골 지역에도 지점이 있지만 제한된 범위의 서비스만 제공하는 경우가 있어요.

▶ _____

local branches, suburban, rural areas, only, offer, a limited range of services

3 저는 한 달에 한 번 정도 동네 은행 지점을 방문해요.

▶ _____

visit, local bank branch, once a month

4 저는 업무상 해외 출장이 잦기 때문에 주로 환전을 위해 은행에 가요.

▶ _____

usually, go to bank, exchange currency, travel overseas, quite frequently, job

5 제가 어렸을 때는 은행이 조금 달랐어요.

▶ _____

a little different, when I was younger

주어진 우리말을 보고 빈칸을 채우고 해설북에서 모범 답안을 확인해보세요.

1   우리나라의 은행

_____ _____ _____, I think banks in my country probably look _____ _____ those in most other countries.

솔직히 말해서 우리나라 은행은 다른 나라 은행과 비슷하게 생겼을 것 같아요.

There are normally three or four _____ _____ who handle simple things like money _____ and _____.

보통 서너 명의 은행 창구 직원이 출금 및 입금과 같은 간단한 업무를 처리해요.

One or two tellers who help customers with things like _____ _____ and _____ _____ _____ _____.

한두 명의 직원이 계좌 개설 및 신용카드 신청과 같은 업무를 도와줘요.

2   은행에 갔을 때 하는 업무

When I _____ _____ the bank, the first thing I do is _____ ___ _____ and then _____ ___ _____ _____ _____.

은행에 들어가서 가장 먼저 하는 일은 번호표를 뽑고 기다리는 공간에 앉는 것입니다.

My bank is always busy, no matter what time I visit, so I _____ have to _____ _____ _____ before I can speak with a _____ _____.

은행은 언제 방문해도 항상 바쁘기 때문에 은행 직원과 상담하기 전에 줄을 서서 기다려야 하는 경우가 많죠.

Sometimes I go in to _____ ___ _____ _____ like a _____ _____.

가끔은 적금 같은 계좌를 새로 개설하러 가기도 하죠.

3   과거와 현재의 은행 비교

_____ _____ _____, a lot of banks were in very old _____ buildings, whereas now they are normally in new _____ buildings.

그 당시에는 많은 은행이 아주 오래된 인상적인 건물에 있었지만 지금은 대부분 새롭고 현대적인 건물에 있어요.

_____, banks have lost their personal touch, mostly because they have such ___ _____ _____ _____ _____.

요즘 은행은 고객과의 친근한 관계가 사라졌는데 고객 수가 너무 많아 졌기 때문이에요.

These days most banks have _____ _____ _____ with refreshments and magazines.

요즘 대부분의 은행에는 다과와 잡지가 비치된 편안한 대기 공간이 있어요.

Unit

3 인터넷

STEP 1 **어휘 익히기** 📖 정답 및 해설 p.17

주어진 우리말 어휘를 보고 빈칸을 채우고 해설북에서 모범 답안을 확인해보세요.

1	웹사이트	6	우려
2	특징으로 삼다	7	접근하다
3	설계하다, 계획하다	8	사용
4	관심	9	영향을 미치다
5	과도한, 지나친	10	사회 생활

STEP 2 **문장 만들기**

주어진 우리말 문장을 보고 문장을 만들고 해설북에서 모범 답안을 확인해보세요.

1 기본적으로 모든 게임, 영화, 음악 앨범, TV 프로그램에 대한 모든 리뷰에 대한 링크가 있어요.

▶

has links, basically, all the reviews, film, music album, TV show

2 사이트가 잘 설계되어 있고 탐색하기 쉬워요.

▶

well laid out, easy to, navigate

3 인터넷 서핑에 처음 관심을 갖게 된 것은 12살 무렵이었던 것 같아요.

▶

became interested in, surfing the internet, when I was 12 years old

4 사람들이 인터넷에 대해 몇 가지 우려하는 사항이 있어요.

▶

several, concerns, people have

5 요즘 사람들은 과도한 인터넷 사용에 대해 더 우려하고 있어요.

▶

these days, more concerned about, excessive internet usage

스토리라인 만들기

주어진 우리말을 보고 빈칸을 채우고 해설북에서 모범 답안을 확인해보세요.

1 내가 인터넷으로 주로 하는 일들

I like a lot of different websites, but my _____ is probably Metacritic.
저는 많은 다양한 웹사이트를 좋아하지만 가장 좋아하는 사이트는 메타크리틱 일 겁니다.

I check the Metacritic website every day, and the main reason for that is that it has _____
and _____ about all my favorite things.
저는 메타크리틱 웹사이트를 매일 확인하는데 주된 이유는 제가 좋아하는 모든 것들에 대한 정보와 리뷰가 있기 때문이에요.

It _____ movies, games, music, and TV shows, so there's always something _____
for me to read about.
영화, 게임, 음악, TV 프로그램을 다루고 있기 때문에 항상 흥미로운 읽을거리가 있어요.

2 가장 좋아하는 웹사이트

____ _____ _____, I was a _____ _____ of a pop band _____ Westlife, and
one of my friends told me about a chatroom that was for fans of the band.
당시 저는 웨스트라이프라는 팝 밴드의 열렬한 팬이었는데, 친구 중 한 명이 그 밴드의 팬들을 위한 채팅방에 대해 알려줬
어요.

I was _____ to find that everyone was really _____ and _____.
모든 사람들이 정말 친절하고 반갑게 맞이해줘서 좋았어요.

I started to _____ more _____ in the discussions, and _____ I made
some friends in the chatroom.
저는 대화에 더 많이 참여하게 되었고 결국 채팅방에서 몇몇 친구를 사귀게 되었죠.

3 처음 인터넷을 접하게 된 계기와 경험

____ _____ _____ _____, the main _____ regarding the internet was
_____.
초창기 인터넷에 대한 주요 우려 사항은 보안이었어요.

These days people are more concerned about excessive _____ _____.
요즘 사람들은 과도한 인터넷 사용에 대해 더 우려하고 있습니다.

This can negatively _____ not only their _____ and _____ _____, but also their
_____.
이는 업무와 사회 생활뿐만 아니라 건강에도 부정적인 영향을 미칠 수 있어요.

Unit 4 휴대폰

STEP 1 어휘 익히기

정답 및 해설 p.18

주어진 우리말 어휘를 보고 빈칸을 채우고 해설북에서 모범 답안을 확인해보세요.

1 ~와 이야기를 나누다

2 하루에

3 편리한

4 나누다

5 전화통화, 전화로

6 오래가다, 지속되다

7 여러 가지 일을 하다

8 달라지다, ~에 달려 있다

9 대화

10 최근에

STEP 2 문장 만들기

주어진 우리말 문장을 보고 문장을 만들고 해설북에서 모범 답안을 확인해보세요.

1 저는 하루에 여러 번 친구 및 가족과 전화 통화를 해요.
　▶
speak with, on the phone, several times, per day

2 형(동생)에게 전화해서 새로운 비디오 게임과 음악에 대해 이야기하는 것을 좋아하는데, 취향이 비슷하기 때문이죠.
　▶
like to call, chat about, have similar taste

3 저는 사람들과 전화 통화를 하는 데 많은 시간을 보내요.
　▶
spend a lot of time, talking with people, on the phone

4 제 전화 습관은 대화 상대에 따라 달라지는 것 같아요.
　▶
guess, phone habits, just, depend on, who I am talking to

5 저는 그 전화 통화를 절대 잊지 않을 거예요.
　▶
never forget, phone call

스토리라인 만들기

주어진 우리말을 보고 빈칸을 채우고 해설북에서 모범 답안을 확인해보세요.

1 친구들과 전화 통화할 때 이야기하는 주제

When I call my friends, we are normally _____ _____ to _____ _____ that day or at the weekend.

친구들에게 전화할 때는 보통 그날이나 주말에 만나기로 하는 약속을 잡아요.

We usually have news to share about our _____ lives and _____, and we always have _____ for each other.

주로 직장 생활이나 인간관계에 대한 소식을 나누고 서로를 위한 조언을 하기도 하죠.

I call my family members to _____ how they are doing and make sure they are happy and healthy.

가족들에게도 전화를 걸어 안부를 묻고 행복하고 건강한지 확인해요.

2 전화 통화 습관이나 일상

I talk with lots of friends every day _____ _____ _____, and I sometimes call my parents, too.

저는 많은 친구들과 매일 전화로 이야기하고 부모님께도 가끔 전화해요.

When I call my parents, it's _____ a fairly _____ call just to find out how they are doing.

부모님께 전화할 때는 보통 부모님의 안부를 묻는 짧은 통화를 주로 합니다.

I usually talk to them _____ _____ _____ _____, and I'll be watching a TV show or preparing my dinner while I talk with them.

보통 한 시간 정도 통화하는데, 통화하는 동안 TV 프로그램을 보거나 저녁 식사를 준비하곤 해요.

3 기억에 남는 전화 통화 경험

I remember having a very good _____ with my grandfather after I graduated from high school.

고등학교를 졸업한 후 할아버지와 아주 좋은 대화를 나눴던 기억이 나요.

He told me how proud he was of me, and that I had the _____ to be anything I wanted to be in life.

할아버지는 제가 얼마나 자랑스러운지, 그리고 제 인생에서 무엇이든 될 수 있는 잠재력을 가지고 있다고 말해주셨죠.

It was a very _____ conversation to me, as I could feel how _____ my grandfather was of me.

할아버지가 저를 얼마나 자랑스러워 하시는지 느낄 수 있는 아주 특별한 대화였습니다.

STEP 1 어휘 익히기 정답 및 해설 p.18

주어진 우리말 어휘를 보고 빈칸을 채우고 해설북에서 모범 답안을 확인해보세요.

1 자유 시간 _____

2 탐험하다 _____

3 ~을 하다, (시간을) 보내다 _____

4 널리 알려진, 흔한 _____

5 지방 _____

6 활동 _____

7 제안하다 _____

8 기사, 허드렛일 _____

9 야외의 _____

10 개인, 개인의 _____

STEP 2 문장 만들기

주어진 우리말 문장을 보고 문장을 만들고 해설북에서 모범 답안을 확인해보세요.

1 우리나라 사람들은 자유 시간에 다양한 것을 해요.

▶ _____

people in my country, many different things, free time

2 시골을 방문하는 사람들은 보통 자전거 타기, 달리기, 스포츠, 반려견 산책 등을 즐겨요.

▶ _____

visit the countryside, normally, enjoy, cycling, playing sports, walking their dogs

3 저는 자유 시간이 생기면 보통 극장에서 함께 영화를 보러 가자고 제안해요.

▶ _____

whenever, free time, usually, suggest to, watch a film, at the theater

4 지금은 대부분의 여가 시간을 혼자 보내요.

▶ _____

spend most of my free time, by myself

5 앞으로는 개인 활동이나 취미 생활에 더 많은 자유 시간이 생기면 좋겠어요.

▶ _____

hope that, have more free time, personal activities, hobbies

주어진 우리말을 보고 빈칸을 채우고 해설북에서 모범 답안을 확인해보세요.

1 우리나라 사람들이 자유시간에 가는 장소

One of the most _____ things to do is to _____ the _____ and enjoy the
_____ _____.

가장 인기 있는 활동 중 하나는 시골을 탐험하고 넓게 펼쳐진 공간을 즐기는 것이에요.

Some people _____ ___ visit places in the city during their free time.

어떤 사람들은 자유 시간에 도시의 장소를 방문하는 것을 선호해요.

They _____ _____ and _____ _____ to _____ ____ _____, and they quite
often just _____ _____ meeting with their friends on coffee shops.

이들은 박물관과 미술관을 방문해 전시를 관람하거나 커피숍에서 친구들과 만나 시간을 보내기도 해요.

2 우리나라 사람들이 자유 시간에 하는 일들

Some of the most _____ things people spend their free time doing are _____,
_____ _____, and _____ ___ _____ _____ _____ in _____ _____.

사람들이 자유 시간에 가장 많이 하는 활동으로는 하이킹, 스포츠, 지방에서 장거리 자전거 타기 등이 있어요.

Other _____ that a popular with people in my country are _____ ___ _____ ___
_____ at the cinema and _____ _____ _____ ___ _____ with friends.

우리나라 사람들에게 인기 있는 다른 활동으로는 영화관에 가서 영화를 보거나 친구들과 함께 밥을 먹는 것이 있어요.

____ _____, people in my country do ___ _____ _____ ____ things in their free time.

일반적으로 우리나라 사람들은 자유 시간에 다양한 것을 해요.

3 과거와 현재의 자유 시간 비교

I would say that I have less free time now than I had ____ _____ _____.

저는 예전보다 지금 자유 시간이 더 적다고 말하고 싶어요.

I find that I have less free time ____ ___ _____ _____.

나이가 들수록 자유 시간이 줄어드는 것을 느껴요.

I didn't have these _____ when I was younger, so I _____ _____ ____ spend more
time meeting friends or enjoying other _____ _____.

어렸을 때는 이런 의무가 없었기 때문에 친구를 만나거나 다른 야외 활동을 즐기는 데 더 많은 시간을 할애할 수 있었어요.

Unit 6 패션

STEP 1 어휘 익히기

정답 및 해설 p.19

주어진 우리말 어휘를 보고 빈칸을 채우고 해설북에서 모범 답안을 확인해보세요.

1 종류

2 경우, 상황

3 모습

4 일반적으로, 대체로

5 옷

6 운동화

7 아이템, 항목

8 구입하다

9 점원

10 할인

STEP 2 문장 만들기

주어진 우리말 문장을 보고 문장을 만들고 해설북에서 모범 답안을 확인해보세요.

1 우리나라에는 상황에 따라 다양한 종류의 옷이 있어요.

▶

different, types of, clothing, different occasions

2 우리가 입는 옷의 종류는 우리가 처한 환경과 날씨에 따라 달라져요.

▶

The type of clothing, wear, depends on, the type of environment, the weather

3 저는 쇼핑을 할 때 여러 곳을 방문해 옷을 사요.

▶

go shopping, visit, a number of, different places

4 저는 쇼핑할 때 가능한 한 많은 곳을 방문해 좋은 가격에 알맞은 옷을 구입하려고 노력해요.

▶

try to, visit, as many places as possible, get, correct clothes, at a good prices

5 전반적으로 성공적인 쇼핑이었고 구매에 정말 만족했어요.

▶

overall, successful shopping trip, happy with, purchase

주어진 우리말을 보고 빈칸을 채우고 해설북에서 모범 답안을 확인해보세요.

1   우리나라 사람들의 패션

_____ _____, while I am working in the office, I am _____ _____ wear a _____ with a _____ and _____ and _____ _____.

예를 들어 사무실에서 일할 때는 셔츠와 넥타이를 매고 정장을 입고 광택이 나는(깔끔한) 구두를 신어야 하죠.

However, outside of work and during the weekend, I _____ _____ _____ more _____ _____.

하지만 업무 외 시간이나 주말에는 좀 더 편안한 옷을 입는 편이에요.

During the hot summer months, I often wear _____ so that I can _____ fairly _____.

더운 여름철에는 시원하게 지낼 수 있도록 반바지를 입는 경우가 많아요.

2   쇼핑하는 습관이나 즐겨 가는 장소

I tend to _____ _____ my clothes shopping trips by _____ _____ shoes or _____.

저는 신발이나 운동화를 찾는 것으로 옷 쇼핑을 시작하는 편이에요.

I always look for _____ _____ so that they can be used for both _____ and a _____ _____.

저는 항상 평상복이나 세미 정장에도 활용할 수 있는 기본 티셔츠를 찾아요.

The last thing I usually do to end my shopping day is _____ _____ to _____ the clothing I have bought.

쇼핑을 마무리할 때 마지막으로 하는 것은 구입한 옷에 어울리는 양말을 구입하는 거예요.

3   옷을 사러 갔다가 겪은 문제 상황이나 경험

_____ _____ _____ of clothing I purchased was a coat.

마지막으로 구입한 옷은 코트였어요.

I _____ that I would prefer a _____ _____ with a hood ____ _____ _____ _____.

저는 비가 올 때를 대비해 후드가 달린 가벼운 코트를 선택하기로 결정했죠.

I _____ _____ the same type of jacket, but in a dark blue color, because the _____ _____ _____ me a ten percent _____.

점원이 10% 할인을 제안해줬기 때문에 같은 종류의 재킷이지만 진한 파란색으로 만족했어요.

STEP 1 **어휘 익히기** 📖정답 및 해설 p.19

주어진 우리말 어휘를 보고 빈칸을 채우고 해설북에서 모범 답안을 확인해보세요.

1	실천하다	6	품목
2	재활용	7	플라스틱
3	안내	8	쓰레기통
4	재활용할 수 있는	9	분류하다
5	분리하다	10	수거하다

STEP 2 **문장 만들기**

주어진 우리말 문장을 보고 문장을 만들고 해설북에서 모범 답안을 확인해보세요.

1 우리나라에서는 많은 사람들이 재활용을 실천하고 있어요.

▶

lots of, practice, recycling

2 재활용할 수 있는 생활용품은 정말 많아요.

▶

household items, can be recycled

3 제가 어렸을 때는 재활용이 매우 달랐어요.

▶

recycling, different, child

4 제가 자라면서 재활용은 점점 보편화되었죠.

▶

as, grew up, recycling, became, common

5 요즘은 재활용이 일반적인 방법이에요.

▶

recycling, common practice, these days

주어진 우리말을 보고 빈칸을 채우고 해설북에서 모범 답안을 확인해보세요.

1 우리나라의 재활용

When _____ _____ it is important that we understand what can and cannot _____ _____.

재활용을 실천할 때는 재활용할 수 있는 것과 재활용할 수 없는 것을 이해하는 것이 중요해요.

For example, it is important that tin cans are _____ and _____ whenever possible to allow for _____ and _____ _____.

예를 들어, 깡통은 가능한 한 깨끗하게 세척하고 뭉개서 빠르고 안전하게 재활용할 수 있도록 하는 것이 중요해요.

I _____ my _____ _____ into different boxes or _____ _____, and I put them outside according to the city council's _____ _____.

저는 재활용 가능한 품목을 각기 다른 박스나 비닐 봉지에 넣어서 시의회의 수거 일정에 따라 밖에 버려요.

2 내가 재활용하는 물건

Most of the _____ that I _____ _____ my _____ _____ are _____ and _____ _____.

제가 재활용 쓰레기통에 넣는 품목의 대부분은 플라스틱과 음료수 용기예요.

Aside from _____ _____, I also make sure I recycle _____ _____, because it's unsafe to just throw them into the _____ _____ _____.

식품 포장재 외에도 오래된 건전지는 일반 쓰레기통에 그냥 버리는 것은 안전하지 않기 때문에 반드시 재활용합니다.

I also sometimes recycle _____ _____.

가끔은 헌 옷도 재활용하죠.

3 재활용 관련 기억에 남는 경험

All of the _____ was _____ in the same bag and just left outside for _____.

모든 쓰레기를 같은 봉투에 담아 수거를 위해 밖에 그대로 뒀어요.

It was a lot _____ and _____ _____, but this was a very bad _____ for the _____.

그 당시에는 훨씬 쉽고 빨랐지만 환경에는 매우 안 좋은 방식이었어요.

Now we need to _____ all of the different trash into several different _____ _____, and these are collected by _____ _____.

이제 우리는 모든 다른 쓰레기를 각기 다른 재활용 쓰레기통에 분리해야 하며, 쓰레기 청소기사가 수거해 갑니다.

STEP 1 어휘 익히기

정답 및 해설 p.20

주어진 우리말 어휘를 보고 빈칸을 채우고 해설북에서 모범 답안을 확인해보세요.

1	반도	6	자연
2	해안 지대	7	환경
3	인기 있는	8	들판, 밭
4	야외	9	활동
5	여행을 떠나다	10	풍경

STEP 2 문장 만들기

주어진 우리말 문장을 보고 문장을 만들고 해설북에서 모범 답안을 확인해보세요.

1 모든 산에 등산로, 사찰과 다른 대표적인 건물들과 같은 흥미로운 특징들이 있어요.

▶

all, interesting, features, such as, hiking trails, temples, landmarks

2 한국은 반도이기 때문에 해안 지대에는 수많은 해변이 있어요.

▶

Korea, peninsula, numerous, beaches, coastline

3 우리나라에는 사람들이 야외에서 하는 것이 아주 많아요.

▶

lots of things, people, do, outdoors

4 여행하는 동안 아름다운 풍경을 많이 봤어요.

▶

saw, a lot of, beautiful, scenery, during, trip

5 우리나라에는 멋진 자연환경이 많아요.

▶

many, wonderful, natural, environments

주어진 우리말을 보고 빈칸을 채우고 해설북에서 모범 답안을 확인해보세요.

1 우리나라의 지형

In general, my country is very _____ compared with most other countries.

전반적으로 우리나라는 다른 나라에 비해 산이 많은 편이에요.

We also have a lot of beautiful _____ and _____ in my country, and the water in these is usually very _____, making them suitable for swimming.

또한 우리나라에는 아름다운 강과 호수가 많이 있으며, 강과 호수의 물은 일반적으로 매우 깨끗하여 수영하기에 적절해요.

Because Korea is a _____, with much of the land surrounded by the ocean, there are numerous beaches on the coastline.

한국은 반도이기 때문에 국토의 대부분이 바다로 둘러싸여 있고, 해안 지대에는 수많은 해변이 있어요.

2 우리나라 사람들의 일반적인 야외 활동

_____ is very _____, and so is playing in the water.

걷는 것이 매우 인기가 있고 계곡에서 물놀이도 인기가 많아요.

_____ is also very _____, as this can be done anywhere, regardless of the area in which you live.

자전거 타기도 거주 지역에 관계없이 어디서나 할 수 있기 때문에 매우 대중적이죠.

As you can tell, there are many different _____ activities that people enjoy in my country.

이처럼 우리나라에는 사람들이 즐기는 매우 다양한 야외 활동이 있어요.

3 어렸을 때 지형 관련된 경험

As a child, my family and I _____ _____ to Seorak-san National Park.

어렸을 때 가족과 함께 설악산 국립공원으로 여행을 떠났어요.

It was the first time I had ever been on a trip to the mountains, so it is still very _____ to me.

산에 가본 것은 처음이었기 때문에 아직도 기억에 많이 남아요.

My country has many wonderful _____ _____, but Seorak-san National Park is still my favorite place.

우리나라에는 멋진 자연환경이 많지만 설악산 국립공원은 여전히 제가 가장 좋아하는 곳이에요.

Unit 9 건강

STEP 1 어휘 익히기

정답 및 해설 p.21

주어진 우리말 어휘를 보고 빈칸을 채우고 해설북에서 모범 답안을 확인해보세요.

1 건강한
2 엄격하게
3 먹다
4 운동
5 노력하다

6 체중이 줄다
7 양
8 개선하다
9 편리한
10 매일

STEP 2 문장 만들기

주어진 우리말 문장을 보고 문장을 만들고 해설북에서 모범 답안을 확인해보세요.

1 제 여동생은 먹는 음식과 운동 스케줄을 매우 엄격하게 관리해요.

▶

strict with, consumes, exercise schedule

2 저는 최근에 더 건강해지기 위해 노력하고 있어요.

▶

recently, made an effort, to be healthier

3 또한 매일 물을 더 많이 마시려고 노력하고 있어요.

▶

making sure that, drink, a lot of, each day

4 매일 자전거를 타는 데 드는 비용이 전혀 들지 않아요.

▶

costs, nothing, cycle, every day

5 지금은 훨씬 더 건강하고 몸이 좋아진 것 같아요.

▶

feel, so much, fitter, healthier

주어진 우리말을 보고 빈칸을 채우고 해설북에서 모범 답안을 확인해보세요.

1 내가 아는 건강한 사람

My sister is very _____ _____ the food she _____ and her _____ schedule.
제 여동생은 먹는 음식과 운동 스케줄을 매우 엄격하게 관리해요.

She often _____ _____ ___ _____ around our _____ _____ or _____ _____ at the
_____.
그녀는 종종 동네 공원을 산책하거나 헬스장에서 근력 운동을 해요.

She also _____ _____ every Saturday morning.
또한 매주 토요일 아침에는 수영을 하러 가요.

2 건강 관리를 위해 새롭게 노력해 본 것들

This has involved me _____ ____ _____ in the morning to allow me to get out for a run
before the rest of the family are up.
아침 일찍 일어나 다른 가족들이 일어나기 전에 조깅을 하러 나가려고 아침 일찍 일어나기 시작했죠.

I am also making sure that I drink a lot more water each day, and I _____ _____ ____ how
much water I've consumed using a cell phone app.
또한 매일 물을 더 많이 마시려고 노력하고 있으며, 휴대폰 앱으로 제가 얼마나 많은 물을 섭취했는지 기록하고 있어요.

I've also _____ the _____ _____ of my evening _____ so that I consume fewer
_____.
또한 저녁 식사의 양을 줄여 칼로리 섭취를 줄였어요.

3 건강 관리를 위해 구체적으로 했던 것들

I _____ took up cycling in order to _____ my health.
저는 최근 건강을 개선하기 위해 자전거 타기를 시작했어요.

Not only does cycling _____ your _____ _____ at the same time, but it is basically a
completely _____ _____ ____ _____.
자전거 타기는 온몸을 동시에 운동할 수 있을 뿐만 아니라 기본적으로 비용이 전혀 들지 않는 운동 수단이에요.

Cycling is also _____, because I can go out on my bike whenever I have free time, even
early in the morning or late at night.
이른 아침이나 늦은 밤에도 여유 시간이 생기면 언제든 자전거를 타고 나갈 수 있기 때문에 편리하기도 해요.

IM-IH 목표 연습 문제

Q11-13
롤플레이

앞서 메인북에서 학습했던 롤플레이 주제에 대한
어휘와 표현, 문장들을 복습합니다.
빈칸을 채우고 소리내어 말해보고
해설북에서 정답 및 해설을 확인해보세요.

목차

Unit 1 가구

STEP 1 어휘 익히기

📖정답 및 해설 p.21

주어진 우리말 어휘와 문장을 보고 빈칸을 채우고 해설북에서 모범 답안을 확인해보세요.

1 구입하다, 사다　　　　　　　　　　6 구매한 제품, 구매한 것

2 가구　　　　　　　　　　　　　　　7 교체하다

3 옷장　　　　　　　　　　　　　　　8 결함

4 어울리다　　　　　　　　　　　　　9 기술 지원팀

5 문제　　　　　　　　　　　　　　　10 해결하다

STEP 2 문장 만들기

주어진 우리말 문장을 보고 문장을 만들고 해설북에서 모범 답안을 확인해보세요.

1 안녕하세요, 새로 이사할 아파트에 사용할 가구를 구입하고 싶어요.

　▶

　I'd like to, buy, furniture, new apartment

2 이런 물건을 찾는 데 도움을 주실 수 있을까요?

　▶

　do you think, help, find, those items

3 최근 구매한 제품에 문제가 있어서 전화드렸어요.

　▶

　calling about, problem, recent purchase

4 제품을 완전히 교체하는 것이 더 나을까요?

　▶

　would, better, fully, replace, product

5 결국 문제를 해결해서 정말 다행이에요.

　▶

　really, glad, got, problem, resolved, in the end

스토리라인 만들기

주어진 우리말을 보고 빈칸을 채우고 해설북에서 모범 답안을 확인해보세요.

1 점원에게 구입하고 싶은 가구 문의

Hi, _____ _____ _____ buy some furniture for my new apartment.
안녕하세요, 새로 이사할 아파트에 사용할 가구를 구입하고 싶어요.

_____ _____ _____ I am hoping to _____ are a bed and a wardrobe.
제가 주로 사고 싶은 것은 침대와 옷장이에요.

_____ color, I'd like the headboard to be green or blue so that it _____ well with my bedroom walls and floor color.
색상에 관해서는 침실 벽과 바닥 색상이 잘 어울리도록 헤드보드가 녹색 또는 파란색이었으면 좋겠어요.

2 구입한 가구에 문제가 생긴 상황 문제 해결

Hello, I'm calling about a _____ with my recent _____.
안녕하세요, 최근 구매한 제품에 문제가 있어서 전화드렸어요.

When I _____ all the parts and the assembly guide, I _____ that one of the shelves was _____.
모든 부품과 조립 설명서의 포장을 풀었을 때 선반 중 하나가 누락된 것을 알아차렸어요.

_____ ____ ____ _____ _____ fully _____ the product?
제품을 완전히 교체하는 것이 더 나을까요?

3 구입한 가구에 문제가 생겼던 경험

I had a problem with my _____ _____ last month.
지난달에 건조기에 문제가 발생했었어요.

I thought the appliance must be _____, so I called _____ _____.
기기에 분명히 결함이 있는 것 같아서 기술 지원팀에 전화를 했어요.

I'm really glad I got the problem _____ in the end.
결국 문제를 해결해서 정말 다행이에요.

Unit 2 병원

STEP 1 어휘 익히기

정답 및 해설 p.22

주어진 우리말 어휘와 문장을 보고 빈칸을 채우고 해설북에서 모범 답안을 확인해보세요.

1 진찰을 받다 _____

2 예약 _____

3 비용이 들다 _____

4 해결하다 _____

5 일이 생기다 _____

6 제안 _____

7 가능한 _____

8 근무 시간 _____

9 기억하다 _____

10 알다, 생각해 내다 _____

STEP 2 문장 만들기

주어진 우리말 문장을 보고 문장을 만들고 해설북에서 모범 답안을 확인해보세요.

1 치과 진료 예약을 잡기 위해 전화드렸어요.

▶ _____

I'm calling to, arrange, appointment, see a dentist

2 발치 비용이 얼마나 드는지 알려주실 수 있나요?

▶ _____

tell me, how much, would, cost, tooth extraction

3 치과 근처에 주차장이 있나요?

▶ _____

have a parking lot, near, dental clinic

4 오늘 저녁 5시 30분에 예약한 진료에 갈 수 없을 것 같아요.

▶ _____

I'm afraid, won't be able to, make it, appointment

5 다행히도 그들은 아주 잘 이해해 줬어요.

▶ _____

fortunately, very understanding

스토리라인 만들기

주어진 우리말을 보고 빈칸을 채우고 해설북에서 모범 답안을 확인해보세요.

1 병원에 진료 예약 문의

Hello. _____ _____ ____ arrange an _____ to see a dentist.

안녕하세요. 치과 진료 예약을 잡기 위해 전화드렸어요.

_____, do I need to fill out a new patient form on your web site first, or can I just _____ _____ a form when I arrive ____ _____?

우선, 웹사이트에서 신규 환자 양식을 먼저 작성해야 하나요, 아니면 직접 방문해서 양식을 작성해도 되나요?

_____, can you tell me _____ _____ it would _____ for a tooth extraction?

두 번째로, 발치 비용이 얼마나 드는지 알려주실 수 있나요?

2 진료 예약을 했지만 못 가게 된 상황 문제 해결

Hello, I'm afraid I won't be able to _____ ____ to my appointment at 5:30 this evening.

안녕하세요, 오늘 저녁 5시 30분에 예약한 진료에 갈 수 없을 것 같아요.

Something has _____ ____ at my company, and I will need to work until 6 p.m.

회사에 일이 생겨서 오후 6시까지 일해야 하거든요.

Please _____ ____ _____ what would be best, and I'm sorry again.

무엇이 최선일지 알려주세요. 다시 한 번 죄송합니다.

3 예약 일정을 취소하거나 늦은 경험

I can _____ a time when I was very late for a job interview.

채용 면접에 많이 늦었던 때가 기억나요.

When I arrived, I _____ _____ I was supposed to be at the Pontius Building on the other side of town.

도착해서 보니 시내 반대편에 있는 폰티우스 빌딩에 가야 한다는 사실을 알게 되었죠.

I _____ what had happened to the interviewers and, _____, they were very understanding.

저는 면접관들에게 무슨 일이 있었는지 설명했고 다행히도 그들은 아주 잘 이해해 줬어요.

STEP 1 어휘 익히기

📖 정답 및 해설 p.22

주어진 우리말 어휘와 문장을 보고 빈칸을 채우고 해설북에서 모범 답안을 확인해보세요.

1 행선지 ....

2 편의시설 ....

3 활동 ....

4 답변하다 ....

5 예약하다 ....

6 ~을 고대하다 ....

7 환불이 불가능한 ....

8 해결책 ....

9 일어나다 ....

10 깨닫다, 알아차리다 ....

STEP 2 문장 만들기

주어진 우리말 문장을 보고 문장을 만들고 해설북에서 모범 답안을 확인해보세요.

1 지중해 크루즈에 대해 몇 가지 질문이 있어서 전화했어요.

▶ ....

I'm calling, have a few questions, Mediterranean cruise

2 특히 수영장이 있는지 궁금해요.

▶ ....

in particular, wonder, if, swimming pool

3 대신 내년 여름으로 날짜를 변경할 수 있을까요?

▶ ....

Would, possible to change, dates, next summer, instead

4 이 문제에 대한 원만한 해결책을 찾을 수 있기를 바래요.

▶ ....

hope, find, agreeable resolution, problem

5 평생 기억에 남을 경험이었어요.

▶ ....

certainly, experience, remember, rest of my life

주어진 우리말을 보고 빈칸을 채우고 해설북에서 모범 답안을 확인해보세요.

1 여행사에 전화해서 상품 문의

_____ _____ _____ I'd like to know about is the specific _____ on the cruise.

가장 먼저 알고 싶은 것은 크루즈의 구체적인 행선지입니다.

_____ _____ _____ ____ which cities or towns I would get to visit?

어느 도시나 마을을 방문하게 되는지 알려주실 수 있나요?

_____, can you please tell me about the cabins that are _____?

마지막으로 이용 가능한 선실에 대해 알려주실 수 있나요?

2 환불 불가능한 여행 상품을 취소해야 하는 상황 문제 해결

_____, my family and I won't be able to go on the cruise.

유감스럽게도 제 가족과 저는 크루즈에 탑승할 수 없게 되었어요.

I had a few ideas _____ my cruise package, which I know is _____.

크루즈 패키지에 대해 몇 가지 생각이 있는데, 환불이 불가능하다는 것을 알고 있습니다.

_____ ____ ____ _____ to change the dates to next summer _____?

대신 내년 여름으로 날짜를 변경할 수 있을까요?

3 기억에 남는 여행 경험

_____ _____ ____ _____ _____ _____ something that happened while I was visiting relatives in Canada.

캐나다에 있는 친척을 방문했을 때 있었던 일에 대해 말할게요.

_____ I was visiting there three years ago, I was just _____ items in an arts and crafts store when I _____ _____ the famous movie director Steven Spielberg.

3년 전 이곳을 방문했을 때 예술 공예품 가게에서 물건을 구경하다가 유명한 영화감독 스티븐 스필버그와 마주쳤어요.

That was certainly an _____ I'll remember for the rest of my life.

평생 기억에 남을 경험이었어요.

Unit
4 약속

STEP 1 어휘 익히기

정답 및 해설 p.23

주어진 우리말 어휘와 문장을 보고 빈칸을 채우고 해설북에서 모범 답안을 확인해보세요.

1 계획을 세우다

2 ~을 생각하다

3 열다, 개최하다

4 제안

5 대안

6 선택지

7 대신

8 처리하다, ~을 다루다

9 취소하다

10 이해해 주는, 이해심 있는

STEP 2 문장 만들기

주어진 우리말 문장을 보고 문장을 만들고 해설북에서 모범 답안을 확인해보세요.

1 이번 토요일에 함께 할 계획을 세우려고 전화했어.

   ▶

   just, calling, try, make some plans, this Saturday

2 입장료는 무료야.

   ▶

   admission, free

3 내가 타고 온 버스가 고장 나서 너를 만나러 가는 데 늦을 것 같아.

   ▶

   running late, meet, took, broken down

4 또 다른 선택지는 네가 만약 기다리기 싫다면 내일 만날 수도 있어.

   ▶

   another option, could just meet, tomorrow, instead

5 작년에 동료와 약속한 일정을 취소해야 했던 때가 기억나요.

   ▶

   remember a time, last year, had to, cancel, plans, coworker

주어진 우리말을 보고 빈칸을 채우고 해설북에서 모범 답안을 확인해보세요.

1   친구와 주말에 만나기 위한 약속 질문

_____ _____ _____ _____ what we can do, and I have a few _____.

우리가 무엇을 할 수 있을지 생각해봤는데 몇 가지 제안이 있어.

_____ _____ _____ ____ _____ we could go to the food festival that is being held downtown.

내 첫 번째 아이디어는 시내에서 열리는 음식 축제에 가는 거야.

_____ is _____, and there will be a lot of delicious food for us to try.

입장료는 무료고 맛있는 음식도 많이 먹을 수 있을 거야.

2   친구와 만나기로 한 약속을 못 가게 된 상황 문제 해결

Hey, Sam. _____ _____ _____ _____ _____ _____ _____ ____ _____.

안녕, 샘. 안타깝지만 안 좋은 소식이 있어.

I'm running late to meet you because the bus I took has _____ _____.

내가 타고 온 버스가 고장 나서 너를 만나러 가는 데 늦을 것 같아.

Well, _____ _____ _____, _____ _____ _____ _____ waiting for me, I could still meet you there at around noon.

음, 우선, 네가 날 기다려도 괜찮다면 12시에 거기서 만날 수 있을 것 같아.

3   약속을 취소했던 경험

I remember a time last year when I had to _____ plans I had made with a coworker.

작년에 동료와 약속한 일정을 취소해야 했던 때가 기억나요.

_____ _____ ____ _____ I hurt my back a couple of days before we were due to leave, and I was having difficulty even walking around.

문제는 출발 며칠 전에 허리를 다쳐서 걷는 것조차 힘들다는 것이었어요.

He was very _____ and wished me a speedy recovery.

그는 저를 잘 이해해줬고 빠른 회복을 기원해줬어요.

STEP 1 어휘 익히기
정답 및 해설 p.24

주어진 우리말 어휘와 문장을 보고 빈칸을 채우고 해설북에서 모범 답안을 확인해보세요.

1 제공하다

2 할인

3 준비하다

4 대략

5 혼동

6 받다

7 외식하러 나가다

8 맡기다

9 실수로, 잘못하여

10 (시간이) 얼마나 오래

STEP 2 문장 만들기

주어진 우리말 문장을 보고 문장을 만들고 해설북에서 모범 답안을 확인해보세요.

1 샌드위치 가게에 대해 좀 더 자세히 알고 싶어요.

▶

I'd like to, know, a bit, more, sandwich

2 이 매장에서 대량 주문 시 할인을 제공하는지 알고 있나요?

▶

know, if, offer a discount, huge, orders

3 마지막으로, 매장에서 주문을 준비하는 데 대략 얼마나 걸리는지 알고 있나요?

▶

lastly, roughly, how long, would take, prepare, order

4 가능한 한 빨리 제 주문대로 배달 기사를 다시 보내주실 수 있나요?

▶

send, delivery driver, back, correct order, as soon as possible

5 가능한 한 빨리 다시 연락 부탁 드려요.

▶

please, get back to, as soon as possible

주어진 우리말을 보고 빈칸을 채우고 해설북에서 모범 답안을 확인해보세요.

1   친구 가족이 연 음식점에 대해 친구에게 질문

_____ _____ _____ ____ the shop offers a discount on large orders?

이 매장에서 대량 주문 시 할인을 제공하는지 알고 있나요?

And do you know _____ _____ different fillings the shop offers for its sandwiches?

그리고 샌드위치에 들어가는 재료가 몇 가지나 되는지 알고 있나요?

_____, do you know roughly _____ _____ it would _____ the shop to prepare the order?

마지막으로, 매장에서 주문을 준비하는 데 대략 얼마나 걸리는지 알고 있나요?

2   배달시킨 음식에 문제가 생긴 상황 문제 해결

_____ _____ as though there has been some kind of _____ with my _____ and another customer's order.

제 주문과 다른 고객의 주문에 혼동이 있었던 것 같아요.

I _____ the order ticket on the bag, and it has another customer's name on it.

봉투에 있는 주문 영수증을 확인했는데 다른 고객의 이름이 적혀 있었어요.

Can you send the delivery driver back with my _____ order ____ _____ ____ _____?

가능한 한 빨리 제 주문대로 배달 기사를 다시 보내주실 수 있나요?

3   최근 기억에 남는 음식점 방문 경험

I _____ _____ for a meal with some of my friends about a month ago.

약 한 달 전에 친구들과 함께 외식을 하러 나갔어요.

The _____ at the Thai restaurant was _____.

태국 음식점에서의 식사는 정말 훌륭했어요.

It was a really _____ night, and I'll always _____ it.

정말 즐거운 밤이었고 항상 기억에 남을 것 같아요.

IM-IH 목표 연습 문제

Q14-15
고난도

앞서 메인북에서 학습했던 고난도 유형에 대한
어휘와 표현, 문장들을 복습합니다.
빈칸을 채우고 소리내어 말해보고
해설북에서 정답 및 해설을 확인해보세요.

목차

Unit

1 음악

📖 정답 및 해설 p.24

STEP 1 어휘 익히기

주어진 우리말 어휘를 보고 빈칸을 채우고 해설북에서 모범 답안을 확인해보세요.

1 ~으로 알려져 있다

2 곡

3 좋은

4 작곡하다

5 유행하는

6 악기

7 참여하다, 동참하다

8 연주하다

9 ~를 편안하게 해주다

10 잔잔한

STEP 2 문장 만들기

주어진 우리말 문장을 보고 문장을 만들고 해설북에서 모범 답안을 확인해보세요.

1 SW 킴의 목소리는 좋아요.

▶

voice, pleasant

2 SW 킴은 실제로는 매우 재미있고 외향적인 사람이에요.

▶

actually, funny, extroverted person, real life

3 제가 궁금한 게 몇 가지 있는데요.

▶

curious about, a few things

4 친구들과 함께 팀을 만들었나요?

▶

make the team, with your friends

5 마지막으로 당신의 밴드는 어떤 종류의 음악을 연주했나요?

▶

lastly, what, kind of music, band, perform

주어진 우리말을 보고 빈칸을 채우고 해설북에서 모범 답안을 확인해보세요.

1 좋아하는 가수 – 노래의 특징

SW Kim makes a lot of _____ and slow songs.
SW 킴은 발라드와 느린 노래를 많이 만들어요.

He is also known for his acoustic tracks that have ___ _____ _____.
조용하고 부드러운 멜로디의 어쿠스틱 곡으로도 유명하죠.

SW Kim's _____ is _____ to listen to and always puts me at ease when I am stressed out.
SW 킴의 목소리는 듣기 좋고 제가 스트레스를 받을 때 항상 마음을 편안하게 해줘요.

2 좋아하는 가수 – 좋아하는 이유

I also really respect SW Kim as a person because he is hard-working and _____ all his songs himself.
또한 열심히 노력하고 모든 곡을 직접 작곡하기 때문에 인간적으로도 정말 존경해요.

He never tries to follow _____ music styles and always stays true to his roots.
그는 절대 유행하는 음악 스타일을 따르지 않고 항상 자신의 음악적 근본에 충실합니다.

Basically, I like SW Kim the best because of his great _____.
기본적으로 저는 SW 킴의 좋은 성격 때문에 그를 가장 좋아해요.

3 연주하는 악기 관련 질문

First, why did you choose the drums out of all _____?
우선, 여러 악기 중에서 드럼을 선택한 이유는 무엇인가요?

Also, what made you choose to _____ in a band?
또한 밴드에 들어가게 된 계기는 무엇인가요?

Lastly, what kind of music did your band _____?
마지막으로 당신의 밴드는 어떤 종류의 음악을 연주했나요?

STEP 1 어휘 익히기

정답 및 해설 p.25

주어진 우리말 어휘를 보고 빈칸을 채우고 해설북에서 모범 답안을 확인해보세요.

1 다양한

2 (시간을) 보내다

3 가장

4 함께

5 만나다

6 보러 가다

7 방문하다

8 ~와 근황을 나누다

9 늦잠자다

10 ~하고 있다

STEP 2 문장 만들기

주어진 우리말 문장을 보고 문장을 만들고 해설북에서 모범 답안을 확인해보세요.

1 사람들은 자유 시간이 생기면 그 시간을 잘 이용하려고 노력합니다.

  ▶

  when, people, have free time, try to, make good use of, time

2 저도 자유 시간이 생기면 이런 활동을 하는 것을 좋아해요.

  ▶

  when, some, free time, like to do, these things, too

3 어떤 일을 했는지 궁금해요.

  ▶

  wondering, what, kind of things, were up to

4 친구를 만났나요?

  ▶

  meet up with, some

5 축제가 끝난 후에는 무엇을 했나요?

  ▶

  what, do, when, festival, over

스토리라인 만들기

주어진 우리말을 보고 빈칸을 채우고 해설북에서 모범 답안을 확인해보세요.

1 우리나라 사람들이 자유 시간에 하는 일들 – 근황 나누기

In my country, people do _____ things when they have _____ _____.
우리나라 사람들은 자유 시간이 생기면 다양한 일을 해요.

The most _____ thing for people to do is catch up with their friends or family.
사람들이 가장 흔히 하는 일은 친구나 가족과 근황을 나누는 거예요.

They will usually ____ _____ _____ ___ _____ together, and maybe have a few drinks afterwards.
보통 함께 외식을 하고, 식사 후에는 약간의 술을 마시기도 해요.

2 우리나라 사람들이 자유 시간에 하는 일들 – 등산

Another popular _____ that people enjoy in their free time is _____.
사람들이 자유 시간에 즐기는 또 다른 인기 활동은 등산이에요.

We have lots of nice hiking _____ all over the country.
전국에 멋진 등산로가 많아요.

So it's _____ for people to visit the mountains when they have free time.
그래서 사람들이 자유 시간이 있을 때 산을 방문하기 편리해요.

3 자유 시간 관련 질문

What did you do _____ Saturday?
토요일에는 무엇을 했나요?

Did you _____ ____ with some friends, or eat anything _____?
친구를 만나거나 맛있는 것을 먹었나요?

Did you go to the festival to _____ _____ some of the bands?
축제에 가서 어떤 밴드들을 보러 갔었나요?

IM-IH 목표
실전 모의고사

앞서 메인북에서 학습했던 문제 유형을 응용하여
실전 모의고사를 풀어봅니다. QR코드로 실전 모의고사 영상을 확인하고
녹음한 후 해설북에서 정답 및 해설을 확인해보세요.

목차

Actual Test 1 — 집, 음악, 해외 여행, 은행 + MP3 플레이어 RP

문제 영상 보기

선택 항목

Background Survey

1	직업	일 경험 없음
2	학생여부	아니오
3	거주지	개인 주택이나 아파트에 홀로 거주
4	여가 활동	**영화 보기**, 공연 보기, 콘서트 보기, TV 보기, 리얼리티쇼 시청하기, 쇼핑하기
5	취미/관심사	**음악 감상하기**
6	즐기는 운동	조깅, 걷기, 운동을 전혀 하지 않음
7	휴가/출장	국내 여행, **해외 여행**, 집에서 보내는 휴가

Self-Assessment

1차 3단계 – **2차** 3단계

문제 구성

자기소개					
		1 자기소개	**Combo 3**	**해외 여행**	8 우리나라 사람들이 주로 가는 해외 여행지
Combo 1	**영화 보기**	2 좋아하는 영화 장르			9 어렸을 때 가 본 해외 국가나 도시
		3 최근 영화 관람하러 갔을 때의 일상			10 우리나라 사람들이 해외 여행지에서 주로 하는 일들
		4 기억에 남는 영화	**Combo 4**	**MP3 플레이어**	11 MP3 플레이어를 구입하기 전 친구에게 질문
Combo 2	**음악 감상하기**	5 좋아하는 음악 장르			12 MP3 플레이어를 빌렸다가 고장 낸 상황 문제 해결
		6 음악을 듣는 장소와 시간			13 사용하던 기기가 고장 났던 경험
		7 음악을 듣게 된 계기와 취향 변화	**Combo 5**	**은행**	14 우리나라의 은행
					15 은행 관련 질문

주제별 문제 구성

주제별 문제 구성을 살펴보고 본인의 아이디어를 자유롭게 적어보고 해설북에서 모범 답변을 확인해보세요.

※ Q1 자기소개 모범 답변은 2 메인북 P.17-22에서 확인해보세요.

MP3 IM-IH AT1_Q

기본 주제 | 자기소개

Q1 Let's start the interview now. Tell me a little bit about yourself.

인터뷰를 시작합니다. 당신에 대해 말해주세요.

선택형 | 영화 보기

Q2 좋아하는 영화 장르

You indicated in the survey that you enjoy watching movies at the cinema. Tell me about the types of movies that you like to go watch.

설문조사에서 당신은 영화관에서 영화 보는 것을 즐긴다고 했습니다. 어떤 종류의 영화를 보러 가는 걸 좋아하는지 말해주세요.

Intro	Body	Wrap-up
▶	▶	

Q3 최근 영화 관람하러 갔을 때의 일상

I would like to know about your latest experience going to the movies. Tell me all about what you did that day, including everything before and after watching the movie.

마지막으로 영화를 보러 갔던 경험에 대해 알고 싶습니다. 영화를 보기 전과 후에 있었던 모든 일을 포함하여 그날 무엇을 했는지 말해주세요.

Intro	Body	Wrap-up
▶	▶	

Q4 기억에 남는 영화

Tell me about the most memorable movie you have watched. What was the movie about? Why was it so memorable?

당신이 봤던 가장 기억에 남는 영화에 대해 말해주세요. 무엇에 관한 영화였나요? 기억에 남는 이유가 무엇인가요?

Intro	Body	Wrap-up
▶	▶	

Actual Test 1

Q5 좋아하는 음악 장르

You indicated in the survey that you listen to music. What are some kinds of music that you listen to? Do you have any favorite musicians and/or composers?

설문조사에서 당신은 음악을 듣는다고 했습니다. 어떤 종류의 음악을 즐겨 듣나요? 좋아하는 뮤지션이나 작곡가가 있나요?

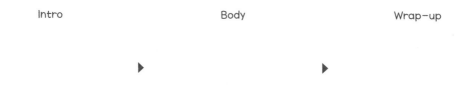

Intro   Body   Wrap-up

Q6 음악을 듣는 장소와 시간

When do you usually listen to music, and where? Do you prefer listening to the radio? Do you attend concerts? Tell me about how you like to enjoy music.

주로 언제 어디서 음악을 듣나요? 라디오 청취를 선호하나요? 콘서트에 참여하나요? 당신이 음악을 즐기는 방식에 대해 말해주세요.

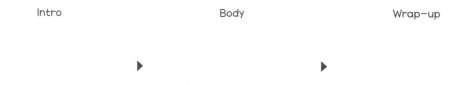

Intro   Body   Wrap-up

Q7 음악을 듣게 된 계기와 취향 변화

When did you first take an interest in music? What was the first kind of music that you liked? Tell me about how your interest in music has changed since you were younger.

언제 처음 음악에 관심을 가지게 되었나요? 처음 좋아했던 음악은 어떤 종류였나요? 어렸을 때부터 음악에 대한 관심이 어떻게 변해왔는지 말해주세요.

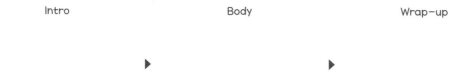

Intro   Body   Wrap-up

Q8   우리나라 사람들이 주로 가는 해외 여행지

When travelling abroad, where do people from your country like to go? Why do they choose those destinations? What is special about the countries that they like to travel to?

해외 여행을 하면 당신 국가 사람들은 어디로 가고 싶어할까요? 왜 그 여행지를 선택하나요? 여행하고 싶은 나라의 특별한 점은 무엇인가요?

Intro	Body	Wrap-up

Q9   어렸을 때 가 본 해외 국가나 도시

Think about a foreign country that you went to when you were younger. Describe in detail what it was like there. What kind of impressions did you get of that place?

어렸을 때 갔던 외국에 대해 생각해 보세요. 그곳이 어땠는지 자세히 설명해 주세요. 그곳에서 어떤 인상을 받았나요?

Intro	Body	Wrap-up

Q10 우리나라 사람들이 해외 여행지에서 주로 하는 일들

Tell me about places that tourists like to go and what they like to do when travelling abroad.

여행객들이 해외 여행 시 가고 싶어 하는 장소와 하고 싶어 하는 일에 대해 말해주세요.

Intro	Body	Wrap-up

Q11 MP3 플레이어를 구입하기 전 친구에게 질문

I'd like to give you a situation to act out. You are thinking about buying a new MP3 player. Your friend knows everything about MP3 players. Call your friend and ask three to four questions about purchasing an MP3 player.

당신에게 주어진 상황에 맞춰서 역할극을 해주세요. 당신은 새로운 MP3 플레이어를 구입할 생각입니다. 당신의 친구는 MP3 플레이어에 관해 무엇이든 알고 있어요. 친구에게 전화하여 MP3 플레이어 구입에 대해 서너 가지 질문을 해보세요.

Q12 MP3 플레이어를 빌렸다가 고장 낸 상황 문제 해결

I'm sorry, but there's an issue that I need you to resolve. Your friend lent you their MP3 player, but you broke it. Call your friend and explain what happened. Tell them the current state of the MP3 player and try to offer two or three alternatives that you will help resolve the problem.

유감스럽게도, 당신이 해결해야 할 문제가 있습니다. 친구가 당신에게 MP3 플레이어를 빌려주었는데 그것을 고장 냈습니다. 친구에게 전화를 걸어 무슨 일이 있었는지 설명해 주세요. MP3 플레이어의 현재 상태를 알려주고 문제 해결에 도움이 될 만한 두세 가지 대안을 제시해 주세요.

Q13 사용하던 기기가 고장 났던 경험

That's the end of the situation. Have you ever been in a similar situation when a device broke or was not working properly? If so, provide some background information first. Then, talk about what happened using specific details. Lastly, how did you resolve the problem?

상황극이 종료되었습니다. 기기가 고장 나거나 제대로 작동하지 않는 비슷한 상황을 겪어본 적이 있나요? 만약 그렇다면 먼저 몇 가지 배경 정보를 제공해 주세요. 그런 다음 구체적인 세부 정보를 사용하여 무슨 일이 있었는지 말해 주세요. 마지막으로, 문제를 어떻게 해결했나요?

Intro	Body	Wrap-up
	▶	▶

Q14 우리나라의 은행

I want to know about banks in your country. Where are they usually located? What do they look like? When do they operate? Describe what banks are like in as much detail as possible.

당신의 나라에 있는 은행에 대해 알고 싶습니다. 은행은 주로 어디에 있나요? 은행은 어떻게 생겼나요? 영업 시간은 언제인가요? 은행이 어떤 곳인지 가능한 한 자세하게 설명해 주세요.

Intro	Body	Wrap-up
▶	▶	

Q15 은행 관련 질문

I recently made a bank account with Goldleaf Bank. Please give me three or four questions about my bank account.

저는 최근에 골드리프 은행에 은행 계좌를 개설했습니다. 제 은행 계좌에 대해 서너 가지 질문을 해주세요.

Intro	Body	Wrap-up
▶	▶	

TV 보기, 음악 감상하기, 교통, 음식 + 공연 보기 RP

문제 영상 보기

선택 항목

Background Survey

1	직업	일 경험 없음
2	학생여부	아니오
3	거주지	개인 주택이나 아파트에 홀로 거주
4	여가 활동	영화 보기, **공연 보기**, 콘서트 보기, **TV 보기**, 리얼리티쇼 시청하기, 쇼핑하기
5	취미/관심사	**음악 감상하기**
6	즐기는 운동	조깅, 걷기, 운동을 전혀 하지 않음
7	휴가/출장	국내 여행, 해외 여행, 집에서 보내는 휴가

Self-Assessment

1차 4단계 – **2차** 4단계

문제 구성

자기소개					
		1	자기소개	Combo 3	**음식**
Combo 1	**TV 보기**	2	좋아하는 TV 프로그램		
		3	과거와 현재의 TV 프로그램 비교		
		4	기억에 남는 TV 프로그램이나 영화 관람 경험	Combo 4	**공연 보기**
Combo 2	**교통**	5	우리나라의 교통수단		
		6	자주 이용하는 교통수단	Combo 5	**음악 감상하기**
		7	어렸을 때 이용했던 교통수단		

8	우리나라의 대표적인 음식
9	일상적으로 먹는 음식
10	기억에 남는 음식 관련 경험
11	공연 티켓 구매 문의
12	공연에 못 가게 된 상황 문제 해결
13	예약/예매했다가 못 가게 된 경험
14	좋아하는 가수
15	연주하는 악기 관련 질문

주제별 문제 구성

주제별 문제 구성을 살펴보고 본인의 아이디어를 자유롭게 적어보고 해설북에서 모범 답변을 확인해보세요.

※ Q1 자기소개 모범 답변은 2 메인북 P.17-22에서 확인해보세요.

MP3 IM-IH AT2_Q

기본 주제 　자기소개

Q1 Let's start the interview now. Tell me a little bit about yourself.

인터뷰를 시작합니다. 당신에 대해 말해주세요.

선택형 　TV 보기

Q2 좋아하는 TV 프로그램

Tell me about your favorite types of shows or movies to watch.

즐겨 보는 프로그램이나 영화의 종류에 대해 말해주세요.

Intro　　　　　　　　　Body　　　　　　　　　Wrap-up

▶　　　　　　　▶

Q3 과거와 현재의 TV 프로그램 비교

Over time, there have been significant changes in TV shows. Describe a TV show that you can still remember from your childhood. What was it like? How was it different from the popular TV shows of today?

시간이 지남에 따라 TV 프로그램에도 상당한 변화가 있었습니다. 어린 시절 기억에 남는 TV 프로그램에 대해 설명해 주세요. 그것은 무엇이었나요? 요즘 인기 있는 TV 프로그램과 어떻게 다른 가요?

Intro　　　　　　　　　Body　　　　　　　　　Wrap-up

▶　　　　　　　▶

Q4 기억에 남는 TV 프로그램이나 영화 관람 경험

Can you tell me about a particular TV show or movie that you found to be especially memorable? What was it and who appeared in it? Where did the story take place? What was the plot, and why do you remember this TV show or movie? Give me as many details as you can about it.

특별히 기억에 남는 TV 프로그램이나 영화에 대해 말해주시겠어요? 어떤 내용이었으며, 누가 출연했나요? 이야기의 배경은 어디였나요? 줄거리는 무엇이었으며 왜 그 TV 프로그램이나 영화를 기억하나요? 가능한 한 자세히 말해주세요.

Intro　　　　　　　　　Body　　　　　　　　　Wrap-up

▶　　　　　　　▶

Actual Test 2

Q5 우리나라의 교통수단

Tell me about how people in your country usually get around. Do they drive personal vehicles or do they use public transportation? What are some common means of transportation?

당신의 나라 사람들은 보통 어떻게 이동하는지에 대해 말해 주세요. 개인 차량을 운전하나요, 아니면 대중교통을 이용하나요? 주로 이용하는 교통수단은 무엇인가요?

Intro	Body	Wrap-up
▶	▶	

Q6 자주 이용하는 교통수단

What kind of transportation do you use to get to and from places? Do you usually drive or take a bus or train?

장소를 오갈 때 어떤 교통수단을 이용하나요? 주로 자가용을 이용하나요 아니면 버스나 기차를 이용하나요?

Intro	Body	Wrap-up
▶	▶	

Q7 어렸을 때 이용했던 교통수단

How did you get around when you were growing up? Were there different transportation options back then? Describe to me how people in your city or town used to get from place to place.

어렸을 때는 어떻게 이동했나요? 그 당시에는 다양한 교통 수단이 있었나요? 당신이 사는 도시나 마을에서 사람들이 어떻게 이동하곤 했는지 말해주세요.

Intro	Body	Wrap-up
▶	▶	

공통형 음식

Q8 우리나라의 대표적인 음식

What kinds of healthy foods do people eat in your country? What are some popular dishes?

당신의 나라에서는 어떤 종류의 건강식을 먹나요? 인기 있는 음식에는 어떤 것이 있나요?

Intro   Body   Wrap-up

▶   ▶

Q9 일상적으로 먹는 음식

What do you usually eat on a daily basis? Tell me everything you can about your usual diet.

당신은 매일 주로 무엇을 드시나요? 평소 식단에 관해 가능한 모든 것을 말해주세요.

Intro   Body   Wrap-up

▶   ▶

Q10 기억에 남는 음식 관련 경험

Tell me about a special memory you have about something that you have eaten. It could be a good or bad memory. What happened? What made it special or memorable? Tell me all about it in as much detail as you can.

당신이 먹었던 음식에 대한 특별한 기억에 대해 말해 주세요. 좋은 기억일 수도 있고 나쁜 기억일 수도 있어요. 어떤 일이 있었나요? 무엇이 특별하거나 기억에 남았나요? 가능한 한 자세히 말해 주세요.

Intro   Body   Wrap-up

▶   ▶

Actual Test 2

Q11 공연 티켓 구매 문의

I'd like to give you a situation to act out. You want to purchase three tickets to see a play this weekend. Call the box office and ask three or four questions to get tickets.

당신에게 주어진 상황에 맞춰서 역할극을 해주세요. 이번 주말에 연극을 보기 위해 입장권 세 장을 구매하려고 합니다. 매표소에 전화하여 티켓을 구매하기 위해 서너 가지 질문을 해보세요.

Intro	Body	Wrap-up
▶	▶	

Q12 공연에 못 가게 된 상황 문제 해결

I'm sorry, but there is a problem I need you to resolve. On the day of the play, you are very sick. Call your sister and explain the situation and offer two different options to resolve this situation.

유감스럽게도 당신이 해결해야 할 문제가 있습니다. 연극 당일, 당신은 몸이 매우 아픕니다. 동생에게 전화하여 상황을 설명하고 이 상황을 해결할 수 있는 두세 가지 대안을 제시해주세요.

Intro	Body	Wrap-up
▶	▶	

Q13 예약/예매했다가 못 가게 된 경험

That's the end of the situation. I'm curious if this situation has ever happened to you in real life. Have you ever bought tickets or made reservations and then had some kind of problem? Please give me an example of this happening to you. When and where did it happen and who were you with? Tell me all about the situation and what you did to resolve it.

상황극이 종료 되었습니다. 실생활에서 이런 상황을 겪은 적이 있는지 궁금합니다. 티켓을 구매하거나 예약을 했는데 어떤 문제가 발생한 적이 있나요? 이런 일이 발생했던 사례를 말해주세요. 언제 어디서 발생했으며 누구와 함께 있었나요? 상황과 문제 해결을 위해 어떻게 했는지 자세히 말해 주세요.

Intro	Body	Wrap-up
▶	▶	

Q14 좋아하는 가수

I'd like to know about your favorite musician or singer. What type of music does he or she make? What about he or she do you like? Using specific examples, please explain what kind of person he or she is.

당신이 가장 좋아하는 뮤지션이나 가수에 대해 알고 싶어요. 어떤 유형의 음악을 하나요? 그 가수의 어떤 부분을 좋아하시나요? 구체적인 예를 들어 그 사람이 어떤 사람인지 설명해 주세요.

Intro	Body	Wrap-up

▶   ▶

Q15 연주하는 악기 관련 질문

I played the drums in my high school band. Please ask me three or four questions about this experience.

저는 고등학교 밴드에서 드럼을 연주했습니다. 이 경험에 대해 서너 가지 질문을 해주세요.

Intro	Body	Wrap-up

▶   ▶

Actual Test 2

IH-AL 목표 연습 문제

Q2-10
선택형

앞서 메인북에서 학습했던 선택형 주제에 대한 어휘와 표현, 문장들을 복습하고
해당 주제와 관련된 고득점 표현들을 익혀봅니다. 빈칸을 채우고
소리내어 말해보고 해설북에서 정답 및 해설을 확인해보세요.

Unit 1 영화 보기

STEP 1 스토리라인 만들기

정답 및 해설 p.56

주어진 우리말 어휘와 문장을 보고 빈칸을 채우고 해설북에서 모범 답안을 확인해보세요.

1 좋아하는 영화 장르

다양한 종류의 영화 보는 것을 좋아함	I enjoy seeing _____ films.
가장 좋아하는 건 공포 영화	My favorite kind of movie to watch at the cinema is _____.
코미디 영화도 좋아함	I also love going to the movies to see _____ films.

2 영화 관람하는 날의 일상

영화 보러 가기로 결정했을 때 일반적인 일과	I'll tell you about my _____ when I _____ go and see a movie.
보통 친구 두 명과 함께 영화 보러 감	I _____ go to the movies with my two best friends.
영화 취향이 비슷함	We all have _____ in films.

3 최근 영화 감상 경험

친구들과 영화 보러 가기로 함	Last weekend, I decided to go and _____ with my friends.
점심을 먹으면서 이야기를 나눔	Before going to the cinema, we had lunch at a coffee shop and _____.
그 후, 저녁을 먹음	_____, we _____ and chatted about the film.

주어진 우리말 문장을 보고 문장을 만들어보고 해설북에서 모범 답안을 확인해보세요.

1 무서운 영화는 영화관에서 볼 때 더욱 무서운데 왜냐하면 영화관은 매우 어둡고 볼륨이 매우 크기 때문이죠.

　▶

scary films, even, frightening, cinema, dark, volume, loud

2 갑자기 등장하는 놀라는 장면들이 정말 흥미진진하고 효과적이에요!

　▶

make, jump-scares, exciting, effective

3 영화가 시작되는 시간에 따라 먼저 저녁을 먹거나 영화가 끝난 후 외식을 하기도 해요.

　▶

depending on, start, either A or B , go out for a meal, film, end

4 집에 돌아와서는 이해가 안 되는 부분이 있으면 인터넷에서 영화에 대한 정보를 찾아보곤 해요.

　▶

when, get home, check for, information, on the Internet, if, parts, understand

5 새로 개봉한 슈퍼 마리오 브라더스를 보기로 했는데 어렸을 때 마리오 게임의 열렬한 팬이었기 때문이죠.

　▶

decide to, watch, Super Mario Brothers, big fans of, grow up

6 우리 모두 정말 즐거운 하루였어요.

　▶

fun

Unit 2 쇼핑하기

STEP 1 스토리라인 만들기

📖 정답 및 해설 p.56

주어진 우리말 어휘와 문장을 보고 빈칸을 채우고 해설북에서 모범 답안을 확인해보세요.

1 우리나라의 쇼핑몰

대부분의 매장은 대형 쇼핑몰 안에 있음	Most of the stores that I enjoy shopping at are _____ large shopping malls.
좋아하는 의류 매장이 정말 많음	In particular, there's a mall called the West Pacific Mall, and that has so many _____ that I love.
친구들과 만나 수다 떨고 음식 먹는 걸 좋아함	West Pacific Mall also has a huge food court, so my friends and I like to meet there and have a chat and _____ .

2 주로 쇼핑하러 가는 장소와 쇼핑 물건

물건을 사야 할 때 파이브 트리즈 몰에 감	When I _____ buy something, I usually go to the Five Trees Mall.
주로 옷을 사러 가는 편	I go there every weekend, and I usually buy _____ when I go there.
좋은 점은 가격이 상당히 합리적 이라는 점	The best thing about the mall is that the _____ are quite _____ .

3 어렸을 때의 쇼핑 경험과 계기

어머니와 함께 쇼핑 했던 기억이 생생함	I _____ of shopping with my mother when I was a child.
시내 한복판 웰게이트 쇼핑 센터에 감	We would normally go to the Wellgate Shopping Center _____ .
보통 쇼핑 센터를 떠나기 전 작은 장난감을 사주심	My mother would _____ buy me a small toy before we left the shopping center.

주어진 우리말 문장을 보고 문장을 만들어보고 해설북에서 모범 답안을 확인해보세요.

1   저는 월말에 월급을 받으면 쇼핑하러 가는 것을 좋아해요.

   ▶ _____

   love to, get my salary, at the end of

2   전자기기와 생활용품을 쇼핑하기 좋은 플라자 몰도 있죠.

   ▶ _____

   Plaza Mall, good for, electronic devices, household products

3   지난번에는 새 청바지와 야구 모자를 샀어요.

   ▶ _____

   the last time, buy, a pair of

4   모든 사람에게 파이브 트리즈 몰에 가보라고 추천하고 싶어요.

   ▶ _____

   recommend, check out, Five Trees Mall

5   쇼핑을 할 때마다 커피숍에서 케이크와 음료를 마시며 하루를 마무리하곤 했어요.

   ▶ _____

   whenever, go shopping, would, end the day

6   어머니와 함께 즐거운 쇼핑을 할 수 있어서 정말 좋았어요.

   ▶ _____

   glad, take, fun, shopping trips

정답 및 해설 p.57

STEP 1 스토리라인 만들기

주어진 우리말 어휘와 문장을 보고 빈칸을 채우고 해설북에서 모범 답안을 확인해보세요.

1 좋아하는 음악 장르

높은 에너지와 큰 소리를 정말 좋아하기 때문에 록 음악을 좋아함	My favorite genre of music is rock music, because I really like its _____ and _____.
가장 좋아하는 록 밴드 아마도 슬립 토큰	Right now my favorite rock band is _____ Sleep Token.
보컬이 훌륭하고 아름다운 곡조의 키보드 파트	They have an amazing _____, and they include _____ keyboard parts with the loud guitar parts.

2 음악을 듣는 장소와 시간

출퇴근할 때 음악 들음	I normally listen to music when I'm _____ and when I'm exercising.
음악 듣는 가장 좋은 방법은 콘서트에 가는 것	In my opinion, _____ to listen to music is at a concert.
기회가 있을 때마다 공연을 보려고 노력함	My friends and I try to see our favorite bands live _____.

3 음악을 듣게 된 계기와 취향 변화

음악에 관심을 가졌던 게 기억남	I can remember _____ music when I was only about 5 or 6 years old.
처음으로 좋아했던 음악은 외우기 쉬운 멜로디와 박자를 가진 팝	The first music I liked was pop music, because it usually has a _____ and _____.
나이가 들면서, 기타 기반 음악에 빠져들었음	_____, I've gotten more into guitar-based music like rock and metal.

주어진 우리말 문장을 보고 문장을 만들어보고 해설북에서 모범 답안을 확인해보세요.

1 지금 제가 가장 좋아하는 록 밴드는 아마도 슬립 토큰일 거예요.

▶ _____

right now, favorite, probably, Sleep Token

2 보컬이 훌륭하고 아름다운 곡조의 키보드 파트와 큰 소리의 기타 파트가 잘 어우러져 있죠.

▶ _____

amazing vocalist, melodic keyboard, loud, guitar part

3 지루함을 덜 느끼게 해주고, 헬스장에서 운동할 때 동기 부여가 되기도 하죠.

▶ _____

help, less bored, motivate, gym

4 저와 제 친구들은 기회가 있을 때마다 좋아하는 밴드의 라이브 공연을 보려고 노력해요.

▶ _____

try to, whenever, have a chance

5 나이가 들면서 록이나 메탈 같은 기타를 기반으로 한 음악에 더 빠져들게 되었어요.

▶ _____

get older, have gotten more into, guitar-based, rock, metal

6 팝 가사보다 (기타를 기반으로 한 음악의) 가사에 더 공감할 수 있는 것 같아요.

▶ _____

relate to, lyrics, pop

Unit 4 조깅, 걷기

STEP 1 스토리라인 만들기

정답 및 해설 p.57

주어진 우리말 어휘와 문장을 보고 빈칸을 채우고 해설북에서 모범 답안을 확인해보세요.

1 좋아하는 조깅/걷기 장소

가장 좋아하는 조깅 장소는 집에서 멀지 않은 템플턴 우즈	My _____ place to jog is Templeton Woods, which is not far from my house.
매우 조용하고 평화로워서 운동 집중할 수 있음	It's very quiet and peaceful, so I can _____ my workout and enjoy music on my headphones.
경치가 매우 좋은 곳이라서 멋진 자연 경관을 즐길 수 있음	Also, it's a very _____ area, so I can enjoy some nice views of nature while I jog.

2 처음으로 조깅/걷기를 하게 된 계기와 변화

약 3년 전 고등학교 때 조깅을 시작함	I _____ jogging about three years ago when I was in high school.
의사가 더 많은 신체 활동을 권했고 조깅을 해보라고 제안함	My doctor recommended that I do more _____ activities, and he suggested that I try jogging.
조깅을 하면 활력이 넘치고 긍정적 기분이 듦	It makes me feel _____ and positive, so it's a great way to start my day each morning.

3 기억에 남는 조깅/걷기 경험

아파트 근처에 위치한 큰 공원에서 조깅하고 있었음	One day last summer, I was out jogging in a big park _____ near my apartment.
모퉁이를 돌 때, 매우 당황해 보이는 할머니를 발견함	When I ran around a corner, I _____ an old lady who looked very upset.
약 한 시간 동안 공원에서 샌디를 찾는 걸 도와드림	I felt so bad for the lady, so I spent around one hour helping her to _____ Sandy in the park.

주어진 우리말 문장을 보고 문장을 만들어보고 해설북에서 모범 답안을 확인해보세요.

1 또한, 경치가 매우 좋은 곳이라 조깅을 하면서 멋진 자연의 경관을 즐길 수 있어요.

　▶

also, scenic area, enjoy, views of nature, jog

2 음료나 간식이 먹고 싶을 때 동네 카페에 들를 수 있어요.

　▶

stop off, local, fancy, drink, a bite to eat

3 그 당시에, 저는 상당히 과체중이었는데, 여가 시간 대부분을 텔레비전 시청과 비디오 게임으로 보냈기 때문이에요.

　▶

at that time, quite, overweight, spend, spare time

4 조깅을 하면 활력이 넘치고 긍정적인 기분이 들기 때문에 매일 아침 하루를 시작하기에 아주 좋은 방법이에요.

　▶

make, energized, positive, great way, start my day, each morning

5 지난 여름 어느 날 저는 아파트 근처에 위치한 큰 공원에서 조깅을 하고 있었어요.

　▶

one day, locate, near

6 저는 할머니가 너무 안쓰러워서 약 한 시간 동안 공원에서 샌디를 찾는 걸 도와드렸죠.

　▶

feel bad, spend around, hour, look for

Unit 5 국내 여행

STEP 1 스토리라인 만들기

정답 및 해설 p.58

주어진 우리말 어휘와 문장을 보고 빈칸을 채우고 해설북에서 모범 답안을 확인해보세요.

1 좋아하는 국내 여행 장소

우리나라에서 휴가 보내는 것이 훨씬 저렴함	One of the reasons for that is that it is much more _____ to vacation in my own country.
우리나라에는 다양한 즐길 거리와 경치 좋은 곳이 많음	However, another reason is that my country has _____ fun things to do and scenic places to visit.
봄과 여름에 친구들과 자주 방문하는 큰 산맥이 있음	For instance, there is a huge _____ that I often visit during spring and summer with my friends.

2 여행 가기 전 준비 과정

여행 준비하면서 하는 일이 많음	There are lots of things that I do in _____ for a trip.
가장 먼저 교통편을 준비함	First of all, I'll _____ the transportation.
교통편이 정해지면 좋은 조건의 호텔 검색해서 숙소 예약함	Once that has been sorted, I'll search online for _____ on hotels and book my _____.

3 기억에 남는 여행 경험

친구와 기념품 쇼핑을 하고 있는데 한 여성 다가옴	My friend and I were out shopping for _____ one day when a woman approached us.
한 장면을 위한 추가 인원이 필요한데 우리가 그들이 찾던 사람들이라고 함	They needed some extra people for a _____, and she said my friend and I were exactly the kind of people they were looking for.
놀랍고 흥분해서 당연히 동의했음	We were _____ and excited, and of course we agreed.

주어진 우리말 문장을 보고 문장을 만들어보고 해설북에서 모범 답안을 확인해보세요.

1 저는 해외 여행보다는 국내에서 휴가를 보내는 것을 선호합니다.

▶

prefer, take vacations, home country, rather than, abroad

2 물이 매우 깨끗해서 수영도 하고 다양한 수상 스포츠를 즐길 수 있죠.

▶

clean, a variety of, watersports

3 교통편이 정해지면 온라인에서 좋은 조건의 호텔을 검색해서 숙소를 예약하죠.

▶

once, be sorted, search online, good deals, accommodation

4 그런 다음에는 보통 할 수 있는 흥미로운 일이나 볼거리에 대해 조사해요.

▶

then, usually, do some research, find out, interesting

5 가장 먼저 떠오르는 이야기는 경주를 방문했을 때 겪었던 경험에 관한 것이에요.

▶

first story, come to mind, while, Gyeongju

6 경주에서 쇼핑하는 동안 정말 예상치 못한 일이 벌어졌어요.

▶

unexpected, happen, while, shopping, Gyeongju

Unit 6 집에서 보내는 휴가

정답 및 해설 p.58

STEP 1 스토리라인 만들기

주어진 우리말 어휘와 문장을 보고 빈칸을 채우고 해설북에서 모범 답안을 확인해보세요.

1 집에서 휴가를 보낼 때 만나고 싶은 사람

휴가 때 편안하게 시간 보내는 것을 좋아하기 때문에 집에 있는 것을 좋아함	The main reason I like to stay at home is because I like to spend time _____ when I have a vacation.
평소에 스트레스 많이 받는 편임	My life is usually quite _____.
밀린 집안일과 TV 쇼를 보며 쉼	So I really appreciate just having time to chill out at home and catch up on some _____ and TV shows.

2 집에서 휴가를 보낼 때 만나는 사람들과 하고 싶은 일들

무엇보다 가장 하고 싶은 것은 가장 친한 친구들을 만나는 것	_____ is meet my best friends, Jeongmin and Sunjeong.
취업을 준비하느라 꽤 바빠서 오랫동안 보지 못함	We haven't seen each other in so long because we're all busy _____.
배달 서비스를 이용해 음식을 주문하고 영화나 TV쇼를 봄	We usually _____ some food using delivery service and watch the movies or TV shows we missed.

3 지난 휴가에 집에서 했던 일

많은 시간을 정원 가꾸는데 사용함	I used a lot of my time off to _____ my garden.
휴가 첫날은 정원 가꾸기 팁에 관한 온라인 동영상 시청함	I spent my first day off watching _____ videos about gardening tips.
휴가 마지막 며칠 동안 정원에서 시간 보내는 것이 즐거웠음	For the last few days of my _____, I enjoyed spending time in the garden, because the weather was great.

주어진 우리말 문장을 보고 문장을 만들어보고 해설북에서 모범 답안을 확인해보세요.

1 저는 휴가 기간에 집에 있는 것을 선호합니다.

▶
_____

do, prefer, stay at home

2 여행을 계획하고 어디론가 떠나야만 한다는 스트레스를 받고 싶지 않거든요.

▶
_____

want, plan a trip, need, travel, anywhere

3 또한 이번 휴가에는 조부모님과 함께 우리집에서 즐거운 시간을 보내고 싶어요.

▶
_____

during, have quality time with, my place

4 맛있는 저녁 식사를 대접하고 밀린 이야기도 나누고 싶어요.

▶
_____

treat, catch up with

5 셋째 날에는 잔디 씨앗을 뿌리고 꽃을 심었어요.

▶
_____

on the third day, spread, grass seed, plant

6 집에서 휴가를 보내기에 이보다 더 좋은 방법은 없을 것 같아요.

▶
_____

think of, a better way, spend

IH-AL 목표 연습 문제

Q2-10
공통형

앞서 메인북에서 학습했던 공통형 주제에 대한 어휘와 표현,
문장들을 복습하고 해당 주제와 관련된 고득점 표현들을 익혀봅니다.
빈칸을 채우고 소리내어 말해보고
해설북에서 정답 및 해설을 확인해보세요.

목차

STEP 1 스토리라인 만들기 📖정답 및 해설 p.59

주어진 우리말 어휘와 문장을 보고 빈칸을 채우고 해설북에서 모범 답안을 확인해보세요.

1 본인 집에 가장 좋아하는 방 묘사

교외 지역에 위치해 있음	Our house is ____ in a ____ area, and I really like it.
침대가 정말 편해서 누워있거나 책을 읽으며 많은 시간을 보냄	My bed is really ____, so I spend a lot of time just lying down and reading books.
침실 벽에 가장 좋아하는 배우들, 가수들 포스터 붙어있음	I have ____ of my favorite actors and singers on my ____.

2 어렸을 때 살았던 집과 지금 집 비교

도시 외곽에 있는 큰 집에 살았음	When I was young, I lived in a big house on the ____ of a city.
멋진 개방형 주방과 식당이 있었음	That house had a really cool ____ kitchen and dining room.
지금은 원룸에서 혼자 살고 있음	Now that I'm older and work in the city, I lived by myself in a ____.

3 집에 준 변화 중 하나 자세히 묘사

거실에 만족해 본 적이 없음	I've never been ____ with the living room.
오래된 카펫을 걷어내고 전문가가 방문해서 바닥을 설치해줌	A friend helped me to ____ the old carpet, and I had a professional come and ____ the flooring.
오래된 가구 재활용 센터로 가져갔고 이케아에서 새 가구를 샀음	I ____ the old furniture to a recycling center, and I bought the new items from IKEA.

주어진 우리말 문장을 보고 문장을 만들어보고 해설북에서 모범 답안을 확인해보세요.

1　다락방도 있는데, 집이 어수선해 보이지 않도록 물건을 보관하는 곳이에요.

▶ _____

attic, keep, a lot of, stuff, clutter

2　방은 밝고 화사한 색으로 칠해져 있어서 밝고 쾌활한 분위기의 방이에요.

▶ _____

paint, bright, cheerful

3　그 집의 가장 좋은 점은 아주 큰 정원이었죠.

▶ _____

best, huge, garden

4　부모님은 많은 돈을 들여 집을 개조하셨기 때문에 정말 멋져 보였어요.

▶ _____

spend, a lot of, renovate, amazing

5　저는 최근에 집에 큰 변화를 줬습니다.

▶ _____

make, quite, a big change

6　또한 오래된 안락의자와 소파를 없애고 더 좋아 보이는 새로운 것들을 구입했죠.

▶ _____

also, get rid of, armchairs, buy, look better

STEP1 스토리라인 만들기

정답 및 해설 p.59

주어진 우리말 어휘와 문장을 보고 빈칸을 채우고 해설북에서 모범 답안을 확인해보세요.

1 우리나라의 은행

다른 나라 은행과 비슷하게 생김	To be honest, I think banks in my country probably look _____ to those in most other countries.
서너 명의 은행 창구 직원이 출금 및 입금 업무를 처리함	There are normally three or four _____ who handle simple things like money withdrawals and deposits.
계좌 개설 및 신용카드 신청 같은 업무 도와줌	One or two tellers who help customers with things like _____ accounts and _____ for credit cards.

2 은행에 갔을 때 하는 업무

가장 먼저 하는 일은 번호표를 뽑고 앉는 것	When I walk into the bank, the first thing I do is _____ and then sit in the waiting area.
항상 바쁘기 때문에 줄을 서서 기다려야 하는 경우가 많음	My bank is always busy, no matter what time I visit, so I normally have to _____ before I can speak with a bank clerk.
적금 같은 계좌를 새로 개설하러 가기도 함	Sometimes I go in to open a new account like a _____ .

3 과거와 현재의 은행 비교

지금은 대부분 새롭고 현대적인 건물에 있음	At that time, a lot of banks were in very old impressive buildings, whereas now they are normally in new _____ buildings.
요즘 은행은 고객 수가 많아져서 친근한 관계가 사라짐	Nowadays, banks have lost their personal touch, mostly because they have such a large number of _____ .
잡지와 잡지가 비치된 편안한 대기 공간이 있음	These days most banks have _____ waiting areas with _____ and magazines.

STEP 2   고득점 문장 익히기

주어진 우리말 문장을 보고 문장을 만들어보고 해설북에서 모범 답안을 확인해보세요.

1 보통 서너 명의 은행 창구 직원이 출금 및 입금과 같은 간단한 업무를 처리해요.

   ▶

normally, bank tellers, handle, simple, withdrawals, deposits

2 교외나 시골 지역에도 지점이 있지만 제한된 범위의 서비스만 제공하는 경우가 있어요.

   ▶

local branches, suburban, rural, sometimes, only, a limited range of

3 은행에 들어가서 가장 먼저 하는 일은 번호표를 뽑고 기다리는 공간에 앉는 것입니다.

   ▶

walk into, take a number, sit, waiting area

4 저는 업무상 해외 출장이 잦기 때문에 주로 환전을 위해 은행에 가요.

   ▶

usually, go to the bank, exchange currency, travel overseas, quite, frequently

5 요즘 은행은 고객과의 친근한 관계가 사라졌는데 고객 수가 너무 많아 졌기 때문이에요.

   ▶

nowadays, personal touch, such, a large number of

6 전반적으로 저는 예전 은행보다 현대의 은행을 선호해요.

   ▶

overall, prefer, modern banks, older o3nes

STEP 1 스토리라인 만들기 📖 정답 및 해설 p.60

주어진 우리말 어휘와 문장을 보고 빈칸을 채우고 해설북에서 모범 답안을 확인해보세요.

1 내가 인터넷으로 주로 하는 일들

가장 좋아하는 사이트는 아마도 메타크리틱	I like a lot of different websites, but my _____ is Metacritic.
주된 이유는 모든 것들에 대한 정보와 리뷰가 있기 때문임	I check the Metacritic website every day, and the _____ for that is that it has _____ and _____ about all my favorite things.
영화, 게임, 음악, TV 프로그램을 다룸	It _____ movies, games, music, and TV shows, so there's always something interesting for me to read about.

2 가장 좋아하는 웹사이트

당시 웨스트라이프라는 팝 밴드의 열렬한 팬	_____, I was a _____ of a pop band called Westlife, and one of my friends told me about a chatroom that was for fans of the band.
모든 사람들이 정말 친절하고 반갑게 맞이해줌	I was pleased to find that everyone was really _____ and _____.
결국 채팅방에서 몇몇 친구를 사귐	I started to get more involved in the discussions, and eventually I _____ in the chatroom.

3 처음 인터넷을 접하게 된 계기와 경험

초창기 주요 우려 사항은 보안이었음	In the early days, the _____ regarding the internet was _____.
요즘 과도한 인터넷 사용에 대해 더 우려함	These days people are more concerned about _____.
사회 생활과 건강에 부정적인 영향을 미칠 수 있음	This can _____ not only their work and social life, but also their health.

주어진 우리말 문장을 보고 문장을 만들어보고 해설북에서 모범 답안을 확인해보세요.

1 또 다른 이유는 매우 편리하기 때문이에요.

▶

another reason, site, make things, convenient

2 사이트가 깔끔하고 탐색하기 쉬워서 원하는 정보를 쉽게 찾을 수 있어요.

▶

site, well laid out, easy, navigate, whatever, looking for

3 온라인에서 낯선 사람과 대화를 해본 적이 없어서 무엇을 기대해야 할지 몰랐어요.

▶

never, strangers, what to expect

4 그 채팅방을 발견하고 인터넷을 즐기기 시작한 것이 정말 좋아요.

▶

glad, discover, chatroom, start to, enjoy

5 사람들은 해커가 자신의 개인 정보, 특히 은행 정보에 접근하는 것을 매우 걱정했죠.

▶

worry about, hackers, access, personal details, especially, banking information

6 일부 청소년과 심지어 일부 성인은 인터넷에 중독되어 인터넷에 너무 많은 시간을 소비해요.

▶

teenagers, even, adults, addict to, spend, far, too much time

Unit 4 기술

STEP 1 스토리라인 만들기

정답 및 해설 p.61

주어진 우리말 어휘와 문장을 보고 빈칸을 채우고 해설북에서 모범 답안을 확인해보세요.

1 우리나라 사람들이 주로 사용하는 기술

가장 흔하게 사용하는 기술은 스마트폰임	Obviously, the most _____ that people use these days is smartphones.
또 다른 흔한 기기는 휴대용(노트북) 컴퓨터	Another common _____ is the laptop computer.
대부분의 사람들은 이어폰이나 헤드폰 가지고 있음	Most people also have a pair of _____ or headphones so that they can listen to music through their smartphone or watch TV shows and movies on their laptop.

2 내가 자주 사용하는 기술

에어프라이어는 뜨거운 공기를 순환시켜 조리하는 주방 가전제품임	An air fryer is a _____ that cooks food by circulating hot air around it.
정확한 시간과 온도를 선택하기만 하면 됨	Whether I'm making fish, steak, or chicken, I just need to put it into the air fryer and choose the _____ and _____.
바쁜 일정을 소화해야 하는 제게 정말 편리함	Most things take less than 30 minutes to cook, so it's really _____ for me because I have a _____.

3 과거와 현재의 특정 기술 비교

요즘 컴퓨터와 비교하면 많이 다른 펜티엄 컴퓨터였음	It was a Pentium computer, and it was much different _____ modern computers.
크고 매우 무거웠으며 공간을 많이 차지했음	First of all, the computer was large and very heavy, with a beige or off-white color only, and it was _____ a desk and took up some space.
최신 컴퓨터는 비교적 가볍고 휴대하기 편함	Modern computers are not only much more advanced and powerful, but they're also relatively _____ and _____.

STEP 2 고득점 문장 익히기

주어진 우리말 문장을 보고 문장을 만들어보고 해설북에서 모범 답안을 확인해보세요.

1 우리나라 사람들은 다양한 유형의 기술을 사용해요.

▶ ....

use, many different types of

2 모든 사람들, 나이든 세대들도 이제 스마트폰을 가지고 있는 것 같아요.

▶ ....

everyone, even, the older generation, seem to

3 에어프라이어는 뜨거운 공기를 순환시켜 음식을 조리하는 주방 가전제품이에요.

▶ ....

air fryer, kitchen appliance, cook, circulate

4 바쁜 일정을 소화해야 하는 제게는 정말 편리해요.

▶ ....

handy, hectic schedule

5 소프트웨어 선택지도 제한적이었고 클라우드 기반 서비스도 제공되지 않았습니다.

▶ ....

software, options, limited, cloud-based services

6 또한 모니터는 얇고 가벼우며 더 높은 해상도를 제공하는 평면 패널 디스플레이 장치로 대체되었어요.

▶ ....

monitors, replace, flat panel displays, thin, lightweight, higher resolutions

STEP 1 스토리라인 만들기

정답 및 해설 p.61

주어진 우리말 어휘와 문장을 보고 빈칸을 채우고 해설북에서 모범 답안을 확인해보세요.

1 본인이 사는 지역에서 진행되는 모임들 묘사

우리 지역에서는 매년 몇 가지 지역 행사가 열림	In my area, we have a few annual _____ .
가장 많은 사람들이 모이는 행사는 영화제임	The event that _____ the largest _____ of people is the film festival that is held every September.
많은 모임을 개최하는 것 정말 행운임	I'm quite lucky that my town _____ so many gatherings.

2 본인이 참석했던 모임에서 있었던 일들 자세히 묘사

매년 8월에 열리는 카니발 주간	It is held to mark the end of Carnival Week, which _____ every year in August.
올해의 주제는 글로벌 행복임	This year's _____ was Global Happiness.
다음 퍼레이드 데이가 정말 기다려짐	I'm really _____ the next Parade Day.

3 본인이 참석했던 모임에서 기억나는 경험 묘사

최근 거리 퍼레이드에서 예기치 못한 지연이 발생함	There was an _____ at our recent street parade when a vehicle broke down.
퍼레이드는 정해진 경로를 따라 마을을 지나감	The parade travels a _____ through the town.
결국 퍼레이드는 30분정도 지연됐지만 모두 행사를 즐겼음	_____ , the parade was delayed for about thirty minutes, but everyone still really enjoyed the event.

STEP 2   **고득점 문장 익히기**

주어진 우리말 문장을 보고 문장을 만들어보고 해설북에서 모범 답안을 확인해보세요.

1   하나는 여름에 열리는 행사로 현대 팝 음악과 록 밴드가 출연합니다.

▶

take place, feature, modern pop music, rock bands

2   도시 주민 대부분이 이 축제에 참석하는데, 항상 정말 재밌어요.

▶

most of the people, town, attend, a lot of, fun

3   이 장소는 여러 유적지와 가까워요.

▶

site, close, a number of, historic sites

4   사람들은 매년 퍼레이드 의상을 직접 디자인하고 제작하는데 항상 정말 재미있어요.

▶

design, create, their own costumes, parade, a lot of, fun

5   가장 최근 있었던 거리 퍼레이드에서 모든 것이 계획대로 진행되고 있었어요.

▶

recent, street parade, everything, plan

6   다행히 지역 기술자가 현장에 있어서 차량을 다시 운행하는 데 도움을 줬어요.

▶

fortunately, local mechanic, in attendance, who, help, vehicle, run again

Unit 6 휴일

정답 및 해설 p.62

STEP 1 스토리라인 만들기

주어진 우리말 어휘와 문장을 보고 빈칸을 채우고 해설북에서 모범 답안을 확인해보세요.

1 우리나라 사람들이 휴일을 보내는 장소/활동 묘사

일년 내내 많은 휴일이 있음	Our country has _____ holidays throughout the year.
추석을 기념하기 위해 고향으로 이동함	Most people travel to their hometown to _____ the holiday with family members.
추석에는 전통놀이를 많이 함	We also play a lot of _____ games during Chuseok.

2 위에 언급한 휴일에 사람들이 하는 일들 상세히 묘사

휴일은 며칠에 걸쳐 있음	The holiday _____ in the _____ of several days.
설날은 가족 중심의 행사	Seonal is more of a _____ celebration.
어른들 보통 보답으로 젊은 사람들에게 세뱃돈 줌	Elders typically _____ their youngers with money.

3 어렸을 때 특별했던 휴일 관련 추억 설명

공원을 돌아다니며 캐릭터 공연을 봄	I remember walking around the park and watching the character _____ .
그곳은 마법 같은 곳으로 항상 예쁘고 깨끗함	It is a place _____ magic and it is always beautiful and clean.
휴일의 좋은 추억을 항상 소중히 간직할 거임	I'll always _____ the _____ memories.

주어진 우리말 문장을 보고 문장을 만들어보고 해설북에서 모범 답안을 확인해보세요.

1 연휴 기간 동안 조상의 무덤을 방문해요.

▶

visit, tombs, ancestors, during the holiday

2 이는 가족 간의 유대감을 형성할 수 있는 훌륭한 방법이에요.

▶

great, way, bond

3 앞서 말했듯이 설날은 어떤 면에서는 추석과 비슷해요.

▶

as I mentioned earlier, Seonal, similar, Chuseok

4 가족들이 모이는 것이 특징이에요.

▶

mark, gathering, family members

5 어렸을 때 휴일과 관련된 좋은 기억이 많이 있어요.

▶

many, fond, memories, as a child

6 휴일의 가장 좋은 부분은 그날 마지막에 열리는 퍼레이드였어요.

▶

best part, parade, take place, at the end of

STEP 1 **스토리라인 만들기**

정답 및 해설 p.62

주어진 우리말 어휘와 문장을 보고 빈칸을 채우고 해설북에서 모범 답안을 확인해보세요.

1 우리나라 사람들의 패션

일할 때는 셔츠와 넥타이를 매고 정장을 입고 깔끔한 구두를 신음	For example, while I am working in the office, I am wear a suit with a shirt and tie and polished shoes.
업무 외 시간, 주말 좀 더 편안한 옷 입는 편	However, outside of work and during the weekend, I wear more .
더운 여름철에는 반바지를 입는 경우가 많음	During the hot summer months, I often wear so that I can stay fairly cool.

2 쇼핑하는 습관이나 즐겨 가는 장소

신발이나 운동화를 찾는 것으로 옷 쇼핑 시작하는 편임	I tend to start out my clothes shopping trips by shoes or .
평상복과 세미 정장 활용할 수 있는 기본 티셔츠를 찾음	I always look for plain T-shirts so that they can be used for both and a look.
쇼핑을 마무리할 때는 구입한 옷에 어울리는 양말을 구입	The last thing I usually do to end my shopping day is socks to the clothing I have bought.

3 옷을 사러 갔다가 겪은 문제 상황이나 경험

마지막으로 구입한 옷은 코트였음	of clothing I purchased was a coat.
비가 올 때를 대비해 가벼운 코트를 선택하기로 결정함	I decided that I would prefer a lightweight coat with a hood .
점원이 10% 할인을 제안해줬기 때문에 진한 파란색으로 만족함	I settled for the same type of jacket, but in a dark blue color, because the offered me a ten percent discount.

주어진 우리말 문장을 보고 문장을 만들어보고 해설북에서 모범 답안을 확인해보세요.

1 우리나라에는 상황에 따라 다양한 종류의 옷이 있어요.

▶ ....

different, types, clothing, occasions

2 업무 외 시간이나 주말에는 좀 더 편안한 옷을 입는 편이에요.

▶ ....

outside of work, tend to, comfortable, clothing

3 어떤 상황에서도 멋지게 보이고 어떤 상황에도 대비하는 것이 중요하기 때문이에요.

▶ ....

important, presentable, in all situations, prepared for, any occasion

4 저는 쇼핑할 때 가능한 한 많은 곳을 방문해 좋은 가격에 알맞은 옷을 구입하려고 노력해요.

▶ ....

try to, visit, as many places as possible, shopping, correct clothes, at a good price

5 다른 옷과 가장 잘 어울릴 것 같아서 검은색 코트를 원했어요.

▶ ....

black, coat, feel, would, be suitable to, match

6 점원이 10% 할인을 제안해줬기 때문에 같은 종류의 재킷이지만 진한 파란색으로 만족했어요.

▶ ....

settle for, same, dark blue, store clerk, offer, ten percent discount

STEP 1　**스토리라인 만들기**　📖 정답및해설 p.63

주어진 우리말 어휘와 문장을 보고 빈칸을 채우고 해설북에서 모범 답안을 확인해보세요.

1　본인이 재활용하는 물건들 묘사

재활용할 수 있는 생활용품 많음	There are many _____ that can be _____.
식품 포장재 외에도 오래된 건전지 재활용함	_____ food packaging, I also make sure I recycle old batteries.
이 품목들은 다른 봉투에 분류하여 지정된 의류 재활용 상자에 가져가야 함	These items need to be _____ different bags and put into designated clothing recycling boxes.

2　어렸을 때 했던 재활용 방법 묘사

재활용을 생활화 한다는 것 그리 흔하지 않았음	At that time, it was much less common to _____.
이 쓰레기들은 모두 다른 요일에 수거하도록 되어 있음	These are all _____ for collection on different days of the week.
요즘 재활용은 일반적인 습관이고 매우 중요하다고 생각함	Recycling is a _____ these days, and I think it's very important.

3　본인이 재활용하는 물건들 묘사

요즘 사람들 가능한 한 많은 물건을 재활용함	These days, people recycle _____ many things _____.
가장 많이 재활용되는 제품 플라스틱 용기, 캔	Most _____ products are _____ used as food packaging and tin cans used for drinks and food.
정기적으로 재활용하는 것은 오래되고 수명이 다한 건전지임	Another thing that I _____ recycle is old and discharged batteries.

STEP 2 **고득점 문장 익히기**

주어진 우리말 문장을 보고 문장을 만들어보고 해설북에서 모범 답안을 확인해보세요.

1 제가 재활용 쓰레기통에 넣는 품목의 대부분은 플라스틱과 음료수 용기예요.

▶ _____

most of, items, put into, recycling bins, plastics, drink containers

2 아파트 단지에 있는 지정된 수거 장소에 가져다 놓아요.

▶ _____

take to, collection point, apartment complex

3 모든 쓰레기를 같은 봉투에 담아 수거를 위해 밖에 그대로 뒀어요.

▶ _____

trash, place in, left outside, collection

4 이제 우리는 모든 다른 쓰레기를 각기 다른 재활용 쓰레기통에 분리해야 해요.

▶ _____

now, need to, separate into, recycling bins

5 우리는 쓰레기와 함께 많은 것들을 재활용해요.

▶ _____

recycle, lots of, trash

6 이 외에도 더 이상 필요하지 않거나 손상된 의류 제품도 재활용해요.

▶ _____

in addition to, recycle, clothing items, no longer, required, damaged

Unit 9 날씨

STEP 1 스토리라인 만들기

📖 정답 및 해설 p.63

주어진 우리말 어휘와 문장을 보고 빈칸을 채우고 해설북에서 모범 답안을 확인해보세요.

1 우리나라 날씨와 계절 묘사

계절에 따라 급격하게 변하는 다양한 날씨	My country has _____ weather that can _____ drastically from season to season.
봄과 가을은 야외활동 즐기기 완벽함	Spring and fall are perfect for enjoying _____ activities.
여름은 너무 덥고 습함	Summer, on the other hand, can get far too _____ and _____ .

2 오늘의 날씨 상태 묘사

오늘 내가 있는 곳은 날씨가 아주 좋음	The weather is _____ where I am today.
햇볕이 쨍쨍하고 약간의 바람이 붐	Today the sun is _____ and there is a _____ blowing to keep the temperature down.
좋은 날씨 즐기기 위해 밖으로 나갈 것임	I think I'm going to _____ to enjoy this wonderful weather.

3 어렸을 때 날씨와 최근 날씨 비교

마찬가지로 요즘 여름에 비해 훨씬 더 덥고 습했음	_____ , the summers were hotter and more humid _____ the summers these days.
눈썰매를 타고 눈사람을 만들었던 좋은 추억	I have many _____ memories of sledding and making snowmen when I was young.
예전의 날씨가 더 좋음	I prefer the way it _____ be.

주어진 우리말 문장을 보고 문장을 만들어보고 해설북에서 모범 답안을 확인해보세요.

1 장마철은 여름에 발생하며 폭우를 몰고 오기도 해요.

▶

monsoon season, take place, brings, heavy rains

2 겨울에는 기온이 영하로 내려가고 폭설이 내려요.

▶

winter, temperature, below, freezing, heavy snowfall

3 하늘에는 구름이 거의 없어요.

▶

very, few, clouds

4 밖에 나가서 산책을 하기에 완벽한 날이에요.

▶

perfect, going outside, having a walk

5 지난 20년 동안 날씨가 많이 변했어요.

▶

weather, change, a lot, over the last 20 years

6 가끔 폭풍이 오면 3~4일 동안 비가 멈추지 않을 때도 있어요.

▶

storm, stop, raining

IH-AL 목표 연습 문제

Q11-13
롤플레이

앞서 메인북에서 학습했던 공통형 주제에 대한 어휘와 표현,
문장들을 복습하고 해당 주제와 관련된 고득점 표현들을 익혀봅니다.
빈칸을 채우고 소리내어 말해보고
해설북에서 정답 및 해설을 확인해보세요.

목차

Unit 1 MP3 플레이어

STEP 1 스토리라인 만들기

정답 및 해설 p.64

주어진 우리말 어휘와 문장을 보고 빈칸을 채우고 해설북에서 모범 답안을 확인해보세요.

1 MP3 플레이어 구입 전 친구에게 질문

가격 알맞으면서도 품질 좋은 제품을 찾고 있음	I am looking for something that's _____, but still of high _____.
화려한 기능이 많은 것은 필요하지 않음	I don't need anything with a lot of fancy _____.
휴대가 간편하고 슬림한 것 찾고 있음	I was hoping to find a _____ and _____ one.

2 MP3 플레이어를 빌렸다가 고장 낸 상황 문제 해결

MP3 플레이어를 잘못해서 망가트렸음	I _____ broke the MP3 player that you let me borrow.
아니면 대신 다른 최신 모델로 사다줄지	Or, maybe I could buy a different, newer model _____?
구체적인 종류가 있으면 알려줘	Just _____ if there is any specific kind that you want!

3 사용하던 기기가 고장 났던 경험

전자 기기가 젖어 망가진 사고가 있었음	I've also had an _____ where my electronic device got ruined by water.
드라이기를 사용해 휴대폰을 말리려고 함	I tried to dry my phone _____ the hand dryer machines.
휴대폰이 정상으로 돌아옴	The next day, my phone was _____!

주어진 우리말 문장을 보고 문장을 만들어보고 해설북에서 모범 답안을 확인해보세요.

1 먼저 어떤 브랜드를 추천해 줄 수 있어?

▶

first, brand, recommend

2 오디오를 선명하게 들을 수 있는지 확인하고 싶어.

▶

want, make sure, hear, audio, clearly

3 근데 문제는 내가 재킷 주머니에 MP3 플레이어를 넣어 놨다는 걸 까맣게 잊어버렸지 뭐야!

▶

problem, totally, forget, inside, pocket

4 설상가상으로 세탁기 안에서 MP3 플레이어가 돌아가는 소리도 듣지 못했어.

▶

even worse, hear, go around, washing machine

5 모든 일이 너무 순식간에 일어났어요.

▶

all, happen, fast

6 새 휴대폰을 사지 않아도 된다는 사실이 너무 안심이 되었죠.

▶

so, relieve, have to, buy, a brand new

Unit 2 인터넷

정답 및 해설 p.64

STEP 1 스토리라인 만들기

주어진 우리말 어휘와 문장을 보고 빈칸을 채우고 해설북에서 모범 답안을 확인해보세요.

1 친구가 찾은 웹사이트에 대해 친구에게 질문

멋진 웹사이트에 대해 이야기했었음	You _____ a cool website that you found the other day.
이 웹사이트는 어떻게 알게 됐는지	First, how did you _____ this website?
요즘 소셜 미디어 플랫폼이 점점 더 발전함	I know that these days, _____ platforms are getting more and more _____ .

2 그 사이트가 접속이 안되어 친구에게 전화로 도움 요청

오류 메시지와 빈 화면만 뜸	It just gives me an error message and a _____ screen.
웹사이트가 차단되어 있는지 확인해봐야 함	I guess I need to check my computer settings to see if certain websites are _____ .
시간을 내줘서 고마워	Thanks for _____ the time to do this!

3 인터넷을 하면서 겪은 문제와 대응 경험

이 대안은 제게 효과적임	This alternative also _____ for me.
휴대폰 배터리가 너무 빨리 소모되는 새로운 문제가 생김	A new problem that would _____ is that my phone battery would drain out too fast!
전반적으로 실망스러운 경험임	All in all, it was a _____ experience.

주어진 우리말 문장을 보고 문장을 만들어보고 해설북에서 모범 답안을 확인해보세요.

1　마지막으로, 그 웹사이트를 자주 이용하니?

　▶ _____

　lastly, have you been, use

2　일반적으로 대부분의 젊은 사람들이 좋아할 것 같아?

　▶ _____

　think, most young people, in general, enjoy

3　그 웹사이트를 방문하려고 했는데 존재하지 않는 것 같아!

　▶ _____

　try to, visit, website, seem to exist

4　또, 웹사이트 주소를 문자로 한 번 더 보내 줄 수 있을까?

　▶ _____

　also, could, text, website's address, one more time

5　학생으로서 인터넷은 매일 사용해야 하는 도구예요.

　▶ _____

　as, students, internet, tool, need to, use, every day

6　우리 기숙사는 건물이 오래되어서 와이파이 신호가 강하지 않았던 것 같아요.

　▶ _____

　think, dorms, strong, Wi-Fi signal, buildings, old

IH-AL 목표 연습 문제

Q14-15
고난도

앞서 메인북에서 학습했던 공통형 주제에 대한
어휘와 표현, 문장들을 복습하고 해당 주제와 관련된
고득점 표현들을 익혀봅니다.
빈칸을 채우고 소리내어 말해보고
해설북에서 정답 및 해설을 확인해보세요.

목차

STEP 1　**스토리라인 만들기**　　　　📖정답 및 해설 p.65

주어진 우리말 어휘와 문장을 보고 빈칸을 채우고 해설북에서 모범 답안을 확인해보세요.

1 다른 종류의 2가지 음악 비교

많은 종류가 있으며, 큰 차이점과 유사점이 있음	There are many types of music, and they have large ⎽⎽⎽⎽⎽⎽⎽ and also some ⎽⎽⎽⎽⎽⎽⎽.
록 음악은 악기와 앰프 사용하여 매우 유기적임	Rock music is very ⎽⎽⎽⎽⎽⎽⎽, using instruments and amplifiers.
그것들은 상당히 다르지만 두 스타일 모두 즐김	Even though they are quite different, I enjoy ⎽⎽⎽⎽⎽⎽⎽ styles.

2 요즘 관심을 끄는 새로운 음악 기기/설비 묘사

가장 많이 사용하는 기기는 휴대폰	The most ⎽⎽⎽⎽⎽⎽⎽ device for music-lovers is the cellphone.
좋은 헤드폰이나 이어폰을 가지고 있음	People who are interested in music always own a good pair of headphones or ⎽⎽⎽⎽⎽⎽⎽.
휴대용 블루투스 스피커 인기 높아지고 있음	Also, ⎽⎽⎽⎽⎽⎽⎽ Bluetooth speakers are increasingly popular.

고득점 문장 익히기

주어진 우리말 문장을 보고 문장을 만들어보고 해설북에서 모범 답안을 확인해보세요.

1 힙합과 록 음악 모두 템포가 빠른편이에요.

▶ _____

both, hip hop, rock music, tend to, fast, tempo

2 댄스나 클래식 음악과 달리 보컬에 집중해요.

▶ _____

both, focus on, vocals, unlike, dance, classical music

3 요즘에는 사람들이 음악을 듣기 위해 다양한 기기를 사용합니다.

▶ _____

people, use, lots of, gadgets, listen to, music, these days

4 휴대폰에 직접 음악을 다운로드할 수 있어요.

▶ _____

can, download, directly, phones

Unit 2 집에서 보내는 휴가

주어진 우리말 어휘와 문장을 보고 빈칸을 채우고 해설북에서 모범 답안을 확인해보세요.

1 사람들이 휴가를 보내는 방법 과거와 현재 비교

휴가가 생겼을 때 집에서 쉬면서 친구들 만나는 것을 선호함	They prefer to just _____ at home and meet their friends when they have vacation time.
어디론가 떠날 여유가 없는 사람들이 많아짐	Also, things have become more expensive, so many people cannot _____ to go away anywhere during their vacation.
가족 유대감이 강하지 않음	The _____ is not as strong as it was in the past.

2 휴가가 중요하다고 생각하는 이유 설명

중요한 장점은 스트레스를 해소하는 것임	It allows people to _____ their stress and relax.
휴가가 생기면 하이킹, 기타 배우기, 노래 작곡하는 데 사용함	For instance, when I have _____, I use it to go hiking, learn guitar, and write songs.
건강하고 생산적인 삶 살기 위해 휴가 반드시 필요	We definitely need vacation time if we want to have healthy, _____ lives.

STEP 2 고득점 문장 익히기

주어진 우리말 문장을 보고 문장을 만들어보고 해설북에서 모범 답안을 확인해보세요.

1 우리나라 사람 대부분은 집에서 휴가를 보냅니다.

    ▶

most, country, spend, vacation time, home

2 대부분의 사람들은 직장이나 학업으로 인해 바쁜 일상을 보내고 있습니다.

    ▶

most, such, busy, live, due to

3 휴가 시간은 누구에게나 매우 중요합니다.

    ▶

vacation time, important, everyone

4 또 다른 한 가지는 휴가 시간을 통해 개인적인 관심사를 추구할 수 있다는 것입니다.

    ▶

another, vacation time, allow, pursue, personal, interests

STEP 1 스토리라인 만들기 📖정답 및 해설 p.65

주어진 우리말 어휘와 문장을 보고 빈칸을 채우고 해설북에서 모범 답안을 확인해보세요.

1 최근에 외국 음식점에 간 경험 묘사

이 음식점은 카사 아미고스라고 하는데 내가 사는 곳에서 멀지 않은 곳에 위치함	The restaurant is ___ Casa Amigos, and it's located not far from where I live.
지하철역에서 만나 음식점까지 조금 걸어감	We met at the subway station and then ___ to the restaurant.
다른 것을 먹어 보기로 함	I decided to try something ___ .

2 테이크아웃/배달 음식점들의 건강식 제공 추세 설명

많은 음식점에서 건강한 메뉴 선택지 제공함	It's true that a lot of food places are ___ ___ options these days.
건강한 삶을 강조하는 새로운 트렌드에 맞추려고 함	I think they have ___ new ___ that emphasize healthy living.
건강 생각하는 사람들에게 어필하기 위해 메뉴 조정	Many restaurants have adapted their menus to appeal to these ___ people.

주어진 우리말 문장을 보고 문장을 만들어보고 해설북에서 모범 답안을 확인해보세요.

1　앞으로는 멕시코 요리만 먹어야 할 것 같아요.

▶ _____

think, stick to, Mexican dishes, in the future

2　카사 아미고스의 다음 방문이 정말 기대 됩니다.

▶ _____

definitely, look forward to, next, visit, Casa Amigos

3　많은 사람들이 정크푸드를 먹지 않으려고 노력하죠.

▶ _____

a lot of, try to, avoid, junk food

4　레스토랑은 더 많은 선택지를 제공해야 해요.

▶ _____

need, offer, many, more, choices

STEP 1 스토리라인 만들기

📖 정답 및 해설 p.66

주어진 우리말 어휘와 문장을 보고 빈칸을 채우고 해설북에서 모범 답안을 확인해보세요.

1 본인이 관심 갖고 있는 업계 설명. 3년 전과 비교

최근 소셜 인플루언서 업계에 관심을 갖게 됨	I have recently became _____ in the social media influencer industry.
이 산업은 역동적이고 빠르게 성장함	This industry is _____ and rapidly _____.
이러한 소셜 미디어 플랫폼에서 정보를 얻음	Now, I sometimes get information on those social media _____.

2 그 관심 업종에서 기대에 못 미친 상품/서비스 묘사

저는 워낙 비디오 게임을 좋아해서 엄청난 실패작으로 끝난 게임에 대해 말하겠음	I'm a _____, so let me tell you about a game that turned out to be a huge failure.
게임이 출시되었을 때 리뷰는 혹평을 쏟아냄	When the game _____, most of the reviews were terrible.
게임이 그럴만한 가치가 없었기 때문임	The game was not _____ the money.

STEP 2 **고득점 문장 익히기**

주어진 우리말 문장을 보고 문장을 만들어보고 해설북에서 모범 답안을 확인해보세요.

1 소셜 미디어 인플루언서는 대체적으로 다양한 소셜 미디어 플랫폼에서 수많은 팔로워를 보유하고 있어요.

▶

social media influencers, typically, an extensive following, various, social media platforms

2 인플루언서들은 사진 기반 콘텐츠에 집중하는 경향이 있었어요.

▶

influencers, tend to, focus on, photo-based content

3 몇 년 전에 PC와 다양한 게임 콘솔로 출시됐어요.

▶

be released, a few years, ago, PC, various, games consoles

4 게임은 미완성된 것처럼 보였고 그래픽과 게임플레이에 셀 수 없이 많은 문제가 있었죠.

▶

seem, unfinished, countless, graphical, gameplay, problems

IH-AL 목표
실전 모의고사

앞서 메인북에서 학습했던 문제 유형을 응용하여 실전 모의고사를 풀어봅니다.
QR코드로 실전 모의고사 영상을 확인하고 녹음한 후
해설북에서 정답 및 해설을 확인해보세요.

목차

쇼핑, 호텔, 음악 감상하기, 산업 + 재활용 RP

문제 영상 보기

선택 항목

Background Survey

1	직업	일 경험 없음
2	학생여부	아니오
3	거주지	개인 주택이나 아파트에 홀로 거주
4	여가 활동	영화 보기, 공연 보기, 콘서트 보기, TV 보기, 리얼리티쇼 시청하기, 쇼핑하기
5	취미/관심사	**음악 감상하기**
6	즐기는 운동	조깅, 걷기, 운동을 전혀 하지 않음
7	휴가/출장	국내 여행, 해외 여행, 집에서 보내는 휴가

Self-Assessment

1차 5단계 – **2차** 5단계

문제 구성

자기소개					
		1	자기소개	Combo 3	**음악 감상하기**	8	좋아하는 음악 장르

<table>
<tr><td colspan="2" align="center">자기소개</td><td>1</td><td>자기소개</td><td rowspan="3" align="center">Combo 3</td><td rowspan="3" align="center">음악
감상하기</td></tr>
<tr><td rowspan="4" align="center">Combo 1</td><td rowspan="4" align="center">쇼핑하기</td><td>2</td><td>우리나라의 쇼핑몰</td></tr>
<tr><td rowspan="2">3</td><td rowspan="2">주로 쇼핑하러 가는 장소와 쇼핑 물건</td></tr>
<tr></tr>
<tr><td>4</td><td>어렸을 때의 쇼핑 경험과 계기</td><td rowspan="3" align="center">Combo 4</td><td rowspan="3" align="center">재활용</td></tr>
<tr><td rowspan="3" align="center">Combo 2</td><td rowspan="3" align="center">호텔</td><td>5</td><td>우리나라의 호텔</td></tr>
</table>

		번호	내용
Combo 3	**음악 감상하기**	8	좋아하는 음악 장르
		9	음악을 듣는 장소와 시간
		10	음악을 듣게 된 계기와 취향 변화
Combo 4	**재활용**	11	새로 입주한 아파트의 안내데스크에 재활용 방법 문의
		12	새로 들어온 주민이 쓰레기를 잘못 버린 상황 문제 해결
		13	어렸을 때 했던 재활용 경험
Combo 5	**산업**	14	3년 전과 현재의 관심 산업 비교
		15	해당 관심 산업에서 실망스러웠던 상품이나 서비스

Combo 1	쇼핑하기	1	자기소개
		2	우리나라의 쇼핑몰
		3	주로 쇼핑하러 가는 장소와 쇼핑 물건
		4	어렸을 때의 쇼핑 경험과 계기
Combo 2	호텔	5	우리나라의 호텔
		6	호텔에 투숙할 때 주로 하는 일들
		7	기억에 남는 호텔 투숙 경험

Actual Test 1

정답 및 해설 p.67

주제별 문제 구성을 살펴보고 본인의 아이디어를 자유롭게 적어보고 해설북에서 모범 답변을 확인해보세요.

※ Q1 자기소개 모범 답변은 2 메인북 P.17-22에서 확인해보세요.

MP3 IM-IH AT2_Q

기본 주제 | 자기소개

Q1 Let's start the interview now. Tell me a little bit about yourself.

인터뷰를 시작합니다. 당신에 대해 말해주세요.

선택형 | 쇼핑

Q2 우리나라의 쇼핑몰

You indicated in the survey that you go shopping. Tell me about some of the stores or shopping centers in your country. What is it like when you go to those places?

설문조사에서 당신은 쇼핑을 한다고 했습니다. 당신의 국가에 있는 상점이나 쇼핑센터에 대해 말해주세요. 그 장소에 가면 어떤가요?

Intro	Body	Wrap-up
▶	▶	

Q3 주로 쇼핑하러 가는 장소와 쇼핑 물건

When going shopping for something, where do you go? When you go there, what do you usually purchase? Is there anything special about that place?

쇼핑을 하러 갈 때 주로 어디로 가나요? 그곳에 가면 주로 무엇을 구매하나요? 그 장소에 특별한 점이 있나요?

Intro	Body	Wrap-up
▶	▶	

Q4 어렸을 때의 쇼핑 경험과 계기

Tell me about your earliest shopping memories and why you like shopping so much. You could discuss things like where or when you used to go shopping, the people you went with, what you would do while shopping anything else that would clarify your shopping experience.

어렸을 때 쇼핑을 했던 기억과 쇼핑을 좋아하는 이유에 대해 말해주세요. 쇼핑을 하러 가곤 했던 장소나 시기 혹은 함께 갔던 사람들, 쇼핑하는 동안 무엇을 했는지 등 당신의 쇼핑 경험에 대해 명확하게 해줄 수 있는 어떤 것이든 이야기해주세요.

Intro	Body	Wrap-up
▶	▶	

Q5 우리나라의 호텔

Tell me about your country's hotels. What are they like?

당신의 나라의 호텔에 대해서 말해주세요. 어떻게 생겼나요?

Intro   Body   Wrap-up

▶   ▶

Q6 호텔에 투숙할 때 주로 하는 일들

Tell me what you generally do when you visit a hotel. What is your normal routine when you check in? When do you normally stay at a hotel?

호텔을 방문하면 주로 어떤 일을 하는지 말해주세요. 체크인을 할 때 보통 어떤 루틴으로 하나요? 주로 언제 호텔에 투숙하나요?

Intro   Body   Wrap-up

▶   ▶

Q7 기억에 남는 호텔 투숙 경험

Many people remember hotels that are particularly beautiful or interesting. Tell me about a memorable hotel that you have been to. Where was it? What was it like? Describe it for me and give as many details as you can.

많은 사람들이 특히 아름답거나 흥미로운 호텔을 기억합니다. 당신이 투숙했던 기억에 남는 호텔에 대해 말해주세요. 어디였나요? 어떻게 생겼나요? 가능한 한 자세히 설명해 주세요.

Intro   Body   Wrap-up

▶   ▶

Actual Test 1

Q8   **좋아하는 음악 장르**

You indicated in the survey that you listen to music. What are some kinds of music that you listen to? Do you have any favorite musicians and/or composers?

설문조사에서 당신은 음악을 듣는다고 했습니다. 어떤 종류의 음악을 즐겨 듣나요? 좋아하는 뮤지션이나 작곡가가 있나요?

Intro	Body	Wrap-up

Q9   **음악을 듣는 장소와 시간**

When do you usually listen to music, and where? Do you prefer listening to the radio? Do you attend concerts? Tell me about how you like to enjoy music.

주로 언제 어디서 음악을 듣나요? 라디오 청취를 선호하나요? 콘서트에 참여하나요? 당신이 음악을 즐기는 방식에 대해 말해주세요.

Intro	Body	Wrap-up

Q10 **음악을 듣게 된 계기와 취향 변화**

When did you first take an interest in music? What was the first kind of music that you liked? Tell me about how your interest in music has changed since you were younger.

언제 처음 음악에 관심을 가지게 되었나요? 처음 좋아했던 음악은 어떤 종류였나요? 어렸을 때부터 음악에 대한 관심이 어떻게 변해왔는지 말해주세요.

Intro	Body	Wrap-up

Q11 새로 입주한 아파트의 안내데스크에 재활용 방법 문의

Imagine that you have moved into a new apartment building. Call the manager of the building and ask three or four questions about recycling.

당신이 새 아파트 건물로 이사했다고 가정해 보세요. 건물 관리자에게 전화하여 재활용에 관해 서너 가지 질문을 하세요.

Intro　　　　　　　　　　Body　　　　　　　　　　Wrap-up

Q12 새로 들어온 주민이 쓰레기를 잘못 버린 상황 문제 해결

A new resident from overseas has just moved into an apartment in your building. However, he has been putting non-recyclable waste in the recycling bins and this has been upsetting the other residents. Go to the new resident and explain the problem and help him to understand the recycling process.

해외에서 온 새 거주자가 여러분의 건물에 있는 아파트로 막 이사했습니다. 그러나 그는 재활용이 불가능한 쓰레기를 재활용 쓰레기통에 버려 다른 주민들을 불쾌하게 하고 있어요. 새로운 거주자에게 가서 문제 상황을 설명하고 재활용 과정을 이해하도록 도와주세요.

Intro　　　　　　　　　　Body　　　　　　　　　　Wrap-up

Q13 어렸을 때 했던 재활용 경험

Was recycling different when you were a child? When and where did you take recyclable items, and how often did you do it? Tell me about it in detail and compare it with how recycling is these days.

당신이 어렸을 때 하던 재활용은 달랐나요? 재활용품을 언제 어디서 가져갔으며 얼마나 자주 가져갔나요? 이에 대해 상세히 말해 주시고 요즘의 재활용 방식과 비교해 주세요.

Intro　　　　　　　　　　Body　　　　　　　　　　Wrap-up

Q14 3년 전과 현재의 관심 산업 비교

Can you tell me about a particular industry that interests you? Perhaps you follow trends in the food, energy, mobile computing, or some other industry. What was this industry like three years ago? What has changed in this industry since then?

관심 있는 특정 산업에 대해 말해주세요. 식품, 에너지, 모바일 컴퓨팅 혹은 기타 업계의 유행을 쫓고 있을 수도 있어요. 3년 전에는 이 업계가 어땠나요? 그 이후로 이 업계에 어떤 변화가 있었나요?

Q15 해당 관심 산업에서 실망스러웠던 상품이나 서비스

Tell me about a time when a product failed to meet the expectations of consumers. Perhaps the gaming industry released a new video game platform that was not popular or there was a new smartphone or software program that experienced problems when it was initially released. Tell me all that you can about what happened, and describe the reactions of the public and that industry to the issue.

제품이 소비자의 기대에 부응하지 못했을 때를 말해 주세요. 게임 업계에서 인기가 없는 새로운 비디오 게임 플랫폼을 출시했거나, 새로운 스마트폰이나 소프트웨어 프로그램이 처음 출시되었을 때 문제가 발생했을 수도 있겠죠. 어떤 일이 있었는지 말하고, 그 문제에 대한 대중과 업계의 반응을 설명해 주세요.

영화 보기, 해외 여행, 가구, 휴대폰 + 인터넷 RP

문제 영상 보기

선택 항목

Background Survey

1	직업	일 경험 없음
2	학생여부	아니오
3	거주지	개인 주택이나 아파트에 홀로 거주
4	여가 활동	**영화보기**, 공연보기, 콘서트보기, TV보기, 리얼리티쇼 시청하기, 쇼핑하기
5	취미/관심사	음악 감상하기
6	즐기는 운동	조깅, 걷기, 운동을 전혀 하지 않음
7	휴가/출장	국내 여행, **해외 여행**, 집에서 보내는 휴가

Self-Assessment

1차 5단계 – **2차** 5단계

문제 구성

자기소개					
		1	자기소개	Combo 3	**가구**	8	좋아하는 가구

	자기소개				
		1 자기소개	Combo 3	**가구**	8 좋아하는 가구
Combo 1	**영화 보기**	2 좋아하는 영화 장르			9 주로 사용하는 가구의 용도
		3 영화 감상할 때의 일상			10 어렸을 때와 지금의 가구 비교
		4 좋아하는 영화배우 관련 최근 이슈	Combo 4	**인터넷**	11 친구에게 웹사이트 질문
Combo 2	**해외 여행**	5 우리나라 사람들이 주로 가는 해외 여행지			12 해당 사이트 접속이 되지 않는 상황 문제 해결
		6 어렸을 때 가 본 해외 국가나 도시			13 인터넷을 사용하면서 겪었던 문제와 해결 경험
		7 우리나라 사람들이 해외 여행지에서 주로 하는 일들	Combo 5	**휴대폰**	14 5년 전과 현재의 휴대폰 이용 비교
					15 젊은 사람들의 과도한 휴대폰 사용에 대한 부작용

Actual Test 2

주제별 문제 구성

📖 정답 및 해설 p.82

주제별 문제 구성을 살펴보고 본인의 아이디어를 자유롭게 적어보고 해설북에서 모범 답변을 확인해보세요.

※ Q1 자기소개 모범 답변은 2 메인북 P.17~22에서 확인해보세요.

🔊 MP3 IH-AL AT2_Q

기본 주제	자기소개

Q1 Let's start the interview now. Tell me a little bit about yourself.

인터뷰를 시작합니다. 당신에 대해 말해주세요.

선택형	영화 보기

Q2 좋아하는 영화 장르

You indicated in the survey that you enjoy watching movies at the theater. Tell me about the types of movies that you like to go watch.

설문조사에서 당신은 영화관에서 영화 보는 것을 즐긴다고 했습니다. 어떤 종류의 영화를 보러 가는 걸 좋아하는지 말해주세요.

Intro   ▶   Body   ▶   Wrap-up

Q3 영화 감상할 때의 일상

I would like to know about your latest experience going to the movies. Tell me all about what you did that day, including everything before and after watching the movie.

마지막으로 영화를 보러 갔던 경험에 대해 알고 싶습니다. 영화를 보기 전과 후에 있었던 모든 일을 포함하여 그날 무엇을 했는지 말해주세요.

Intro   ▶   Body   ▶   Wrap-up

Q4 좋아하는 영화배우 관련 최근 이슈

Who is an actor that you like? Tell me a story about something that actor did that you heard about in the news. Start by giving some details about the actor. Then, tell me all about what happened, and be sure to include things that made the incident so interesting to the actor's fans.

좋아하는 배우가 누구인가요? 뉴스에서 들은 그 배우가 한 일에 대해 이야기해주세요. 그 배우에 대해 몇가지 세부사항을 말한 다음 어떤 일이 있었는지 자세히 말하고, 그 사건이 그 배우의 팬들에게 흥미로웠던 이유도 함께 알려주세요.

Intro   ▶   Body   ▶   Wrap-up

Q5   우리나라 사람들이 주로 가는 해외 여행지

When travelling abroad, where do people from your country like to go? Why do they choose those destinations? What is special about the countries that they like to travel to?

해외 여행을 하면 당신 국가 사람들은 어디로 가고 싶어할까요? 왜 그 여행지를 선택하나요? 여행하고 싶은 나라의 특별한 점은 무엇인가요?

Intro	Body	Wrap-up
▶	▶	

Q6   어렸을 때 가 본 해외 국가나 도시

Think about a foreign country that you went to when you were younger. Describe in detail what it was like there. What kind of impressions did you get of that place?

어렸을 때 갔던 외국에 대해 생각해 보세요. 그곳이 어땠는지 자세히 설명해 주세요. 그곳에서 어떤 인상을 받았나요?

Intro	Body	Wrap-up
▶	▶	

Q7   우리나라 사람들이 해외 여행지에서 주로 하는 일들

Tell me about places that tourists like to go and what they like to do when travelling abroad.

여행객들이 해외 여행 시 가고 싶어 하는 장소와 하고 싶어 하는 일에 대해 말해주세요.

Intro	Body	Wrap-up
▶	▶	

Actual Test 2

Q8 좋아하는 가구

Tell me about the furniture that is in your house. Do you have a favorite piece of furniture?

당신의 집에 있는 가구에 대해서 말해주세요. 가장 좋아하는 가구가 있나요?

Intro	Body	Wrap-up

Q9 주로 사용하는 가구의 용도

Tell me about how you usually use your furniture. What types of things do you use your furniture for?

평소 가구를 어떻게 사용하는지 말해주세요. 당신은 가구를 어떤 용도로 사용하나요?

Intro	Body	Wrap-up

Q10 어렸을 때와 지금의 가구 비교

Tell me about the furniture that was in the house you grew up in. Was it different from the furniture that you have now? Describe what your childhood home used to look like to me.

당신이 자란 집에 있던 가구에 대해서 말해주세요. 지금 가지고 있는 가구와 달랐나요? 어릴 적 살던 집이 어떤 모습인지 설명해 주세요.

Intro	Body	Wrap-up

Q11 친구에게 웹사이트 질문

I'd like to give you a situation to act out. Your friend mentioned that they have discovered an interesting website. Call your friend and ask three to four questions about why the website is interesting.

당신에게 주어진 상황에 맞춰서 역할극을 해주세요. 당신의 친구가 흥미로운 웹사이트를 발견했다고 말했어요. 친구에게 전화하여 그 웹사이트가 흥미로운 이유에 대해 서너 가지 질문을 해보세요.

Intro	Body	Wrap-up
▶	▶	

Q12 해당 사이트 접속이 되지 않는 상황 문제 해결

I'm sorry, but there is a problem I need you to resolve. After attempting to check out the website that your friend mentioned, you discover that it is not available. Call your friend, tell them about what you found, and suggest some solutions to the problem.

유감스럽게도, 당신이 해결해야 할 문제가 있습니다. 당신의 친구가 얘기한 웹사이트를 확인하려고 시도했지만 해당 웹사이트를 접속할 수 없는 것을 발견했습니다. 친구에게 전화를 걸어 발견한 문제에 대해 말하고 몇 가지 해결 방법을 제안해 주세요.

Intro	Body	Wrap-up
▶	▶	

Q13 인터넷을 사용하면서 겪었던 문제와 해결 경험

That's the end of the situation. What are some internet issues that you've run into before? Have you had difficulty using a website? Or, have you had connection problems? Please tell me the exact problem you have experienced and how you dealt with the situation using specific details.

상황극이 종료 되었습니다. 당신이 이전에 겪었던 인터넷 문제에는 어떤 것이 있나요? 웹사이트 사용에 어려움을 겪은 적이 있나요? 아니면 연결에 문제가 있었던 적이 있나요? 정확히 어떤 문제를 경험했는지, 그 상황을 어떻게 해결했는지 구체적인 내용을 들어 말해 주세요.

Intro	Body	Wrap-up
▶	▶	

Actual Test 2

Q14 5년 전과 현재의 휴대폰 이용 비교

Please compare cell phones five years ago to cell phones today. What kinds of phone functions and applications were used? What are some of the biggest differences between then and now when it comes to how people use their phones? Describe in detail a phone that you used to use in the past.

5년 전의 휴대폰과 오늘날의 휴대폰을 비교해 보세요. 어떤 종류의 휴대폰 기능과 앱이 사용되었나요? 사람들이 휴대폰을 사용하는 방식에 있어 그때와 지금 사이에 가장 큰 차이점은 무엇인가요? 과거에 사용했던 휴대폰에 대해 자세히 설명해 주세요.

Q15 젊은 사람들의 과도한 휴대폰 사용에 대한 부작용

In some societies, people are worried that the younger generation is not developing face-to-face communication skills because they are spending too much time on their phones. What do the people in your country think about how younger people use their phones?

일부 사회에서는 젊은 세대가 휴대폰 사용에 너무 많은 시간을 보내서 대면 의사소통 능력을 향상시키지 않는다고 우려하는 사람들이 있습니다. 당신의 나라에서는 사람들이 젊은 세대의 휴대폰 사용 방식에 대해 어떻게 생각하나요?

4

해설북

OPIc
All in One 패키지

초판 1쇄 발행 2023년 8월 9일
초판 2쇄 발행 2024년 3월 4일

지은이 시원스쿨어학연구소
펴낸곳 (주)에스제이더블유인터내셔널
펴낸이 양홍걸 이시원

홈페이지 www.siwonschool.com
주소 서울시 영등포구 영신로 166 시원스쿨
교재 구입 문의 02)2014-8151
고객센터 02)6409-0878

ISBN 979-11-6150-743-9 13740
Number 1-110606-18180400-08

정답 및 해설

프리북과 워크북의 목표 레벨별 연습 문제, 실전 모의고사 정답 및 해설을 확인합니다.
헷갈리거나 어려웠던 문제는 다시 한 번 풀어보고
관련 어휘와 표현도 함께 정리해주세요.

목차

왕초보 오픽 영문법

| 프리북 p.13

Unit 1) 동사

be동사

연습 문제

A

1 is

2 am

3 were

4 were

5 is

B

1 was

2 am

3 are

4 are

5 is

C

1 It is not far from my house.

2 I was really happy with my purchase.

3 There isn't really much else to say.

4 Software options were limited.

5 There are many household items.

D

1 They are students.

2 Those are beautiful paintings.

3 The movie is interesting.

4 The window is open.

5 Mike and I are good friend.

일반동사

연습 문제

A

1 walks

2 has

3 cries

4 teaches

5 runs

B

1 He studies economics at university.

2 I like to do a wide range of activities.

3 It helps me unwind after a stressful day.

4 It has great views over the city.

5 She watches TV shows and movies on her laptop.

C

1 has

2 take

3 have

4 loves

5 wear

D

1 I don't like watching/ to watch TV.

2 He doesn't live in an apartment.

3 I don't own a car.

4 She doesn't wear glasses.

5 I don't know his name.

Unit 2) 시제

현재시제

연습 문제

A

1 are

2 to visit

3 was not listening

4 were living

5 was not raining

B

1 I am watching TV now.

2 We are going on a trip this Saturday.

3 He was driving at that time.

4 We will be having dinner at 8.

5 My friend and I are riding bicycles this Sunday.

C

1 I work at a bank.

2 I don't drink coffee.

3 I am seeing my dentist next week.

4 He listens to the radio every day.

5 I'm leaving at 6 o'clock.

과거시제

연습 문제

A

1 I went to Jeju last year with my friends.

2 She was a great teacher I have ever met.

3 We stayed the hotel for 3 days.

4 Yesterday it rained all morning. It stopped in the afternoon.

5 I wash the dishes every day, but I didn't do it yesterday.

현재완료시제

연습 문제

A

1 haven't received

2 has been

3 called

4 haven't been

5 have always wanted

B

1 has enjoyed

2 has rained

3 have just arrived

4 has lived

5 have won

C

1 O

2 X, We have already seen the movie.

3 X, Julia and Robbin visited London last year.

4 X, I haven't talked with him since I left the company.

5 X, Yesterday, I decided to go hiking.

D

1 I have already seen the person. 완료

2 We have met before. 경험

3 Jane has lived in Tokyo since 2018. 계속

4 He has lost his smartphone. 결과

Unit 3 조동사

연습 문제

A

1 need

2 be able to

3 be

4 remember

5 could

B

1 Would

2 be able to

3 would

4 does

5 would

C

1 It must have rained a lot last night.

2 I would go for a walk in the park every weekend.

3 I will just take the next available appointment.

4 On occasion, she may also go cycling, but this will depend on the weather.

5 I think every city should provide enough affordable housing for everyone.

Unit 4 의문문

의문문의 형태

연습 문제

A

1 의문사 의문문

2 be동사 의문문

3 의문사 의문문

4 일반동사 의문문

5 간접 의문문

B

1 무슨, 무엇을, 무엇이

2 누구

3 누구의

4 언제

5 어디서

6 왜

7 어떤, 어떤 것을

8 어떻게

be동사/조동사 의문문

연습 문제

A

1 we go

2 were

3 Are

4 they taking

5 May

B

1 Is he a processor?
   그는 교수야?

2 Are they busy these days?
   그들은 요즘 바빠?

3 Should they tell her?
   그들은 그녀에게 말해야 할까?

4 May I see you tomorrow before I leave?
   내일 떠나기 전에 볼 수 있을까?

   Tip 4번 조동사 may는 평서문에 쓰면 ~일지도 모른다, 아마 ~일 것이다의 뜻으로 쓰지만, 의문문으로 사용할 경우에는 허락을 구하는 의미로 많이 쓰인다.

5 Could I see Alison?
   앨리슨 좀 볼 수 있을까?

   Tip 5번 조동사 could는 평서문에서는 과거에 ~할 수 있었다로도 쓰지만, 의문문에서는 ~해도 될까요?와 같이 허락을 구하는 의미로 쓰인다.

일반동사 의문문

연습 문제

A

1 he

2 she

3 it

4 you

5 you

의문사 의문문

연습 문제

A

1 Why is she tired?
그녀는 왜 피곤해?

2 Where did Brian buy a laptop?
브라이언은 노트북을 어디서 샀어?

3 How did you go to the station?
역까지 어떻게 갔어?

4 How do you keep working?
어떻게 계속 일해?

5 When did you call me?
언제 전화했었어?

B

1 What is the weather like?

2 When do you go to the library?

3 Where did you go?

4 How many rooms are there?

5 Which park do you go to and whom do you go with?

Unit 5　to부정사

to부정사 용법

연습 문제

A

1 명사적 용법

2 부사적 용법

3 형용사적 용법

4 형용사적 용법

5 부사적 용법

B

1 to see

2 to read

3 to do

4 to read

5 to stay

C

1 I want to go home.

2 To solve this problem is difficult.

3 I'm sorry to hear that.

to부정사 문장 성분

연습 문제

A

1 ~하는 것

To learn English is not easy.
영어를 배우는 것은 쉽지 않다.

2 ~하기

The lecture was hard to understand.
그 수업은 이해하기 어려웠다.

3 ~할

He promises me to support the project.
그는 나에게 프로젝트를 지원할 것을 약속했다.

4 ~할

It is time to go to work.
이제 일하러 갈 시간이다.

5 ~하기 위해

I am going to the museum to see the paintings.
그림을 보기 위해 박물관에 갈 예정이다.

Unit 6 동명사

연습 문제

A

1 watching
2 buying
3 shopping
4 reading
5 going

B

1 Listening to some hip hop and dance music is my hobby.
2 OK
3 Playing video games is fun.
4 OK

C

1 We are looking forward to traveling to Spain.
2 He is good at dancing.

D

1 I would like to go there.
2 I don't feel like going out today.
3 Would you mind closing the door?
4 We went to the park instead of watching TV at home.

Unit 7 형용사와 부사

형용사

연습 문제

A

1 easy
2 perfect
3 loud
4 old
5 spacious

B

1 I really love to try the local cuisine.
2 My first international vacation was a family trip.
3 I have so many wonderful memories of it.
4 The apartment is clean and modern.
5 It was a very special conversation to me.

C

1 OK
2 Seoul has so many stores and restaurants.
3 There were many interesting sights and sounds.
4 OK
5 I don't have much money to spend.

D

1 My sister is a very healthy person.
2 I just have light breakfast and some coffee.
3 She often goes for a run around our local park or lifts weights at the gym.

부사

연습 문제

A

1 recently
2 really

3 well

4 definitely

5 very

B

1 The cinema is often filled with kids.

2 I highly recommend it.

3 I never had a chance to do that.

4 Scotland is definitely a country that I'd like to visit again someday.

5 I normally listen to music when I'm commuting and when I'm exercising.

C

1 I am definitely looking forward to my next visit to Casa Amigos.

2 I usually have a nice chat with the bank employees.

3 OK

D

1 That's basically all I do when I visit the bank.

2 I usually go to the bank to exchange currency.

3 I'm really glad I discovered that chatroom.

Unit 8 비교급과 최상급

연습 문제

A

원급	비교급	최상급
tall	taller	the tallest
fast	faster	the fastest
hot	hotter	the hottest
boring	more boring	the most boring
important	more important	the most important
good	better	the best
many	more	the most

B

1 It was a lot easier and faster back then.

2 It is much more affordable to have a vacation in my own country.

3 The house was bigger than my current apartment.

4 She is older than her sister.

5 Do you have anything cheaper than this?

6 I think it is more important to practice recycling than understanding only on recycling policies.

7 I can't think of a better way to spend my vacation at home.

C

1 Is this the cheapest one?

2 It was the hottest summer in years.

3 The most memorable part for me was the spectacular light show.

4 In my opinion, the best way to listen to music is at a concert.

5 Obviously, the most common piece of technology that people use these days is smartphones.

D

1 One of the most popular things to do is to explore the countryside.

2 Modern computers are not only much more advanced and powerful.

3 It was the most memorable experience in my life.

Unit 9 접속사와 전치사

접속사

연습 문제

A

1 and

2 but

3 so

4 and

5 but

B

1 When I was young, I had more free time.

2 Before I went shopping for my new coat, I decided what to buy.

3 After I jog, I just have a light breakfast and some coffee.

4 I like to call my brother to chat about new video games and music, because we have similar tastes.

5 If you have any interest in these types of services, I recommend checking out Instagram.

전치사

연습 문제

A

1 at

2 in

3 at

B

1 Some people prefer to visit places in the city during/in their free time.

2 Most people in my country practice recycling.

3 Another issue is that the mirror on the wardrobe door has a small crack in it.

4 Let's meet at 4 P.M.

5 I've been working for ABC company for 10 years.

C

1 The bus leaves at 8:30.

2 On my way home from work, I met Suji.

3 I have been working on this task for two hours.

4 I will meet my friends at the park.

Unit 10 관계대명사

연습 문제

A

1 who

2 that

3 what

4 that

5 who

B

1 He bought a ring which is very expensive.

2 I saw the man who was smiling.

3 I will never forget the light show which was spectacular.

C

1 It all depends on what I plan to do with my friends or family members.

2 Please let me know what you want.

3 There are normally three or four bank tellers who handle simple things like money withdrawals and deposits.

4 Monitors have been replaced by flat panel displays which are thin.

IM-IH 목표 연습 문제 Q2-10 선택형

3 워크북 p.4

Unit 1 영화 보기

어휘 🔊 MP3 4_1

1 film	6 typical
2 horror	7 routine
3 going to the movies	8 taste
4 comedy	9 recent
5 scene	10 cinema

문장 🔊 MP3 4_2

1 I love going to see movies.

2 I enjoy seeing a wide range of films.

3 My favorite kind of movie to watch at the cinema is horror.

4 I'll tell you about my typical routine when I decide to go and see a movie.

5 Let me tell you about my most recent trip to the cinema.

스토리라인 🔊 MP3 4_3

1 I enjoy seeing a wide range of films.
My favorite kind of movie to watch at the cinema is horror.
I also love going to the movies to see comedy films.

2 I'll tell you about my typical routine when I decide to go and see a movie.
I usually go to the movies with my two best friends.
We all have similar tastes in films.

3 Last weekend, I decided to go and see a movie with my friends.
Before going to the cinema, we had lunch at a coffee shop and had a chat.

Afterwards, we had dinner and chatted about the film.

Tip 영화 보기는 관람 활동 중 하나로 공연 보기, 콘서트 보기 등과 같이 묶어서 학습할 수 있습니다.

Unit 2 TV 보기, 리얼리티쇼 시청하기

어휘 🔊 MP3 4_4

1 type	6 turn on
2 filled with	7 popular
3 relieve my stress	8 re-run
4 chill out	9 diverse
5 on a regular basis	10 main cast

문장 🔊 MP3 4_5

1 I know that reality TV shows are considered staged scenes.

2 I like reality TV shows because it's always filled with drama and gossip.

3 I'd say that I spend a lot of time watching films and TV shows at home.

4 I really loved the show, and I still watch the re-runs whenever I see them on TV.

5 In modern shows there is much more diversity, with characters of various races and appearances.

스토리라인 🔊 MP3 4_6

1 My favorite types of TV shows these days are reality TV shows.
I know that reality TV shows are considered staged scenes, but I still find them very enjoyable.
Reality TV shows really help me to relieve my stress and chill out.

2 I watch TV shows and movies on a regular basis.
As soon as I wake up each morning, I turn on the TV.

I like to watch a show or a news program while I'm getting ready for work.

3 TV shows have changed quite a lot since I was young.

One of the biggest things I noticed is that Friends uses the recorded laughter of the live audience that were there for the filming.

Another difference is that Friends was not as diverse as shows are these days.

Unit 3   공연 보기, 콘서트 보기

어휘   ◁)) MP3 4_7

1 live performance   6 crowd area
2 energetic   7 performer
3 venue   8 get together
4 be located in   9 be a big fans of
5 stage   10 memorable

문장   ◁)) MP3 4_8

1 I really enjoy going to see concerts and other live performances.

2 I love the atmosphere at rock concerts!

3 It's located in the theater district of my city.

4 I can get together with friends and have a few drinks there when the weather is nice.

5 When we arrived, we went straight to the merchandise stall to buy T-shirts.

스토리라인   ◁)) MP3 4_9

1 When I go to see a concert, it's usually a rock band.

I like a lot of guitar-based bands.

The music is always really loud and the bands perform with a lot of energy.

2 There are a lot of good venues in my city, but I like The Astoria the most.

First, the stage is very close to the crowd area, so I always get a great view of the performers.

Second, it has an amazing audio-visual system, so I can hear the music clearly and enjoy a spectacular light show during most concerts.

3 Actually, I went to a concert last weekend.

The concert was held in an exhibition hall in Boston, so it took me about one hour to get there by bus.

The concert was amazing, and the most memorable part for me was the spectacular light show.

Unit 4   쇼핑하기

어휘   ◁)) MP3 4_10

1 go shopping   6 check out
2 clothing store   7 huge
3 price   8 interesting
4 reasonable   9 sight
5 recommend   10 buy

문장   ◁)) MP3 4_11

1 There's also the Plaza Mall, which is really good for electronic devices and household products.

2 Going shopping at the mall is one of my favorite things to do.

3 The Five Trees Mall has basically everything I need.

4 I'd recommend that everyone checks out the Five Trees Mall.

5 It seemed so huge and amazing when I was little, and there were many interesting sights and sounds.

스토리라인   ◁)) MP3 4_12

1 Most of the stores that I enjoy shopping at are inside large shopping malls.

In particular, there's a mall called the West Pacific Mall, and that has so many clothing stores that I love.

West Pacific Mall also has a huge food court, so my friends and I like to meet there and have a chat and a bite to eat.

2 When I need to buy something, I usually go to the Five Trees Mall.

I go there every weekend, and I usually buy clothing when I go there.

The best thing about the mall is that the prices are quite reasonable.

3 I have a clear memory of shopping with my mother when I was a child.

We would normally go to the Wellgate Shopping Center in the middle of the city.

My mother would normally buy me a small toy before we left the shopping center.

Unit 5 음악 감상하기

어휘   MP3 4_13

1	a wide variety of	6	tune
2	musician	7	beat
3	genre	8	get into
4	lyric	9	relate to
5	catchy	10	interest

문장   MP3 4_14

1 I listen to a wide variety of music, and I have a few favorite musicians.

2 I also enjoy listening to some hip hop and dance music, when I'm in the mood for it.

3 Let me tell you about my music listening habits.

4 It's such an amazing experience.

5 I think I can relate to the lyrics more than I can with pop lyrics.

스토리라인   MP3 4_15

1 My favorite genre of music is rock music, because I really like its high energy and loud volume.

Right now my favorite rock band is probably Sleep Token.

They have an amazing vocalist, and they include melodic keyboard parts with the loud guitar parts.

2 I normally listen to music when I'm commuting and when I'm exercising.

In my opinion, the best way to listen to music is at a concert.

My friends and I try to see our favorite bands live whenever we have a chance.

3 I can remember taking an interest in music when I was only about 5 or 6 years old.

The first music I liked was pop music, because it usually has a catchy tune and beat.

As I've gotten older, I've gotten more into guitar-based music like rock and metal.

Unit 6 조깅, 걷기

어휘   MP3 4_16

1	trail	6	improve
2	peaceful	7	pace
3	focus on	8	energize
4	get into	9	positive
5	physical fitness	10	experience

문장   MP3 4_17

1 I go jogging at least once a week, normally at the weekend.

2 It's a really large wooded area with lots of great trails for jogging and cycling.

3 I started off by jogging short distances for about 30 minutes, and my physical fitness began to improve quite quickly.

4 If you've never tried jogging before, I highly recommend it.

5 I can think of one experience I had while jogging that was particularly memorable.

스토리라인 🔊 MP3 4_18

1 My favorite place to jog is Templeton Woods, which is not far from my house.
It's very quiet and peaceful, so I can focus on my workout and enjoy music on my headphones.
Also, it's a very scenic area, so I can enjoy some nice views of nature while I jog.

2 I got into jogging about three years ago when I was in high school.
My doctor recommended that I do more physical activities, and he suggested that I try jogging.
It makes me feel energized and positive, so it's a great way to start my day each morning.

3 One day last summer, I was out jogging in a big park located near my apartment.
When I ran around a corner, I spotted an old lady who looked very upset.
I felt so bad for the lady, so I spent around one hour helping her to look for Sandy in the park.

Unit 7 국내 여행

어휘 🔊 MP3 4_19

1 take a vacation
2 scenic
3 mountain range
4 arrange
5 transportation
6 good deal
7 accommodation
8 prepare
9 souvenir
10 unexpected

문장 🔊 MP3 4_20

1 We enjoy hiking there and having barbecues.

2 During the summer, there are a few amazing beaches that I like to go to.

3 Then I usually do some research to find out about interesting things to do or see in the place.

4 To be honest, there are many things to prepare when you go away for a trip.

5 I have so many interesting stories about things that happened while I was traveling.

스토리라인 🔊 MP3 4_21

1 One of the reasons for that is that it is much more affordable to vacation in my own country.
However, another reason is that my country has a wide variety of fun things to do and scenic places to visit.
For instance, there is a huge mountain range that I often visit during spring and summer with my friends.

2 There are lots of things that I do in preparation for a trip.
First of all, I'll arrange the transportation.
Once that has been sorted, I'll search online for good deals on hotels and book my accommodation.

3 My friend and I were out shopping for souvenirs one day when a woman approached us.
They needed some extra people for a scene, and she said my friend and I were exactly the kind of people they were looking for.
We were surprised and excited, and of course we agreed.

Unit 8　해외 여행

1 travel overseas
2 international trip
3 road trip
4 historical site
5 local food
6 be interested in
7 useful
8 communicate with
9 foreign
10 stay in

문장　　🔊 MP3 4_23

1 I've traveled overseas several times with my family.

2 I had always wanted to visit there, because I'm interested in the country's history.

3 There are many things that I like to do when I visit a foreign country.

4 Learning a new language is not only fun but also very useful.

5 I really enjoyed my first international vacation, and I have so many nice memories of it.

스토리라인　　🔊 MP3 4_24

1 My most memorable international trip was my vacation in Scotland.
   All of the buildings looked so old and historic, and there's a huge castle on top of a mountain in the middle of the city.
   We visited the famous Loch Ness, saw a lot of historical sites, and tried local foods like haggis.

2 I am very interested in international food, so I really love to try the local cuisine whenever I travel abroad.
   I also like to learn some of the local language.
   I really like to experience the countryside when I travel overseas, too.

3 When I was in high school, I had a chance to visit France with my family.

We stayed in Paris for one week and we saw so many famous landmarks.
I had lots of opportunities to practice and improve my French language skill, and the local people were happy to give us some useful tips.

Unit 9　집에서 보내는 휴가

어휘　　🔊 MP3 4_25

1 stay at home
2 vacation
3 spend time -ing
4 chill out
5 catch up
6 chore
7 hang out
8 day off
9 order
10 quality time

문장　　🔊 MP3 4_26

1 I do prefer to stay at home during my vacation time.

2 Another reason I prefer to vacation at home is that I have time to meet my family members.

3 There's nothing I like more than chilling out at home during my vacation.

4 I had a lot of fun during my last vacation at home.

5 We had a great time, and everyone commented on how nice my garden was looking.

스토리라인　　🔊 MP3 4_27

1 The main reason I like to stay at home is because I like to spend time relaxing when I have a vacation.
   My life is usually quite stressful.
   So I really appreciate just having time to chill out at home and catch up on some household chores and TV shows.

2 The thing I want to do most of all is meet my best friends, Jeongmin and Sunjeong.
We haven't seen each other in so long because we're all busy looking for a job.
We usually order some food using delivery service and watch the movies or TV shows we missed.

3 I used a lot of my time off to take care of my garden.
I spent my first day off watching online videos about gardening tips.
For the last few days of my holiday, I enjoyed spending time in the garden, because the weather was great.

IM-IH 목표 연습 문제 Q2-10 공통형

3 워크북 p.23

Unit 1 집

어휘 🔊 MP3 4_28

1 downtown area
2 spacious
3 decorate
4 regular
5 routine
6 set alarm
7 go to bed
8 countryside
9 compared to
10 modern

문장 🔊 MP3 4_29

1 When you enter my apartment, you walk right into the living room.

2 It's really large, with a high ceiling, so there's lots of space for my sofas, my TV, and my artwork.

3 I recently decorated the living room area.

4 I have a pretty regular routine during the week, because of my job.

5 My childhood house was very different compared to the apartment I live in now.

스토리라인 🔊 MP3 4_30

1 I live in an apartment in the downtown area.
It's quite a new, modern building, so my apartment is very nice and clean.
It's an open plan design, so the kitchen and dining room are attached to the side of the living room.

2 I work from Monday to Friday, so I set my alarm for 6:30 A.M. every morning during the week.
On the weekends, I don't really have a set routine.
It all depends on what I plan to do with my friends or family members.

3 I grew up in a house just outside a small town in the countryside.
The opposite is true of my current apartment.
The apartment is clean, modern, and spacious, but it's located in an urban gray space.

Unit 2 은행

어휘 🔊 MP3 4_31

1 customer
2 bank teller
3 withdrawal
4 deposit
5 account
6 branch
7 take a number
8 exchange currency
9 saving account
10 difference

문장 🔊 MP3 4_32

1 The main branches of most banks are located downtown.

2 There are also local branches in suburban and rural areas, but these sometimes only offer a limited range of services.

3 I visit my local bank branch about once a

month.

4 I usually go to the bank to exchange currency, because I travel overseas quite frequently for my job.

5 Bank were a little different when I was younger.

스토리라인 (◁)) MP3 4_33

1 To be honest, I think banks in my country probably look similar to those in most other countries.
There are normally three or four bank tellers who handle simple things like money withdrawals and deposits.
One or two tellers who help customers with things like opening accounts and applying for credit cards.

2 When I walk into the bank, the first thing I do is take a number and then sit in the waiting area.
My bank is always busy, no matter what time I visit, so I normally have to wait in line before I can speak with a bank clerk.
Sometimes I go in to open a new account like a savings account.

3 At that time, a lot of banks were in very old impressive buildings, whereas now they are normally in new modern buildings.
Nowadays, banks have lost their personal touch, mostly because they have such a large number of customers.
These days most banks have comfortable waiting areas with refreshments and magazines.

Unit 3 인터넷

어휘 (◁)) MP3 4_34

1 website
2 feature
3 lay out

6 concern
7 access
8 usage

4 interest
5 excessive

9 affect
10 social life

문장 (◁)) MP3 4_35

1 It has links to basically all the reviews of any game, film, music album, and TV show.

2 The site is well laid out and easy to navigate.

3 I first became interested in surfing the internet when I was about 12 years old.

4 There are several concerns people have about it.

5 These days people are more concerned about excessive internet usage.

스토리라인 (◁)) MP3 4_36

1 I like a lot of different websites, but my favorite is probably Metacritic.
I check the Metacritic website every day, and the main reason for that is that it has information and reviews about all my favorite things.
It features movies, games, music, and TV shows, so there's always something interesting for me to read about.

2 At that time, I was a huge fan of a pop band called Westlife, and one of my friends told me about a chatroom that was for fans of the band.
I was pleased to find that everyone was really nice and welcoming.
I started to get more involved in the discussions, and eventually I made some friends in the chatroom.

3 In the early days, the main concern regarding the internet was security.
These days people are more concerned about excessive internet usage.
This can negatively affect not only their work and social life, but also their health.

Unit 4 휴대폰

어휘　　　　　　　　　　　MP3 4_37

1 speak with
2 per day
3 convenient
4 share
5 on the phone
6 last
7 multitask
8 depend on
9 conversation
10 recently

문장　　　　　　　　　　　MP3 4_38

1 I speak with friends and family on the phone several times per day.

2 I like to call my brother to chat about new video games and music, because we have similar tastes.

3 I spend a lot of time talking with people on the phone.

4 I guess my phone habits just depend on who I am talking to.

5 I'll never forget that phone call.

스토리라인　　　　　　　　　MP3 4_39

1 When I call my friends, we are normally making plans to meet up that day or at the weekend.
   We usually have news to share about our work lives and relationships, and we always have advice for each other.
   I call my family members to check how they are doing and make sure they are happy and healthy.

2 I talk with lots of friends every day on the phone, and I sometimes call my parents, too. When I call my parents, it's typically a fairly short call just to find out how they are doing. I usually talk to them for around an hour, and I'll be watching a TV show or preparing my dinner while I talk with them.

3 I remember having a very good conversation

with my grandfather after I graduated from high school.
He told me how proud he was of me, and that I had the potential to be anything I wanted to be in life.
It was a very special conversation to me, as I could feel how proud my grandfather was of me.

Unit 5 자유 시간

어휘　　　　　　　　　　　MP3 4_40

1 free time
2 explore
3 spend
4 common
5 rural area
6 activity
7 suggest
8 chore
9 outdoor
10 personal

문장　　　　　　　　　　　MP3 4_41

1 People in my country do many different things in their free time.

2 When people visit the countryside, they normally enjoy cycling, running, playing sports, or walking their dogs.

3 Whenever I have free time, I usually suggest to my friends that we watch a film together at the theater.

4 I spend most of my free time by myself now.

5 I hope that I will have more free time for personal activities and hobbies.

스토리라인　　　　　　　　　MP3 4_42

1 One of the most popular things to do is to explore the countryside and enjoy the wide open spaces.
   Some people prefer to visit places in the city during their free time.
   They visit museums and art galleries to view the exhibits, and they quite often just spend

time meeting with their friends on coffee shops.

2   Some of the most common things people spend their free time doing are hiking, playing sports, and going on long bike rides in rural areas.
Other activities that a popular with people in my country are going to see a movie at the cinema and going out for a meal with friends.
In general, people in my country do a wide range of things in their free time.

3   I would say that I have less free time now than I had in the past.
I find that I have less free time as I get older.
I didn't have these commitments when I was younger, so I was able to spend more time meeting friends or enjoying other outdoor activities.

Unit 6   패션

어휘   MP3 4_43

1 type	6 trainers
2 occasion	7 item
3 appearance	8 purchase
4 typically	9 store clerk
5 clothing	10 discount

문장   MP3 4_44

1   There are different types of clothing in my country for different occasions.

2   The type of clothing we wear depends on the type of environment we are in and the weather.

3   When I go shopping, I visit a number of different places for clothing.

4   I try to visit as many places as possible when shopping to get the correct clothes at a good price.

5   Overall, it was a successful shopping trip and I was really happy with my purchase.

스토리라인   MP3 4_45

1   For example, while I am working in the office, I am required to wear a suit with a shirt and tie and polished shoes.
However, outside of work and during the weekend, I tend to wear more comfortable clothing.
During the hot summer months, I often wear shorts so that I can stay fairly cool.

2   I tend to start out my clothes shopping trips by looking for shoes or trainers.
I always look for plain T-shirts so that they can be used for both leisurewear and a semi-professional look.
The last thing I usually do to end my shopping day is purchase socks to match the clothing I have bought.

3   The last piece of clothing I purchased was a coat.
I decided that I would prefer a lightweight coat with a hood in case of rain.
I settled for the same type of jacket, but in a dark blue color, because the store clerk offered me a ten percent discount.

Unit 7   재활용

어휘   MP3 4_46

1 practice	6 item
2 recycling	7 plastic
3 guidance	8 bin
4 recyclable	9 sort into
5 separate	10 collect

1 Lots of people in my country practice recycling.

2 There are many household items that can be recycled.

3 Recycling was very different when I was a child.

4 As I grew up, recycling became more common.

5 Recycling is a common practice these days.

스토리라인 　　　　　　　　 🔊 MP3 4_48

1 When practicing recycling it is important that we understand what can and cannot be recycled.
　 For example, it is important that tin cans are cleaned and crushed whenever possible to allow for quick and safe recycling.
　 I separate my recyclable items into different boxes or plastic bags, and I put them outside according to the city council's pick-up schedule.

2 Most of the items that I put into my recycling bins are plastics and drink containers.
　 Aside from food packaging, I also make sure I recycle old batteries, because it's unsafe to just throw them into the normal waste bin.
　 I also sometimes recycle old clothing.

3 All of the trash was placed in the same bag and just left outside for collection.
　 It was a lot easier and faster back then, but this was a very bad practice for the environment.
　 Now we need to separate all of the different trash into several different recycling bins, and these are collected by trash collectors.

Unit 8 지형

어휘 　　　　　　　　　　　 🔊 MP3 4_49

1 peninsula	6 natural
2 coastline	7 environment
3 popular	8 field
4 outdoor	9 activity
5 take a trip	10 scenery

문장 　　　　　　　　　　　 🔊 MP3 4_50

1 All of these have interesting features such as hiking trails, temples, and other landmarks.

2 Because Korea is a peninsula, there are numerous beaches on the coastline.

3 There are lots of things that people do outdoors in my country.

4 We saw a lot of beautiful scenery during our trip.

5 My country has many wonderful natural environments.

스토리라인 　　　　　　　　 🔊 MP3 4_51

1 In general, my country is very mountainous compared with most other countries.
　 We also have a lot of beautiful rivers and lakes in my country, and the water in these is usually very clean, making them suitable for swimming.
　 Because Korea is a peninsula, with much of the land surrounded by the ocean, there are numerous beaches on the coastline.

2 Walking is very popular, and so is splashing in the valley.
　 Cycling is also very common, as this can be done anywhere, regardless of the area in which you live.
　 As you can tell, there are many different outdoor activities that people enjoy in my country.

3 As a child, my family and I took a trip to Seorak-san National Park.
It was the first time I had ever been on a trip to the mountains, so it is still very memorable to me.
My country has many wonderful natural environments, but Seorak-san National Park is still my favorite place.

Unit 9 　건강

🔊 MP3 4_52

어휘

1	healthy	6	lose weight
2	strict	7	portion size
3	consume	8	improve
4	exercise	9	convenient
5	make an effort	10	daily

문장　　　　　　　　　　🔊 MP3 4_53

1 My sister is very strict with the food she consumes and her exercise schedule.

2 I have recently made an effort to be healthier.

3 I am also making sure that I drink a lot more water each day.

4 It costs me nothing to cycle every day.

5 I feel so much fitter and healthier now.

스토리라인　　　　　　　🔊 MP3 4_54

1 My sister is very strict with the food she consumes and her exercise schedule.
She often goes for a run around our local park or lifts weights at the gym.
She also goes swimming every Saturday morning.

2 This has involved me waking up earlier in the morning to allow me to get out for a run before the rest of the family are up.
I am also making sure that I drink a lot more water each day, and I keep track of how much water I've consumed using a cell phone app.
I've also reduced the portion sizes of my evening meals so that I consume fewer calories.

3 I recently took up cycling in order to improve my health.
Not only does cycling exercise your whole body at the same time, but it is basically a completely free means of exercise.
Cycling is also convenient, because I can go out on my bike whenever I have free time, even early in the morning or late at night.

IM-IH 목표 연습 문제 Q11-13 롤플레이

3 워크북 p.42

Unit 1 　가구

어휘　　　　　　　　　　🔊 MP3 4_55

1	buy	6	purchase
2	furniture	7	replace
3	wardrobe	8	faulty
4	match	9	technical support
5	problem	10	resolve

문장　　　　　　　　　　🔊 MP3 4_56

1 Hi, I'd like to buy some furniture for my new apartment.

2 Do you think you can help me find those items?

3 I'm calling about a problem with my recent purchase.

4 Would it be better to fully replace the product?

5 I'm really glad I got the problem resolved in the end.

1 Hi, I'd like to buy some furniture for my new apartment.

   The main things I am hoping to buy are a bed and a wardrobe.

   Regarding color, I'd like the headboard to be green or blue so that it matches well with my bedroom walls and floor color.

2 Hello, I'm calling about a problem with my recent purchase.

   When I unpacked all the parts and the assembly guide, I noticed that one of the shelves was missing.

   Would it be better to fully replace the product?

3 I had a problem with my tumble dryer last month.

   I thought the appliance must be faulty, so I called technical support.

   I'm really glad I got the problem resolved in the end.

Unit 2 　병원

어휘　 🔊 MP3 4_58

1 see a doctor	6 suggestion
2 appointment	7 available
3 cost	8 work hour
4 resolve	9 remember
5 come up	10 figure out

문장　 🔊 MP3 4_59

1 I'm calling to arrange an appointment to see a dentist.

2 Can you tell me how much it would cost for a tooth extraction?

3 Do you have a parking lot near your dental clinic?

4 I'm afraid I won't be able to make it to my appointment.

5 Fortunately, they were very understanding.

스토리라인　 🔊 MP3 4_60

1 Hello. I'm calling to arrange an appointment to see a dentist.

   First, do I need to fill out a new patient form on your web site first, or can I just fill out a form when I arrive in person?

   Second, can you tell me how much it would cost for a tooth extraction?

2 Hello, I'm afraid I won't be able to make it to my appointment at 5:30 this evening.

   Something has come up at my company, and I will need to work until 6 p.m.

   Please let me know what would be best, and I'm sorry again.

3 I can remember a time when I was very late for a job interview.

   When I arrived, I figured out I was supposed to be at the Pontius Building on the other side of town.

   I explained what had happened to the interviewers and, fortunately, they were very understanding.

Unit 3 　여행

어휘　 🔊 MP3 4_61

1 destination	6 look forward to
2 amenity	7 non-refundable
3 activity	8 resolution
4 answer	9 happen
5 book	10 realize

문장　 🔊 MP3 4_62

1 I'm calling because I have a few questions about your Mediterranean cruise.

2 In particular, I'm wondering if there is a swimming pool.

3 Would it be possible to change the dates to next summer instead?

4 I hope we can find an agreeable resolution to this problem.

5 That was certainly an experience I'll remember for the rest of my life.

스토리라인　　MP3 4_63

1 The first thing I'd like to know about is the specific destinations on the cruise.
Can you tell me which cities or towns I would get to visit?
Finally, can you please tell me about the cabins that are available?

2 Regretfully, my family and I won't be able to go on the cruise.
I had a few ideas regarding my cruise package, which I know is non-refundable.
Would it be possible to change the dates to next summer instead?

3 I'm going to tell you about something that happened while I was visiting relatives in Canada.
While I was visiting there three years ago, I was just browsing items in an arts and crafts store when I bumped into the famous movie director Steven Spielberg.
That was certainly an experience I'll remember for the rest of my life.

Unit 4 약속

어휘　　MP3 4_64

1 make a plan
2 think about
3 hold
4 suggestion
5 alternative
6 option
7 instead
8 deal with
9 cancel
10 understanding

문장　　MP3 4_65

1 I'm just calling to try and make some plans with you this Saturday.

2 Admission is free.

3 I'm running late to meet you because the bus I took has broken down.

4 Another option is that we could just meet tomorrow instead.

5 I remember a time last year when I had to cancel plans I had made with a coworker.

스토리라인　　MP3 4_66

1 I've been thinking about what we can do, and I have a few suggestions.
My first idea is that we could go to the food festival that is being held downtown.
Admission is free, and there will be a lot of delicious food for us to try.

2 Hey, Sam. I'm afraid I have some bad news.
I'm running late to meet you because the bus I took has broken down.
Well, first of all, if you don't mind waiting for me, I could still meet you there at around noon.

3 I remember a time last year when I had to cancel plans I had made with a coworker.
The problem was that I hurt my back a couple of days before we were due to leave, and I was having difficulty even walking around.
He was very understanding and wished me a speedy recovery.

Unit 5 음식점

어휘 🔊 MP3 4_67

1	offer	6	receive
2	discount	7	go out for a meal
3	prepare	8	drop off
4	roughly	9	by mistake
5	mix-up	10	how long

문장 🔊 MP3 4_68

1 I'd like to know a bit more about the sandwich shop.

2 Do you know if the shop offers a discount on large orders?

3 Lastly, do you know roughly how long it would take the shop to prepare the order?

4 Can you send the delivery driver back with my correct order as soon as possible?

5 Please get back to me as soon as possible.

스토리라인 🔊 MP3 4_69

1 Do you know if the shop offers a discount on large orders?
And do you know how many different fillings the shop offers for its sandwiches?
Lastly, do you know roughly how long it would take the shop to prepare the order?

2 It seems as though there has been some kind of mix-up with my order and another customer's order.
I checked the order ticket on the bag, and it has another customer's name on it.
Can you send the delivery driver back with my correct order as soon as possible?

3 I went out for a meal with some of my friends about a month ago.
The meal at the Thai restaurant was amazing.
It was a really enjoyable night, and I'll always remember it.

IM-IH 목표 연습 문제
Q14-15 고난도

3 워크북 p.53

Unit 1 음악

어휘 🔊 MP3 4_70

1	be known for	6	instrument
2	track	7	participate
3	pleasant	8	perform
4	compose	9	put somebody at ease
5	trendy	10	calming

문장 🔊 MP3 4_71

1 SW Kim's voice is pleasant.

2 SW Kim is actually a very funny and extroverted person in real life.

3 I am curious about a few things.

4 Did you make the team with your friends?

5 Lastly, what kind of music did your band perform?

스토리라인 🔊 MP3 4_72

1 SW Kim makes a lot of ballads and slow songs.
He is also known for his acoustic tracks that have a soft melody.
SW Kim's voice is pleasant to listen to and always puts me at ease when I am stressed out.

2 I also really respect SW Kim as a person because he is hard-working and composes all his songs himself.
He never tries to follow trendy music styles and always stays true to his roots.
Basically, I like SW Kim the best because of his great personality.

24 오픽 All in One 패키지

3 First, why did you choose the drums out of all instruments?
Also, what made you choose to participate in a band?
Lastly, what kind of music did your band perform?

3 What did you do on Saturday?
Did you meet up with some friends, or eat anything interesting?
Did you go to the festival to check out some of the bands?

Unit 2 자유 시간

어휘 (MP3 4_73)

1	various	6	check out
2	spend	7	visit
3	most	8	catch up with
4	together	9	sleep late
5	meet up	10	be up to

문장 (MP3 4_74)

1 When people do have free time, they try to make good use of that time.

2 When I have some free time, I like to do these things, too.

3 I was wondering what kind of things you were up to.

4 Did you meet up with some friends?

5 What did you do when the festival was over?

스토리라인 (MP3 4_75)

1 In my country, people do various things when they have free time.
The most common thing for people to do is catch up with their friends or family.
They will usually go out for a meal together, and maybe a have a few drinks afterwards.

2 Another popular activity that people enjoy in their free time is hiking.
We have lots of nice hiking routes all over the country.
So it's convenient for people to visit the mountains when they have free time.

문제 구성

자기소개						
		1	자기소개	Combo 3	해외 여행	8 우리나라 사람들이 주로 가는 해외 여행지
Combo 1	영화 보기	2	좋아하는 영화 장르			9 어렸을 때 가 본 해외 국가나 도시
		3	최근 영화 관람하러 갔을 때의 일상			10 우리나라 사람들이 해외 여행지에서 주로 하는 일들
		4	기억에 남는 영화	Combo 4	MP3 플레이어	11 MP3 플레이어를 구입하기 전 친구에게 질문
Combo 2	음악 감상하기	5	좋아하는 음악 장르			12 MP3 플레이어를 빌렸다가 고장 낸 상황 문제 해결
		6	음악을 듣는 장소와 시간			13 사용하던 기기가 고장 났던 경험
		7	음악을 듣게 된 계기와 취향 변화	Combo 5	은행	14 우리나라의 은행
						15 은행 관련 질문

시험 난이도 ★★★☆☆

전체 문제 난이도

돌발 주제 난이도

문제 길이

특이/신규 주제 출제

어휘 난이도

Q2 좋아하는 영화 장르 ★★★☆☆

You indicated in the survey that you enjoy watching movies at the theater. Tell me about the types of movies that you like to go watch.

설문조사에서 당신은 영화관에서 영화 보는 것을 즐긴다고 했습니다. 어떤 종류의 영화를 보러 가는 걸 좋아하는지 말해주세요.

모범답변　　　　　　　　　　　　　　　　　　　　　　🔊 MP3 4_77

Intro

다양한 영화
a wide range of films

> I love going to see movies, and I enjoy seeing a wide range of films.
> 저는 영화 보러 가는 것을 아주 좋아하고 다양한 영화를 보는 것을 즐겨요.

Body

· 공포 영화
　horror
· 흥미진진하고 효과적임
　exciting and effective
· 코미디 영화
　comedy films
· 더 크게 웃게 됨
　makes me laugh even
　harder

> My favorite kind of movie to watch at the cinema is horror. Scary films are even more frightening in the cinema, because it's very dark and the volume is very loud. This makes the jump-scares so exciting and effective! I also love going to the movies to see comedy films. When I'm surrounded by other people laughing at the funny scenes, it makes me laugh even harder. I guess the only films I don't enjoy seeing at the cinema are children's films, because the cinema is often filled with kids and they tend to make a lot of noise during the movie.
> 제가 영화관에서 가장 좋아하는 영화는 공포 영화예요. 무서운 영화는 영화관에서 볼 때 더욱 무서운데 왜냐하면 영화관은 매우 어둡고 볼륨이 매우 크기 때문이죠. 그래서 갑자기 등장하는 놀라는 장면들이 정말 흥미진진하고 효과적이에요! 저는 영화관에 코미디 영화를 보러 가는 것도 좋아해요. 웃긴 장면에서 다른 사람들에게 둘러싸여 웃으면 더 크게 웃게 되거든요. 영화관에서 즐기기 싫은 유일한 영화는 어린이 영화인데, 보통 영화관이 아이들로 가득 차서 영화가 상영되는 동안 시끄러운 경우가 많기 때문이죠.

Wrap-up

같이 영화 보러 갈래?
go and see a movie with
me?

> Would you like to go and see a movie with me sometime?
> 언제 저랑 같이 영화 보러 갈래요?

■ 고득점 표현

어휘
표현　survey 설문조사, 조사하다　enjoy 즐기다, 즐거운 시간을 보내다　a wide range of 다양한, 광범위한　favorite 가장 좋아하는, 마음에 드는　cinema 영화관, 극장　scary 무서운　frightening 무서운　dark 어두운, 캄캄한　loud 큰 소리로　exciting 흥미진진한, 신나는　effective 효과적인, 실질적인　surround 둘러싸다　laughing 웃음　funny 웃긴, 우스운　be filled with 가득차다　tend to 경향이 있다　a lot of 많은　noise 소음, 소리　Would you like~? ~하시겠습니까?

Q3 최근 영화 관람하러 갔을 때의 일상 ★★★☆☆

I would like to know about your latest experience going to the movies. Tell me all about what you did that day, including everything before and after watching the movie.

마지막으로 영화를 보러 갔던 경험에 대해 알고 싶습니다. 영화를 보기 전과 후에 있었던 모든 일을 포함하여 그날 무엇을 했는지 말해주세요.

모범답변

Intro

몇 주 전
a couple of weeks ago

The last time I went to the movies was a couple of weeks ago.

마지막으로 영화를 보러 간 것은 몇 주 전이었어요.

Body

· 소풍 갈 계획 있었는데 비가 옴
had plans to go on a picnic, it was raining

· 소풍 대신 영화 보러 가자고 제안
suggested go and see a movie instead

· [　]를 보기로 결정
decided to watch [　]

· 예상대로 재밌기도 했고 꽤 감동적이었음
as funny as expected, but also quite emotional

I actually had plans to go on a picnic that day, but when I woke up I saw that it was raining. So, I called my friend Beth and suggested we go and see a movie instead. We decided to watch the new Guardians of the Galaxy film, because we both enjoyed the previous films in the series. We had a quick bite for lunch at a nearby noodle restaurant, and then went to see the movie. It was just as funny as expected, but also quite emotional. After we left the cinema we decided to walk home, because the sun had finally come out. We had a good chat about the film, and then went home.

사실 그날 소풍을 갈 계획이 있었는데 일어나 보니 비가 오고 있었어요. 그래서 저는 친구 베스에게 전화해서 소풍을 가는 대신 영화를 보러 가자고 제안했죠. 우리는 새로 개봉한 가디언즈 오브 갤럭시 영화를 보기로 결정했는데 둘 다 이전에 나온 시리즈를 좋아했기 때문이에요. 근처 국수집에서 점심을 간단히 먹고 영화를 보러 갔어요. 예상한대로 재밌기도 했고 꽤 감동적이기도 했어요. 영화관에서 나온 후 드디어 (비가 그치고) 해가 나와서 우리는 집으로 걸어가기로 했습니다. 영화에 대한 즐거운 이야기를 나눈 후 집에 갔어요.

Wrap-up

항상 즐거운 시간 보냄
always have a great time

I always have a great time whenever I go to the movies with Beth.

베스와 함께 영화를 보러 갈 때마다 항상 즐거운 시간을 보냅니다.

■ 고득점 표현

어휘 표현 latest 마지막으로 experience 경험 go to the movies 영화 보러 가다 including ~을 포함하여 before (시간상으로 ···보다) 전에 after (시간·순서상으로) 후에 the last time 마지막으로 actually 사실 go on a picnic 소풍가다 wake up 일어나다 suggest 제안하다 see a movie 영화를 보다 decide 결정하다 previous 이전에 have a bite 간단히 먹다 nearby 근처, 인근의 noodle 국수 funny 재미있는 quite 꽤 emotional 감동적인, 감정의 cinema 영화관, 극장 come out (해·달·별이) 나오다 have a chat 이야기를 나누다

Q4 **기억에 남는 영화** ★★★☆☆

Tell me about the most memorable movie you have watched. What was the movie about? Why was it so memorable?

당신이 봤던 가장 기억에 남는 영화에 대해 말해주세요. 무엇에 관한 영화였나요? 기억에 남는 이유가 무엇인가요?

모범답변 🔊 MP3 4_81

Intro

가장 최근 영화관에 다녀온 것
my most recent trip to the cinema

I love going to the movies, so let me tell you about my most recent trip to the cinema.

저는 영화 보러 가는 것을 아주 좋아해서 가장 최근 영화관에 다녀온 것에 대해 이야기할게요.

Body

· 지난 주말
  last weekend
· [ ]를 보기로 결정
  decided to watch [ ]
· 영화관 가기 전 점심 먹음
  had a lunch
· 영화관에서 간식 삼
  bought some snacks
· 저녁 먹으면서 영화에 대한 이야기 나눔
  had dinner and chatted about the film

Last weekend, I decided to go and see a movie with my friends. We decided to watch the new Super Mario Brothers film, because we were all big fans of the video games when we were growing up. Before going to the cinema, we had lunch at a coffee shop and had a chat. Then we went to the cinema, bought some snacks, and really enjoyed the movie. Afterwards, we had dinner and chatted about the film.

지난 주말, 저는 친구들과 영화를 보러 가기로 했어요. 새로 개봉한 슈퍼 마리오 브라더스를 보기로 했는데 어렸을 때 마리오 게임의 열렬한 팬이었기 때문이죠. 영화관에 가기 전에 커피숍에서 점심을 먹으면서 이야기를 나눴어요. 그런 다음 영화관에 가서 간식을 좀 사서 영화를 정말 재미있게 봤어요. 그 후 저녁을 먹으며 영화에 대한 이야기를 나눴어요.

Wrap-up

즐거운 하루
a really fun day

It was a really fun day out for all of us.

우리 모두 정말 즐거운 하루였어요.

■ 고득점 표현

어휘
표현
latest 최근의 experience 경험 recent 최근 cinema 영화관, 극장 decide 결정하다, 결정을 내리다 be a big fan of ~의 열혈팬이다, 아주 좋아한다 grow up 자라나다 have a chat 이야기를 나누다, 잡담하다 snack 간식, 간단한 식사 afterward 그 후 fun 재미있는, 재미 day out (하루 동안의) 여행, 하루

Q5 좋아하는 음악 장르 ★★★☆☆

You indicated in the survey that you listen to music. What are some kinds of music that you listen to? Do you have any favorite musicians and/or composers?

설문조사에서 당신은 음악을 듣는다고 했습니다. 어떤 종류의 음악을 즐겨 듣나요? 좋아하는 뮤지션이나 작곡가가 있나요?

모범답변 🔊 MP3 4_83

Intro

다양한 음악 들음
listen to a wide variety of music

I listen to a wide variety of music, and I have a few favorite musicians.

저는 다양한 음악을 듣는데, 좋아하는 뮤지션이 몇 명 있습니다.

Body

· 가장 좋아하는 음악 장르는 [　]
my favorite genre of music is rock music

· 높은 에너지와 큰 소리를 정말 좋아하기 때문
really like its high energy and loud volume

· 가장 좋아하는 록 밴드는 [　]
my favorite rock band is probably Sleep Token

· 보컬이 훌륭함
an amazing vocalist

My favorite genre of music is rock music, because I really like its high energy and loud volume. Right now my favorite rock band is probably Sleep Token. They have an amazing vocalist, and they include melodic keyboard parts with the loud guitar parts. I also enjoy listening to some hip hop and dance music, when I'm in the mood for it. I've recently become a fan of Drake, because I really like his lyrics and the way he mixes rapping with singing.

제가 가장 좋아하는 음악 장르는 록 음악인데, 높은 에너지와 큰 소리를 정말 좋아하기 때문이죠. 지금 제가 가장 좋아하는 록 밴드는 아마도 슬립 토큰일 거예요. 보컬이 훌륭하고 아름다운 곡조의 키보드 파트와 큰 소리의 기타 파트가 잘 어우러져 있죠. 저는 또한 힙합과 댄스 음악을 듣고 싶을 때 즐겨 듣습니다. 최근에는 드레이크의 팬이 되었는데, 그의 가사와 랩과 노래를 섞는 방식이 정말 마음에 들었기 때문이에요.

Wrap-up

음악 없는 삶은 상상할 수 없음
couldn't imagine my life without music

I couldn't imagine my life without music. I listen to it every day.

음악이 없는 제 삶은 상상할 수 없어요. 매일 음악을 듣습니다.

■ 고득점 표현

어휘 표현 favorite 가장 좋아하는 composer 작곡가 rock music 록 음악 high 높은, 높이가 ~인 loud 큰 소리, 소리가 큰 volume 소리, 음량 right now 지금, 지금 당장 probably 아마도, 아마 melodic 곡조의 hip hop 힙합, 힙합 음악 dance music 댄스음악 in the mood for ~할 기분이 나서 recently 최근에 be a fan of ~ ~의 팬이 되다, ~의 신봉자가 되다 lyric 가사 mix 섞다 rap 랩을 노래하다 imagine 상상하다, 생각하다 without ~없이

Q6 음악을 듣는 장소와 시간 ★★★☆☆

When do you usually listen to music, and where? Do you prefer listening to the radio? Do you attend concerts? Tell me about how you like to enjoy music.

주로 언제 어디서 음악을 듣나요? 라디오 청취를 선호하나요? 콘서트에 참여하나요? 당신이 음악을 즐기는 방식에 대해 말해주세요.

표현 리-뷰

모범답변
(◁)) MP3 4_85

Intro

음악 감상 습관에 대해 말하겠음
tell you about my music
listening habits

Let me tell you about my music listening habits.

제 음악 감상 습관에 대해 말할게요.

Body

· 출퇴근, 운동할 때 음악 들음
normally listen to music
when I'm commuting and
when I'm exercising

· 지루함 덜 느끼게 해주고, 운동할
때 동기 부여가 되기도 함
less bored on the
subway, motivates me
when I'm in the gym

· 라디오는 잘 안 들음
don't really listen to the
radio that much

· 음악 듣는 가장 좋은 방법은 콘서
트에 가는 것
the best way to listen to
music is at a concert

I normally listen to music when I'm commuting and when I'm exercising. It helps me to be less bored on the subway, and it motivates me when I'm in the gym. I don't really listen to the radio that much, because the radio stations don't play much of the music I enjoy. In my opinion, the best way to listen to music is at a concert. My friends and I try to see our favorite bands live whenever we have a chance. It's such an amazing experience.

저는 보통 출퇴근할 때나 운동할 때 음악을 들어요. 지루함을 덜 느끼게 해주고, 헬스장에서 운동할 때 동기 부여가 되기도 하죠. 라디오는 그닥 잘 듣지 않는데, 라디오 방송국에서는 제가 좋아하는 음악을 많이 틀지 않기 때문이에요. 제 생각에는 음악을 듣는 가장 좋은 방법은 콘서트에 가는 것이에요. 저와 제 친구들은 기회가 있을 때마다 좋아하는 밴드의 라이브 공연을 보려고 노력해요. 정말 놀라운 경험이죠.

Wrap-up

밴드 라이브 공연 직접 보는 것만큼
좋은 것은 없음
can't beat seeing bands
perform live in concert

Music is great at all times, but you can't beat seeing bands perform live in concert.

음악은 언제 들어도 좋지만, 밴드의 라이브 공연을 직접 보는 것만큼 좋은 것은 없어요.

■ 고득점 표현

어휘
표현
prefer 선호하다, ~을 더 좋아하다   attend 참여하다, ~에 다니다   habit 습관, 버릇   normally 보통, 보통(은)   commute 출퇴근하다, 통근하다   exercise 운동하다   less 덜, 덜한   bored 지루한, 지루해하는   gym 헬스장, 체육관   motivate 동기를 부여하다, 흥미를 느끼게 하다   radio station 라디오 방송국   in my opinion 제 생각에는, 제가 보기에는   have a chance 기회를 갖다, 가능성이 있다   at all times 항상, 언제나

Q7 음악을 듣게 된 계기와 취향 변화 ★★★★☆

When did you first take an interest in music? What was the first kind of music that you liked? Tell me about how your interest in music has changed since you were younger.

언제 처음 음악에 관심을 가지게 되었나요? 처음 좋아했던 음악은 어떤 종류였나요? 어렸을 때부터 음악에 대한 관심이 어떻게 변해왔는지 말해주세요.

모범답변 (◁)) MP3 4_87

Intro

아주 어릴 때부터 즐겨 들음
enjoyed listening to music from a very young age

I've enjoyed listening to music from a very young age.

저는 아주 어릴 때부터 음악을 즐겨 들었어요.

Body

· 겨우 5-6살이었음
I was only about 5 or 6 years old
· 형이 기타 침
my older bother played guitar
· 팝 음악 좋아했음
liked pop music
· 외우기 쉬운 멜로디, 박자
a catchy tume and beat
· 록, 메탈에 더 빠짐
more into music like rock and metal

I can remember taking an interest in music when I was only about 5 or 6 years old. My older brother played guitar, and he had hundreds of CDs. Every time I went into his room, he was either playing music on his guitar or listening to bands. The first music I liked was pop music, because it usually has a catchy tune and beat. As I've gotten older, I've gotten more into guitar-based music like rock and metal. I think I can relate to the lyrics more than I can with pop lyrics.

저는 제가 겨우 5살이나 6살이었을 때 음악에 관심을 가졌던 게 기억나요. 제 형은 기타를 쳤는데 수백장의 CD를 가지고 있었죠. 형의 방에 갈 때마다 형은 기타로 음악을 연주하거나 밴드 음악을 듣고 있었어요. 제가 처음 좋아한 음악은 팝 음악이었는데, 주로 외우기 쉬운 멜로디와 박자기 때문이죠. 나이가 들면서 록이나 메탈 같은 기타를 기반으로 한 음악에 더 빠져들게 되었어요. 팝 가사보다 (기타를 기반으로 한 음악의) 가사에 더 공감할 수 있는 것 같아요.

Wrap-up

음악은 내 인생의 중요한 부분이 됨
has become an important part of my life

I'm glad I took an interest in music from a young age, as it has become an important part of my life.

어릴 때부터 음악에 관심을 가지길 잘했다는 생각이 들 정도로 음악은 제 인생의 중요한 부분이 되었어요.

■ 고득점 표현

어휘 표현 interest 흥미 go into ~에 들어가다 either A or B A 또는 B 둘 중 하나 pop music 팝 음악 usually 보통, 대개 catchy 외우기 쉬운 tune 멜로디, 곡조 beat 박자, 리듬 relate to ~에 공감하다, ~와 관련되다 lyric (노래의)가사, 서정시의 important 중요한

Q8 우리나라 사람들이 주로 가는 해외 여행지 ★★★☆☆

When traveling abroad, where do people from your country like to go? Why do they choose those destinations? What is special about the countries that they like to travel to?

해외 여행을 하면 당신 국가 사람들은 어디로 가고 싶어할까요? 왜 그 여행지를 선택하나요? 여행하고 싶은 나라의 특별한 점은 무엇인가요?

모범답변

🔊 MP3 4_89

Intro

해외 많은 곳을 방문하는 것 좋아함
love to visit many places overseas

People from my country love to visit many places overseas.

우리나라 사람들은 해외 많은 곳을 방문하는 것을 좋아해요.

Body

· 가장 인기 있는 여행지 중 하나는 인도네시아, 발리
one of the most popular destinations is Bali in Indonesia

· 사람들이 좋아하는 이유는 아름다운 해변과 사원이 많기 때문임
people love Bali because it has lots of beautiful beaches and temples

· 인기 영화와 TV 프로그램 덕분에 영국 문화에 관심이 많음
interested in British culture because of some popular films and TV shows

These days, one of the most popular destinations is Bali in Indonesia. It has become very popular because a lot of TV shows and social media influencers have been promoting it recently. People love Bali because it always has nice, hot weather, and it has lots of beautiful beaches and temples. Another reason people like to visit Bali is that it is quite cheap. Local food and drinks are really cheap, and accommodation is easy to find and affordable as well. People from my country also like to visit Europe, particularly England. A lot of people are interested in the Royal Family, so they like to visit Buckingham Palace and other landmarks like Big Ben. Plus they are interested in British culture because of some popular films and TV shows.

요즘 가장 인기 있는 여행지 중 하나는 인도네시아 발리예요. 최근 많은 TV 프로그램과 소셜 미디어 인플루언서들이 발리를 홍보하면서 큰 인기를 끌고 있죠. 사람들이 발리를 좋아하는 이유는 항상 화창하고 더운 날씨를 자랑하며 아름다운 해변과 사원이 많기 때문이에요. 사람들이 발리를 좋아하는 또 다른 이유는 물가가 매우 저렴하기 때문입니다. 현지 음식과 음료는 정말 저렴하고 숙박 시설도 쉽게 찾을 수 있고 가격도 저렴해요. 우리나라 사람들은 유럽, 특히 영국을 방문하는 것도 좋아합니다. 많은 사람들이 왕실에 관심이 많기 때문에 버킹엄 궁전과 빅벤과 같은 다른 랜드마크를 방문하는 것을 좋아합니다. 또한 인기 영화와 TV 프로그램 덕분에 영국 문화에도 관심이 많아요.

Wrap-up

요즘 여행을 위해 저축하고 있음
saving up for a trip now

I'd also love to visit these places, so I'm saving up for a trip now.

저도 이 곳들을 방문하고 싶어서 요즘 여행을 위해 저축하고 있어요.

■ 고득점 표현

어휘 표현 temple 사원, 절   accommodation 숙박 시설   affordable 저렴한, 감당할 수 있는   landmark 랜드마크, 주요 지형지물

Q9 어렸을 때 가 본 해외 국가나 도시 ★☆★☆☆

Think about a foreign country that you went to when you were younger. Describe in detail what it was like there. What kind of impressions did you get of that place?

어렸을 때 갔던 외국에 대해 생각해 보세요. 그곳이 어땠는지 자세히 설명해 주세요. 그곳에서 어떤 인상을 받았나요?

모범답변
🔊 MP3 4_91

Intro •

10살 쯤에 가족과 함께 대만 방문함
was about 10 years old, visited Taiwan with my family

When I was about 10 years old, I visited Taiwan with my family.

제가 10살쯤 되었을 때 가족과 함께 대만을 방문했습니다.

Body •

· 외국에서의 첫 휴가였음
my first vacation in a foreign country

· 매우 깨끗하고 발전된 도시임
was a very clean and advanced city

· 수천개의 훌륭한 레스토랑과 쇼핑 장소가 있음
thousands of great restaurants and places to go shopping

· 환상적인 곳, 모든 것이 정말 인상적이었음
was a fantastic place, really impressed by everything there

The trip to Taiwan was my first vacation in a foreign country. I thought it was an absolutely amazing place! The city of Taipei seemed enormous to me, because my family lived in a very small town in our home country. The roads in Taipei seemed to stretch on forever, and it was a very clean and advanced city. There were thousands of great restaurants and places to go shopping, and there were lovely green parks all over the city. The people were all nice and friendly, and I got the impression that the people were all very happy to be living in Taipei. Overall, I thought it was a fantastic place, and I was really impressed by everything there.

대만 여행은 외국에서의 첫 휴가였습니다. 정말 멋진 곳이라고 생각했어요! 우리 가족은 아주 작은 마을에 살았기 때문에 타이베이라는 도시가 엄청나게 커 보였어요. 타이베이의 도로는 끝없이 뻗어 있는 것 같았고, 매우 깨끗하고 발전된 도시였습니다. 수천 개의 훌륭한 레스토랑과 쇼핑 장소가 있었고 도시 곳곳에 아름다운 녹색 공원이 있었어요. 사람들은 모두 상냥하고 친절했으며 타이베이에 사는 것을 매우 행복해하는 것 같다는 인상을 받았습니다. 전반적으로 타이베이는 환상적인 곳이라고 생각했고 모든 것이 정말 인상적이었어요.

Wrap-up •

언젠가 더 많은 곳을 보고 싶음
someday to see more of the country

I hope I can return to Taiwan someday to see more of the country.

언젠가 다시 대만에 돌아가서 더 많은 곳을 보고 싶어요.

■ 고득점 표현

어휘 표현 foreign country 외국 in detail 자세히, 상세하게 impression 인상, 느낌 visit 방문하다 Taiwan 대만 absolutely 정말, 틀림없이 amazing 멋진, 놀라운 seem ~로 보이다, ~인 것 같다 enormous 엄청나게 큰, 거대한 stretch 뻗다, 늘이다 advanced 발전된, 선진의 lovely 아름다운 all over 곳곳에 overall 전반적으로, 종합적인 fantastic 환상적인 impressed 인상적인, 인상깊게 생각하는 return 돌아가다 someday 언젠가

Q10 우리나라 사람들이 해외 여행지에서 주로 하는 일들 ★★★☆☆

Tell me about places that tourists like to go and what they like to do when travelling abroad.

여행객들이 해외 여행 시 가고 싶어 하는 장소와 하고 싶어 하는 일에 대해 말해주세요.

모범답변 🔊 MP3 4_93

Intro •
보통 비슷한 일들 함
usually do similar things

> When tourists travel overseas, they usually do similar things.
>
> 여행객들이 해외 여행을 할 때 보통 비슷한 일들을 해요.

Body •
· 유명한 장소와 랜드마크 방문함
visit famous places and
landmarks
· 많은 관광객들이 투어를 신청함
many tourists also sign
up for tours
· 가장 유명한 레스토랑 주로
방문함
often visit the most
famous restaurants
· 거의 모든 관광객들이 기념품을 삼
almost all tourists do is
buy souvenirs

> The main thing that tourists do in foreign countries is visit famous places and landmarks. For instance, if someone goes to visit Seoul, they'll almost certainly check out Gyeongbok Palace and Seoul Tower. Many tourists also sign up for tours, because this is the easiest and most convenient way to see all of the major tourist sites and get a lot of interesting information about the places they visit. Tourists also tend to try a lot of the local food, so they often visit the most famous restaurants wherever they are. Another thing almost all tourists do is buy souvenirs. They will often go to shopping areas that have large gift shops to buy a few things that will give them good memories of their vacation.
>
> 외국에서 관광객들이 주로 하는 일은 유명한 장소와 랜드마크를 방문하는 것 이예요. 예를 들어, 서울을 방문하는 관광객이라면 경복궁과 서울타워를 꼭 방문할 것입니다. 주요 관광지를 가장 쉽고 편리하게 둘러보고 방문 장소에 대한 흥미로운 정보를 많이 얻을 수 있는 방법이기 때문에 많은 관광객들이 투어를 신청하기도 하죠. 또한 관광객들은 현지 음식을 시도해 보는 경향이 많이 있기 때문에 어디를 가든 가장 유명한 레스토랑을 주로 방문해요. 거의 모든 관광객이 하는 또 다른 일은 기념품을 사는 것입니다. 그들은 종종 대형 선물 가게가 있는 쇼핑 지역에 가서 휴가의 좋은 기억을 남길 수 있는 몇 가지 물건을 사러 가요.

Wrap-up •
나도 이 모든 것들을 함
do all of these things too

> I must admit, I do all of these things, too, when I travel abroad.
>
> 해외여행을 갈 때 저도 이 모든 것들을 한다는 것을 인정 할 수밖에 없네요.

■ 고득점 표현

어휘
표현
tourist 여행객, 관광객 travel abroad 해외 여행하다 usually 보통, 대개 similar 비슷한, 유사한 visit 방문하다 famous
유명한 landmark 랜드마크, 주요 지형지물 for instance 예를 들어 almost certainly 꼭, 거의 확실히 sign up for 신청하다,
가입하다 tour 투어, 여행 whenever ~할 때마다 tend to ~하는 경향이 있다 try 시도하다, 노력하다 local food 현지 음식,
로컬 푸드 buy 사다 souvenir 기념품 large 대형, 큰 memory 기억

Q11 MP3 플레이어를 구입하기 전 친구에게 질문 ★★★★☆

I'd like to give you a situation to act out. You are thinking about buying a new MP3 player. Your friend knows everything about MP3 players. Call your friend and ask three to four questions about purchasing an MP3 player.

당신에게 주어진 상황에 맞춰서 역할극을 해주세요. 당신은 새로운 MP3 플레이어를 구입할 생각입니다. 당신의 친구는 MP3 플레이어에 관해 무엇이든 알고 있어요. 친구에게 전화하여 MP3 플레이어 구입에 대해 서너 가지 질문을 해보세요.

모범답변

MP3 4_95

Intro

지금 통화할 수 있는지
available to speak right now

Hi, Erin. It's me, Jinah. I know that you're an MP3 player expert, so I wanted to ask you a few questions because I am thinking about buying an MP3 player myself. Are you available to speak right now? Great!

안녕, 에린. 나야, 진아. 네가 MP3 플레이어 전문가라는 것을 알고 있는데, 나도 MP3 플레이어를 사려고 생각 중이라 몇 가지 물어보고 싶어서 전화했어. 지금 통화할 수 있어? 좋아!

Body

· 어떤 브랜드 추천할지
what brand recommend

· 가격 알맞으면서도 품질 좋은 제품 찾고 있음
looking for affordable, but still of high quality

· 얼마나 큰지
how big

· 휴대가 간편하고 슬림한 것 찾고 있음
find a portable and slim one

First, what brand do you recommend? I am looking for something that's affordable, but still of high quality. I want to make sure that I can hear the audio clearly. But I can't afford anything too luxurious right now, so I don't need anything with a lot of fancy functions. Second, how big are MP3 players usually? Are they similar in size to a phone? I want to use this MP3 player on my way to work when I'm on the bus, so I was hoping to find a portable and slim one. Are there many smaller types of players? One last question, where is the best place to buy MP3 players? Do you have a specific store that you usually go to? I was looking online, but I don't trust a lot of the listings. I think it would be best to go into a store and look at some products myself.

먼저 어떤 브랜드를 추천해 줄 수 있어? 가격이 알맞으면서도 품질이 좋은 제품을 찾고 있거든. 오디오를 선명하게 들을 수 있는지 확인하고 싶어. 하지만 지금은 너무 값이 비싼 제품을 감당할 여유가 없어서 화려한 기능이 많은 것은 필요하지 않아. 둘째, MP3 플레이어는 보통 얼마나 클까? 휴대폰과 비슷한 크기일까? 출근길에 버스에서 MP3 플레이어를 사용하고 싶어서 휴대가 간편하고 슬림한 것을 찾고 있어. 더 작은 플레이어도 많이 있을까? 마지막 질문은 MP3 플레이어를 구입하기 가장 좋은 곳은 어디야? 평소 자주 가는 특정한 매장이 있어? 온라인에서 찾아보긴 했지만, 그다지 신뢰가 가지 않는 목록이 많았어. 매장에 가서 직접 제품을 살펴보는 것이 가장 좋을 것 같아.

Wrap-up

정말 고마워
Thanks so much

That should be it. Thanks so much for all the help!

그게 다야. 도움을 줘서 정말 고마워!

■ 고득점 표현

Q12 플레이어를 빌렸다가 고장 낸 상황 문제 해결 ★★★★☆

I'm sorry, but there's an issue that I need you to resolve. Your friend lent you their MP3 player, but you broke it. Call your friend and explain what happened. Tell them the current state of the MP3 player and try to offer two or three alternatives that you will help resolve the problem.

유감스럽게도, 당신이 해결해야 할 문제가 있습니다. 친구가 당신에게 MP3 플레이어를 빌려주었는데 그것을 고장 냈습니다. 친구에게 전화를 걸어 무슨 일이 있었는지 설명해 주세요. MP3 플레이어의 현재 상태를 알려주고 문제 해결에 도움이 될 만한 두세 가지 대안을 제시해 주세요.

모범답변

🔊 MP3 4_97

Intro

미안한데, MP3 플레이어를 잘못 해서 망가트렸음
so sorry, but I accidentally broke the MP3 player

Hi, Deborah. I am so sorry, but I accidentally broke the MP3 player that you let me borrow. I wanted to call you to apologize and also talk about how I can make it up to you.

안녕, 데보라. 정말 미안한데 네가 빌려준 MP3 플레이어를 잘못해서 망가뜨렸어. 전화해서 사과하고 어떻게 보상해야 할지 이야기하고 싶었어.

Body

· 빨래 함
  do my laundry
· 주머니에 MP3 플레이어 넣어 놓은 걸 까맣게 잊음
  totally forgot left your MP3 player inside the pocket
· 같은 MP3 플레이어 사줄지
  buy the same exact MP3player
· 대신 다른 최신 모델로 사다줄지
  buy a different, newer model instead

After I came home from work, I decided to do my laundry. The problem is, I totally forgot that I left your MP3 player inside the pocket of one of my jackets! Even worse, I couldn't hear the MP3 player going around in the washing machine because other clothes were covering it, but when I put everything into the dryer, that's when I heard an odd sound. Something was making a banging noise. When I took out the MP3 player and checked it, it wouldn't turn on. It also has several scratches and a big dent on the side of it. I am so sorry! I can't believe I was being so careless. Did you want me to buy the same exact MP3 player for you? Or, maybe I could buy a different, newer model instead? Just let me know if there is any specific kind that you want! I really owe you one.

내가 퇴근하고 집에 와서 빨래를 하려고 했어. 근데 문제는 내가 재킷 주머니에 MP3 플레이어를 넣어 놨다는 걸 까맣게 잊어버렸지 뭐야! 설상가상으로 다른 옷이 MP3 플레이어를 가리고 있어서 세탁기 안에서 MP3 플레이어가 돌아가는 소리도 듣지 못했지, 근데 모든 빨래를 건조기에 넣었을 때 이상한 소리가 났어. 뭔가 부딪히는 소리가 나더라. MP3 플레이어를 꺼내서 확인해 보니 전원이 들어오지 않았어. 또한 옆면에 긁힌 자국도 여러 개 있었고 심하게 움푹 패여 있었어. 진짜 미안해! 내가 이렇게 부주의했다니 믿을 수가 없어. 완전히 같은 MP3 플레이어를 사다 주길 원할까? 아니면 대신 다른 최신 모델로 사다줄까? 구체적인 종류가 있으면 알려줘! 내가 정말 신세를 졌어.

Wrap-up

어떻게 생각하는지 알려줘
let me know what you think

Sorry again. Let me know what you think.

다시 한번 미안해. 어떻게 생각하는지 알려줘.

■ 고득점 표현

Q13 사용하던 기기가 고장 났던 경험 ★★★★☆

That's the end of the situation. Have you ever been in a similar situation when a device broke or was not working properly? If so, provide some background information first. Then, talk about what happened using specific details. Lastly, how did you resolve the problem?

상황극이 종료 되었습니다. 기기가 고장 나거나 제대로 작동하지 않는 비슷한 상황을 겪어본 적이 있나요? 만약 그렇다면 먼저 몇 가지 배경 정보를 제공해 주세요. 그런 다음 구체적인 세부 정보를 사용하여 무슨 일이 있었는지 말해 주세요. 마지막으로, 문제를 어떻게 해결 했나요?

모범답변

Intro

휴대폰을 세면대에 떨어트림
dropped my phone into the sink

I've also had an incident where my electronic device got ruined by water. One time, I dropped my phone into the sink on accident.

저도 전자 기기가 물에 젖어 망가진 적이 있어요. 한 번은 우연한 사고로 휴대폰을 세면대에 떨어 뜨렸어요.

Body

· 미끄러져 흐르는 물줄기에 그대로 떨어짐
slipped out and dropped perfectly into the stream of water

· 터치스크린 작동하지 않았음
the touchscreen didn't work

· 쌀 자루에 핸드폰을 넣어 놓음
put my phone in a bag of rice

· 정상으로 돌아옴
phone was back to normal

I was at the supermarket and went to go wash my hands in the bathroom. I had placed my phone under my armpit because I didn't have anywhere to place it, nor did I have any pockets at the time. I reached out to turn on the faucet, and right as the water came running out, my phone also slipped out and dropped perfectly into the stream of water! It all happened so fast, and my phone got completely drenched before I could turn off the water. I tried to dry my phone using the hand dryer machines. It was still on, but the display had weird colors on it, and the touchscreen didn't work. I went home and put my phone in a bag of rice because I heard that this technique helps to dry out devices. The next day, my phone was back to normal!

슈퍼마켓에 있다가 화장실에 가서 손을 씻으려고 했어요. 그때는 휴대폰을 따로 둘 곳이 없었고 주머니도 없어서 휴대폰을 겨드랑이에 껴 놨죠. 수도꼭지를 틀기 위해 손을 뻗었는데 물이 나오자마자 제 휴대폰도 미끄러져 흐르는 물줄기에 그대로 떨어졌어요! 모든 일이 너무 순식간에 일어났고 물을 끄기도 전에 휴대폰이 완전히 흠뻑 젖어버렸어요. 드라이기를 사용해 휴대폰을 말리려고 했어요. 휴대폰은 여전히 켜져 있었지만 디스플레이의 색이 이상하게 변했고 터치스크린도 작동하지 않았어요. 저는 집에 가서 쌀 자루에 핸드폰을 넣었는데, 이 방법이 기기를 말리는 데 도움이 된다고 들었기 때문이에요. 다음 날 휴대폰이 정상으로 돌아왔어요!

Wrap-up

새로운 것 배움, 안심임
learned something new, so relieved

Thanks to that situation, I learned something new. I was so relieved that I didn't have to buy a brand new phone.

그때 상황을 통해 새로운 것을 배웠어요. 새 휴대폰을 사지 않아도 된다는 사실이 너무 안심이 되었죠.

■ 고득점 표현

Q14 우리나라의 은행 ★★★★☆

I want to know about banks in your country. Where are they usually located? What do they look like? When do they operate? Describe what banks are like in as much detail as possible.

당신의 나라에 있는 은행에 대해 알고 싶습니다. 은행은 주로 어디에 있나요? 은행은 어떻게 생겼나요? 영업 시간은 언제인가요? 은행이 어떤 곳인지 가능한 한 자세하게 설명해 주세요.

모범답변   (◁)) MP3 4_101

Intro

쉽게 찾을 수 있음
easy to find

> Banks in my town are easy to find.
>
> 제가 사는 동네에서는 은행을 쉽게 찾을 수 있어요.

Body

· 쇼핑 지역에 위치
  located in shopping
  areas
· 쇼핑몰이나 아웃렛 안에서도
  찾을 수 있음
  find banks inside malls or
  outlets
· 독립된 건물, 크고, 다양한 서비스
  in separate buildings,
  large, a wide range of
  services
· 쇼핑몰 안 지점, 훨씬 작고, 서비
  스도 제한적임
  located within shopping
  mall, much smaller,
  limited services

> They are usually located in shopping areas or next to a supermarket. You can even find banks inside malls or outlets. For the banks that are in separate buildings, they are large, offer a wide range of services, and can be spotted easily. For bank branches located within other facilities like a shopping mall, the size of the office is much smaller, and there are only limited services. In general, bank logos are bold and colorful, so that everyone can find and recognize them easily. Normal banking hours are from 9 A.M. to 4 P.M., Monday through Friday. These hours might be inconvenient for people that work, especially because banks don't open on the weekends.
>
> 은행은 보통 쇼핑 지역이나 슈퍼마켓 옆에 위치해 있어요. 쇼핑몰이나 아웃렛 안에서도 은행을 찾을 수 있습니다. 독립된 건물에 있는 은행의 경우 규모가 크고, 다양한 서비스를 제공하며 쉽게 발견할 수 있어요. 쇼핑몰과 같이 다른 시설 내부에 위치한 은행 지점의 경우에는 영업점의 규모가 훨씬 작고 서비스도 제한적입니다. 보통 은행 로고는 누구나 쉽게 찾고 알아볼 수 있도록 선명하고 화려한 색상으로 되어 있어요. 정상적인 은행 업무 시간은 월요일부터 금요일까지 오전 9시부터 오후 4시까지예요. 특히 주말에는 은행이 문을 열지 않기 때문에 직장인에게는 이 영업시간이 불편할 수 있어요.

Wrap-up

이게 전부임
that's all

> That's all I got.
>
> 이게 제가 아는 전부예요.

■ 고득점 표현

어휘 표현 be located in ~에 위치해 있다 separate 독립된 a wide range of 다양한 branch 지점 facility 시설 bold (모양, 색깔, 선 등이) 선명한, 굵은 easily 쉽게 inconvenient 불편한 especially 특히

Q15 은행 관련 질문 ★★★★☆

I recently made a bank account with Goldleaf Bank. Please give me three or four questions about my bank account.

저는 최근에 골드리프 은행에 은행 계좌를 개설했습니다. 제 은행 계좌에 대해 서너 가지 질문을 해주세요.

모범답변 🔊 MP3 4_103

Intro

몇 가지 질문 있음
a few questions

> Oh, I've never heard of that bank before! I'd like to ask you a few questions about it.
>
> 아, 이 은행에 대해 들어 본 적이 없는데요! 은행에 대해 몇 가지 질문하고 싶어요.

Body

· 어떤 종류 은행 계좌 만들었는지
what kind of bank account make
· 보통 예금인지 당좌 예금 계좌인지
a savings or checking account
· 계좌 만드는데 시간이 오래 걸렸는지
making a new account take a long time
· 온라인으로 할 수 있는지
do it online

> First, why did you make a new bank account? I don't own that many bank accounts, so I don't have that much experience with opening new ones. However, sometimes if a company has a new service or product that could help me save money, I might consider opening an account with them. Speaking of which, what kind of bank account did you make? Was it a savings or checking account? Like I said, I don't use Goldleaf Bank myself, but I am curious if they have good savings account options. Finally, what was the process like? Did making a new account take a long time? Was it easy and simple? Could you do it online? Sometimes, banks require new customers to physically go into a branch and verify all sorts of complicated information.
>
> 우선, 은행 신규 계좌를 만든 이유는 무엇인가요? 저는 은행 계좌를 많이 가지고 있지 않아서 새 계좌를 개설한 경험이 많지 않아요. 하지만 가끔 돈을 절약할 수 있는 새로운 서비스나 상품을 제공하는 기업이 있다면 계좌 개설을 고려할 때가 있어요. 말이 나왔으니 말인데, 어떤 종류의 은행 계좌를 만들었나요? 보통 예금 계좌인가요 아니면 당좌 예금 계좌인가요? 앞서 말했듯이 저는 골드리프 은행을 이용하지는 않지만 좋은 보통 예금 계좌 선택지가 있는지 궁금해요. 마지막으로 계좌를 만드는 과정은 어땠나요? 새 계좌를 만드는 데 시간이 오래 걸렸나요? 쉽고 간단했나요? 온라인으로 할 수 있나요? 때때로 은행에서는 신규 고객이 지점에 직접 가서 각종 복잡한 정보를 확인하도록 요구하는 경우가 있거든요.

Wrap-up

이게 질문 전부임
those are all the questions

> Those are all the questions I have for you.
>
> 이게 제가 물어보고 싶은 질문 전부예요.

■ 고득점 표현

어휘
표현
bank account 계좌 save money 돈을 모으다 consider 고려하다 speaking of which 말이 나온 김에, 얘기가 나왔으니 말인데 savings account 보통 예금, 보통 예금 계좌 checking account 은행 당좌 예금, 당좌 예금 option 선택 process 과정, 절차 require 요구하다

IM-IH 목표 실전 모의고사
TV 보기, 음악 감상하기, 교통, 음식 + 공연 보기 RP

문제 구성

자기소개					
		1	자기소개	Combo 3	음식	8	우리나라의 대표적인 음식

자기소개		1 자기소개	Combo 3	음식	8 우리나라의 대표적인 음식
Combo 1	TV 보기	2 좋아하는 TV 프로그램			9 일상적으로 먹는 음식
		3 과거와 현재의 TV 프로그램 비교			10 기억에 남는 음식 관련 경험
		4 기억에 남는 TV 프로그램이나 영화 관람 경험	Combo 4	공연 보기	11 공연 티켓 구매 문의
Combo 2	교통	5 우리나라의 교통수단			12 공연에 못 가게 된 상황 문제 해결
		6 자주 이용하는 교통수단			13 예약/예매했다가 못 가게 된 경험
		7 어렸을 때 이용했던 교통수단	Combo 5	음악	14 좋아하는 가수
					15 연주하는 악기 관련 질문

시험 난이도 ★★★☆☆

전체 문제 난이도
돌발 주제 난이도
문제 길이
특이/신규 주제 출제
어휘 난이도

Q2 좋아하는 TV 프로그램 ★★★☆☆

Tell me about your favorite types of shows or movies to watch.

즐겨 보는 프로그램이나 영화의 종류에 대해 말해주세요.

모범답변

Intro

리얼리티 TV쇼
reality TV shows

My favorite types of TV shows these days are reality TV shows.

요즘 제가 가장 좋아하는 TV 프로그램 종류는 리얼리티 TV 쇼입니다.

Body

· 짜여 있는 각본이지만 재밌음
staged scenes but still
find them very enjoyable

· 쉽게 보고 즐길 수 있음
very easy to watch and
enjoy

· 극적인 사건과 가십으로 가득
차 있고 재미있는 순간이 많아서
좋음
filled with drama and
gossip, a lot of funny
moments

I know that reality TV shows are considered staged scenes, but I still find them very enjoyable. I have a very busy work schedule, so when I get home at night I'm already exhausted and just want to relax and turn my brain off. Reality TV is perfect for that, as it's very easy to watch and enjoy. Some of the shows I like at the moment are Selling Sunset and I Am Solo. I like reality TV because it's always filled with drama and gossip, and there are a lot of funny moments.

리얼리티 TV 쇼가 짜여 있는 각본이라는 것을 알고 있지만, 그럼에도 불구하고 저는 리얼리티 TV 쇼가 매우 재밌어요. 저는 업무 일정이 매우 바쁘기 때문에 밤에 집에 돌아오면 이미 지쳐 있기 때문에 긴장을 풀고 머리를 식히고 싶어요. 리얼리티 TV 쇼는 이런 면에서 완벽한데, 아주 쉽게 보고 즐길 수 있기 때문이에요. 제가 지금 좋아하는 프로그램은 셀링 선셋과 나는 솔로입니다. 리얼리티 TV 쇼는 항상 극적인 사건과 가십으로 가득 차 있고 재미있는 순간이 많아서 좋아요.

Wrap-up

스트레스를 해소하고 긴장 푸는데
정말 도움 됨
really help me to relieve my
stress and chill out

Reality TV shows really help me to relieve my stress and chill out.

리얼리티 TV쇼는 스트레스를 해소하고 긴장을 푸는 데 정말 도움이 됩니다.

■ 고득점 표현

어휘 표현 type 종류, 유형 these days 요즘 enjoyable 재밌는, 즐거운 work schedule 업무 일정 get home 집에 돌아오다, 귀가하다 already 이미, 벌써 exhausted 지친, 기진맥진한 relax 긴장을 풀다 perfect 완벽한 at the moment 지금, 마침 그 때 filled with ~로 가득 차다 drama 극적인 사건, 드라마 gossip 가십, 소문 a lot of 많은 funny 재미있는 moment 순간 relieve one's stress 스트레스를 해소하다 chill out 긴장을 풀다

Q3 과거와 현재의 TV 프로그램 비교 ★★★★☆

Over time, there have been significant changes in TV shows. Describe a TV show that you can still remember from your childhood. What was it? How was it different from the popular TV shows of today?

시간이 지남에 따라 TV 프로그램에도 상당한 변화가 있었습니다. 어린 시절 기억에 남는 TV 프로그램에 대해 설명해 주세요. 그것은 무엇이었나요? 요즘 인기 있는 TV 프로그램과 어떻게 다른가요?

모범답변 ◁》 MP3 4_107

Intro

많이 달라짐
have changed quite a lot

TV shows have changed quite a lot since I was young.

제가 어렸을 때와는 TV 프로그램이 많이 달라졌어요.

Body

· 가장 인기 있었던 프로그램은 [ ]
  the most popular TV show was Friends

· 여전히 재방송 시청함
  still watch re-runs

· 현장 관객 웃음 소리 녹음해서 씀, 요즘엔 드묾
  uses the recorded laughter of the live audience, quite rare these days

· 요즘 드라마처럼 다양하지 않았음
  not as diverse as shows are these days

When I was young, the most popular TV show was Friends. I really loved the show, and I still watch the re-runs whenever I see them on TV. One of the biggest things I noticed is that Friends uses the recorded laughter of the live audience that were there for the filming. This is quite rare these days, and the audience laughter does sound quite dated, to be honest. Hearing the audience laugh makes the scenes even funnier to me. Another difference is that Friends was not as diverse as shows are these days. The main cast are all attractive, white individuals. In modern shows there is much more diversity, with characters of various races and appearances.

제가 어렸을 때 가장 인기 있었던 TV 프로그램은 프렌즈였어요. 저는 이 프로그램을 정말 좋아했고 지금도 TV에서 재방송이 보이면 시청하곤 합니다. 제가 알게 된 가장 큰 특징 중 하나는 촬영 당시 현장에 있던 관객들의 생생한 웃음을 녹음해서 사용한다는 점이었어요. 요즘에는 이런 경우가 매우 드물고, 솔직히 말해서 관객의 웃음소리는 상당히 구식처럼 들리기도 합니다. 관객의 관객들의 웃음소리를 들으니 장면이 더 재밌게 느껴지더라고요. 또 다른 차이점은 요즘 드라마들만큼의 다양성이 없었어요. 프렌즈의 주요 출연진은 모두 매력적인 백인이었죠. 요즘 프로그램에는 여러 인종과 외모를 가진 캐릭터로 훨씬 더 다양해요.

Wrap-up

어떤 면에서는 더 나은 방향으로 달라졌음
have changed for the better in some ways

I will always love Friends, but TV shows have changed for the better in some ways.

저는 언제나 프렌즈를 좋아하겠지만, TV 프로그램은 어떤 면에서는 더 나은 방향으로 달라졌습니다.

■ 고득점 표현

어휘 표현 over time 시간이 흐르면서 significant 상당한 change 변화 remember 기억하다 childhood 어린 시절 popular 인기 있는 re-run 재방송하다 notice 알다 record 녹음하다 laughter 웃음소리 audience 관객 rare 드문 dated 구식의 to be honest 솔직히 말해서 difference 차이점, 차이 diverse 다양한 main 주요, 주된 cast 출연진 attractive 매력적인 diversity 다양한, 다양성 various 여러, 다양한 race 인종 appearance 외모, 겉모습 for the better 더 나은 방향으로, 보다 나은 쪽으로

Q4 **기억에 남는 TV 프로그램이나 영화 관람 경험** ★★★☆☆

Can you tell me about a particular TV show or movie that you found to be especially memorable? What was it and who appeared in it? Where did the story take place? What was the plot, and why do you remember this TV show or movie? Give me as many details as you can about it.

특별히 기억에 남는 TV 프로그램이나 영화에 대해 말해주시겠어요? 어떤 내용이었으며, 누가 출연했나요? 이야기의 배경은 어디였나요? 줄거리는 무엇이었으며 왜 그 TV 프로그램이나 영화를 기억하나요? 가능한 한 자세히 말해주세요.

모범답변　🔊 MP3 4_109

Intro

특정한 영화 생각남
can think of a specific film

> I can think of a specific film that was really memorable to me.
>
> 정말 기억에 남는 특정한 영화가 생각나요.

Body

· [　]라는 제목의 영화
entitled The Power of the Dog
· 두 형제의 관계에 초점
focused on the relationship between two brothers
· [　]가 출연함
stars Benedict Cumberbatch
· 촬영 기법 기억에 남음
the spectacular cinematography

> There was a film released a few years ago entitled The Power of the Dog. It seems that not many people know about it, but I think it's an amazing movie. The story is set in Montana in the 1920s and is focused on the relationship between two brothers who own a horse ranch. The film stars Benedict Cumberbatch, who is one of my favorite actors, Jesse Plemmons, and Kirsten Dunst. All of the performances are amazing, but it's the spectacular cinematography that makes the film so memorable to me. There are many scenes of the mountains and vast open plains of Montana that took my breath away.
>
> 몇 년 전에 개봉한 '파워 오브 더 독'이라는 제목의 영화가 있어요. 이 영화에 대해 아는 사람은 많지 않은 것 같지만 저는 굉장한 영화라고 생각해요. 1920년대 몬태나를 배경으로 말 목장을 소유한 두 형제의 관계에 초점을 맞춘 내용입니다. 제가 가장 좋아하는 배우 중 한 명인 베네딕트 컴버배치와 제시 플레먼스, 커스틴 던스트가 주연을 맡았어요. 모든 연기가 훌륭하지만 이 영화가 기억에 남는 것은 화려한 촬영 기법 때문이에요. 몬태나의 산과 광활한 평원을 배경으로 한 장면이 많아서 숨 막히게 아름다웠어요.

Wrap-up

적극 추천함
highly recommend

> I highly recommend that you watch it, if you haven't already.
>
> 아직 보지 않았다면 꼭 보길 적극 추천해요.

■ 고득점 표현

어휘 표현 specific 특정한　entitle 제목을 붙이다　seem ~인 것 같다　amazing 굉장한, 놀라운　focus on ~에 초점을 맞추다, ~에 주력하다　star (영화, 연극 등에서) 주연, 주역을 맡다　performance 연기　spectacular 화려한, 눈부신, 극적인　cinematography 영화 촬영법(기술)　scene 장면　take somebody's breath away (너무 놀랍거나 아름다워서) 숨이 멎을 정도이다　highly recommend ~을 적극 추천하다

Q5 우리나라의 교통수단 ★★★★☆

Tell me about how people in your country usually get around. Do they drive personal vehicles or do they use public transportation? What are some common means of transportation?

당신의 나라 사람들은 보통 어떻게 이동하는지에 대해 말해 주세요. 개인 차량을 운전하나요, 아니면 대중교통을 이용하나요? 주로 이용하는 교통수단은 무엇인가요?

모범답변

Intro

다양한 방법으로 이동함
travel around in many different ways

People travel around in many different ways in my country.
우리나라에서는 사람들이 다양한 방법으로 이동해요.

Body

· 주요 교통수단은 자가용임
main means of transportation is personal cars

· 대중교통이 예전보다 훨씬 더 대중화 되고 있음
public transportation is becoming much more popular

· 많은 사람들이 출퇴근 할 때 지하철 이용함
many people now use the subway to commute

The main means of transportation is personal cars. Most people have a car and use it on a daily basis. However, public transportation is becoming much more popular than it used to be, partly because of rising fuel costs, but also because of big improvements that have been made to public transportation systems. For instance, my city recently opened its first two subway lines, and the trains are usually packed, especially with commuters. Many people now use the subway to commute to and from work and to visit restaurants and clothing stores in the downtown area. Buses are also increasingly popular, because there are more bus routes now than ever before, and the cost of a ticket is quite low.

주요 교통수단은 자가용입니다. 대부분의 사람들이 자동차를 가지고 있고 매일 사용해요. 하지만 대중교통이 예전보다 훨씬 더 대중화되고 있는데, 이는 부분적으로는 연료비 상승 때문이기도 하지만 대중교통 시스템이 크게 향상되었기 때문이기도 해요. 예를 들어, 제가 사는 도시에서는 최근에 지하철 2개 노선이 개통되었는데, 특히 출퇴근하는 사람들로 지하철은 항상 붐비죠. 이제 많은 사람들이 출퇴근할 때나 시내에 있는 식당이나 옷가게를 방문할 때 지하철을 이용하고 있어요. 버스도 그 어느 때보다 많은 버스 노선이 있고 승차권 요금도 매우 저렴하기 때문에 점점 더 인기가 높아지고 있어요.

Wrap-up

대중교통 이용하려고 노력함
try to use public transportation

Even though I own a car, I try to use public transportation whenever it's possible.
저는 차를 가지고 있지만 가능하면 대중교통을 이용하려고 노력해요.

■ 고득점 표현

어휘 표현 get around 이동하다, 돌아다니다 personal 개인적인, 개인의 vehicle 차량, 승용차 public transportation 대중교통
travel around 이동하다 partly 부분적으로, 어느 정도 rise 오르다 fuel cost 연료비 improvement 향상

Q6 자주 이용하는 교통수단 ★★★★☆

What kind of transportation do you use to get to and from places? Do you usually drive or take a bus or train?

장소를 오갈 때 어떤 교통수단을 이용하나요? 주로 자가용을 이용하나요 아니면 버스나 기차를 이용하나요?

모범답변

Intro

주로 대중교통 이용함
mainly use public transport

I mainly use public transport to travel around.

저는 주로 대중교통을 이용해서 이동해요.

Body

· 가장 일반적으로 이용하는 교통수단은 지하철임
the most common mode of transportation for me is the subway

· 어디든 빠르고 편리하게 갈 수 있음
can use it to go almost anywhere quickly and conveniently

· 다른 도시 방문 계획 있으면 기차 탐
If I'm planning to visit another city, I take the train

The most common mode of transportation for me is the subway. My city has a vast subway network, so I can use it to go almost anywhere quickly and conveniently. If I am traveling a shorter distance within my local area, I sometimes take a bus instead, as they run frequently and don't cost very much at all. If I'm planning to visit another city, I take the train. These days, there is a handy application that lets me browse train schedules and book tickets with just a few clicks. One other way I travel about is by bicycle. I tend to only do this when the weather is nice, and when the route to my destination does not include any busy roads.

제가 가장 일반적으로 이용하는 교통수단은 지하철이에요. 우리 도시는 지하철 노선이 잘 갖춰져 있어 어디든 빠르고 편리하게 갈 수 있어요. 지역 내에서 짧은 거리를 이동할 때는 버스가 자주 운행되고 비용도 많이 들지 않기 때문에 버스를 타기도 해요. 다른 도시를 방문할 계획이라면 기차를 이용해요. 요즘에는 몇 번의 클릭만으로 기차 시간표를 검색하고 티켓을 예약할 수 있는 편리한 앱이 있어요. 또 다른 이동 방법은 자전거를 이용하는 거예요. 날씨가 좋고 목적지까지 가는 길에 막히는 도로가 없을 때만 자전거를 이용해요.

Wrap-up

다양한 종류의 교통수단 이용함
use lots of different types of transport

Getting around in my city is easy, so I use lots of different types of transport.

우리 도시는 이동이 편리하기 때문에 다양한 종류의 교통수단을 이용해요.

■ 고득점 표현

어휘 표현 transportation 교통 수단 mainly 주로 public transport 대중교통 travel around 이동하다 anywhere 어디든 quickly 빠르게 conveniently 편리하게 shorter distance 짧은 거리, 단거리 take a bus 버스를 타다 run 운행하다 frequently 자주 cost 비용이 들다 visit 방문하다 take a train 기차를 타다 handy 편리한 browse 검색하다, 인터넷을 돌아다니다 book 예약하다 route 길, 노선 destination 목적지 get around 돌아다니다 easy 편리한, 쉬운

Q7 **어렸을 때 이용했던 교통수단** ★★★★☆

How did you get around when you were growing up? Were there different transportation options back then? Describe to me how people in your city or town used to get from place to place.

어렸을 때는 어떻게 이동했나요? 그 당시에는 다양한 교통 수단이 있었나요? 당신이 사는 도시나 마을에서 사람들이 어떻게 이동하곤 했는지 말해주세요.

모범답변

Intro

지금과 거의 비슷했음
largely the same as they are now

When I was growing up, the transport options were largely the same as they are now.

제가 어렸을 때 교통수단은 지금과 거의 비슷했어요.

Body

· 버스 서비스 덜 안정적이었음
bus services were less reliable

· 정시에 도착하는 경우 드물었음
rarely arrived on schedule

· 지금은 수천대의 버스 있음
now, thousands of buses

· 지하철 시스템 단순했음
the subway system used to be very basic

· 택시 잡기 힘들었음
was difficult to find an available taxi

· 지금은 어디에나 택시 있음
now, taxis are everywhere

We had several bus and subway routes when I was growing up, but they are much more efficient and affordable now. When I was young, bus services were less reliable. There were far fewer buses on each route, and they rarely arrived on schedule. Now, however, there are thousands of buses, and somehow the drivers always seem to keep to their schedules. Also, the subway system used to be very basic. There was only one line, with around 15 stations, so people still had to walk or take a bus from stations to reach their final destination. Another difference is the greater number of taxis. When I was growing up, it was difficult to find an available taxi on the street. We used to have to call the taxi company and wait a long time to be picked up. Now, taxis are everywhere, and we can order one quickly using our mobile apps.

제가 어렸을 때는 버스와 지하철 노선이 여러 개 있긴 했지만 지금이 훨씬 더 효율적이고 저렴해요. 제가 어렸을 때는 버스 서비스가 덜 안정적이었어요. 노선마다 운행하는 버스의 수가 훨씬 적었고 정시에 도착하는 경우도 드물었죠. 하지만 지금은 버스가 수천 대에 달하고 운전기사들이 어떻게든 정해진 시간을 잘 지키는 것 같아요. 또한 지하철 시스템도 예전에는 매우 단순했어요. 15개 정도의 역이 있는 단 하나의 노선만 있었기 때문에 사람들은 최종 목적지에 도착하기 위해 역에서 걸어가거나 버스를 타야 했어요. 또 다른 차이점은 택시의 수가 많아졌다는 점이에요. 제가 어렸을 때는 길거리에서 택시를 잡기가 어려웠어요. 택시 회사에 전화를 걸고 한참을 기다려야 택시를 잡을 수 있었죠. 지금은 택시가 어디에나 있고 모바일 앱으로 빠르게 택시를 호출할 수 있어요.

Wrap-up

훨씬 더 좋아짐
a lot better now

The transport options may be similar to when I was young, but they are a lot better now.

교통수단은 제가 어렸을 때와 비슷할지 모르지만 지금은 훨씬 더 좋아졌어요.

■ 고득점 표현

MP3 4_116

Q8 우리나라의 대표적인 음식 ★★★★☆

What kinds of healthy foods do people eat in your country? What are some popular dishes?

당신의 나라에서는 어떤 종류의 건강식을 먹나요? 인기 있는 음식에는 어떤 것이 있나요?

모범답변 MP3 4_117

Intro

다양한 건강식품 먹음
eat many different healthy foods

People in my country eat many different healthy foods.

우리나라 사람들은 다양한 건강식품을 먹어요.

Body

· 가장 인기있는 건강식은 순살 닭고기와 밥
the most popular healthy dishes would include plain chicken and rice

· 샐러드와 과일을 선호하는 사람들도 있음
other people prefer to eat salad and fruit

· 해안 지역에서는 해산물 먹으면서 건강 유지하는 것 좋아함
in coastal regions, people like to stay healthy by eating seafood

In my country there are many different types of healthy foods that are suitable for any kind of diet you might be on. Some of the most popular healthy dishes would include plain chicken and rice, as these are great sources of protein. Other people prefer to eat salad and fruit, as these are generally quite low in calories and can be very tasty. In coastal regions, people like to stay healthy by eating seafood, which is normally grilled or even eaten raw. One of my favorite healthy seafood dishes is Soybean Paste Stew with seafood that my grandmother often cooks at home.

우리나라에는 모든 종류의 식단에 적합한 다양한 종류의 건강 식품이 있어요. 가장 인기 있는 건강식으로는 훌륭한 단백질 공급원인 순살 닭고기와 밥이 있어요. 샐러드와 과일은 일반적으로 칼로리가 매우 낮고 맛도 좋기 때문에 샐러드와 과일을 선호하는 사람들도 있어요. 해안 지역에서는 일반적으로 구워 먹거나 날로 먹는 해산물을 먹으면서 건강을 유지하는 것을 좋아해요. 제가 가장 좋아하는 건강한 해산물 요리 중 하나는 할머니가 집에서 자주 요리하는 해산물을 넣은 된장찌개예요.

Wrap-up

다양한 건강 식품 있음
a wide variety of healthy foods

People in my country like to eat healthily, so there is a wide variety of healthy foods.

우리나라 사람들은 건강하게 먹는 것을 좋아하기 때문에 다양한 건강 식품이 있어요.

■ 고득점 표현

어휘 표현 healthy food 건강식, 건강에 좋은 음식 popular 인기 있는 dish 음식, 요리 many different 다양한 type 종류 suitable 적합한 plain 순살, 꾸미지 않은 protein 단백질 low 낮은 tasty 맛이 좋은, 맛있는 coastal region 해안 지역, 해안 지대 stay healthy 건강을 유지하다 seafood 해산물 grill 굽다 raw 날것의 favorite 가장 좋아하는 Soybean Paste Stew 된장 often 자주 to eat healthily 건강하게 먹다 a wide variety of 다양한, 광범위한

Q9 일상적으로 먹는 음식 ★★★★☆

What do you usually eat on a daily basis? Tell me everything you can about your usual diet.

당신은 매일 주로 무엇을 드시나요? 평소 식단에 관해 가능한 모든 것을 말해주세요.

표준 씨-비

모범답변   (◁)) MP3 4_119

Intro

거의 매일 비슷함
quite similar most days

My diet is quite similar most days.

제 식단은 거의 매일 비슷해요.

Body

· 아침은 토스트 두 조각이나 요거트 곁들인 과일
start my morning with 2 slices of plain toast or some fruit with yogurt

· 점심은 일반적인 한식인 밥과 반찬
for lunch, eat rice, side dishes which is a typical Korean meal

· 저녁 식사로 다양한 메뉴 즐겨 먹음
enjoys a wide variety of menus for dinner

· 주말에는 다같이 모여 삼겹살 바비큐를 먹기도 함
on weekends, get all together for pork belly BBQ

I normally start my morning with 2 slices of plain toast or some fruit with yogurt. I prefer the fruit and yogurt as I can make slight changes to them so that the taste does not get boring and dull. For lunch, I normally eat rice, side dishes which is a typical Korean meal. This generally keeps me full until my evening meal. My family enjoys a wide variety of menus for dinner. During the weekdays, we basically have rice and soup with various side dishes and sometimes main dishes like Kimchi fried rice, spicy pork bulgogi, cold noodle soup, and so on. On weekends, we treat ourselves to fast food such as pizza and hamburgers, or we get all together for pork belly BBQ.

보통 플레인 토스트 두 조각이나 요거트를 곁들인 과일로 아침을 시작합니다. 과일과 요거트는 맛에 조금씩 변화를 줄 수 있어서 지루하거나 질리지 않아서 선호해요. 점심은 보통 일반적인 한식인 밥과 반찬을 먹어요. 이렇게 먹으면 보통 저녁 식사 때까지 포만감을 유지해요. 우리 가족은 저녁 식사로 다양한 메뉴를 즐겨 먹어요. 평일에는 기본적으로 밥과 국에 다양한 반찬을 곁들이고 김치볶음밥, 매운 돼지 불고기, 냉면 등 메인 요리를 먹기도 해요. 주말에는 피자나 햄버거 같은 패스트푸드를 먹거나 다 같이 모여 삼겹살 바비큐를 먹기도 해요.

Wrap-up

다양한 음식 먹는 것 좋아함
enjoy eating a varied diet

I really enjoy eating a varied diet.

저는 다양한 음식을 먹는 것을 정말 좋아해요.

■ 고득점 표현

어휘 표현 on a daily basis 매일 usual 평소, 흔히 하는 diet 식단, 음식 similar 비슷한 slice 조각 slight 조금, 약간의 taste 맛 dull 질린, 따분한 typical 일반적인, 전형적인 full 포만감이 드는, 배부르게 먹은 a wide variety of 다양한, 광범위한 soup 국 spicy 매운 pork bulgogi 돼지불고기 cold noodle soup 냉면 get together 모이다, 모으다

Q10 기억에 남는 음식 관련 경험 ★★★★☆

Tell me about a special memory you have about something that you have eaten. It could be a good or bad memory. What happened? What made it special or memorable? Tell me all about it in as much detail as you can.

당신이 먹었던 음식에 대한 특별한 기억에 대해 말해 주세요. 좋은 기억일 수도 있고 나쁜 기억일 수도 있어요. 어떤 일이 있었나요? 무엇이 특별하거나 기억에 남았나요? 가능한 한 자세히 말해 주세요.

모범답변

Intro •

젤리와 아이스크림과 관련된 안 좋은 기억 있음

have a bad memory associated with jelly and ice cream

I do have a bad memory associated with jelly and ice cream.

저는 젤리와 아이스크림과 관련된 안 좋은 기억이 있어요.

Body •

· 내 생일 축하하고 있었음
was celebrating my birthday

· 친구들 집에 옴
my friends had come over to my home

· 모두에게 젤리, 아이스크림을 간식으로 나눠줌
everyone was given jelly and ice cream as a treat

· 젤리와 아이스크림 내 머리 위로 쏟아버림
he tipped the jelly and ice cream onto my head

· 너무 창피했음
felt so embarrassed

When I was young, I was celebrating my birthday. I was having a wonderful day and my friends had come over to my home to enjoy my birthday party with me.After we had eaten, we played some party games and people were preparing to leave. Before the party ended, everyone was given jelly and ice cream as a treat. Suddenly, I noticed one of my friends holding his bowl high above his head, and then he tipped the jelly and ice cream onto my head. I felt so embarrassed, and I even began to cry. We weren't friends for a while after that, but we started playing together again a few weeks later.

어렸을 때 제 생일을 축하하고 있었어요. 저는 즐거운 하루를 보내고 있었고 친구들이 제 생일 파티를 함께 즐기기 위해 집에 놀러 왔었죠. 식사를 마친 후 파티 게임을 몇 가지 하고 사람들은 떠날 준비를 하고 있었어요. 파티가 끝나기 전에 모두에게 젤리와 아이스크림을 간식으로 나눠줬어요. 갑자기 친구 중 한 명이 그릇을 머리 위로 높이 들고 있다가 젤리와 아이스크림을 제 머리 위로 쏟아버렸어요. 저는 너무 창피해서 울기까지 했어요. 그 후 한동안 친구 사이가 아니었지만 몇 주 후에 다시 함께 놀기 시작했어요.

Wrap-up •

음식에 대한 유일한 나쁜 기억

the only bad memory of food

That's the only bad memory of food that I have.

이게 제가 가진 음식에 대한 유일한 나쁜 기억이에요.

■ 고득점 표현

어휘 표현 associated with ~와 관련된 jelly 젤리 celebrate 축하하다, 기념하다 come over 놀러 오다, 들르다 treat 간식
hold 잡다 bowl 그릇 tip 쏟다, 기울어지다 embarrassed 창피한, 당황스러운 for a while 한동안, 잠시 동안

Q11 공연 티켓 구매 문의 ★★★☆☆

I'd like to give you a situation to act out. You want to purchase three tickets to see a play this weekend. Call the box office and ask three or four questions to get tickets.

당신에게 주어진 상황에 맞춰서 역할극을 해주세요. 이번 주말에 연극을 보기 위해 입장권 세 장을 구매하려고 합니다. 매표소에 전화하여 티켓을 구매하기 위해 서너 가지 질문을 해보세요.

모범답변

(◁)) MP3 4_123

Intro

[　]의 입장권 3장 구매하고 싶음
buy three tickets for the Cooking' NANTA

Hello. I'm calling because I'd like to buy three tickets for the Cooking' NANTA this weekend.

안녕하세요. 이번 주말에 열리는 난타 공연의 입장권 세 장을 구매하려고 전화했어요.

Body

· 몇 가지 질문 있음
  have a few questions

· 청소년이 관람하기에 괜찮은지
  suitable for young adults

· 좌석에 따라 가격이 어떻게 달라지는지
  the different prices for the different seats

· 휠체어 들어갈 수 있는지
  accessible to wheelchairs

First, I have a few questions about the play itself, and also your theater. I'm planning to come and see the play with my sister, who is a minor. Is the play suitable for young adults? I want to make sure it doesn't contain any bad language or violent scenes. Also, can you tell me the different prices for the different seats? I know the theater has three main seating sections, and I'd like to choose the most affordable seats. Finally, is the theater accessible to wheelchairs? My sister uses a wheelchair, so she will require ramps to access the theater.

먼저 공연 자체와 극장에 대해 몇 가지 질문이 있어요. 미성년자인 여동생과 함께 연극을 보러 갈 계획입니다. 이 연극은 청소년이 관람하기에 적합한가요? 욕설이나 난폭한 장면은 없는지 확인하고 싶어요. 또한 좌석에 따라 가격이 어떻게 다른지 알려주실 수 있나요? 극장에 세 가지 주요 좌석 섹션이 있다고 알고 있는데 가장 저렴한 좌석을 선택하고 싶습니다. 마지막으로, 극장에 휠체어가 들어갈 수 있나요? 제 여동생이 휠체어를 이용해서 극장에 접근하려면 휠체어가 지나갈 수 있는 경사로가 있어야 해요.

Wrap-up

정말 감사함
really appreciate

I really appreciate your help and hope to hear from you soon.

도와주셔서 정말 감사드리며 곧 답변을 받을 수 있으면 좋겠습니다.

■ 고득점 표현

어휘 표현　play 공연, 극 box office 매표소 theater 극장 be planning to ~할 계획이다 minor 미성년자 suitable for ~에 알맞은, 적절한 make sure 확인하다, 확실하게 하다 contain ~이 들어 있다 bad language 욕설 violent 폭력적인, 난폭한 scene 장면 section 구역, 구획 choose 선택하다, 선정하다 affordable 감당할 수 있는, 가격이 알맞은 accessible to ~에 접근이 쉬운 wheelchair 휠체어 require 필요로 하다 ramp 경사로 appreciate 고마워하다, 환영하다

Q12 공연에 못 가게 된 상황 문제 해결 ★★★★☆

I'm sorry, but there is a problem I need you to resolve. On the day of the play, you are very sick. Call your sister and explain the situation and offer two different options to resolve this situation.

유감스럽게도 당신이 해결해야 할 문제가 있습니다. 연극 당일, 당신은 몸이 매우 아픕니다. 동생에게 전화하여 상황을 설명하고 이 상황을 해결할 수 있는 두세 가지 대안을 제시해주세요.

모범답변

Intro

안 좋은 소식 있음
some bad news

Hi, Karen. I'm afraid I have some bad news.

안녕, 카렌. 안타깝게도 안 좋은 소식이 있어.

Body

· 아파서 연극 볼 수 없음
feeling sick, not going to be able to see the play
· 몇 가지 제안이 있음
a couple of suggestions
· 다른 사람 있으면 이메일로 입장권 보내 줄게
think of someone else, email my ticket to you
· 다음 주 금요일로 입장권 일정 변경하는 것
reschedule our tickets for next Friday

I've been feeling sick for the past few days, so I'm not going to be able to see the play this evening. I'm really sorry, because I know you were really looking forward to it. I've been thinking about it all day, and I have a couple of suggestions. First, if you can think of someone else who would like to use my ticket, I would be happy to email my ticket to you for them to use. That way, you would still be able to see the play tonight. The other option is that I could try to reschedule our tickets for next Friday instead. The play is running for another week, so there is a chance we could change the date.

지난 며칠 동안 몸이 아파서 오늘 저녁에 연극을 볼 수 없을 것 같아. 정말 미안해, 네가 정말 기대하고 있었다는 걸 알아. 하루 종일 생각해봤는데 몇 가지 제안이 있어. 우선, 내 입장권을 사용할 만한 다른 사람이 생각난다면 그 사람이 사용할 수 있도록 내 입장권을 이메일로 보내줄게. 그렇게 하면 오늘 밤 연극을 볼 수 있을 거야. 다른 방법은 다음 주 금요일로 입장권 일정을 변경하는 거야. 연극이 앞으로 일주일 더 공연되니 날짜를 변경할 수 있을 것 같아.

Wrap-up

어떤 게 가장 좋다고 생각하는 지 알려줘
let me know what you think would be best

Please let me know what you think would be best.

어떤 게 가장 좋다고 생각하는지 알려주면 좋겠어.

■ 고득점 표현

어휘 표현 play 공연, 극 be동사 able to ~할 수 있는 past 지난, 지나간 look forward to ~을 기대하다, 즐거운 마음으로 기다리다 think about ~을 생각하다, ~에 관해 생각하다 all day 하루 종일 suggestion 제안, 제의 think of ~을 생각하다 someone else 다른 사람, 어떤 다른 사람 reschedule 일정을 변경하다 instead 대신, 대신에 run 진행되다, 계속되다

Q13 예약/예매했다가 못 가게 된 경험 ★★★☆☆

That's the end of the situation. I'm curious if this situation has ever happened to you in real life. Have you ever bought tickets or made reservations and then had some kind of problem? Please give me an example of this happening to you. When and where did it happen and who were you with? Tell me all about the situation and what you did to resolve it.

상황극이 종료 되었습니다. 실생활에서 이런 상황을 겪은 적이 있는지 궁금합니다. 티켓을 구매하거나 예약을 했는데 어떤 문제가 발생한 적이 있나요? 이런 일이 발생했던 사례를 말해주세요. 언제 어디서 발생했으며 누구와 함께 있었나요? 상황과 문제 해결을 위해 어떻게 했는지 자세히 말해 주세요.

모범답변　MP3 4_127

Intro

여름 휴가 계획했을 때
planning my summer vacation

Yes, this actually happened to me recently when I was planning my summer vacation.

네, 실제로 최근에 여름 휴가를 계획하고 있을 때 이런 일이 발생했어요.

Body

· 프랑스와 스위스 방문
visit France and Switzerland this summer

· 비행기표 구매해 놓음
had bought my plane tickets

· 여행 비자 신청이 너무 늦어짐
was too late with applying for my travel visa

· 여행 전체 취소 해야 했음
cancel my entire trip

I was very excited to visit France and Switzerland this summer, and I had already planned most of my trip. I had bought my plane tickets, and I was planning to fly to Paris on July 7 and fly home from Zurich on July 21. I had also booked a train ticket from Paris to Zurich. Unfortunately, I was too late with applying for my travel visa, so I had to cancel my entire trip. This was really disappointing, because I was unable to get a refund because I had booked my flights through a low-cost airline. I thought about changing my travel dates, but the fee would have been almost as much as the original tickets. So the only thing I could do was cancel my trip.

이번 여름에 프랑스와 스위스를 방문하게 되어 매우 신났고 이미 대부분의 여행 계획을 세웠죠. 비행기 표도 구매해 놨는데, 7월 7일에 파리로 비행기를 타고 7월 21일에 취리히에서 집으로 돌아갈 예정이었어요. 파리에서 취리히로 가는 기차표도 예약해 놓고 있었죠. 안타깝게도 여행 비자 신청이 너무 늦어져서 여행 전체를 취소해야 했어요. 저가 항공사를 통해 항공편을 예약했기 때문에 환불을 받을 수 없어서 정말 실망스러웠어요. 여행 날짜를 변경할까 생각했지만 변경 수수료가 원래 항공권 금액과 거의 비슷했어요. 결국 제가 할 수 있는 유일한 방법은 여행을 취소하는 것이었어요.

Wrap-up

항공권 예약 전에 비자 받아야 겠음
get my visa before booking my flights the next time

I'll definitely get my visa before booking my flights the next time.

다음에는 항공편을 예약하기 전에 반드시 비자를 받아야겠어요.

■ 고득점 표현

어휘 표현 book a ticket 표를 예매하다　apply for visa 비자를 신청하다　unable ~할 수 없는　get a refund 환불받다　low cost airline 저가 항공사

Q14 좋아하는 가수 ★★★☆☆

I'd like to know about your favorite musician or singer. What type of music does he or she make? What about he or she do you like? Using specific examples, please explain what kind of person he or she is.

당신이 가장 좋아하는 뮤지션이나 가수에 대해 알고 싶어요. 어떤 유형의 음악을 하나요? 그 가수의 어떤 부분을 좋아하시나요? 구체적인 예를 들어 그 사람이 어떤 사람인지 설명해 주세요.

모범답변

Intro

가장 좋아하는 가수는 [　]
favorite singer is SW Kim

My favorite singer is SW Kim.

제가 가장 좋아하는 가수는 SW 킴이에요.

Body

· 발라드와 느린 노래
 ballads and slow songs

· 목소리가 듣기 좋음
 voice is pleasant

· 마음을 편안하게 해줌
 puts me at ease

· 모든 곡을 직접 작곡함
 composes all his songs
 himself

· 자신의 음악적 근본에 충실함
 stays true to his roots

SW Kim makes a lot of ballads and slow songs. He is also known for his acoustic tracks that have a soft melody. SW Kim's voice is pleasant to listen to and always puts me at ease when I am stressed out. I also really respect SW Kim as a person because he is hard-working and composes all his songs himself. He never tries to follow trendy music styles and always stays true to his roots. Also, even though his songs are a little serious or sad, SW Kim is actually a very funny and extroverted person in real life.

SW 킴은 발라드와 느린 노래를 많이 만들어요. 조용하고 부드러운 멜로디의 어쿠스틱 곡으로도 유명하죠. SW 킴의 목소리는 듣기 좋고 제가 스트레스를 받을 때 항상 마음을 편안하게 해줘요. 또한 열심히 노력하고 모든 곡을 직접 작곡하기 때문에 인간적으로도 정말 존경해요. 그는 절대 유행하는 음악 스타일을 따르지 않고 항상 자신의 음악적 근본에 충실합니다. 또한 그의 노래는 조금 진지하거나 슬프기도 하지만 실제로는 매우 재미있고 외향적인 사람이에요.

Wrap-up

[　]을 가장 좋아함
like SW Kim the best

Basically, I like SW Kim the best because of his great personality and the calming music that he makes.

기본적으로 저는 SW 킴의 좋은 성격과 그가 만드는 잔잔한 음악 때문에 그를 가장 좋아해요.

■ 고득점 표현

**어휘
표현** soft melody 조용하고 부드러운 음악 pleasant 좋은 put at ease ~를 편안하게 해 주다 stress out 스트레스를 받다
compose 작곡하다 follow 따르다 true 충실한 extroverted 외향적인 personality 성격 calming 잔잔한

Q15 연주하는 악기 관련 질문 ★★★★☆

I played the drums in my high school band. Please ask me three or four questions about this experience.

저는 고등학교 밴드에서 드럼을 연주했습니다. 이 경험에 대해 서너 가지 질문을 해주세요.

모범답변

Intro

몇 가지 궁금함
curious about a few things

Oh, really? That sounds so cool. I am curious about a few things.

정말요? 정말 멋지네요. 제가 궁금한 게 몇 가지 있는데요.

Body

· 드럼 선택한 이유 무엇인지
  why choose the drums

· 밴드에 들어가게 된 계기가
  무엇인지
  what made you choose
  to participate in a band

· 처음에 어떻게 결성하게 됐는지
  how you guys formed in
  the beginning

· 어떤 종류의 음악 연주 했는지
  what kind of music your
  band perform

First, why did you choose the drums out of all instruments? I heard that the drums are very difficult to play because you have to use your hands and feet at the same time! Also, what made you choose to participate in a band? Did you make the team with your friends? I can't imagine joining a band with people I do not know, so I wonder how you guys formed in the beginning. Lastly, what kind of music did your band perform? Since you played the drums, it sounds like you might've made rock music. Am I right?

우선, 여러 악기 중에서 드럼을 선택한 이유는 무엇인가요? 드럼은 손과 발을 동시에 사용해야 하기 때문에 연주하기가 매우 어렵다고 들었어요! 또한 밴드에 들어가게 된 계기는 무엇인가요? 친구들과 함께 팀을 만들었나요? 저는 모르는 사람들과 함께 밴드를 한다는 것은 상상도 할 수 없는데, 처음에 어떻게 결성하게 되었는지 궁금해요. 마지막으로 당신의 밴드는 어떤 종류의 음악을 연주했나요? 드럼을 치셨다고 하니 록 음악을 하셨을 것 같은데요. 맞나요?

Wrap-up

이게 전부임
that's all

That's all I have for you.

이게 당신에게 궁금한 질문 전부예요.

■ 고득점 표현

어휘 표현 instrument 악기 participate in ~에 참여하다 wonder 궁금하다 form 형성하다 perform 연주하다

IH-AL 목표 연습 문제 Q2-10 선택형

3 워크북 p.71

Unit 1 영화 보기

스토리라인 🔊 MP3 4_132

1 I enjoy seeing a wide range of films.
  My favorite kind of movie to watch at the cinema is horror.
  I also love going to the movies to see comedy films.

2 I'll tell you about my typical routine when I decide to go and see a movie.
  I usually go to the movies with my two best friends.
  We all have similar tastes in films.

3 Last weekend, I decided to go and see a movie with my friends.
  Before going to the cinema, we had lunch at a coffee shop and had a chat.
  Afterwards, we had dinner and chatted about the film.

문장 🔊 MP3 4_133

1 Scary films are even more frightening in the cinema, because it's very dark and the volume is very loud.

2 This makes the jump-scares so exciting and effective!

3 Depending on what time the movie starts, we either have dinner first, or go out for a meal after the film ends.

4 When I get home, I often check for information about the movie on the Internet if there were any parts of it that I didn't understand.

5 We decided to watch the new Super Mario Brothers film, because we were all big fans of the video games when we were growing up.

6 It was a really fun day out for all of us.

Unit 2 쇼핑하기

스토리라인 🔊 MP3 4_134

1 Most of the stores that I enjoy shopping at are inside large shopping malls.
  In particular, there's a mall called the West Pacific Mall, and that has so many clothing stores that I love.
  West Pacific Mall also has a huge food court, so my friends and I like to meet there and have a chat and a bite to eat.

2 When I need to buy something, I usually go to the Five Trees Mall.
  I go there every weekend, and I usually buy clothing when I go there.
  The best thing about the mall is that the prices are quite reasonable.

3 I have a clear memory of shopping with my mother when I was a child.
  We would normally go to the Wellgate Shopping Center in the middle of the city.
  My mother would normally buy me a small toy before we left the shopping center.

문장 🔊 MP3 4_135

1 I love to go shopping after I get my salary at the end of the month.

2 There's also the Plaza Mall, which is really good for electronic devices and household products.

3 The last time I was there I bought a new pair of jeans and a baseball cap.

4 I'd recommend that everyone checks out the Five Trees Mall.

5 Whenever we went shopping, we would end the day with some cake and a drink at the coffee shop.

6 I'm glad my mother took me on all those fun shopping trips.

Unit 3 음악 감상하기

스토리라인 MP3 4_136

1 My favorite genre of music is rock music, because I really like its high energy and loud volume.
Right now my favorite rock band is probably Sleep Token.
They have an amazing vocalist, and they include melodic keyboard parts with the loud guitar parts.

2 I normally listen to music when I'm commuting and when I'm exercising.
In my opinion, the best way to listen to music is at a concert.
My friends and I try to see our favorite bands live whenever we have a chance.

3 I can remember taking an interest in music when I was only about 5 or 6 years old.
The first music I liked was pop music, because it usually has a catchy tune and beat.
As I've gotten older, I've gotten more into guitar-based music like rock and metal.

문장 MP3 4_137

1 Right now my favorite rock band is probably Sleep Token.

2 They have an amazing vocalist, and they include melodic keyboard parts with the loud guitar parts.

3 It helps me to be less bored on the subway, and it motivates me when I'm in the gym.

4 My friends and I try to see our favorite bands live whenever we have a chance.

5 As I've gotten older, I've gotten more into guitar-based music like rock and metal.

6 I think I can relate to the lyrics more than I can with pop lyrics.

Unit 4 조깅, 걷기

스토리라인 MP3 4_138

1 My favorite place to jog is Templeton Woods, which is not far from my house.
It's very quiet and peaceful, so I can focus on my workout and enjoy music on my headphones.
Also, it's a very scenic area, so I can enjoy some nice views of nature while I jog.

2 I got into jogging about three years ago when I was in high school.
My doctor recommended that I do more physical activities, and he suggested that I try jogging.
It makes me feel energized and positive, so it's a great way to start my day each morning.

3 One day last summer I was out jogging in a big park located near my apartment.
When I ran around a corner, I spotted an old lady who looked very upset.
I felt so bad for the lady, so I spent around one hour helping her to look for Sandy in the park.

1 Also, it's a very scenic area, so I can enjoy some nice views of nature while I jog.

2 I can stop off at a local coffee shop if I fancy a drink or a bite to eat.

3 At that time, I was quite overweight, because I spent most of my spare time just watching television and playing video games.

4 It makes me feel energized and positive, so it's a great way to start my day each morning.

5 One day last summer I was out jogging in a big park located near my apartment.

6 I felt so bad for the lady, so I spent around one hour helping her to look for Sandy in the park.

Unit 5 국내 여행

1 One of the reasons for that is that it is much more affordable to vacation in my own country.
   However, another reason is that my country has a wide variety of fun things to do and scenic places to visit.
   For instance, there is a huge mountain range that I often visit during spring and summer with my friends.

2 There are lots of things that I do in preparation for a trip.
   First of all, I'll arrange the transportation.
   Once that has been sorted, I'll search online for good deals on hotels and book my accommodation.

3 My friend and I were out shopping for souvenirs one day when a woman approached us.

They needed some extra people for a scene, and she said my friend and I were exactly the kind of people they were looking for.
We were surprised and excited, and of course we agreed.

1 I do prefer taking vacations in my home country rather than traveling abroad.

2 The water is very clean, so I can swim and try a variety of watersports.

3 Once that has been sorted, I'll search online for good deals on hotels and book my accommodation.

4 Then I usually do some research to find out about interesting things to do or see in the place.

5 The first story that comes to mind is about an experience I had while visiting Gyeongju.

6 It was such an unexpected thing to happen while shopping in Gyeongju.

Unit 6 집에서 보내는 휴가

1 The main reason I like to stay at home is because I like to spend time relaxing when I have a vacation.
   My life is usually quite stressful.
   So I really appreciate just having time to chill out at home and catch up on some household chores and TV shows.

2 The thing I want to do most of all is meet my best friends, Jeongmin and Sunjeong.
   We haven't seen each other in so long because we're all busy looking for a job.
   We usually order some food using delivery service and watch the movies or TV shows we missed.

3 I used a lot of my time off to take care of my garden.

I spent my first day off watching online videos about gardening tips.
For the last few days of my holiday, I enjoyed spending time in the garden, because the weather was great.

문장 🔊 MP3 4_143

1 I do prefer to stay at home during my vacation time.

2 I don't want the stress of planning a trip and needing to travel anywhere.

3 During this vacation I also want to have quality time with my grandparents at my place.

4 I'd like to treat some nice dinner and catch up with them.

5 On the third day I spread the grass seed and planted some flowers.

6 I can't think of a better way to spend my vacation at home.

IH-AL 목표 연습 문제
Q2-10 공통형

3 워크북 p.84

Unit 1 집

스토리라인 🔊 MP3 4_144

1 Our house is situated in a suburban area, and I really like it.
My bed is really comfortable, so I spend a lot of time just lying down and reading books.
I have posters of my favorite actors and singers on my bedroom walls.

2 When I was young, I lived in a big house on the outskirts of a city.

That house had a really cool open plan kitchen and dining room.
Now that I'm older and work in the city, I live by myself in a studio apartment.

3 I've never been satisfied with the living room.
A friend helped me to remove the old carpet, and I had a professional come and install the flooring.
I took the old furniture to a recycling center, and I bought the new items from IKEA.

문장 🔊 MP3 4_145

1 There is also an attic, where we keep a lot of stuff so that the house doesn't look cluttered.

2 The room is painted in nice bright colors, so it's a bright, cheerful room to be in.

3 The best thing about the house was the huge garden.

4 My parents spent a lot of money to renovate the house, so it looked amazing.

5 I recently made quite a big change to my home.

6 I also got rid of my old armchairs and sofa and bought new ones that look better.

Unit 2 은행

스토리라인 🔊 MP3 4_146

1 To be honest, I think banks in my country probably look similar to those in most other countries.
There are normally three or four bank tellers who handle simple things like money withdrawals and deposits.
One or two tellers who help customers with things like opening accounts and applying for credit cards.

2 When I walk into the bank, the first thing I do is take a number and then sit in the waiting area.

My bank is always busy, no matter what time I visit, so I normally have to wait in line before I can speak with a bank clerk.

Sometimes I go in to open a new account like a savings account.

3 At that time, a lot of banks were in very old impressive buildings, whereas now they are normally in new modern buildings.

Nowadays, banks have lost their personal touch, mostly because they have such a large number of customers.

These days most banks have comfortable waiting areas with refreshments and magazines.

문장   ◁)) MP3 4_147

1 There are normally three or four bank tellers who handle simple things like money withdrawals and deposits.

2 There are also local branches in suburban and rural areas, but these sometimes only offer a limited range of services.

3 When I walk into the bank, the first thing I do is take a number and then sit in the waiting area.

4 I usually go to the bank to exchange currency, because I travel overseas quite frequently for my job.

5 Nowadays, banks have lost their personal touch, mostly because they have such a large number of customers.

6 Overall, I think I prefer modern banks to the older ones.

Unit 3   인터넷

스토리라인   ◁)) MP3 4_148

1 I like a lot of different websites, but my favorite is probably Metacritic.

I check the Metacritic website every day, and the main reason for that is that it has information and reviews about all my favorite things.

It features movies, games, music, and TV shows, so there's always something interesting for me to read about.

2 At that time, I was a huge fan of a pop band called Westlife, and one of my friends told me about a chatroom that was for fans of the band.

I was pleased to find that everyone was really nice and welcoming.

I started to get more involved in the discussions, and eventually I made some friends in the chatroom.

3 In the early days, the main concern regarding the internet was security.

These days people are more concerned about excessive internet usage.

This can negatively affect not only their work and social life, but also their health.

문장   ◁)) MP3 4_149

1 Another reason is because it makes things very convenient.

2 The site is well laid out and easy to navigate, so it's easy for me to find whatever I'm looking for.

3 I had never spoken with strangers online before, so I didn't know what to expect.

4 I'm really glad I discovered that chatroom and started to enjoy the internet.

5 People were very worried about hackers accessing their personal details, and especially their banking information.

6 Some teenagers, and even some adults, become addicted to the internet and spend far too much time on it.

Unit 4 기술

스토리라인　　MP3 4_150

1 Obviously, the most common piece of technology that people use these days is smartphones.
Another common device is the laptop computer.
Most people also have a pair of earbuds or headphones so that they can listen to music through their smartphone or watch TV shows and movies on their laptop.

2 An air fryer is a kitchen appliance that cooks food by circulating hot air around it.
Whether I'm making fish, steak, or chicken, I just need to put it into the air fryer and choose the correct time and temperature.
Most things take less than 30 minutes to cook, so it's really handy for me because I have a hectic schedule.

3 It was a Pentium computer, and it was much different compared with modern computers.
First of all, the computer was large and very heavy, with a beige or off-white color only, and it was placed on a desk and took up some space.
Modern computers are not only much more advanced and powerful, but they're also relatively lightweight and portable.

문장　　MP3 4_151

1 People in my country use many different types of technology.

2 Everyone, even the older generation, seems to have a smartphone now.

3 An air fryer is a kitchen appliance that cooks food by circulating hot air around it.

4 It's really handy for me because I have a hectic schedule.

5 Software options were limited, and cloud-based services were not provided.

6 Also, monitors have been replaced by flat panel displays, which are thin, lightweight, and offer higher resolutions.

Unit 5 모임

스토리라인　　MP3 4_152

1 In my area, we have a few annual community events.
The event that draws the largest gathering of people is the film festival that is held every September.
I'm quite lucky that my town hosts so many gatherings.

2 It is held to mark the end of Carnival Week, which takes place every year in August.
This year's theme was Global Happiness.
I'm really looking forward to the next Parade Day.

3 There was an unexpected delay at our recent street parade when a vehicle broke down.
The parade travels a set route through the town.
In the end, the parade was delayed for about thirty minutes, but everyone still really enjoyed the event.

1 One takes place in summer, and features modern pop music and rock bands.

2 Most of the people in my town attend these events, and they're always a lot of fun.

3 The site is close to a number of historic sites.

4 People design and create their own costumes for the parade every year and it is always a lot of fun.

5 At our most recent street parade, everything had been going to plan.

6 Fortunately, there was a local mechanic in attendance who helped to get the vehicle running again.

Unit 6　휴일

스토리라인　MP3 4_154

1 Our country has a number of holidays throughout the year.
Most people travel to their hometown to celebrate the holiday with family members.
We also play a lot of traditional games during Chuseok.

2 The holiday takes place in the span of several days.
Seonal is more of a family-based celebration.
Elders typically reward their youngers with money.

3 I remember walking around the park and watching the character performances.
It is a place filled with magic and it is always beautiful and clean.
I'll always treasure the fond memories.

문장　MP3 4_155

1 Some people visit the tombs of their ancestors during the holiday.

2 It is a great way to bond with our family members.

3 As I mentioned earlier, Seonal is similar to Chuseok in some ways.

4 It is marked by the gathering of family members.

5 I have many fond memories of holidays as a child.

6 The best part of the holiday was the parade that takes place at the end of the day.

Unit 7　패션

스토리라인　MP3 4_156

1 For example, while I am working in the office, I am required to wear a suit with a shirt and tie and polished shoes.
However, outside of work and during the weekend, I tend to wear more comfortable clothing.
During the hot summer months, I often wear shorts so that I can stay fairly cool.

2 I tend to start out my clothes shopping trips by looking for shoes or trainers.
I always look for plain T-shirts so that they can be used for both leisurewear and a semi-professional look.
The last thing I usually do to end my shopping day is purchase socks to match the clothing I have bought.

3 The last piece of clothing I purchased was a coat.
I decided that I would prefer a lightweight coat with a hood in case of rain.
I settled for the same type of jacket, but in a dark blue color, because the store clerk offered me a ten percent discount.

1 There are different types of clothing in my country for different occasions.

2 Outside of work and during the weekend, I tend to wear more comfortable clothing.

3 It is important to me that I am presentable in all situations and I am prepared for any occasion.

4 I try to visit as many places as possible when shopping to get the correct clothes at a good price.

5 I wanted a black coat as I felt this would be most suitable to match my other clothes.

6 I settled for the same type of jacket, but in a dark blue color, because the store clerk offered me a ten percent discount.

Unit 8　재활용

1 There are many household items that can be recycled.
Aside from food packaging, I also make sure I recycle old batteries.
These items need to be sorted into different bags and put into designated clothing recycling boxes.

2 At that time, it was much less common to practice recycling.
These are all put out for collection on different days of the week.
Recycling is a common practice these days, and I think it's very important.

3 These days, people recycle as many things as possible.
Most recyclable products are plastic containers used as food packaging and tin cans used for drinks and food.

Another thing that I regularly recycle is old and discharged batteries to be taken away and made into new batteries.

1 Most of the items that I put into my recycling bins are plastics and drink containers.

2 I take them to a collection point at my apartment complex.

3 All of the trash was placed in the same bag and just left outside for collection.

4 Now we need to separate all of the different trash into several different recycling bins.

5 We recycle lots of things with our trash.

6 In addition to this, I also recycle clothing items that are no longer required or damaged.

Unit 9　날씨

1 My country has diverse weather that can change drastically from season to season.
Spring and fall are perfect for enjoying outdoor activities.
Summer, on the other hand, can get far too hot and humid.

2 The weather is wonderful where I am today.
Today the sun is shining and there is a gentle breeze blowing to keep the temperature down.
I think I'm going to head outside to enjoy this wonderful weather.

3 Similarly, the summers were hotter and more humid compared to the summers these days.
I have many fond memories of sledding and making snowmen when I was young.
I prefer the way it used to be.

문장   🔊 MP3 4_161

1 Monsoon season takes place in summer, and this brings heavy rains.

2 In winter, the temperature is well below freezing, and we get heavy snowfall.

3 There are very few clouds in the sky.

4 It's a perfect day for going outside and having a nice walk.

5 The weather has changed a lot over the last 20 years.

6 Sometimes, when we have a storm, it won't stop raining for 3 or 4 days.

IH-AL 목표 연습 문제 Q11-13 롤플레이

3 워크북 p.103

Unit 1   MP3 플레이어

스토리라인   🔊 MP3 4_162

1 I am looking for something that's affordable, but still of high quality.
I don't need anything with a lot of fancy functions.
I was hoping to find a portable and slim one.

2 I accidentally broke the MP3 player that you let me borrow.
Or, maybe I could buy a different, newer model instead?
Just let me know if there is any specific kind that you want!

3 I've also had an incident where my electronic device got ruined by water.
I tried to dry my phone using the hand dryer machines.
The next day, my phone was back to normal!

문장   🔊 MP3 4_163

1 First, what brand do you recommend?

2 I want to make sure that I can hear the audio clearly.

3 The problem is, I totally forgot that I left your MP3 player inside the pocket of one of my jackets!

4 Even worse, I couldn't hear the MP3 player going around in the washing machine.

5 It all happened so fast.

6 I was so relieved that I didn't have to buy a brand new phone.

Unit 2   인터넷

스토리라인   🔊 MP3 4_164

1 You mentioned a cool website that you found the other day.
First, how did you come across this website?
I know that these days, social media platforms are getting more and more advanced.

2 It just gives me an error message and a blank screen.
I guess I need to check my computer settings to see if certain websites are blocked.
Thanks for taking the time to do this!

3 This alternative also worked for me.
A new problem that would come up is that my phone battery would drain out too fast!
All in all, it was a frustrating experience.

문장   🔊 MP3 4_165

1 Lastly, have you been using the website often?

2 Do you think most young people in general would enjoy it?

3 I tried to visit the website, but it doesn't seem to exist!

4 Also, could you text me the website's address one more time?

5 As students, the internet is a tool that we need to use every day.

6 I think our dorms didn't have a strong Wi-Fi signal because the buildings were old.

IH-AL 목표 연습 문제 Q14-15 고난도

3 워크북 p.108

Unit 1 음악 감상하기

스토리라인 🔊 MP3 4_166

1 There are many types of music, and they have large differences and also some similarities.
Rock music is very organic, using instruments and amplifiers.
Even though they are quite different, I enjoy both styles.

2 The most common device for music-lovers is the cellphone.
People who are interested in music always own a good pair of headphones or earbuds.
Also, portable Bluetooth speakers are increasingly popular.

문장 🔊 MP3 4_167

1 Both hip hop and rock music tend to have a fast tempo.

2 Both are very focused on vocals, unlike dance or classical music.

3 People use lots of gadgets to listen to music these days.

4 We can download music directly to our phones.

Unit 2 집에서 보내는 휴가

스토리라인 🔊 MP3 4_168

1 They prefer to just chill out at home and meet their friends when they have vacation time.
Also, things have become more expensive, so many people cannot afford to go away anywhere during their vacation.
The family bond is not as strong as it was in the past.

2 It allows people to relieve their stress and relax.
For instance, when I have time off, I use it to go hiking, learn guitar, and write songs.
We definitely need vacation time if we want to have healthy, productive lives.

문장 🔊 MP3 4_169

1 Most people in my country spend their vacation time at home.

2 Most people have such busy lives due to work or studying.

3 Vacation time is very important for everyone.

4 Another thing is that vacation time allows us to pursue our personal interests.

Unit 3 음식점

스토리라인 🔊 MP3 4_170

1 The restaurant is called Casa Amigos, and it's located not far from where I live .
We met at the subway station and then had a short walk to the restaurant.
I decided to try something different.

2 It's true that a lot of food places are offering healthy menu options these days.
I think they have adapted to new trends that emphasize healthy living.
Many restaurants have adapted their menus to appeal to these health-conscious people.

1 I think I'll stick to the Mexican dishes in the future.

2 I'm definitely looking forward to my next visit to Casa Amigos.

3 A lot of people try to avoid eating junk food.

4 They need to offer many more choices.

Unit 4 산업

스토리라인 🔊 MP3 4_172

1 I have recently became interested in the social media influencer industry.
This industry is dynamic and rapidly growing.
Now, I sometimes get information on those social media platforms.

2 I'm a big video gamer, so let me tell you about a game that turned out to be a huge failure.
When the game launched, most of the reviews were terrible.
The game was not worth the money.

문장 🔊 MP3 4_173

1 Social media influencers typically have an extensive following on various social media platforms.

2 Influencers tended to focus on photo-based content.

3 It was released a few years ago on PC and various games consoles.

4 The game seemed unfinished and had countless graphical and gameplay problems.

IH-AL 목표 실전 모의고사
쇼핑, 호텔, 음악 감상하기, 산업 + 재활용 RP

문제 구성

자기소개					
		1	자기소개		8 좋아하는 음악 장르
Combo 1	쇼핑하기	2	우리나라의 쇼핑몰	Combo 3 음악 감상하기	9 음악을 듣는 장소와 시간
		3	주로 쇼핑하러 가는 장소와 쇼핑 물건		10 음악을 듣게 된 계기와 취향 변화
		4	어렸을 때의 쇼핑 경험과 계기		11 새로 입주한 아파트의 안내데스크에 재활용 방법 문의
Combo 2	호텔	5	우리나라의 호텔	Combo 4 재활용	12 새로 들어온 주민이 쓰레기를 잘못 버린 상황 문제 해결
		6	호텔에 투숙할 때 주로 하는 일들		13 어렸을 때 했던 재활용 경험
		7	기억에 남는 호텔 투숙 경험	Combo 5 산업	14 3년 전과 현재의 관심 산업 비교
					15 해당 관심 산업에서 실망스러웠던 상품이나 서비스

시험 난이도 ★★★★☆

Q2 **우리나라의 쇼핑몰** ★★★☆☆

You indicated in the survey that you go shopping. Tell me about some of the stores or shopping centers in your country. What is it like when you go to those places?

설문조사에서 당신은 쇼핑을 한다고 했습니다. 당신의 국가에 있는 상점이나 쇼핑센터에 대해 말해주세요. 그 장소에 가면 어떤가요?

모범답변

Intro •

쇼핑하러 가는 것 좋아함
love to go shopping

I love to go shopping after I get my salary at the end of the month.

저는 월말에 월급을 받으면 쇼핑하러 가는 것을 좋아해요.

Body •

· [ ]라는 쇼핑몰이 있음
there's a mall called [ ]

· 의류 매장 정말 많음
so many clothing stores

· 전자기기와 생활용품 쇼핑하기 좋음
good for electronic devices and household products

· 많은 레스토랑, 영화관, 헬스장
loads of restaurants, a movie theater, a gym

· 그곳에서 친구들 만나는 것 좋아함
my friends and I like to meet there

Most of the stores that I enjoy shopping at are inside large shopping malls. In particular, there's a mall called the West Pacific Mall, and that has so many clothing stores that I love. There's also the Plaza Mall, which is really good for electronic devices and household products. I love to visit these malls because they have so many great things, aside from the stores. They each have loads of restaurants, a movie theater, and a gym. West Pacific Mall also has a huge food court, so my friends and I like to meet there and have a chat and a bite to eat.

제가 쇼핑을 즐기는 대부분의 매장은 대형 쇼핑몰 안에 있습니다. 특히 웨스트 퍼시픽 몰이라는 쇼핑몰이 있는데, 제가 좋아하는 의류 매장이 정말 많아요. 전자기기와 생활용품을 쇼핑하기 좋은 플라자 몰도 있죠. 저는 이 쇼핑몰들을 방문하는 것을 좋아하는데 왜냐하면 매장 외에도 아주 좋은 것들이 있기 때문입니다. 많은 레스토랑과 영화관, 체육관이 있어요. 웨스트 퍼시픽 몰에는 진짜 큰 푸드 코트도 있어서 친구들과 그곳에 만나서 수다를 떨고 음식 먹는 것을 좋아해요.

Wrap-up •

가장 좋아하는 일 중 하나
one of my favorite things to do

Going shopping at the mall is one of my favorite things to do.

쇼핑몰에서 쇼핑하는 것은 제가 가장 좋아하는 일 중 하나예요.

■ 고득점 표현

어휘 표현 salary 월급, 급여   inside ~의 안에, 안으로   large 대형, (규모가) 큰   in particular 특히, 특별한   electronic devices 전자기기   household product 생활용품   visit 방문하다, 찾아가다   aside from ~이외에도   loads of 많은, 수많은   huge 큰, (크기·양·정도가) 막대한   have a chat 수다 떨다, 잡담하다   have a bite to eat 간단히 먹다, 간단히 요기하다

Q3 주로 쇼핑하러 가는 장소와 쇼핑 물건 ★★★☆☆

When going shopping for something, where do you go? When you go there, what do you usually purchase? Is there anything special about that place?

쇼핑을 하러 갈 때 주로 어디로 가나요? 그곳에 가면 주로 무엇을 구매하나요? 그 장소에 특별한 점이 있나요?

표준 스피치

모범답변   〔◁》 MP3 4_177

Intro

주로 [　]에 감
usually go to the Five Trees Mall

When I need to buy something, I usually go to the Five Trees Mall.

저는 물건을 사야 할 때 주로 파이브 트리즈 몰에 가요.

Body

· [　]에는 내가 필요한 모든 것이 있음
[　] has everything I need

· 주말에 가서 옷 삼
go there every weekend to buy clothes

· 가격이 상당히 합리적임
the prices are quite reasonable

· 볼링장
bowling alley

· 한 달에 적어도 한 번 감
go bowling at least once a month

The Five Trees Mall has basically everything I need. It's the place I go to whenever I want to buy clothes, electronic gadgets, video games, or art supplies. I go there every weekend, and I usually buy clothing when I go there. The last time I was there I bought a new pair of jeans and a baseball cap. The best thing about the mall is that the prices are quite reasonable. I spend less money there than I would if I went to shops in the downtown area. The other thing I like about the mall is its bowling alley. My friends and I go there to play bowling at least once a month, and we always have a great time.

파이브 트리즈 몰에는 제가 필요한 모든 것이 기본적으로 있습니다. 옷, 전자기기, 비디오 게임 혹은 미술용품을 사고 싶을 때마다 가는 곳이에요. 그곳에 주말마다 가는데 주로 옷을 사러 가는 편이죠. 지난번에는 새 청바지와 야구 모자를 샀어요. 이 쇼핑몰의 가장 좋은 점은 가격이 상당히 합리적이라는 점입니다. 시내에 있는 상점에 갈 때 보다 돈을 덜 쓰게 돼요. 또 다른 좋은 점은 볼링장입니다. 친구들과 한 달에 한 번 이상 볼링을 치러 가는데 항상 즐거운 시간을 보내요.

Wrap-up

모든 사람에게 가보라고 추천하고 싶음
I'd recommend that everyone checks out

I'd recommend that everyone checks out the Five Trees Mall.

모든 사람에게 파이브 트리즈 몰에 가보라고 추천하고 싶어요.

■ 고득점 표현

어휘
표현   purchase 구매하다, 구입하다   clothes 옷, 의복   electronic gadget 전자기기   art supply 미술용품   price 가격, 값   reasonable 합리적인   less 덜하게, 더 적은   downtown 시내   bowling alley 볼링장   at least 적어도   once a month 한 달에 한 번   recommend 추천하다   check out 보다, 확인하다

Q4 어렸을 때의 쇼핑 경험과 계기 ★ ★ ★ ★ ☆

Tell me about your earliest shopping memories and why you like shopping so much. You could discuss things like where or when you used to go shopping, the people you went with, what you would do while shopping anything else that would clarify your shopping experience.

어렸을 때 쇼핑을 했던 기억과 쇼핑을 좋아하는 이유에 대해 말해주세요. 쇼핑을 하러 가곤 했던 장소나 시기 혹은 함께 갔던 사람들, 쇼핑하는 동안 무엇을 했는지 등 당신의 쇼핑 경험에 대해 명확하게 해줄 수 있는 어떤 것이든 이야기해주세요.

모범답변

Intro

[   ]와 함께 쇼핑했던 기억이 생생함
have a clear memory of shopping with my mother

I have a clear memory of shopping with my mother when I was a child.

어렸을 때 어머니와 함께 쇼핑을 했던 기억이 생생해요.

Body

· 매주 토요일
  every Saturday
· 크고 멋져 보였음
  seemed so huge and amazing
· 커피숍에서 케이크와 음료 마시면서 하루 마무리함
  end the day with some cake and a drink at the coffee shop
· 작은 장난감 사줌
  buy me a small toy

When I was young, my mother used to take me on shopping trips every Saturday. I can still remember them clearly, because I always enjoyed going shopping with her. We would normally go to the Wellgate Shopping Center in the middle of the city. It seemed so huge and amazing when I was little, and there were many interesting sights and sounds. Whenever we went shopping, we would end the day with some cake and a drink at the coffee shop. My mother would normally buy me a small toy before we left the shopping center.

제가 어렸을 때, 어머니는 매주 토요일 마다 저를 데리고 쇼핑을 하러 가곤 하셨어요. 아직도 그 기억이 생생한데, 어머니와 함께 하는 쇼핑은 항상 즐거웠기 때문입니다. 우리는 보통 시내 한복판에 있는 웰게이트 쇼핑 센터에 가곤 했어요. 어렸을 때는 쇼핑 센터가 정말 거대하고 놀라워 보였고, 흥미로운 볼거리와 들을거리가 많았죠. 쇼핑을 할 때마다 커피숍에서 케이크와 음료를 마시며 하루를 마무리하곤 했어요. 어머니는 보통 쇼핑 센터를 떠나기 전에 작은 장난감을 사주셨어요.

Wrap-up

어머니와 함께 즐거운 쇼핑 할 수 있어서 정말 좋았음
glad my mother took me on all those fun shopping trips

I'm glad my mother took me on all those fun shopping trips.

어머니와 함께 즐거운 쇼핑을 할 수 있어서 정말 좋았어요.

■ 고득점 표현

어휘 표현 earliest 어릴 때 memory 기억 go with 같이 가다, 어울리다 clarify 명확하게 하다, 분명히 하다 clearly 생생한 in the middle of 가운데에 seem (~처럼) 보이다 huge 큰, 거대한 interesting 흥미로운, 재미있는 sight 볼거리 whenever ~할 때 마다 toy 장난감

Q5 우리나라의 호텔 ★★★★☆

Tell me about your country's hotels. What are they like?

당신의 나라의 호텔에 대해서 말해주세요. 어떻게 생겼나요?

모범답변

Intro

다양한 사람들에게 서비스를 제공할 수 있는 다양한 호텔 있음
have a wide range of hotels that cater to a wide variety of people

> In my country, we have a wide range of hotels that cater to a wide variety of people.
>
> 우리나라에는 다양한 사람들에게 서비스를 제공할 수 있는 다양한 호텔이 있어요.

Body

· 가장 저렴한 숙소부터 시작하자면
starting with the most affordable type of accommodation

· 배낭 여행객을 위한 저렴한 호스텔이 많이 있음
have a lot of cheap hostels for backpackers

· 게스트하우스도 있음, 추가 편의 시설 없음
also have guesthouses, do not have any extra amenities

· 매우 훌륭하고, 음식점 있고, 룸서비스 제공
very nice and have a restaurant and provide room

> Starting with the most affordable type of accommodation, we have a lot of cheap hostels for backpackers. These are affordable to everyone, and they normally have dormitories of around ten beds. We also have guesthouses, which are still quite affordable. They are hotels that do not have any extra amenities. You just get a room and some basic bathroom products. The most common hotels are three- or four-star hotels. Most of these are very nice and have a restaurant and provide room service. At the top end we have quite a few luxurious five-star hotels. These are very expensive and include more than one restaurant, a gym, and sometimes a swimming pool.
>
> 가장 저렴한 숙소부터 시작하자면, 배낭 여행객을 위한 저렴한 호스텔이 많이 있어요. 호스텔은 누구나 부담 없이 이용할 수 있으며 보통 침대 10개 정도의 공동 침실을 갖추고 있죠. 게스트하우스도 있는데, 이 역시 매우 저렴합니다. 게스트하우스는 추가 편의시설이 없는 호텔이에요. 방과 기본적인 욕실 용품만 준비되어 있죠. 가장 일반적인 호텔은 3성급 또는 4성급 호텔이에요. 이들 대부분은 매우 훌륭하고 음식점이 있으며, 룸 서비스를 제공해요. 최상위에는 고급스러운 5성급 호텔도 꽤 많이 있습니다. 이 호텔들은 매우 비싸고 하나 이상의 음식점과 체육관 수영장을 포함하고 있어요.

Wrap-up

항상 5성급 호텔에 묵고 싶음
always choose to stay at a five-star hotel

> If I could afford it, I'd always choose to stay at a five-star hotel.
>
> 여유가 있다면 항상 5성급 호텔에 묵고 싶어요.

■ 고득점 표현

여휘 표현 a wide range of 다양한, 광범위한 cater to 제공하다, ~의 구미에 맞추다 affordable 저렴한, 감당할 수 있는 accommodation 숙소, 숙박 시설 hostel 호스텔 backpacker 배낭 여행객 normally 보통 dormitory 공동 침실 guesthouse 게스트하우스 extra 추가 amenity 편의시설 common 일반적인 room service 룸 서비스 luxurious 고급스러운 include 포함하다 gym 체육관 swimming pool 수영장

Q6 호텔에 투숙할 때 주로 하는 일들 ★★★★☆

Tell me what you generally do when you visit a hotel. What is your normal routine when you check in? When do you normally stay at a hotel?

호텔을 방문하면 주로 어떤 일을 하는지 말해주세요. 체크인을 할 때 보통 어떤 루틴으로 하나요? 주로 언제 호텔에 투숙하나요?

모범답변 MP3 4_183

Intro

방문하는 호텔마다 비슷한 일과 보냄
a similar routine at every hotel I visit

I guess I have a similar routine at every hotel I visit.

방문하는 호텔마다 비슷한 일과를 보내는 것 같아요.

Body

· 휴대폰으로 예약 번호나 확약 이메일 확인함
check my phone for the booking reference or confirmation email
· 전망이 좋은 방을 요청하기도 하고 수영장과 가까운 방을 원하기도 함
might ask for a room with a nice view, might want a room close to the swimming pool
· 짐을 풀고 옷을 걸어 두고 샤워함
unpack my bags, hang up my clothes and take a shower

The first thing I do is check my phone for the booking reference or confirmation email. Then I usually try to ask the front desk staff for a specific room. Sometimes I might ask for a room with a nice view, and sometimes I might want a room close to the swimming pool. Once I get to my room, I usually have a look around to find the electricity sockets and the tea and coffee supplies. After that, I always test out the bed to check if it's comfortable. I then unpack my bags, hang up my clothes and take a shower. If I don't have any plans, I'll probably just relax on the hotel bed for a little while and watch some TV.

가장 먼저 하는 일은 휴대폰으로 예약 번호나 확약 이메일 확인합니다. 그런 다음 안내 데스크 직원에게 특정 객실을 요청해요. 때로는 전망이 좋은 방을 요청하기도 하고 수영장과 가까운 방을 원하기도 해요. 일단 방에 도착하면 보통 전기 콘센트와 차, 커피 용품들이 비치되어 있는지 주변을 둘러봐요. 그런 다음 침대가 편안한지 확인하기 위해 항상 테스트해봅니다. 그런 다음 짐을 풀고 옷을 걸어 두고 샤워를 해요. 특별한 계획이 없으면 호텔 침대에서 잠시 휴식을 취하거나 TV를 시청합니다.

Wrap-up

호텔 방에서 시간을 보내며 휴식을 취하는 것을 정말 좋아함
really enjoy spending time in hotel rooms and relaxing

I really enjoy spending time in hotel rooms and relaxing.

저는 호텔 방에서 시간을 보내며 휴식을 취하는 것을 정말 좋아해요.

■ 고득점 표현

어휘 표현 generally 주로, 일반적으로 routine 루틴, 일상 check in 체크인 하다, 호텔에 머물다 similar 비슷한 the first thing 먼저, 즉시 booking reference 예약 번호 confirmation 확인 front desk 안내 데스크 staff 스태프, 직원 specific 특정한, 구체적인 look around 주변을 둘러보다 electricity 전기 socket 콘센트 supply 용품 test out 테스트해 보다, ~를 시험해 보다 comfortable 편안한 unpack (짐을) 풀다 hang up 걸어 두다 for a little while 잠시, 잠깐 동안

Q7 **기억에 남는 호텔 투숙 경험** ★★★★☆

Many people remember hotels that are particularly beautiful or interesting. Tell me about a memorable hotel that you have been to. Where was it? What was it like? Describe it for me and give as many details as you can.

많은 사람들이 특히 아름답거나 흥미로운 호텔을 기억합니다. 당신이 투숙했던 기억에 남는 호텔에 대해 말해주세요. 어디였나요? 어떻게 생겼나요? 가능한 한 자세히 설명해 주세요.

모범답변   🔊 MP3 4_185

Intro

[   ]이 무척 기억에 남는 곳이었음
the Shangri-La Hotel in Singapore was very memorable

The Shangri-La Hotel in Singapore was very memorable to me.

싱가포르에 있는 샹그릴라 호텔이 무척 기억에 남는 곳이었어요.

Body

· 호텔 방은 엄청 컸고 침대는 지금까지 자본 침대 중 가장 편안했음
hotel room was huge, had the most comfortable bed I've ever slept on

· 가장 인상적이었던 것은 수영장이었음
the most impressive thing about the hotel was the swimming pool

· 음식도 좋았는데, 특히 조식 뷔페가 좋았음
also loved the food at the hotel, particularly the breakfast buffet

I stayed there for three nights while I was on a business trip with a few of my coworkers. It's a five-star hotel, so we knew it would be nice, but we were surprised by how amazing it was. As soon as we walked into the lobby, we were impressed by the opulent decorations and the sophisticated design of the building. My hotel room was huge, and it had the most comfortable bed I've ever slept on. The most impressive thing about the hotel, however, was the swimming pool. Not only was it large, but it had so many interesting features like an artificial beach, a floating drinks bar, and a wide variety of waterslides. I also loved the food at the hotel, particularly the breakfast buffet, which had foods from all over the world.

동료 몇 명과 함께 출장을 갔을 때 3일 밤을 묵었어요. 5성급 호텔이라서 좋을 거라는 건 알고 있었지만 정말 놀라웠어요. 로비에 들어서자마자 호화로운 장식과 건물의 세련된 디자인이 인상적이었죠. 제 호텔 방은 엄청 컸고 침대는 제가 지금까지 자본 침대 중 가장 편안했어요. 하지만 이 호텔에서 가장 인상적이었던 것은 수영장이었어요. 수영장은 넓었을 뿐만 아니라 인공 해변, 수상 음료 바, 다양한 워터 슬라이드 등 흥미로운 특징이 많았어요. 호텔의 음식도 정말 좋았는데, 특히 전 세계 음식을 맛볼 수 있는 조식 뷔페가 좋았어요.

Wrap-up

[   ]에 묵을 기회가 또 있으면 좋겠음
really hope I get another opportunity to stay at the Shangri-La

I really hope I get another opportunity to stay at the Shangri-La in Singapore.

싱가포르 샹그릴라에 묵을 기회가 또 있으면 정말 좋겠어요.

■ 고득점 표현

어휘
표현
memorable 기억에 남는 stay for ~동안 머무르다 business trip 출장 coworker 동료 surprise 놀라다 lobby 로비 impress 인상적이다 opulent 호화로운 decoration 장식 sophisticated 세련된, 정교한 decoration 장식 comfortable 편안한 feature 특징 artificial beach 인공 해변 floating 수상, 떠다니는

Q8 좋아하는 음악 장르 ★★★☆☆

You indicated in the survey that you listen to music. What are some kinds of music that you listen to? Do you have any favorite musicians and/or composers?

설문조사에서 당신은 음악을 듣는다고 했습니다. 어떤 종류의 음악을 즐겨 듣나요? 좋아하는 뮤지션이나 작곡가가 있나요?

모범답변   MP3 4_187

Intro

다양한 음악 들음, 좋아하는 뮤지션 몇 명 있음

listen to a wide variety of music, have a few favorite musicians

> I listen to a wide variety of music, and I have a few favorite musicians.
>
> 저는 다양한 음악을 듣는데, 좋아하는 뮤지션이 몇 명 있습니다.

Body

· 가장 좋아하는 음악 장르는 [ ]

My favorite genre of music is rock music

· 높은 에너지와 큰 소리를 정말 좋아하기 때문

really like its high energy and loud volume

· 가장 좋아하는 록 밴드는 [ ]

my favorite rock band is probably Sleep Token

· 보컬이 훌륭함

an amazing vocalist

> My favorite genre of music is rock music, because I really like its high energy and loud volume. Right now my favorite rock band is probably Sleep Token. They have an amazing vocalist, and they include melodic keyboard parts with the loud guitar parts. I also enjoy listening to some hip hop and dance music, when I'm in the mood for it. I've recently become a fan of Drake, because I really like his lyrics and the way he mixes rapping with singing.
>
> 제가 가장 좋아하는 음악 장르는 록 음악인데, 높은 에너지와 큰 소리를 정말 좋아하기 때문이죠. 지금 제가 가장 좋아하는 록 밴드는 아마도 슬립 토큰일 거예요. 보컬이 훌륭하고 아름다운 곡조의 키보드 파트와 큰 소리의 기타 파트가 잘 어우러져 있죠. 저는 또한 힙합과 댄스 음악을 듣고 싶을 때 즐겨 듣습니다. 최근에는 드레이크의 팬이 되었는데, 그의 가사와 랩과 노래를 섞는 방식이 정말 마음에 들었기 때문이에요.

Wrap-up

매일 음악 들음

listen to it every day

> I couldn't imagine my life without music. I listen to it every day.
>
> 음악이 없는 제 삶은 상상할 수 없어요. 매일 음악을 듣습니다.

■ 고득점 표현

어휘 표현 favorite 가장 좋아하는 composer 작곡가 rock music 록 음악 high energy 강력한, 다이내믹한 loud 큰 소리, 소리가 큰 volume 소리, 음량 right now 지금, 지금 당장 probably 아마도, 아마 melodic 곡조의 hip hop 힙합, 힙합 음악 dance music 댄스음악 in the mood for ~할 기분이 나서 recently 최근에 be a fan of someone ~의 팬이 되다 lyric 가사 mix 섞다, 섞이다 rap 랩을 노래하다 imagine 상상하다, 생각하다 without ~없이

Q9 **음악을 듣는 장소와 시간** ★★★☆☆

When do you usually listen to music, and where? Do you prefer listening to the radio? Do you attend concerts? Tell me about how you like to enjoy music.

주로 언제 어디서 음악을 듣나요? 라디오 청취를 선호하나요? 콘서트에 참여하나요? 당신이 음악을 즐기는 방식에 대해 말해주세요.

모범답변 🔊 MP3 4_189

Intro

음악 감상 습관에 대해 말하겠음
tell you about my music listening habits

Let me tell you about my music listening habits.

제 음악 감상 습관에 대해 말할게요.

Body

· 출퇴근, 운동할 때
when I'm commuting and when I'm exercising

· 지루함 덜 느끼게 해주고, 운동할 때 동기 부여가 되기도 함
less bored on the subway, motivates me when I'm in the gym

· 음악 듣는 가장 좋은 방법은 콘서트에 가는 것임
the best way to listen to music is at a concert

I normally listen to music when I'm commuting and when I'm exercising. It helps me to be less bored on the subway, and it motivates me when I'm in the gym. I don't really listen to the radio much, because the radio stations don't play much of the music I enjoy. In my opinion, the best way to listen to music is at a concert. My friends and I try to see our favorite bands live whenever we have a chance. It's such an amazing experience.

저는 보통 출퇴근할 때나 운동할 때 음악을 들어요. 지루함을 덜 느끼게 해주고, 헬스장에서 운동할 때 동기 부여가 되기도 하죠. 라디오는 그닥 잘 듣지 않는데, 라디오 방송국에서는 제가 좋아하는 음악을 많이 틀지 않기 때문이에요. 제 생각에는 음악을 듣는 가장 좋은 방법은 콘서트에 가는 것이에요. 저와 제 친구들은 기회가 있을 때마다 좋아하는 밴드의 라이브 공연을 보려고 노력해요. 정말 놀라운 경험이죠.

Wrap-up

음악은 언제 들어도 좋음
music is great at all times

Music is great at all times, but you can't beat seeing bands perform live in concert.

음악은 언제 들어도 좋지만, 밴드의 라이브 공연을 직접 보는 것만큼 좋은 것은 없어요.

■ 고득점 표현

어휘 표현 commute 출퇴근하다, 통근하다 exercise 운동하다 less 덜, 덜한 bored 지루한, 지루해하는 gym 헬스장 motivate 동기를 부여하다, 흥미를 느끼게 하다 radio station 라디오 방송국 in my opinion 내 생각에는, 내가 보기에는 have a chance 기회가 있다, 가능성이 있다 at all times 항상, 언제나

Q10 음악을 듣게 된 계기와 취향 변화 ★★★★☆

When did you first take an interest in music? What was the first kind of music that you liked? Tell me about how your interest in music has changed since you were younger.

언제 처음 음악에 관심을 가지게 되었나요? 처음 좋아했던 음악은 어떤 종류였나요? 어렸을 때부터 음악에 대한 관심이 어떻게 변해왔는지 말해주세요.

모범답변

Intro

아주 어릴 때부터 즐겨 들음
enjoyed listening to music from a very young age

I've enjoyed listening to music from a very young age.

저는 아주 어릴 때부터 음악을 즐겨 들었어요.

Body

· 겨우 5-6살이었음
 I was only about 5 or 6 years old
· 형이 기타 침
 my older bother played guitar
· 팝 음악 좋아했음
 liked pop music
· 외우기 쉬운 멜로디, 박자
 a catchy tune and beat
· 록, 메탈에 더 빠짐
 more into music like rock and metal

I can remember taking an interest in music when I was only about 5 or 6 years old. My older brother played guitar, and he had hundreds of CDs. Every time I went into his room, he was either playing music on his guitar or listening to bands. The first music I liked was pop music, because it usually has a catchy tune and beat. As I've gotten older, I've gotten more into guitar-based music like rock and metal. I think I can relate to the lyrics more than I can with pop lyrics.

저는 제가 겨우 5살이나 6살이었을 때 음악에 관심을 가졌던 게 기억나요. 제 형은 기타를 쳤는데 수백장의 CD를 가지고 있었죠. 형의 방에 갈 때마다 형은 기타로 음악을 연주하거나 밴드 음악을 듣고 있었어요. 제가 처음 좋아한 음악은 팝 음악이었는데, 주로 외우기 쉬운 멜로디와 박자기 때문이죠. 나이가 들면서 록이나 메탈 같은 기타를 기반으로 한 음악에 더 빠져들게 되었어요. 팝 가사보다 (기타를 기반으로 한 음악의) 가사에 더 공감할 수 있는 것 같아요.

Wrap-up

음악은 내 인생의 중요한 부분이 됨
has become an important part of my life

I'm glad I took an interest in music from a young age, as it has become an important part of my life.

어릴 때부터 음악에 관심을 가지길 잘했다는 생각이 들 정도로 음악은 제 인생의 중요한 부분이 되었어요.

■ 고득점 표현

**어휘
표현** interest 흥미 go into ~에 들어가다 either A or B A 또는 B 둘 중 하나 pop music 팝 음악 usually 보통, 대개 catchy 외우기 쉬운 tune 멜로디, 곡조 beat 박자, 리듬 relate to ~에 공감하다, ~와 관련되다 lyric (노래의)가사, 서정시의 important 중요한

Q11 새로 입주한 아파트의 안내데스크에 재활용 방법 문의 ★★★★☆

Imagine that you have moved into a new apartment building. Call the manager of the building and ask three or four questions about recycling.

당신이 새 아파트 건물로 이사했다고 가정해 보세요. 건물 관리자에게 전화하여 재활용에 관해 서너 가지 질문을 하세요.

모범답변

Intro

최근 아파트로 이사함
recently moved into apartment

Hello, I recently moved into apartment 210 in this building.

안녕하세요, 저는 최근에 이 건물의 아파트 210호로 이사했어요.

Body

· 몇 가지 궁금함
  have a few questions
· 수거 일정
  the schedule for collection
· 전용 봉투 필요한지
  need a special bag
· 정확히 어디다 두어야 할지
  where exactly do I put
· 아파트 밖에 두어야 하는지
  leave them outside my apartment

I was calling because I have a few questions about recycling. First, I'd like to know the schedule for collection of the recycling stuff. Do you collect both recycling and general trash on the same day? I know I need to use the district's official garbage bag. Do I need a special bag for recycling as well? The last thing I want to know is where exactly do I put the recycling stuff on collection days? Do I leave them outside my apartment or somewhere else?

재활용에 대해 몇 가지 궁금한 점이 있어서 전화 드렸어요. 먼저 재활용품 수거 일정을 알고 싶어요. 재활용 쓰레기와 일반 쓰레기를 같은 날 수거하나요? 일반 쓰레기는 구의 공식 쓰레기 봉투를 사용해야 한다고 알고 있는데요. 재활용 전용 봉투도 따로 필요한가요? 마지막으로 궁금한 것은 수거일에 재활용품을 정확히 어디에 두어야 하나요? 아파트 밖에 두어야 하나요 아니면 다른 곳에 두어야 하나요?

Wrap-up

연락 주길 바람
could get back to me

I'd really appreciate it if you could get back to me about this.

이와 관련해 다시 연락 주시면 정말 감사하겠습니다.

■ 고득점 표현

어휘 표현 recycle 재활용하다, 다시 이용하다 move into ~로 이동하다 collection 수거, 수집 bin 쓰레기통, 통 colored 색깔이 있는, ~한 색깔이 있는 put A out 내놓다, (쓰레기 등을 집 밖으로) 내다 놓다 on the same day 같은 날에 glass 유리, (유리)잔 metal 금속 plastic 플라스틱, 플라스틱으로 된 glass bottle 유리병 exactly 정확히, 꼭 appreciate 고마워하다, 환영하다 get back to ~에게 나중에 다시 연락하다

Q12 새로 들어온 주민이 쓰레기를 잘못 버린 상황 문제 해결 ★★★★☆

A new resident from overseas has just moved into an apartment in your building. However, he has been putting non-recyclable waste in the recycling bins and this has been upsetting the other residents. Go to the new resident and explain the problem and help him to understand the recycling process.

해외에서 온 새 거주자가 여러분의 건물에 있는 아파트로 막 이사했습니다. 그러나 그는 재활용이 불가능한 쓰레기를 재활용 쓰레기통에 버려 다른 주민들을 불쾌하게 하고 있어요. 새로운 거주자에게 가서 문제 상황을 설명하고 재활용 과정을 이해하도록 도와주세요.

모범답변

🔊 MP3 4_195

Intro

3층 아래 아파트에 살고 있음
live in the apartment three doors down from yours

> Hi, it's nice to meet you. My name is Chris, and I live in the apartment three doors down from yours.
>
> 안녕하세요, 만나서 반가워요. 저는 크리스라고 하는데요, 3층 아래 아파트에 살고 있어요.

Body

· 재활용 통에 일반 쓰레기 버림
normal everyday garbage in the recycling containers
· 재활용 가능한 품목은 따로 버려야함
separate recyclable item
· 일주일에 두 번 수거해 감
collected twice per week

> I wanted to speak to you regarding the recycling policy in this apartment building. I heard from some of the other tenants that you've been putting normal everyday garbage in the recycling containers, and some of them have become concerned about that. Just so you know, you need to separate recyclable items from normal trash and put them in the colored bins at the end of the hallway. Plastics go in the green bin, paper and cardboard items go in the orange bin, and metal items like tin cans go in the blue bin. This recyclable waste gets collected twice per week.
>
> 이 아파트 건물의 재활용 정책에 관해 이야기하고 싶어서요. 다른 입주자 중 일부가 재활용 통에 일반 생활 쓰레기를 버린다는 이야기를 들었는데, 그 중 일부는 이에 대해 걱정하고 있어요. 아시다시피 재활용 가능한 품목은 일반 쓰레기와 분리하여 복도 끝에 있는 색깔별 쓰레기통에 넣어야 해요. 플라스틱은 녹색 쓰레기통에, 종이와 판지류는 주황색 쓰레기통에, 깡통과 같은 금속류는 파란색 쓰레기통에 넣으세요. 이 재활용 쓰레기는 일주일에 두 번 수거해가요.

Wrap-up

언제든지 연락줘
don't hesitate to contact me

> Please don't hesitate to contact me if you have any questions about recycling.
>
> 재활용에 대해 궁금한 점이 있으면 언제든지 저에게 연락주세요.

■ 고득점 표현

어휘 표현 resident 주민, 거주자 overseas 해외의, 외국의 move into ~로 이사하다, ~로 이동하다 non-recyclable 재활용할 수 없는 waste 쓰레기, 폐기물 upset 불쾌한, 속상한 explain 설명하다 recycling 재활용 process 과정, 절차 regarding ~에 관해, ~에 대하여 tenant 입주자, 세입자 garbage 쓰레기 container 통, 용기 concerned about ~을 걱정하는, ~을 염려하는 separate 분리하다, 나뉘다 recyclable 재활용할 수 있는 item 품목, 아이템 colored(coloured) 색깔이 있는, ~한 색깔이 있는 hallway 복도, 통로 cardboard 판지류, 판지 plastic 플라스틱, 플라스틱으로 된 metal 금속 recyclable waste 재활용 쓰레기 collect 수거하다, 수집하다 contact 연락하다

Q13 어렸을 때 했던 재활용 경험 ★★★★☆

Was recycling different when you were a child? When and where did you take recyclable items, and how often did you do it? Tell me about it in detail and compare it with how recycling is these days.

당신이 어렸을 때 하던 재활용은 달랐나요? 재활용품을 언제 어디서 가져갔으며 얼마나 자주 가져갔나요? 이에 대해 상세히 말해 주시고 요즘의 재활용 방식과 비교해 주세요.

모범답변

Intro

매우 다름
very different

> When I was a child, recycling was very different compared with recycling now.
>
> 제가 어렸을 때 재활용은 지금 재활용과 매우 달랐어요.

Body

· 큰 관심 두지 않았음
  didn't really pay much attention

· 큰 쓰레기통 하나에 다 버림
  put all of our trash in one large bin

· 엄격한 재활용 법 시행함
  implement strict recycling laws

· 훨씬 까다로워 짐
  a lot more thorough

· 더 효율적인 방법
  a more efficient process

> To be honest, we didn't really pay much attention to recycling when I was growing up. In fact, when I was very young, I don't think we recycled anything at all! We just put all of our trash in one large bin and threw it away. Gradually, the government started to implement strict recycling laws. At first, all recyclable items were put in a single recycling bin, and these were collected every Friday. Recycling is a lot more thorough these days, because we need to separate metals, plastics, and paper products into different bins. This may be more work for people, but it is a more efficient process, and it definitely helps to protect our planet.
>
> 솔직히 제가 어렸을 때는 재활용에 큰 관심을 두지 않았어요. 사실 제가 아주 어렸을 때는 재활용을 전혀 하지 않았던 것 같아요! 그냥 큰 쓰레기통 하나에 모든 쓰레기를 넣고 버렸죠. 정부는 점차 엄격한 재활용 법을 시행하기 시작했어요. 처음에는 모든 재활용 가능한 품목을 하나의 재활용 쓰레기통에 넣고 매주 금요일마다 수거했어요. 요즘에는 금속, 플라스틱, 종이 제품을 다른 쓰레기통에 분리해야 하기 때문에 재활용이 훨씬 더 까다로워졌어요. 이는 사람들에게는 더 많은 일거리가 될 수 있지만, 더 효율적인 방법이며 지구를 보호하는 데 확실히 도움이 되니까요.

Wrap-up

대부분 사람들이 재활용 방법 잘 따라서 다행임
pleased that most people follow the recycling process

> I'm pleased that most people follow the recycling process these days.
>
> 요즘은 대부분의 사람들이 재활용 방법을 잘 따르고 있는 것 같아 다행이에요.

■ 고득점 표현

어휘 표현 recycling 재활용 recyclable 재활용할 수 있는 item 품목 compare with ~와 비교하다 to be honest 솔직히, 솔직히 말하자면 pay attention to 관심을 두다, ~에 유의하다 in fact 사실, 사실은 throw A away A를 버리다, 없애다 gradually 점차, 서서히 government 정부 implement 시행하다 strict 엄격한, 엄한 law 법 thorough 까다로운, 철저한 efficient 효율적인, 능률적인 process 방법, 과정 protect 보호하다, 지키다 planet 행성

IH-AL 목표

Q14 3년 전과 현재의 관심 산업 비교 ★★★★☆

Can you tell me about a particular industry that interests you? Perhaps you follow trends in the food, energy, mobile computing, or some other industry. What was this industry like three years ago? What has changed in this industry since then?

관심 있는 특정 산업에 대해 말해주세요. 식품, 에너지, 모바일 컴퓨팅 혹은 기타 업계의 유행을 쫓고 있을 수도 있어요. 3년 전에는 이 업계가 어땠나요? 그 이후로 이 업계에 어떤 변화가 있었나요?

모범답변
🔊 MP3 4_199

Intro

최근 소셜 인플루언서 업계에 관심을 갖게 됨
recently become interested in the social media influencer industry

I have recently become interested in the social media influencer industry.

저는 최근 소셜 인플루언서 업계에 관심을 갖게 되었어요.

Body

· 대체적으로 수많은 팔로워 보유함
typically have an extensive following on various social media platforms

· 인스타그램, 유튜브, 틱톡, 트위터는 모두 인플루언서들이 가장 많이 사용하는 주요 플랫폼임
Instagram, YouTube, TikTok, and Twitter are all major platforms

· 팔로워의 의견, 행동 및 구매 결정에 영향을 미침
influence to shape the opinions, behaviors, and purchasing decisions of their followers

Social media influencers typically have an extensive following on various social media platforms and use their platform to create and share content related to their interests, hobbies, and expertise. Instagram, YouTube, TikTok, and Twitter are all major platforms for influencers. This industry is dynamic and rapidly growing, so social media influencers leverage their influence to shape the opinions, behaviors, and purchasing decisions of their followers through vlogs and live streaming. I was not a big fan of social media influencers because some of them faced criticism for promoting products without proper disclosure. However, there is a growing emphasis on the disclosure of paid partnerships and clearer labeling of sponsored content these days, and audiences value authenticity.

소셜 미디어 인플루언서는 대체적으로 다양한 소셜 미디어 플랫폼에서 수많은 팔로워를 보유하고 있으며, 자신의 관심사, 취미, 전문 지식과 관련된 콘텐츠를 만들고 공유하는 데 플랫폼을 이용하죠. 인스타그램, 유튜브, 틱톡, 트위터는 모두 인플루언서들이 가장 많이 사용하는 주요 플랫폼이에요. 이 산업은 역동적이고 빠르게 성장하고 있어서 소셜 미디어 인플루언서는 자신의 영향력을 블로그나 라이브 스트리밍을 통해 팔로워의 의견, 행동 및 구매 결정에 영향을 미칩니다. 저는 소셜 미디어 인플루언서 중 일부가 적절한 정보 공개 없이 제품을 홍보한다는 비판에 휩싸이면서 소셜 미디어 인플루언서를 좋아하지 않았어요. 하지만 요즘에는 유료 파트너십을 공개하고 스폰서 콘텐츠에 대한 라벨을 명확하게 표시하는 것이 점점 더 강조되고 있으며, 시청자들은 진정성을 중요하게 생각해요.

Wrap-up

가끔 정보 얻음
sometimes get information

Now, I sometimes get information on those social media platforms.

이제 저도 가끔 이러한 소셜 미디어 플랫폼에서 정보를 얻곤 합니다.

■ 고득점 표현

Q15 해당 관심 산업에서 실망스러웠던 상품이나 서비스 ★★★★★

Tell me about a time when a product failed to meet the expectations of consumers. Perhaps the gaming industry released a new video game platform that was not popular or there was a new smartphone or software program that experienced problems when it was initially released. Tell me all that you can about what happened, and describe the reactions of the public and that industry to the issue.

제품이 소비자의 기대에 부응하지 못했을 때를 말해 주세요. 게임 업계에서 인기가 없는 새로운 비디오 게임 플랫폼을 출시했거나, 새로운 스마트폰이나 소프트웨어 프로그램이 처음 출시되었을 때 문제가 발생했을 수도 있겠죠. 어떤 일이 있었는지 말하고, 그 문제에 대한 대중과 업계의 반응을 설명해 주세요.

모범답변

Intro

큰 실패로 끝난 게임
a game that turned out to be a huge failure

> I'm a big video gamer, so let me tell you about a game that turned out to be a huge failure.
>
> 저는 워낙 비디오 게임을 좋아하기 때문에 엄청난 실패작으로 끝나버린 게임에 대해 말할게요.

Body

· [　]라고 하는 게임
The game is called
Cyberpunk 2077

· 유명 배우 키아누 리브스 등장함
features Keanu Reeves,
the famous actor

· 게임 출시 되었을 때 대부분의
리뷰가 혹평이었음
when the game launched,
most of the reviews were
terrible

· 미완성된 것처럼 보였고 그래픽
과 게임플레이에 셀 수 없이 많은
문제가 있었음
seemed unfinished and
had countless graphical
and gameplay problems

> The game is called Cyberpunk 2077, and it was released a few years ago on PC and various game consoles. There was a lot of hype and expectation about the game. People were also excited about Cyberpunk 2077 because it features Keanu Reeves, the famous actor. However, when the game launched, most of the reviews were terrible. The game seemed unfinished and had countless graphical and gameplay problems. Consumers were outraged and many of them demanded a refund, which they received. The game developers were very sorry about it, and they spent the next year or so working hard to fix the game.
>
> 이 게임은 사이버펑크 2077이라고 하는데, 몇 년 전에 PC와 다양한 게임 콘솔로 출시됐어요. 이 게임에 대한 많은 관심과 기대가 쏟아졌어요. 유명 배우 키아누 리브스가 등장한다는 점에서 사이버펑크 2077에 대한 사람들의 기대 또한 높았죠. 하지만 게임이 출시되었을 때 대부분의 리뷰는 혹평을 쏟아냈어요. 게임은 미완성된 것처럼 보였고 그래픽과 게임플레이에 셀 수 없이 많은 문제가 있었죠. 소비자들은 격분했고 많은 소비자들이 환불을 요구했고 환불을 받아냈어요. 게임 개발자들은 이에 대해 매우 유감스럽게 생각했고, 그 후 1년여 동안 게임을 개선하기 위해 고심했어요.

Wrap-up

사람들이 화를 냈다는 것이 놀랍지
않음
not surprised that people
were angry

> To be honest, I'm not surprised that people were angry, because the game was not worth the money.
>
> 솔직히 말해서 사람들이 화를 냈다는 것이 놀랍지 않았어요. 게임이 그럴만한 가치가 없었기 때문이에요.

■ 고득점 표현

문제 구성

자기소개					
		1	자기소개		
Combo 1	영화 보기	2	좋아하는 영화 장르	Combo 3	가구
		3	영화 감상할 때의 일상		
		4	좋아하는 영화배우 관련 최근 이슈		

Combo 3	가구	8	좋아하는 가구
		9	주로 사용하는 가구의 용도
		10	어렸을 때와 지금의 가구 비교

자기소개			
		1	자기소개
Combo 1	영화 보기	2	좋아하는 영화 장르
		3	영화 감상할 때의 일상
		4	좋아하는 영화배우 관련 최근 이슈
Combo 2	해외 여행	5	우리나라 사람들이 주로 가는 해외 여행지
		6	어렸을 때 가 본 해외 국가나 도시
		7	우리나라 사람들이 해외 여행지에서 주로 하는 일들

Combo 3	가구	8	좋아하는 가구
		9	주로 사용하는 가구의 용도
		10	어렸을 때와 지금의 가구 비교
Combo 4	인터넷	11	친구에게 웹사이트 질문
		12	해당 사이트 접속이 되지 않는 상황 문제 해결
		13	인터넷을 사용하면서 겪었던 문제와 해결 경험
Combo 5	휴대폰	14	5년 전과 현재의 휴대폰 이용 비교
		15	젊은 사람들의 과도한 휴대폰 사용에 대한 부작용

시험 난이도 ★★★★☆

전체 문제 난이도

돌발 주제 난이도

문제 길이

특이/신규 주제 출제

어휘 난이도

Q2 좋아하는 영화 장르 ★★★☆☆

You indicated in the survey that you enjoy watching movies at the theater. Tell me about the types of movies that you like to go watch.

설문조사에서 당신은 영화관에서 영화 보는 것을 즐긴다고 했습니다. 어떤 종류의 영화를 보러 가는 걸 좋아하는지 말해주세요.

모범답변   ⊲») MP3 4_203

Intro 다양한 영화 a wide range of films	I love going to see movies, and I enjoy seeing a wide range of films. 저는 영화 보러 가는 것을 아주 좋아하고 다양한 영화를 보는 것을 즐겨요.

Body
· 공포 영화
  horror
· 흥미진진하고 효과적임
  exciting and effective
· 코미디 영화
  comedy films
· 더 크게 웃게 됨
  makes me laugh even harder
	My favorite kind of movie to watch at the cinema is horror. Scary films are even more frightening in the cinema, because it's very dark and the volume is very loud. This makes the jump-scares so exciting and effective! I also love going to the movies to see comedy films. When I'm surrounded by other people laughing at the funny scenes, it makes me laugh even harder. I guess the only films I don't enjoy seeing at the cinema are children's films, because the cinema is often filled with kids and they tend to make a lot of noise during the movie.
	제가 영화관에서 가장 좋아하는 영화는 공포 영화예요. 무서운 영화는 영화관에서 볼 때 더욱 무서운데 왜냐하면 영화관은 매우 어둡고 볼륨이 매우 크기 때문이죠. 그래서 갑자기 등장하는 놀라는 장면들이 정말 흥미진진하고 효과적이에요! 저는 영화관에 코미디 영화를 보러 가는 것도 좋아해요. 웃긴 장면에서 다른 사람들에게 둘러싸여 웃으면 더 크게 웃게 되거든요. 영화관에서 즐기기 싫은 유일한 영화는 어린이 영화인데, 보통 영화관이 아이들로 가득 차서 영화가 상영되는 동안 시끄러운 경우가 많기 때문이죠.

Wrap-up 같이 영화 보러 갈래? go and see a movie with me?	Would you like to go and see a movie with me sometime? 언제 저랑 같이 영화 보러 갈래요?

■ 고득점 표현

어휘 표현 survey 설문조사, 조사하다 enjoy 즐기다, 즐거운 시간을 보내다 a wide range of 다양한, 광범위한 favorite 가장 좋아하는, 마음에 드는 cinema 영화관, 극장 scary 무서운 frightening 무서운 dark 어두운, 캄캄한 loud 큰 소리로 effective 효과적인, 실질적인 surround 둘러싸다 laughing 웃음 funny 웃긴, 우스운 be filled with ~로 가득 차다 tend to 경향이 있다 a lot of 많은 noise 소음, 소리 Would you like~? ~하시겠어요?

Q3 영화 감상할 때의 일상 ★★★☆☆

I would like to know about your latest experience going to the movies. Tell me all about what you did that day, including everything before and after watching the movie.

마지막으로 영화를 보러 갔던 경험에 대해 알고 싶습니다. 영화를 보기 전과 후에 있었던 모든 일을 포함하여 그날 무엇을 했는지 말해주세요.

모범답변　(◁)) MP3 4_205

Intro
몇 주 전
a couple of weeks ago

The last time I went to the movies was a couple of weeks ago.
마지막으로 영화를 보러 간 것은 몇 주 전이었어요.

Body
· 소풍 갈 계획 있었는데 비가 옴
had plans to go on a picnic, it was raining
· 소풍 대신 영화 보러 가자고 제안
suggested go and see a movie instead
· [　]를 보기로 결정
decided to watch [　]
· 예상대로 재밌기도 했고 꽤 감동적이었음
as funny as expected, but also quite emotional

I actually had plans to go on a picnic that day, but when I woke up I saw that it was raining. So, I called my friend Beth and suggested we go and see a movie instead. We decided to watch the new Guardians of the Galaxy film, because we both enjoyed the previous films in the series. We had a quick bite for lunch at a nearby noodle restaurant, and then went to see the movie. It was just as funny as expected, but also quite emotional. After we left the cinema we decided to walk home, because the sun had finally come out. We had a good chat about the film, and then went home.

사실 그날 소풍을 갈 계획이 있었는데 일어나 보니 비가 오고 있었어요. 그래서 저는 친구 베스에게 전화해서 소풍을 가는 대신 영화를 보러 가자고 제안했죠. 우리는 새로 개봉한 가디언즈 오브 갤럭시 영화를 보기로 결정했는데 둘 다 이전에 나온 시리즈를 좋아했기 때문이에요. 근처 국수집에서 점심을 간단히 먹고 영화를 보러 갔어요. 예상한대로 재밌기도 했고 꽤 감동적이기도 했어요. 영화관에서 나온 후 드디어 (비가 그치고) 해가 나와서 우리는 집으로 걸어가기로 했습니다. 영화에 대한 즐거운 이야기를 나눈 후 집에 갔어요.

Wrap-up
항상 즐거운 시간 보냄
always have a great time

I always have a great time whenever I go to the movies with Beth.
베스와 함께 영화를 보러 갈 때마다 항상 즐거운 시간을 보냅니다.

■ 고득점 표현

어휘
표현　latest 가장 최근의　experience 경험　include 포함하다　a couple of 몇 개의　actually 사실　suggest 제안하다　instead 대신, 대신에　decide to ~하기로 결심하다　previous 이전에, 바로 앞의　film 영화　series 시리즈　nearby 근처, 인근의　emotional 감동적인, 감정을 자극하는　finally 드디어　come out 나오다　chat 이야기, 수다

Q4 **좋아하는 영화배우 관련 최근 이슈** ★★★★☆

Who is an actor that you like? Tell me a story about something that actor did that you heard about in the news. Start by giving some details about the actor. Then, tell me all about what happened, and be sure to include things that made the incident so interesting to the actor's fans.

좋아하는 배우가 누구인가요? 뉴스에서 들은 그 배우가 한 일에 대해 이야기해주세요. 그 배우에 대하 몇가지 세부사항을 말한 다음 어떤 일이 있었는지 자세히 말하고, 그 사건이 그 배우의 팬들에게 흥미로웠던 이유도 함께 알려주세요.

표준 4-서베

모범답변　🔊 MP3 4_207

Intro ●

키아누 리브스
Keanu Reeves

> One of my favorite actors of all time is Keanu Reeves.
>
> 제가 가장 좋아하는 배우 중 한 명은 키아누 리브스입니다.

Body ●

· 수많은 영화에 출연
 has been in loads of films

· 무작위로 베푸는 친절 행위로
 뉴스에 등장
 in the news for all of his
 random acts of kindness

· 존경스럽고 존중할 만한 일
 a very admirable and
 respectful thing to do

> Keanu Reeves has been in loads of films that I love, such as the Matrix and John Wick movies. He is also often in the news for all of his random acts of kindness. Lots of people have posted videos and stories of Keanu helping out homeless people or offering his seat to random strangers on the subway or on a bus. There was also a news story about Keanu's "floating hand". People noticed that, whenever Keanu poses for a photo with a female fan or colleague, he avoids touching them directly. People think this is a very admirable and respectful thing to do, and it has made people love Keanu even more.
>
> 키아누 리브스는 매트릭스, 존 윅 등등 제가 좋아하는 수많은 영화에 출연했어요. 또한 그는 무작위로 베푸는 친절 행위로 뉴스에 종종 등장하곤 합니다. 많은 사람들이 키아누가 노숙자를 돕거나 지하철이나 버스에서 낯선 사람에게 자리를 양보하는 영상과 이야기를 올렸죠. 키아누의 '매너손'에 대한 뉴스 기사도 있었습니다. 키아누가 여성 팬이나 동료와 함께 사진을 찍을 때마다 그들에게 직접적으로 신체 접촉을 하지 않는 다는 것을 사람들이 알아차린 거죠. 사람들은 이 행동이 매우 존경스럽고 존중할 만한 일이라고 생각하며 키아누를 더욱 좋아하게 되었습니다.

Wrap-up ●

훌륭한 배우일 뿐만 아니라 훌륭한
롤모델
not only a great actor, but
also a great role model

> I think he is not only a great actor, but also a great role model.
>
> 키아누는 훌륭한 배우일 뿐만 아니라 훌륭한 롤모델이라고도 생각해요.

■ 고득점 표현

어휘
표현 loads of 수많은　such as ~와 같이　random 무작위의　post (게시글을) 올리다, 게시하다　homeless 노숙자의　offer 제공하다　notice 알아차리다, 관심을 기울이다　floating 떠 있는, 지 않은　admirable 존경스러운, 감탄스러운　respectful 존중할 만한　role model 롤 모델, 모범이 되는 사람

Q5 우리나라 사람들이 주로 가는 해외 여행지 ★★★☆☆

When traveling abroad, where do people from your country like to go? Why do they choose those destinations? What is special about the countries that they like to travel to?

해외 여행을 하면 당신 국가 사람들은 어디로 가고 싶어할까요? 왜 그 여행지를 선택하나요? 여행하고 싶은 나라의 특별한 점은 무엇인가요?

모범답변

Intro

해외 많은 곳을 방문하는 것 좋아함
love to visit many places overseas

People from my country love to visit many places overseas.

우리나라 사람들은 해외 많은 곳을 방문하는 것을 좋아해요.

Body

· 가장 인기 있는 여행지 중 하나는 인도네시아, 발리
one of the most popular destinations is Bali in Indonesia

· 사람들이 좋아하는 이유는 아름다운 해변과 사원이 많기 때문임
people love Bali because it has lots of beautiful beaches and temples

· 인기 영화와 TV 프로그램 덕분에 영국 문화에 관심이 많음
interested in British culture because of some popular films and TV shows

These days, one of the most popular destinations is Bali in Indonesia. It has become very popular because a lot of TV shows and social media influencers have been promoting it recently. People love Bali because it always has nice, hot weather, and it has lots of beautiful beaches and temples. Another reason people like to visit Bali is that it is quite cheap. Local food and drinks are really cheap, and accommodation is easy to find and affordable as well. People from my country also like to visit Europe, particularly England. A lot of people are interested in the Royal Family, so they like to visit Buckingham Palace and other landmarks like Big Ben. Plus they are interested in British culture because of some popular films and TV shows.

요즘 가장 인기 있는 여행지 중 하나는 인도네시아 발리예요. 최근 많은 TV 프로그램과 소셜 미디어 인플루언서들이 발리를 홍보하면서 큰 인기를 끌고 있죠. 사람들이 발리를 좋아하는 이유는 항상 화창하고 더운 날씨를 자랑하며 아름다운 해변과 사원이 많기 때문이에요. 사람들이 발리를 좋아하는 또 다른 이유는 물가가 매우 저렴하기 때문입니다. 현지 음식과 음료는 정말 저렴하고 숙박 시설도 쉽게 찾을 수 있고 가격도 저렴해요. 우리나라 사람들은 유럽, 특히 영국을 방문하는 것도 좋아합니다. 많은 사람들이 왕실에 관심이 많기 때문에 버킹엄 궁전과 빅벤과 같은 다른 랜드마크를 방문하는 것을 좋아합니다. 또한 인기 영화와 TV 프로그램 덕분에 영국 문화에도 관심이 많아요.

Wrap-up

요즘 여행을 위해 저축하고 있음
saving up for a trip now

I'd also love to visit these places, so I'm saving up for a trip now.

저도 이 곳들을 방문하고 싶어서 요즘 여행을 위해 저축하고 있어요.

■ 고득점 표현

어휘 표현 temple 사원, 절 accommodation 숙박 시설 affordable 저렴한, 감당할 수 있는 landmark 랜드마크, 주요 지형지물

Q6 어렸을 때 가 본 해외 국가나 도시 ★★★☆☆

Think about a foreign country that you went to when you were younger. Describe in detail what it was like there. What kind of impressions did you get of that place?

어렸을 때 갔던 외국에 대해 생각해 보세요. 그곳이 어땠는지 자세히 설명해 주세요. 그곳에서 어떤 인상을 받았나요?

모범답변   ◁)) MP3 4_211

Intro

10살 쯤에 가족과 함께 대만 방문함
was about 10 years old, visited Taiwan with my family

When I was about 10 years old, I visited Taiwan with my family.

제가 10살쯤 되었을 때 가족과 함께 대만을 방문했습니다.

Body

· 외국에서의 첫 휴가였음
  my first vacation in a foreign country

· 매우 깨끗하고 발전된 도시임
  was a very clean and advanced city

· 수천개의 훌륭한 레스토랑과 쇼핑 장소가 있음
  thousands of great restaurants and places to go shopping

· 환상적인 곳, 모든 것이 정말 인상적이었음
  was a fantastic place, really impressed by everything there

The trip to Taiwan was my first vacation in a foreign country. I thought it was an absolutely amazing place! The city of Taipei seemed enormous to me, because my family lived in a very small town in our home country. The roads in Taipei seemed to stretch on forever, and it was a very clean and advanced city. There were thousands of great restaurants and places to go shopping, and there were lovely green parks all over the city. The people were all nice and friendly, and I got the impression that the people were all very happy to be living in Taipei. Overall, I thought it was a fantastic place, and I was really impressed by everything there.

대만 여행은 외국에서의 첫 휴가였습니다. 정말 멋진 곳이라고 생각했어요! 우리 가족은 아주 작은 마을에 살았기 때문에 타이베이라는 도시가 엄청나게 커 보였어요. 타이베이의 도로는 끝없이 뻗어 있는 것 같았고, 매우 깨끗하고 발전된 도시였습니다. 수천 개의 훌륭한 레스토랑과 쇼핑 장소가 있었고 도시 곳곳에 아름다운 녹색 공원이 있었어요. 사람들은 모두 상냥하고 친절했으며 타이베이에 사는 것을 매우 행복해하는 것 같다는 인상을 받았습니다. 전반적으로 타이베이는 환상적인 곳이라고 생각했고 모든 것이 정말 인상적이었어요.

Wrap-up

언젠가 더 많은 곳을 보고 싶음
someday to see more of the country

I hope I can return to Taiwan someday to see more of the country.

언젠가 다시 대만에 돌아가서 더 많은 곳을 보고 싶어요.

■ 고득점 표현

어휘 표현 foreign country 외국 in detail 자세히, 상세하게 impression 인상, 느낌 visit 방문하다 Taiwan 대만 absolutely 정말, 틀림없이 amazing 멋진, 놀라운 seem ~로 보이다, ~인 것 같다 enormous 엄청나게 큰, 거대한 stretch 뻗다, 늘이다 advanced 발전된, 선진의 lovely 아름다운 all over 곳곳에 overall 전반적으로, 종합적인 fantastic 환상적인 impressed 인상적인, 인상깊게 생각하는 return 돌아가다 someday 언젠가

Q7 우리나라 사람들이 해외 여행지에서 주로 하는 일들 ★★★☆☆

Tell me about places that tourists like to go and what they like to do when travelling abroad.
여행객들이 해외 여행 시 가고 싶어 하는 장소와 하고 싶어 하는 일에 대해 말해주세요.

모범답변

Intro •
보통 비슷한 일들 함
usually do similar things

> When tourists travel overseas, they usually do similar things.
> 여행객들이 해외 여행을 할 때 보통 비슷한 일들을 해요.

Body •

· 유명한 장소와 랜드마크 방문함
visit famous places and
landmarks

· 많은 관광객들이 투어를 신청함
many tourists also sign
up for tours

· 가장 유명한 레스토랑 주로
방문함
often visit the most
famous restaurants

· 거의 모든 관광객들이 기념품을 삼
almost all tourists do is
buy souvenirs

> The main thing that tourists do in foreign countries is visit famous places and landmarks. For instance, if someone goes to visit Seoul, they'll almost certainly check out Gyeongbok Palace and Seoul Tower. Many tourists also sign up for tours, because this is the easiest and most convenient way to see all of the major tourist sites and get a lot of interesting information about the places they visit. Tourists also tend to try a lot of the local food, so they often visit the most famous restaurants wherever they are. Another thing almost all tourists do is buy souvenirs. They will often go to shopping areas that have large gift shops to buy a few things that will give them good memories of their vacation.
>
> 외국에서 관광객들이 주로 하는 일은 유명한 장소와 랜드마크를 방문하는 것 이예요. 예를 들어, 서울을 방문하는 관광객이라면 경복궁과 서울타워를 꼭 방문할 것입니다. 주요 관광지를 가장 쉽고 편리하게 둘러보고 방문 장소에 대한 흥미로운 정보를 많이 얻을 수 있는 방법이기 때문에 많은 관광객들이 투어를 신청하기도 하죠. 또한 관광객들은 현지 음식을 시도해 보는 경향이 많이 있기 때문에 어디를 가든 가장 유명한 레스토랑을 주로 방문해요. 거의 모든 관광객이 하는 또 다른 일은 기념품을 사는 것입니다. 그들은 종종 대형 선물 가게가 있는 쇼핑 지역에 가서 휴가의 좋은 기억을 남길 수 있는 몇 가지 물건을 사러 가요.

Wrap-up •
나도 이 모든 것들을 함
do all of these things too

> I must admit, I do all of these things, too, when I travel abroad.
> 해외여행을 갈 때 저도 이 모든 것들을 한다는 것을 인정 할 수밖에 없네요.

■ 고득점 표현

어휘 표현 tourist 여행객, 관광객 travel abroad 해외 여행하다 usually 보통, 대개 similar 비슷한, 유사한 visit 방문하다 famous 유명한 landmark 랜드마크, 주요 지형지물 for instance 예를 들어 almost certainly 꼭, 거의 확실히 sign up for 신청하다, 가입하다 tour 투어, 여행 tend to ~하는 경향이 있다 try 시도하다, 노력하다 local food 현지 음식, 로컬 푸드 whenever ~할 때마다 souvenir 기념품 large 대형, 큰

Q8 좋아하는 가구 ★★★★☆

Tell me about the furniture that is in your house. Do you have a favorite piece of furniture?

당신의 집에 있는 가구에 대해서 말해주세요. 가장 좋아하는 가구가 있나요?

모범답변

MP3 4_215

Intro

매우 다양한 가구가 있음
a wide variety of furniture

I have a wide variety of furniture in my house.

우리 집에는 매우 다양한 가구가 있어요.

Body

· 거실과 식당, 꽤 현대적인 가구 있음
my living room and dining room, have quite modern furniture

· 흰색 가죽으로 만들어짐, 현대적인 디자인
made with white leather, have a contemporary design

· 사무실은 조금 다름
my office is a little different

· 고풍스러운 나무 책상
have an old-fashioned wooden desk

· 사무실 의자, 가장 좋아하는 가구
my office chair, my favorite piece of furniture

In my living room and dining room, I have quite modern furniture. There are two sofa and two armchairs in the living room, and they're made with white leather and have a contemporary design. I also have a black wooden coffee table that looks great in front of the sofas. My dining room is also quite modern. The dining table has a glass top and black metal legs, and the six dining chairs match very well with it. My office is a little different. I have an old-fashioned wooden desk that I bought from an antique store. My office chair was also bought from there, and it's my favorite piece of furniture. It's made from mahogany wood and red leather, and it is the most comfortable chair I've ever sat in.

거실과 식당에는 꽤 현대적인 가구가 있어요. 거실에는 두 개의 소파와 두 개의 안락의자가 있고, 흰색 가죽으로 만들어져 현대적인 디자인이죠. 소파 앞에 놓으면 잘 어울리는 검은색 원목 커피 테이블도 있어요. 제 식당도 꽤 현대적이에요. 식탁은 유리로 상판과 검은색 금속 다리가 있고, 6개의 식탁의자가 아주 잘 어울려요. 제 사무실은 조금 달라요. 골동품 가게에서 산 고풍스러운 나무 책상이 있어요. 제 사무실 의자도 거기서 샀는데 제가 가장 좋아하는 가구예요. 마호가니 나무와 붉은 가죽으로 만든 이 의자는 제가 앉아본 의자 중 가장 편안한 의자예요.

Wrap-up

이 가구들이 가장 먼저 떠오르는 가구들임
those are the pieces that come to mind

There's a lot of other furniture in my home, but those are the pieces that come to mind.

우리 집에는 다른 가구도 많지만 이 가구들이 가장 먼저 떠오르는 가구들이에요.

■ 고득점 표현

어휘 표현 modern 현대적인, 모던한 armchair 안락의자 be made with ~로 만들어지다 leather 가죽 contemporary 현대적인, 동시대의 wooden 나무로 된 match 어울리다, (색깔무늬스타일이 서로) 맞다 old-fashioned 고풍스러운, 옛날식의 antique 골동품 mahogany 마호가니(적갈색이 나는 열대산 나무의 목재로 가구 제작에 쓰임) comfortable 편안한, 쾌적한 come to mind 떠오르다, 생각이 떠오르다

Q9 주로 사용하는 가구의 용도 ★★★★☆

Tell me about how you usually use your furniture. What types of things do you use your furniture for?

평소 가구를 어떻게 사용하는지 말해주세요. 당신은 가구를 어떤 용도로 사용하나요?

모범답변

Intro ●

집에서 가구를 사용하면서 많은 시간 보냄

spend a lot of time using my furniture at home

I guess I spend a lot of time using my furniture at home.

집에서 가구를 사용하면서 많은 시간을 보내는 것 같아요.

Body ●

· 휴식 취하고 TV볼 때 마다, 소파에 몸 뻗고 누움

whenever relaxing and watching television, stretch out on my sofa

· 커피 테이블도 사용

usually use my coffee table, too

· 침실에 정말 큰 책장 있음

a really large bookcase in my bedroom

· 책 보관하고 수집품들 진열하는 데 사용

use for storing books and displaying some collectable items

Whenever I'm relaxing and watching television, I stretch out on my sofa. I think it's the most comfortable spot in my house. When I'm relaxing on my sofa, I usually use my coffee table, too. I often have a drink on the table, and I keep my mobile phone there too in case I need to check it. At mealtimes, I use the dining table and chairs, because I don't think it's a good habit to eat my food in front of the TV. Another piece of furniture that I obviously use every day is my bed. I recently bought a new king-sized bed, and it's so comfortable that I don't want to get out of it when my alarm goes off each morning. I have a really large bookcase in my bedroom, which I use for storing books and displaying some collectable items that I have.

저는 휴식을 취하고 TV를 볼 때마다 소파에 몸을 뻗고 누워요. 우리 집에서 가장 편안한 장소라고 생각해요. 소파에서 휴식을 취할 때는 보통 커피 테이블도 사용합니다. 테이블 위에 음료수를 놓아두기도 하고 휴대폰을 확인해야 할 때를 대비해 휴대폰도 놓아두죠. 식사 시간에는 식탁과 의자를 사용하는데 왜냐하면 TV 앞에서 음식을 먹는 것은 좋은 습관이 아니라고 생각하기 때문이에요. 제가 매일 사용하는 또 다른 가구는 말할 필요도 없이 침대예요. 최근에 새로운 킹 사이즈의 침대를 새로 샀는데 너무 편해서 매일 아침에 알람이 울릴 때 침대에서 일어나고 싶지 않아요. 제 침실에는 정말 큰 책장이 있는데 책을 보관하고 가지고 있는 수집품을 진열하는 데 사용해요.

Wrap-up ●

이 정도가 가구를 어떻게 사용하는지에 대한 다임

pretty much about how I use my furniture

Well, that's pretty much all I can say about how I use my furniture.

음, 이 정도가 가구를 어떻게 사용하는지에 대한 다예요.

■ 고득점 표현

어휘 표현 relax 쉬다, 휴식을 취하다 stretch out 몸을 뻗고 눕다 comfortable 편안한, 편한 spot 장소 in case 대비해서, ~할 경우에 대비해서 mealtime 식사 시간 king-sized 킹 사이즈의, 특대의 get out 일어나다, ~에서 나가다 go off 울리다, 터지다 bookcase 책장, 책꽂이 store 보관하다, 저장하다 display 진열하다, 전시하다 collectable 수집 가능한, 수집 가치가 있는

Q10 어렸을 때와 지금의 가구 비교 ★★★★☆

Tell me about the furniture that was in the house you grew up in. Was it different from the furniture that you have now? Describe what your childhood home used to look like to me.

당신이 자란 집에 있던 가구에 대해서 말해주세요. 지금 가지고 있는 가구와 달랐나요? 어릴 적 살던 집이 어떤 모습인지 설명해 주세요.

모범답변 🔊 MP3 4_219

Intro

지금 가구와 비교하면 매우 다름
very different compared with my current furniture

> The furniture in my childhood home was very different compared with my current furniture.
>
> 어릴 적 살던 집에 있던 가구는 지금의 가구와 비교하면 매우 달라요.

Body

· 가난해서 기본적인 가구만 있었음
was quite poor,
had very basic furniture

· 중고로 구입한 의자, 찢어지거나 자국이 있었음
the chairs were bought used, had some rips and marks on them

· 월급 많이 받아서 멋지고 현대적인 가구 많이 사서 사용하고 있음
receive a high salary, have treated myself to a lot of nice, modern furniture

> When I was growing up, my family was quite poor, so we had very basic furniture. My father actually made some of our furniture, such as the table we had meals at in the kitchen. The chairs we had in our living room were bought used, and they had some rips and marks on them. My bed was quite hard and uncomfortable, and I had to share it with my brother, so it was very cramped. These days, I receive a high salary, so I have treated myself to a lot of nice, modern furniture. I have a huge bed all to myself, and an expensive table in my kitchen. Not only that, but I have an amazing sofa in my lounge. When I was growing up, we didn't even have a sofa!
>
> 제가 어렸을 때 우리 집은 꽤 가난했기 때문에 아주 기본적인 가구만 있었어요. 실제로 아버지는 부엌에서 밥을 먹는 식탁 등 일부 가구를 아버지가 직접 만드셨어요. 거실에 있던 의자는 중고로 구입한 것이어서 찢어지거나 자국이 있었죠. 침대는 딱딱하고 불편했고, 형(남동생)과 같이 써야 했기 때문에 매우 비좁았어요. 요즘은 월급을 많이 받다 보니 멋지고 현대적인 가구를 많이 사서 사용하고 있습니다. 저만을 위한 커다란 침대도 있고 부엌에는 비싼 테이블도 있어요. 뿐만 아니라 제 라운지에는 멋진 소파가 있어요. 제가 어렸을 때는 소파도 없었거든요!

Wrap-up

지금 훨씬 더 좋아짐
much better now than the stuff

> So, my furniture is much better now than the stuff we had when I was young.
>
> 그래서 제 가구는 제가 어렸을 때보다 훨씬 더 좋아졌어요.

■ 고득점 표현

어휘 표현 grow up 자라다, 성장하다 childhood 어릴 적, 어린 시절 compared with ~와 비교하여 current 지금의, 현재의 actually 실제로, 사실상 used 중고의, 익숙한 rip 찢어지다, 찢어진 곳 mark 자국, 흔적 uncomfortable 불편한, 불쾌한 share with ~와 나누어 갖다 cramped (방 등이) 비좁은, 작고 갑갑한 salary 월급, 급여 expensive 비싼, 돈이 많이 드는 not only that 뿐만 아니라, 그뿐 아니라 amazing 멋진, 놀라운 stuff 것, 물건

Q11 친구에게 웹사이트 질문 ★★★★☆

I'd like to give you a situation to act out. Your friend mentioned that they have discovered an interesting website. Call your friend and ask three to four questions about why the website is interesting.

당신에게 주어진 상황에 맞춰서 역할극을 해주세요. 당신의 친구가 흥미로운 웹사이트를 발견했다고 말했어요. 친구에게 전화하여 그 웹사이트가 흥미로운 이유에 대해 서너 가지 질문을 해보세요.

모범답변

Intro

좀 더 자세히 말해줄 수 있는지
tell me more about it

Hi, Ana. It's me, Julie. You mentioned a cool website that you found the other day. Could you tell me more about it? Sounds good!

안녕, 애나. 나야, 줄리. 전에 발견한 멋진 웹사이트에 대해 얘기했었잖아. 그 웹사이트에 대해 좀 더 자세히 말해줄 수 있어? 좋아!

Body

· 어떻게 알게 됐는지
how come across this website

· 우연히 발견하게 되었는지
stumble upon it coincidentally

· 소셜 미디어와 비디오 종류와 관련된 컨텐츠 인지
related to social media and videos sort of content

· 자주 이용하는지
using the website often

· 젊은 사람들이 좋아할 것 같은지
most young people in general would enjoy

First, how did you come across this website? Did you just stumble upon it coincidentally? So far, you're the only one I've heard talk about it. Also, I remember that we were discussing social media and videos at first. Is it related to this sort of content? I know that these days, social media platforms are getting more and more advanced. People are always coming up with new ways to interact online! Lastly, have you been using the website often? I'm sure that finding a new website can be exciting. Do you feel like the website is fun enough to visit and use every day? Do you think most young people in general would enjoy it? I might just check it out myself.

먼저, 이 웹사이트는 어떻게 알게 됐어? 우연히 발견한 거야? 지금까지 이 웹사이트에 대한 얘기를 전해들은 건 너밖에 없었어. 또한 우리가 처음에 소셜 미디어와 비디오에 대해 이야기했던 걸로 기억해. 이런 종류의 컨텐츠와 관련이 있을까? 요즘 소셜 미디어 플랫폼이 점점 더 발전하고 있다는 것을 알고 있어. 사람들은 항상 온라인에서 교류할 수 있는 새로운 방법을 생각해내고 있으니까! 마지막으로, 그 웹사이트를 자주 이용하니? 새로운 웹사이트를 발견하는 것은 분명 흥미로운 일이야. 그 웹사이트가 매일 방문하고 사용할 만큼 재미있다고 생각해? 일반적으로 대부분의 젊은 사람들이 좋아할 것 같아? 나도 한 번 확인해 봐야겠어.

Wrap-up

이게 전부야
that's all

That's all I was curious about. Thanks for answering my questions!

이게 내가 궁금했던 전부야. 질문에 답변해 줘서 고마워!

■ 고득점 표현

어휘 표현　mention 언급하다　come across 우연히 찾아내다　stumble 우연히 ~을 발견하다　coincidentally 우연히도　relate to 관련되다　advanced 앞선, 진보한　interact 교류하다　curious 궁금한, 알고 싶은

Q12 해당 사이트 접속이 되지 않는 상황 문제 해결 ★★★★☆

I'm sorry, but there is a problem I need you to resolve. After attempting to check out the website that your friend mentioned, you discover that it is not available. Call your friend, tell them about what you found, and suggest some solutions to the problem.

유감스럽게도, 당신이 해결해야 할 문제가 있습니다. 당신의 친구가 얘기한 웹사이트를 확인하려고 시도했지만 해당 웹사이트를 접속할 수 없는 것을 발견했습니다. 친구에게 전화를 걸어 발견한 문제에 대해 말하고 몇 가지 해결 방법을 제안해 주세요.

표현 / 서·비

모범답변

(MP3 4_223)

Intro

존재하지 않는 것 같음
doesn't seem to exist

Hi, sorry to bother you again. I tried to visit the website, but it doesn't seem to exist!

안녕, 다시 번거롭게 해서 미안해. 그 웹사이트를 방문하려고 했는데 존재하지 않는 것 같아!

Body

· 문자 그대로 주소 입력했음
  typed in the address
  following the exact text
· 아무것도 뜨지 않음
  nothing will load
· 직접 확인한 다음 다시 연락해 줄
  수 있는 지
  check the website
  yourself, and then get
  back to me
· 주소를 문자로 한 번 더 보내 줄
  수 있을 지
  text me the website's
  address one more time
· 컴퓨터 설정 확인 필요함
  need to check my
  computer settings

I typed in the address following the exact text that you sent me, but nothing will load. It just gives me an error message and a blank screen. Maybe there is an issue with the domain. I also tried searching up the error message on Google, but nothing helpful came up. It's so weird! Can you do me a favor and check the website yourself, and then get back to me? Also, could you text me the website's address one more time? Maybe there was a typo in the original message. If you can access it, but I still can't, then there must be an issue on my end! I guess I need to check my computer settings to see if certain websites are blocked. But I swear I've never set up any sort of technical settings on my device before.

네가 보낸 문자 그대로 주소를 입력했지만 아무것도 뜨지 않았어. 오류 메시지와 빈 화면만 뜨더라고. 아마 도메인에 문제가 있는 것 같기도 해. 구글에서 오류 메시지에 대한 검색도 해봤지만 도움이 되는 내용은 나오지 않았어. 정말 이상해! 네가 직접 웹사이트를 확인한 다음 다시 연락해 줄 수 있을까? 또, 웹사이트 주소를 문자로 한 번 더 보내 줄 수 있을까? 원래 메시지에 오타가 있었을 수도 있으니까. 넌 접속할 수 있는데 내가 접속할 수 없다면 내 쪽에 문제가 있는 게 틀림없어! 컴퓨터 설정을 확인해서 특정 웹사이트가 차단되어 있는지 확인해봐야 할 것 같아. 근데 맹세코 이전에 내 기기에서 어떤 종류의 기술 설정도 해본 적이 없어.

Wrap-up

thanks for taking the time
시간 내줘서 고마움

Anyway, hopefully you can help me work this out. Thanks for taking the time to do this!

어쨌든 내가 이 문제를 해결할 수 있도록 도와주길 바랄게. 시간을 내줘서 고마워!

■ 고득점 표현

어휘 표현 seem ~인 것 같다 exist 존재하다, 실재하다 type 타자 치다, 입력하다 load (컴퓨터에 프로그램 등을) 로드하다 error message 오류 메시지 blank 비어있는, 백지의 domain 도메인, 인터넷 주소의 구분 weird 이상한 favor 부탁 typo 오타 setting 설정 certain 특정한 block 차단, 막다 swear 맹세하다, 단언하다 hopefully 바라건대

Q13 인터넷을 사용하면서 겪었던 문제와 해결 경험 ★★★★☆

That's the end of the situation. What are some internet issues that you've run into before? Have you had difficulty using a website? Or, have you had connection problems? Please tell me the exact problem you have experienced and how you dealt with the situation using specific details.

상황극이 종료 되었습니다. 당신이 이전에 겪었던 인터넷 문제에는 어떤 것이 있나요? 웹사이트 사용에 어려움을 겪은 적이 있나요? 아니면 연결에 문제가 있었던 적이 있나요? 정확히 어떤 문제를 경험했는지, 그 상황을 어떻게 해결했는지 구체적인 내용을 들어 말해 주세요.

모범답변

Intro

와이파이 신호가 매우 약한 기숙사에 살았음
lived in a dormitory with a very weak Wi-Fi signal

In college, I lived in a dormitory with a very weak Wi-Fi signal. It was so inconvenient.

저는 대학 시절 와이파이 신호가 매우 약한 기숙사에서 살았어요. 정말 불편했죠.

Body

· 인터넷은 매일 사용해야 하는 도구
the internet, a tool that we need to use every day

· 수업 자료와 온라인 강의 볼 때
viewing course materials and online lectures

· 인터넷 연결 상태 진짜 중요
a good internet connection, super important

· 느려지거나 버벅거리면 정말 짜증남
so annoying when lag or buffer

· 결국 휴대폰을 와이파이 핫스팟으로 사용함
end up using their phones as Wi-Fi hotspots

As students, the internet is a tool that we need to use every day. Especially when it came to viewing course materials and online lectures, having a good internet connection was super important. It was so annoying when videos would lag or buffer. It would make me feel even lazier to study! I think our dorms didn't have a strong Wi-Fi signal because the buildings were old. Anyway, when the internet connection was especially hard to work with, most students would just end up using their phones as Wi-Fi hotspots. This alternative also worked for me, but then a new problem that would come up is that my phone battery would drain out too fast!

학생으로서 인터넷은 매일 사용해야 하는 도구예요. 특히 수업 자료와 온라인 강의를 볼 때는 인터넷 연결 상태가 진짜 중요하죠. 동영상이 느려지거나 버벅거리는 것은 정말 짜증나는 일이었거든요. 그러면 공부하는 것이 더 게으르게 느껴지곤 했죠! 우리 기숙사는 건물이 오래되어서 와이파이 신호가 강하지 않았던 것 같아요. 어쨌든 인터넷 연결이 특히 어려울 때는 대부분의 학생들이 결국 휴대폰을 와이파이 핫스팟으로 사용하곤 했어요. 이 대안도 저게 효과적이기는 했지만, 휴대폰 배터리가 너무 빨리 소모되는 새로운 문제가 생겼어요!

Wrap-up

실망스러운 경험
a frustrating experience

All in all, it was a frustrating experience.
전반적으로 실망스러운 경험이었어요.

■ 고득점 표현

Q14 **5년 전과 현재의 휴대폰 이용 비교** ★★★★★

Please compare cell phones five years ago to cell phones today. What kinds of phone functions and applications were used? What are some of the biggest differences between then and now when it comes to how people use their phones? Describe in detail a phone that you used to use in the past.

5년 전의 휴대폰과 오늘날의 휴대폰을 비교해 보세요. 어떤 종류의 휴대폰 기능과 앱이 사용되었나요? 사람들이 휴대폰을 사용하는 방식에 있어 그때와 지금 사이에 가장 큰 차이점은 무엇인가요? 과거에 사용했던 휴대폰에 대해 자세히 설명해 주세요.

모범답변

MP3 4_227

Intro

5년 전과 비교하면 조금 다르게 사용됨

used a bit differently now compared with five years ago

> Cell phones are used a bit differently now compared with five years ago.
>
> 휴대폰은 5년 전과 비교하면 지금은 조금 다른 방식으로 사용됩니다.

Body

· 당시에는 기능이 제한적이었음
back then, had more limited features

· 작은 용량의 사진과 음악 파일 저장할 수 있었음
were able to store small size of photos and music files

· 일반 디지털 카메라 대체할 정도임
cell phone cameras, basically replaced normal digital cameras

· 고품질 그래픽 게임도 실행할 수 있음
can also run games with high-quality graphics now

> Back then, cell phones had more limited features, so they were typically used for making calls, basic web browsing, and taking photos, although the cameras were not as advanced as today. People also played some very basic games, and they were able to store small size of photos and music files on their phones. Now, cell phones are much more advanced, and they serve a wide variety of functions. Cell phone cameras are now so good that they have basically replaced normal digital cameras, and the music storage and playback capabilities of phones have made MP3 players similarly obsolete. Phones can also run games with high-quality graphics now.
>
> 당시에는 휴대전화의 기능이 제한적이었기 때문에 일반적으로 통화, 기본적인 웹 검색, 사진 촬영에 사용되었지만 카메라는 지금처럼 발전하지 않았어요. 또한 사람들은 휴대폰으로 아주 기본적인 게임을 했고, 작은 용량의 사진과 음악 파일을 휴대폰에 저장할 수 있었죠. 이제 휴대폰은 훨씬 더 발전하여 다양한 기능을 제공해요. 휴대폰 카메라는 이제 일반 디지털 카메라를 대체할 정도로 성능이 좋아졌고, 휴대폰의 음악 저장 및 재생 기능으로 인해 MP3 플레이어는 거의 쓸모없게 되었죠. 이제 휴대폰으로 고품질 그래픽의 게임도 실행할 수 있어요.

Wrap-up

최신 휴대폰은 더욱 강력해짐
modern cell phones more powerful

> Overall, technological advancements have made modern cell phones more powerful to a wide range of user needs and preferences.
>
> 전반적으로 기술 발전으로 인해 최신 휴대폰은 다양한 사용 요구와 선호도에 맞춰 더욱 강력해졌어요.

■ 고득점 표현

Q15 젊은 사람들의 과도한 휴대폰 사용에 대한 부작용 ★★★★★

In some societies, people are worried that the younger generation is not developing face-to-face communication skills because they are spending too much time on their phones. What do the people in your country think about how younger people use their phones?

일부 사회에서는 젊은 세대가 휴대폰 사용에 너무 많은 시간을 보내서 대면 의사소통 능력을 향상시키지 않는다고 우려하는 사람들이 있습니다. 당신의 나라에서는 사람들이 젊은 세대의 휴대폰 사용 방식에 대해 어떻게 생각하나요?

모범답변　　　　　　　　　　　　　　　　　　　　（◁》MP3 4_229

Intro •

젊은 사람들이 휴대폰을 사용하는 시간
the amount of time young people spend on their phones

> I think people in my country do worry about the amount of time young people spend on their phones.
>
> 우리나라 사람들은 젊은 사람들이 휴대폰을 사용하는 시간에 대해 우려하고 있다고 생각해요.

Body •

· 휴대폰을 자주 확인함
check their phones frequently

· 나쁜 습관, 사회성을 잃어가고 있음
a bad habit, losing many social skills

· 안전에 문제가 됨
a problem due to safety

· 서로 부딪히거나 실수로 달리는 차량 앞에 발을 디딜 수 있음
might bump into one another or accidentally step in front of a moving vehicle

> These days, young people spend a lot of time on their phones. They check their phones frequently, no matter what they are doing. When they are on public transportation, sitting in a restaurant, or even walking down the street, the younger generation are almost always looking at their cell phone screens. People in my country think this is a bad habit, because the young people are losing many social skills. They are less effective at communicating, less polite, and lack social etiquette. People also think it's a problem due to safety. When people are staring at their phones, they might bump into one another or accidentally step in front of a moving vehicle.
>
> 요즘 젊은 사람들은 휴대폰에 많은 시간을 할애합니다. 그들은 무엇을 하든 휴대폰을 자주 확인합니다. 대중교통을 이용할 때, 식당에 앉아있을 때, 심지어 길을 걸을 때도 젊은 사람들은 거의 항상 휴대폰 화면을 들여다보고 있죠. 우리나라 사람들은 이것이 나쁜 습관이라고 생각하는데 사회성(사교 능력)을 잃어가고 있기 때문이에요. 의사소통 효율성이 떨어지고, 덜 예의 바르며, 사회적 에티켓이 부족해요. 사람들은 또한 안전에 문제가 된다고 생각해요. 휴대폰을 쳐다보고 있을 때 서로 부딪히거나 실수로 달리는 차량 앞에 발을 디딜 수 있어요.

Wrap-up •

이런 우려에 공감함
share some of these concerns

> To be honest, I share some of these concerns about the amount of time people are spending on their phones.
>
> 솔직히 말해서 사람들이 휴대폰을 사용하는 시간에 대한 이런 우려에 공감합니다.

■ 고득점 표현

OPIc
All in one
PACKAGE

5
부가자료

OPIc
All in One 패키지

초판 1쇄 발행 2023년 8월 9일
초판 2쇄 발행 2024년 3월 4일

지은이 시원스쿨어학연구소
펴낸곳 (주)에스제이더블유인터내셔널
펴낸이 양홍걸 이시원

홈페이지 www.siwonschool.com
주소 서울시 영등포구 영신로 166 시원스쿨
교재 구입 문의 02)2014-8151
고객센터 02)6409-0878

ISBN 979-11-6150-743-9 1374
Number 1-110606-18180400-08

시험장에 들고 가는 핵심 정리

오픽 필수 어휘와 벼락치기 노트로 시험 전 마지막 총 정리를 합니다.
출제 가능성이 높은 선택형 주제 관련 어휘를 예문과 함께 익히고
사전 설문 및 자가 평가, 문제 출제 공식을 정리합니다.

목차

영화 보기

001	**film**	저는 다양한 종류의 영화를 보는 것을 좋아해요.
	[film]	I enjoy seeing a wide range of films.
☐ ☐ ☐	몡 영화	

002	**horror**	제가 영화관에서 가장 좋아하는 영화는 공포 영화예요.
	[hɔ́:rər]	My favorite kind of movie to watch at the cinema is horror.
☐ ☐ ☐	몡 공포 영화	

003	**going to the movies**	저는 영화 보러 가는 것을 아주 좋아해요.
	[góuiŋ tu ðə mú:viz]	I love going to the movies.
☐ ☐ ☐	㉠ 영화를 보러 가다	

004	**comedy**	저는 영화관에 코미디 영화를 보러 가는 것도 좋아해요.
	[kɑ́mədi]	I also love going to the movies to see comedy films.
☐ ☐ ☐	몡 코미디	

005	**scene**	웃긴 장면에서 다른 사람들에게 둘러싸여 웃으면 더 크게 웃게 되거든요.
	[si:n]	When I'm surrounded by other people laughing at the funny scenes, it makes me laugh even harder.
☐ ☐ ☐	몡 장면	

006	**typical**	영화를 보러 갈 때 저의 일반적인 일과에 대해 이야기할게요.
	[típikəl]	I'll tell you about my typical routine when I go and see a movie.
☐ ☐ ☐	혱 일반적인	

007	**routine**	영화를 보러 가기 위해 약속을 잡을 때 저의 일반적인 일과에 대해 이야기할게요.
	[ru:tí:n]	I'd like to talk about my typical routine when I make plans to go and see a movie.
☐ ☐ ☐	몡 일과	

008	**taste**	우리 모두는 영화 취향이 비슷해요.
	[teist]	We all have similar tastes in films.
☐ ☐ ☐	몡 취향	

009	**recent**	가장 최근 영화관에 다녀온 것에 대해 이야기할게요.
	[rí:snt]	let me tell you about my most recent trip to the cinema.
☐ ☐ ☐	혱 최근	

010	**cinema**	영화관에 가기 전에 커피숍에서 점심을 먹으면서 이야기를 나눴어요.
	[sínəmə]	Before going to the cinema, we had lunch at a coffee shop.
☐ ☐ ☐	몡 영화관	

TV보기, 리얼리티쇼 시청하기

011 type
[taip]
⑲ 종류, 유형

요즘 제가 가장 좋아하는 TV 프로그램 종류는 리얼리티 TV쇼예요.
My favorite types of TV shows these days are reality TV shows.

012 be filled with
[-fíld wəð]
㉑ ~로 가득찬

항상 극적인 사건과 가십으로 가득 차 있어요.
It's always filled with drama and gossip.

013 relieve my stress
[rilíːv mai stres]
㉑ 스트레스를 풀다

리얼리티 TV쇼는 스트레스를 해소하는데 정말 도움이 돼요.
Reality TV shows really help me to relieve my stress and chill out.

014 chill out
[tʃíl àut]
㉑ 긴장을 풀다, 침착해지다

리얼리티 TV쇼는 긴장을 푸는 데 정말 도움이 돼요.
Reality TV shows really help me to chill out.

015 on a regular basis
[ən ə régjulər béisis]
㉑ 정기적으로

저는 정기적으로 TV 프로그램과 영화를 시청합니다.
I watch TV shows and movies on a regular basis.

016 turn on
[təːrn ən]
㉑ 켜다

매일 아침 일어나자마자 TV를 킵니다.
As soon as I wake up each morning, I turn on the TV.

017 popular
[pάpjulər]
⑲ 인기 있는

제가 어렸을 때 가장 인기 있었던 TV 프로그램은 프렌즈였어요.
When I was young, the most popular TV show was Friends.

018 re-run
[riː rʌnz]
⑲ (텔레비전 프로의) 재방송

저는 지금도 TV에서 재방송이 보이면 시청하곤 합니다.
I still watch the re-runs whenever I see them on TV.

019 diverse
[daivə́ːrs]
⑲ 다양한

또 다른 차이점은 요즘 드라마들 만큼의 다양성이 없었어요.
Another difference is that Friends was not as diverse as shows are these days.

020 main cast
[mein kæst]
㉑ 주요 출연진, 배역

프렌즈의 주요 출연진은 모두 매력적인 백인이었죠.
The main cast are all attractive, white individuals.

공연 보기, 콘서트 보기

021	**live performance**	저는 콘서트와 다른 라이브 공연들을 보러 가는 것을 정말 즐겨요.
☐ ☐ ☐	[laiv pərfɔ́ːrməns] ⑲ 라이브 공연	I really enjoy going to see concerts and other live performances.

022	**energetic**	관중은 항상 매우 활기차고 열정적이죠.
☐ ☐ ☐	[ènərdʒétik] ⑱ 활기찬, 활동적인	The crowd is always so energetic and enthusiastic, too.

023	**venue**	코미디언의 농담에 사람들이 웃기 시작하면 다른 사람들도 웃기 시작하고, 결국 공연장에 있는 모든 사람들이 웃게 되죠.
☐ ☐ ☐	[vénjuː] ⑲ 장소	When people start laughing at a comedian's jokes, other people in the crowd also start laughing, and eventually everyone in the venue is laughing.

024	**be located in**	제가 사는 도시의 극장가 지역에 위치해 있어요.
☐ ☐ ☐	[bi lóukeitid in] ㉠ ~에 위치해 있다	It's located in the theater district of my city.

025	**stage**	무대가 관중석과 매우 가까워요.
☐ ☐ ☐	[steidʒ] ⑲ 무대	The stage is very close to the crowd area.

026	**crowd area**	무대가 관중석과 매우 가까워요.
☐ ☐ ☐	[kraud ɛ́əriə] ⑲ 관중석	The stage is very close to the crowd area.

027	**performer**	항상 공연자들을 잘 볼 수 있어요.
☐ ☐ ☐	[pərfɔ́ːrmər] ⑲ 공연자, 연주자	I always get a great view of the performers.

028	**get together**	친구들과 함께 모여서 술 한잔할 수 있습니다.
☐ ☐ ☐	[get təgéðər] ㉠ ~을 모으다, 모이다	I can get together with friends and have a few drinks there.

029	**be a big fan of**	저는 제 동생과 동생의 친구 중 한 명과 함께 콘서트에 갔는데, 그들도 이 밴드의 열렬한 팬이었기 때문이죠.
☐ ☐ ☐	[big fænz əv;] ㉠ ~의 열혈팬이다, 아주 좋아한다	I went to the concert with my brother and one of his friends, because they're also big fans of the band.

030	**memorable**	가장 기억에 남는 부분은 화려한 조명쇼였어요.
☐ ☐ ☐	[mémərəbl] ⑱ 기억에 남는	The most memorable part for me was the spectacular light show.

031	**go shopping** [gou ʃápiŋ] ㉠ 쇼핑하러 가다	저는 월말에 월급을 받으면 쇼핑하러 가는 것을 좋아해요 I love to go shopping after I get my salary at the end of the month.
032	**clothing store** [klóuðiŋ stɔːr] ⑲ 의류 매장	제가 좋아하는 의류 매장이 정말 많아요. That has so many clothing stores that I love.
033	**price** [prais] ⑲ 가격	이 쇼핑몰의 가장 좋은 점은 가격이 상당히 합리적이라는 점입니다. The best thing about the mall is that the prices are quite reasonable.
034	**reasonable** [ríːzənəbl] ⑱ 합리적인	이 쇼핑몰의 가장 좋은 점은 가격이 상당히 합리적이라는 점입니다. The best thing about the mall is that the prices are quite reasonable.
035	**recommend** [rèkəménd] ⑧ 추천하다	모든 사람에게 파이브 트리즈 몰에 가보라고 추천하고 싶어요. I'd recommend that everyone checks out the Five Trees Mall.
036	**check out** [tʃek aut] ㉠ 보다, 확인하다	모든 사람에게 파이브 트리즈 몰에 가보라고 추천하고 싶어요. I'd recommend that everyone checks out the Five Trees Mall.
037	**huge** [hjuːdʒ] ⑱ 큰, 거대한	어렸을 때는 쇼핑 센터가 정말 거대하고 놀라워 보였어요. It seemed so huge and amazing when I was little.
038	**interesting** [íntərəstiŋ] ⑱ 흥미로운, 재미있는	흥미로운 볼거리와 들을거리가 많았죠. There were many interesting sights and sounds.
039	**sight** [sait] ⑲ 구경 거리, 관광지	흥미로운 볼거리와 들을거리가 많았죠. There were many interesting sights and sounds.
040	**buy** [bai] ⑧ 사다	어머니는 보통 쇼핑 센터를 떠나기 전에 작은 장난감을 사주셨어요. My mother would normally buy me a small toy before we left the shopping center.

음악 감상하기

041 a wide variety of
[ə waid vəráiəti əv;]
㉿ 매우 다양한

저는 매우 다양한 음악을 들어요.
I listen to a wide variety of music.

042 musician
[mjuːzíʃən]
⑲ 뮤지션, 음악가

좋아하는 뮤지션이 몇 명 있습니다.
I have a few favorite musicians.

043 genre
[ʒǽːnrə;]
⑲ 장르

제가 가장 좋아하는 음악 장르는 록 음악입니다.
My favorite genre of music is rock music.

044 lyric
[lírik]
⑲ 가사

그의 가사와 랩과 노래를 섞는 방식이 정말 마음에 들었어요.
I really like his lyrics and the way he mixes rapping with singing.

045 catchy
[kǽtʃi]
⑱ 외우기 쉬운

제가 처음 좋아한 음악은 팝 음악이었는데, 주로 외우기 쉬운 멜로디와 박자기 때문이죠.
The first music I liked was pop music, because it usually has a catchy tune and beat.

046 tune
[tjuːn]
⑲ 곡, 멜로디

제가 처음 좋아한 음악은 팝 음악이었는데, 주로 외우기 쉬운 멜로디와 박자기 때문이죠.
The first music I liked was pop music, because it usually has a catchy tune and beat.

047 beat
[biːt]
⑲ 박자

제가 처음 좋아한 음악은 팝 음악이었는데, 주로 외우기 쉬운 멜로디와 박자기 때문이죠.
The first music I liked was pop music, because it usually has a catchy tune and beat.

048 get into
[get intə]
㉿ ~에 빠져들다,
~에 흥미를 갖게 되다

록이나 메탈 같은 기타를 기반으로 한 음악에 더 빠져들게 되었어요.
I've gotten more into guitar-based music like rock and metal.

049 relate to
[riléit tu]
㉿ ~에 공감하다, ~와 관련되다

팝 가사보다 (기타를 기반으로 한 음악의) 가사에 더 공감할 수 있는 것 같아요.
I think I can relate to the lyrics more than I can with pop lyrics.

050 interest
[íntərəst]
⑱ 관심

어릴 때부터 음악에 관심을 가지길 잘했어요.
I'm glad I took an interest in music from a young age.

051	**trail** [treil] 몡 길, 산책로	그곳은 조깅과 자전거를 타기에 좋은 길이 많은 숲이 우거진 정말 넓은 지역이에요. It's a really large wooded area with lots of great trails for jogging and cycling.
052	**peaceful** [píːsfəl] 혱 평화로운	매우 조용하고 평화로워요. It's very quiet and peaceful.
053	**focus on** [fóukəs ən] ㉚ ~에 집중하다	운동에 집중하고, 핸드폰으로 음악을 즐길 수 있죠. I can focus on my workout and enjoy music on my headphones.
054	**get into** [get íntə] ㉚ ~을 (시작)하게 되다, ~에 들어가다	저는 약 3년 전 고등학교 때 조깅을 시작했어요. I got into jogging about three years ago when I was in high school.
055	**physical fitness** [fízikəl fítnis] 몡 체력, 체질적 적성	체력이 아주 빠르게 향상되기 시작했죠. My physical fitness began to improve quite quickly.
056	**improve** [imprúːv] 통 향상되다, 개선되다	체력이 아주 빠르게 향상되기 시작했죠. My physical fitness began to improve quite quickly.
057	**pace** [peis] 몡 속도	저는 매번 한 시간씩 조깅을 하게 되었고, 훨씬 빠른 속도로 조깅을 하게 되었습니다. I was jogging for one hour each time, and jogging at a much faster pace.
058	**energize** [énərdʒàiz] 통 활기 있게 하다	활력이 넘치고 긍정적인 기분이 들어요. It makes me feel energized and positive.
059	**positive** [pázətiv] 혱 긍정적인	활력이 넘치고 긍정적인 기분이 들어요. It makes me feel energized and positive.
060	**expereience** [ikspíəriəns] 몡 경험	조깅을 하면서 특별히 기억에 남는 경험이 하나 있어요. I can think of one experience I had while jogging that was particularly memorable.

061	**take a vacation**	저는 해외 여행보다는 국내에서 휴가를 보내는 것을 선호합니다.
	[teik veikéiʃənz]	I do prefer taking vacations in my home country rather than traveling abroad.
	㉠ 휴가를 보내다, 가다	

062	**scenic**	우리나라에는 다양한 즐길 거리와 경치 좋은 곳이 많기 때문입니다.
	[síːnik]	My country has a wide variety of fun things to do and scenic places to visit.
	ⓗ 경치가 좋은	

063	**mountain range**	저는 봄과 여름에 친구들과 자주 방문하는 큰 산맥이 있어요.
	[máuntən reindʒ]	There is a huge mountain range that I often visit during spring and summer with my friends.
	ⓜ 산맥	

064	**arrange**	저는 교통편을 준비합니다.
	[əréindʒ]	I'll arrange the transportation.
	ⓣ 준비하다, 마련하다	

065	**transportation**	저는 항상 교통편 계획을 먼저 확정해요.
	[trænspərtéiʃən]	I always finalize my transportation plans first.
	ⓜ 교통편, 이동 (방법)	

066	**good deal**	온라인에서 좋은 조건의 호텔을 검색해서 숙소를 예약하죠.
	[gud diːl]	I'll search online for good deals on hotels and book my accommodation.
	㉠ 좋은 조건, 좋은 거래	

067	**accommodation**	온라인에서 좋은 조건의 호텔을 검색해서 숙소를 예약하죠.
	[əkάmədéiʃən]	I'll search online for good deals on hotels and book my accommodation.
	ⓜ 숙소, 거처	

068	**prepare**	또한 여행을 떠나기 전에 집에서 몇 가지를 준비합니다.
	[pripéər]	I also prepare a few things at home before I leave for my trip.
	ⓣ 준비하다, 대비하다	

069	**souvenir**	친구와 기념품을 쇼핑하고 있었어요.
	[sùːvəníər]	My friend and I were out shopping for souvenirs.
	ⓜ 기념품	

070	**unexpected**	경주에서 쇼핑하는 동안 정말 예상치 못한 일이 벌어졌어요.
	[əˌnikspeˈktid]	It was such an unexpected thing to happen while shopping in Gyeongju.
	ⓗ 예상치 못한	

해외 여행

071	**travel overseas** [trǽvəl ouˈvərsiˈz] ㉻ 해외로 여행가다	저는 가족과 함께 해외 여행을 여러 번 다녀왔어요. I've traveled overseas several times with my family.
072	**international trip** [ìntərnǽʃənəl trip] ⑲ 해외 여행	가장 기억에 남는 해외 여행은 스코틀랜드에서의 휴가였습니다. My most memorable international trip was my vacation in Scotland.
073	**road trip** [roud trip] ⑲ 자동차 여행, 장거리 자동차 여행	스코틀랜드고지로 자동차 여행도 갔어요. We also went on a road trip up to the Scottish Highlands.
074	**historical site** [histɔ́rikəl sait] ⑲ 유적지	우리는 그 유명한 네스호에 방문했고 많은 유적지를 구경했어요. We visited the famous Loch Ness, saw a lot of historical sites.
075	**local food** [lóukəl fuːd] ⑲ 현지 음식	우리는 해기스 같은 현지 음식도 먹어봤어요. We tried local foods like haggis.
076	**be interested in** [bi íntərəstid in] ㉻ ~에 관심이(흥미가) 있다	저는 세계 각국의 음식에 관심이 많아요. I am very interested in international food.
077	**useful** [júːsfəl] ⑱ 유용한	새로운 언어를 배우는 것은 재미있을 뿐만 아니라 매우 유용합니다. Learning a new language is not only fun but also very useful.
078	**communicate with** [kəmjúːnəkèit wəð] ㉻ 소통하다, ~와 대화를 나누다	현지 사람들과 더 쉽게 소통할 수 있어요. It lets me communicate with the local people more easily.
079	**foreign** [fɔ́ːrən] ⑱ 외국의	외국을 방문하는 것은 너무 재미있어요. Visiting a foreign country is so much fun.
080	**stay in** [stei in] ㉻ 머무르다, 지내다	파리에서 일주일동안 머물면서 유명한 랜드마크를 많이 봤어요. We stayed in Paris for one week and we saw so many famous landmarks.

집에서 보내는 휴가

081	**stay at home**	저는 휴가 기간에 집에 있는 것을 선호합니다.
☐ ☐ ☐	[stei ət; houm] ㉠ 집에 머물러 있다	I do prefer to stay at home during my vacation time.

082	**vacation**	저는 휴가 기간 동안 보통 부모님 댁에 방문해요.
☐ ☐ ☐	[veikéiʃən] ⓝ 휴가	I usually visit my parents during my vacations.

083	**spend time -ing**	휴가 때 편안하게 시간을 보내는 것을 좋아해요.
☐ ☐ ☐	[spend taim -iŋ] ㉠ ~하면서 시간을 보내다	I like to spend time relaxing when I have a vacation.

084	**time off**	저는 휴가의 많은 시간을 정원을 가꾸는 데 썼어요.
☐ ☐ ☐	[taim ɔf] ㉠ 일이 없는 한가한 시간, 휴식, 휴가	I used a lot of my time off to take care of my garden.

085	**catch up**	우리는 보통 서로 밀린 근황을 나눕니다.
☐ ☐ ☐	[kǽtʃʌp] ㉠ 밀린 것을 따라잡다	We usually catch up with each other.

086	**chore**	저는 밀린 집안일을 하고 TV 프로그램을 봅니다.
☐ ☐ ☐	[tʃɔːr] ⓝ 가사, 허드렛일	I catch up on some household chores and TV shows.

087	**hang out**	주로 같이 영화를 보거나 외식을 하러 가기도 해요.
☐ ☐ ☐	[hæŋ aut] ㉠ 놀다, 어울리다, 보내다	We normally hang out and watch movies together or go out for some food and drinks.

088	**day off**	휴가의 첫 날은 정원 가꾸기 팁에 관한 온라인 동영상을 시청하는 데 보냈어요.
☐ ☐ ☐	[dei ɔːf] ㉠ (근무, 일을) 쉬는 날	I spent my first day off watching online videos about gardening tips.

089	**order**	그런 다음 잔디 씨앗, 원예 도구, 새 화분 등 필요한 물건을 주문했죠.
☐ ☐ ☐	[ɔ́ːrdər] ⓥ 주문하다	Then I ordered things that I needed, like grass seed, gardening tools, and new flower pots.

090	**quality time**	우리는 즐거운 시간을 보냈어요.
☐ ☐ ☐	[kwɑ́ləti taim] ㉠ 즐거운 시간, 의미 있는 시간	We had a quality time.

Background Survey 선택 전략

사전 설문조사(Background Survey)는 문제 범위를 설정하는 매우 중요한 단계입니다. 수험자에게 총 12개의 질문을 통해 신원 및 주거 상황, 취미 및 기타 활동에 대한 정보를 선택하게 합니다. 수험자가 선택한 내용을 바탕으로 문제가 주어지기 때문에 최소한의 범위로 줄일 수 있는 서베이 항목을 선택하는 것이 중요합니다.

1. 현재 귀하는 어느 분야에 종사하고 계십니까?

☐ 사업/회사　　　　☐ 재택근무/재택사업　　　　☐ 교사/교육자　　　　☐ 군 복무　　　　☑ 일 경험 없음

> 일 경험 없음, 학생 아님, 수업 등록 후 5년 이상 지남을 선택하여 직장과 학교 관련 문제 군의 출제를 제외시킬 수 있습니다.

2. 현재 귀하는 학생이십니까?

☐ 네　　　　　　☑ 아니오

2.2. 최근 어떤 강의를 수강했습니까?

☐ 학위 과정 수업
☐ 전문 기술 향상을 위한 평생 학습
☐ 어학 수업
☑ 수업 등록 후 5년 이상 지남

3. 현재 귀하는 어디에 살고 계십니까?

☑ 개인 주택이나 아파트에 홀로 거주
☐ 친구나 룸메이트와 함께 주택이나 아파트에 거주
☐ 가족(배우자/자녀/기타 가족 일원)과 함께 주택이나 아파트에 거주
☐ 학교 기숙사
☐ 군대 막사

> 가족이나 룸메이트 관련 문제를 피하기 위해 개인으로 혼자 거주를 선택해주세요.

아래의 4~7번 문항에서 12개 이상을 선택해 주시기 바랍니다.

4. 귀하는 여가 활동으로 주로 무엇을 하십니까? (두개 이상 선택)

☑ 영화 보기   ☐ 클럽/나이트 클럽 가기

☐ 박물관 가기   ☐ 공원 가기

☐ 스포츠 관람   ☐ 주거 개선

☐ 게임하기   ☐ 친구들에게 문자 대화하기

☐ SNS에 글 올리기   ☑ 리얼리티쇼 시청하기

☑ TV보기   ☐ 스파/마사지샵 가기

☐ 요리 관련 프로그램 시청하기   ☑ 공연 보기

☐ 차로 드라이브하기   ☐ 캠핑하기

☐ 카페/커피 전문점 가기   ☐ 체스하기

> 4번 항목에서는 비슷한 특징을 가진 여가 활동들을 선택합니다.
> 영화, 공연, TV, 리얼리티쇼, 콘서트 관람을 묶어서 선택하는 것을 추천합니다.

☐ 시험대비 과정 수강하기

☐ 뉴스 보거나 듣기

☐ 쇼핑하기

☐ 구직활동 하기

☑ 콘서트 보기

☐ 해변 가기

☐ 자원 봉사하기

5. 귀하의 취미나 관심사는 무엇입니까? (한 개 이상 선택)

☐ 아이에게 책 읽어주기   ☑ 음악 감상하기

☐ 글쓰기(편지, 단문, 시 등)   ☐ 그림 그리기

☐ 독서   ☐ 주식 투자하기

☐ 사진 촬영하기   ☐ 혼자 노래 부르거나 합창하기

> 5번 항목에서 음악 감상하기 하나만 선택합니다. 하나만 선택해서 더욱 높은 출제 가능성을 확보합니다.

☐ 신문 읽기

☐ 춤추기

6. 귀하는 주로 어떤 운동을 즐기십니까? (한 개 이상 선택)

☐ 농구   ☐ 야구/소프트볼

☐ 미식 축구   ☐ 하키

☐ 골프   ☐ 배구

☐ 배드민턴   ☐ 탁구

☐ 자전거   ☐ 스키/스노보드

☑ 조깅   ☑ 걷기

☐ 하이킹/트레킹   ☐ 낚시

☐ 태권도   ☐ 운동 수업 수강하기

> 6번 즐기는 운동에서도 비슷한 특징을 가진 조깅, 걷기를 선택하고 운동을 전혀 하지 않음을 선택하여 출제 범위를 줄여주세요.

☐ 테니스

☐ 수영

☐ 아이스 스케이트

☐ 요가

☐ 헬스

☑ 운동을 전혀 하지 않음

7. 당신은 어떤 휴가나 출장을 다녀온 경험이 있습니까? (한 개 이상 선택)

☐ 국내 출장   ☐ 해외 출장

☑ 국내 여행   ☑ 해외 여행

☑ 집에서 보내는 휴가

> 7번 휴가나 출장 항목에서는 집에서 보내는 휴가, 국내 여행, 해외 여행을 선택합니다. 여행과 집 활동 카테고리로 묶어 준비하면 다른 돌발 문제에 활용할 수 있습니다.

Self-Assessment 선택 전략

Self-Assessment(자가 평가) 선택 항목에 따라 난이도가 결정됩니다. 기본적으로 본인의 영어 실력을 고려해 선택해야 하지만 목표하는 등급에 맞춰 전략적으로 선택하는 것이 중요합니다. 그리고 7번 문제가 끝나고 추가 난이도 조정에서는 비슷한 질문을 선택하는 것을 추천합니다.

1단계	🔊 Sample Audio	나는 10단어 이하의 단어로 말할 수 있습니다.
2단계	🔊 Sample Audio	나는 일반적인 사물, 색깔 요일, 음식, 의류, 숫자 등에 대해 말할 수 있습니다. 항상 완벽한 문장을 구사하지 못하며, 간단한 질문도 하기 어렵습니다.
3단계	🔊 Sample Audio	나는 나 자신, 직장, 친한 사람과 장소, 일상에 대한 기본적인 정보를 간단한 문장으로전달할 수 있으며, 간단한 질문을 할 수 있습니다.
4단계	🔊 Sample Audio	나는 나 자신, 일상, 일/학교와 취미에 대해 간단한 대화를 할 수 있습니다. 나는 친근한 주제와 일상에 대해 쉽게 간단한 문장들을 만들 수 있습니다. 나는 또한 내가 원하는 질문도 할 수 있습니다.
5단계	🔊 Sample Audio	나는 친숙한 화제와 집, 직장/학교, 개인적이거나 사회적인 관심사에 대해 대화할 수 있습니다. 나는 일어난 일, 일어나고 있는 일, 일어날 일에 대해 연결된 문장을 말할 수 있고, 질문을 받을 경우 이를 설명할 수 있습니다. 일상 생활에서 예기치 않은 복잡한 상황이 발생하더라도 임기응변으로 대처하여 말할 수 있습니다.
6단계	🔊 Sample Audio	나는 직장/학교, 개인적 관심사나 시사 문제에 대한 어떤 대화나 토론도 자신 있게 할 수 있습니다. 높은 수준의 정확성과 다양한 어휘가 요구되는 대부분의 화제에 대해 충분한 길이나 내용으로 자세히 설명할 수 있습니다.

목표등급에 따른 추천 선택 항목

목표 등급	선택 항목	주요 채점 기준
IM	3단계	· 문장 단위로 말할 수 있음 · 선택형 문제에 현재 시제를 활용해 답변할 수 있음
IH	4단계	· 다양한 시제와 형용사, 부사 사용할 수 있음 · 롤플레이 질문하기 유형에 답할 수 있음 · 돌발 문제에 간헐적인 실수가 있지만 답변할 수 있음
AL	5단계	· 비교/변화/이슈 고난도 유형에도 답변할 수 있음 · 전반적으로 답변의 논리성과 일관성을 가지고 있음 · 답변의 뉘앙스와 상황에 따라 현장감을 실어 답변할 수 있음

문제 출제 공식

	1		자기소개
Combo 1	2 3 4		주제 1
Combo 2	5 6 7		주제 2
Combo 3	8 9 10		주제 3
Combo 4	11 12 13		주제 4 (롤플레이)
Combo 5	14 15		주제 5 (고난도)

IM 필승 전략

문장 단위로 말하라

IM 등급을 획득하기 위해서는 문법적 오류가 있더라도 문장 단위의 언어를 구사할 수 있어야 합니다. 어려운 어휘나 문장 구조를 사용하기 보다는 쉽고 간단한 문장 구조를 사용해 문법 실수를 줄이는 것이 중요합니다.

선택형 주제를 완벽하게 준비하라

어떤 문제가 나올지 모르는 공통형 주제를 준비하는 것보다 선택형 빈출 주제들을 우선적으로 학습하는 것을 추천합니다. 출제 가능성이 높은 주제들을 추려 활용도가 높은 본인만의 만능 답변을 만드는 것이 중요합니다.

의문문을 만드는 연습을 해라

11번, 12번, 13번 롤플레이 유형은 역할극 형태로 주어진 상황을 설명하고 질문을 하거나 문제 해결하고 관련 경험을 이야기하는 순서로 출제됩니다. 특히 난이도 3-3 혹은 4-4를 선택할 경우, 마지막 15번 문제도 Ava에게 질문하는 유형이 등장하기 때문에 의문문을 만드는 연습을 미리 준비해두는 것이 중요합니다.

IH-AL 필승 전략

공통형 문제에 대비하라

공통형 주제는 유형별로 정리하는 것이 중요합니다. 하나의 큰 분류로 묶어 관련 어휘나 표현, 키워드 위주의 만능 답변을 준비하는 것이 좋습니다.

14번, 15번 고난도 문제에 대비하라

난이도 5-5 이상을 고를 경우 14번, 15번 문제는 비교 혹은 변화, 최신 이슈나 우려 사항 등 평소에 생각지 못했던 문제들이 주어지게 됩니다. 비교 혹은 변화, 최신 이슈에 사용할 수 있는 패턴들을 미리 준비하는 것을 추천합니다.

문법 실수를 줄이고 다양한 어휘를 사용하라

IH, AL 고득점을 목표로 하는 수험자들은 기본적인 문장 구조나 발화량 보다는 문법 실수를 최대한 줄이는 것이 중요합니다. 문장 단위를 넘어 문단 간의 연계성과 논리성이 고득점 획득의 핵심입니다.